ŒUVRES

DE

WALTER SCOTT.

TOME I.

IMPRIMERIE DE H. FOURNIER,
RUE DE SEINE, N° 14.

ROMANS POÉTIQUES

ET

POÉSIES DIVERSES.

TRADUCTION

DE M. DEFAUCONPRET,

AVEC DES ÉCLAIRCISSEMENS ET DES NOTES
HISTORIQUES.

TOME I.

BALLADES. — THOMAS LE RIMEUR. —
LA RECHERCHE DU BONHEUR. — LE LAI DU DERNIER MÉNESTREL.
— MARMION. — LA DAME DU LAC.

PARIS.

FURNE, LIBRAIRE-EDITEUR,

QUAI DES AUGUSTINS, N° 39.

M DCCC XXX.

ROMANS POÉTIQUES
ET POÉSIES.

GLENFINLAS,

ou

LE CORONACH[1] DE LORD RONALD.

Cette ballade est fondée sur la tradition suivante :
Deux chasseurs des montagnes d'Ecosse passaient la nuit dans un bathy[2] solitaire. Ils découpaient joyeusement leur gibier, et se versaient à grands flots la liqueur appelée whisky. L'un d'eux exprima le désir d'avoir deux jolies filles pour compléter la partie. Il avait à peine dit ces paroles que deux femmes habillées de vert, jeunes et belles, entrèrent dans la hutte en dansant et en chantant. Celui qui avait parlé fut séduit par la sirène qui s'attacha à lui de préférence, et il la suivit. Son compagnon demeura, se méfiant de ces belles enchanteresses, et il se mit à chanter des hymnes à la Vierge, en s'accompagnant de sa cythare. Le jour revint enfin, et la séductrice disparut. Ne voyant point retourner son ami, le chasseur alla le chercher dans la forêt, et ne trouva plus que ses ossemens. Il avait été dévoré par le démon qui l'avait fait tomber dans le piège. Le lieu témoin

---

(1) On appelle *coronach* le chant funèbre d'un guerrier. Ce sont les vieillards du clan qui chantent le coronach. — Ed.

(2) Hutte bâtie pour la chasse. — Ed.

de cet événement s'appelle depuis ce temps-là *le Vallon des femmes vertes*.

Glenfinlas est une forêt dans les Highlands du Perthshire; elle faisait autrefois partie du domaine de la couronne, et appartient aujourd'hui au comte de Moray. Cette contrée, avec le canton adjacent de Balquidder, fut jadis habitée surtout par les Mac-Grégor. A l'ouest de la forêt de Glenfinlas est le Loch-Katrine, et son entrée romantique appelée Troshachs. Le Teith passe à Callender, au château de Doune, et se jette dans le Forth, près de Stirling. Le défilé de Lenny est immédiatement au-dessus de Callender, et conduit aux Highlands. Glenartney est une forêt près de Benvoirlich. L'ensemble de ces sites forme un tableau digne du spectacle sublime des Alpes.

« Les habitans invisibles de l'air obéissent à leurs
« voix et accourent à leurs signes. Ils connaissent les
« esprits qui préparent les tempêtes, et, immobiles
« de stupeur, ils contemplent les secrètes opérations
« des fantômes. »

O Hone a rie'! ô Hone a rie' ¹! Hélas, plaignons le Chef! L'orgueil des enfans d'Albyn n'est plus; l'arbre superbe de Glenartney couvre la terre de son tronc renversé; nous ne verrons plus lord Ronald.

O toi, noble fils du grand Mac-Gillianore, tu n'as jamais tremblé devant un ennemi! Quelle claymore pouvait se comparer à la tienne? Qui put jamais éviter ta flèche rapide?

Les veuves saxonnes sauront dire comment les plus hardis guerriers des plaines firent retentir de leur chute le rivage sonore du Teith, lorsque tu fondis sur eux du défilé de Lenny.

Mais qui oubliera ces jours de fête où l'on voyait briller sur la colline le beltane de lord Ronald; à la clarté de la

---

(1) Ces mots gaëliques sont expliqués par la phrase qui les suit : Hélas, etc. — Ed.

flamme, les jeunes filles des montagnes et leurs amans dansaient gaiement.

Animés par la lyre de Ronald, les vieillards eux-mêmes oubliaient leurs cheveux blancs! Hélas! aujourd'hui nous chantons l'hymne funèbre! Nous ne reverrons plus lord Ronald.

Un Chef d'une île éloignée vint partager les plaisirs du château de Ronald, et chasser avec lui la bête fauve qui bondit sur les coteaux escarpés d'Albyn.

C'était Moy, que l'esprit prophétique du Seer éclaira dans l'île de Colomba, où, brillant du feu des ménestrels, il réveillait l'harmonie de sa harpe.

Il connaissait maintes paroles magiques qui font trembler les Esprits errans, et ces airs puissans qui n'étaient point faits pour les oreilles des mortels.

Car on dit que ces prophètes ont des entretiens mystérieux avec les morts, et voient souvent d'avance le fatal linceul qui doit envelopper un jour ceux qui vivent encore.

Or, il advint qu'un jour les deux Chefs avaient été ensemble harceler le chevreuil dans ses repaires. Ils étaient loin de leur demeure, et parcouraient les taillis épais de Glenfinlas.

Aucun vassal ne les suit pour les aider dans leur chasse, les défendre dans le péril, ou préparer leurs repas. Le simple plaid des Highlands couvre les deux Chefs; leurs fidèles claymores sont leurs seuls gardiens.

Pendant trois jours leurs flèches sifflantes volèrent à travers les taillis du vallon; et quand l'humidité du soir les ramenait dans leur hutte, ils y portaient leur gibier.

La cabane solitaire était élevée dans le lieu le plus reculé de la forêt de Glenfinlas, auprès du sombre ruisseau de Moneira, qui murmure à travers cette solitude.

La nuit était belle, l'horizon calme depuis trois jours, et une rosée bienfaisante répandait la fraîcheur sur la bruyère et sur les rochers tapissés de mousse.

La lune à demi voilée sous les flocons d'un nuage d'argent laissait tomber ses douteuses et tremblantes clartés sur les ondes du lac de Katrine, et semblait dormir sur le front du Benledi.

Renfermés dans leur hutte, les deux Chefs font un repas de chasseurs et d'amis ; le plaisir anime les yeux de Ronald, et il porte maintes santés à Moy :

— Que nous manque-t-il pour compléter notre bonheur et répondre aux douces émotions qui nous font palpiter ?..... le baiser d'une jeune et facile beauté, son sein palpitant et ses regards humides.

Les deux beautés de nos montagnes, les filles du fier Glengyle, ont quitté ce matin le château de leur père pour chasser le daim dans la forêt.

J'ai long-temps cherché à intéresser le cœur de Mary : elle a vu couler mes larmes, elle a entendu mes soupirs. Tous les artifices de l'amant ont échoué contre la vigilance d'une sœur.

Mais tu pourrais, cher Moy, pendant que je m'écarterais avec Mary, apprendre à cette gardienne sévère qu'elle doit cesser de veiller sur le cœur des autres, et que c'est déjà assez pour elle de veiller sur le sien.

Pince seulement ta harpe : tu verras bientôt l'aimable Flore de Glengyle, oubliant sa sœur et Ronald, rester en extase devant toi, l'œil humide et le sourire sur les lèvres.

Ou si elle consent à écouter un conte d'amour sous l'abri du feuillage, dis-moi, chasseur au front sévère, la règle du bon saint Oran ne sera-t-elle pas violée ?

— Depuis le combat d'Enrick, depuis la mort de Morna, répond Moy, mon cœur a cessé de répondre par ses transports aux doux baisers, au sein haletant et au sourire de la beauté !

C'est depuis lors que, chantant mes regrets sur ma harpe dans la triste bruyère qui vit périr celle qui était ma gloire et mon amour, je reçus le don fatal de prophétie.

La dernière preuve que le ciel m'envoya de sa colère, ce fut ce pouvoir de pressentir les malheurs futurs, qui éteint en mon cœur toute lueur d'espérance par des visions lugubres et des sons de douleur.

Te souvient-il de cet esquif qui partait gaiement cet été de la baie d'Oban?... Je le voyais déjà échoué et brisé contre les côtes rocailleuses de Colonsay.

Fergus aussi..... le fils de ta sœur... tu l'as vu partir comme en triomphe des flancs escarpés du Benmore, marchant à la tête des siens contre le seigneur de Downe.

Tu n'as vu que les plis flottans de leurs tartans pendant qu'ils descendaient les hauteurs de Benvoirlich ; tu n'as entendu que le pibroch [1] guerrier mêlé au choc des boucliers sonores des Highlands.

Moi j'entendais déjà les gémissemens, je voyais couler les larmes, et Fergus percé d'une blessure mortelle, en se précipitant sur les lances des Saxons à la tête de son clan au choc irrésistible.

Et toi qui m'invites au bonheur et au plaisir; toi qui voudrais me faire partager ta joie et appeler le baiser d'une femme, mon cœur, cher Ronald, gémit sur ta destinée.

Je vois la sueur de la mort glacer ton front ; j'entends les cris de ton Esprit protecteur ; je vois ton cadavre..... c'est tout ce qu'il est donné au prophète de voir.

— Prophète de malheur, livre-toi seul à tes rêveries funèbres, répond lord Ronald : faut-il donc fermer les yeux aux clartés passagères de la joie parce que l'orage peut gronder demain !

Vraies ou fausses, tes prédictions n'inspireront jamais la crainte au chef de Clangillian ; les transports de l'amour feront bondir son cœur, quoiqu'il soit condamné à sentir l'atteinte de la lance saxonne.

Je crois entendre les brodequins de Mary fouler la rosée du gazon : elle m'appelle dans le bois.

(1) Airs nationaux et guerriers adaptés à la cornemuse (bagpipe) des Highlands.
— Ed.

Il ne dit point adieu à son ami : il appelle ses limiers et sort gaiement de la hutte.

Au bout d'une heure ses limiers reviennent : ces compagnons fidèles du chasseur accourent en faisant retentir les airs de leurs tristes gémissemens. Ils s'étendent aux pieds du prophète.

Point de Ronald encore ! il est minuit. Moy est agité par de noirs présages, pendant que, penché sur la flamme mourante, il entretient le feu à demi éteint de la cabane.

Soudain les limiers redressent leurs oreilles ; soudain leurs hurlemens ont cessé : ils se pressent autour de Moy, et expriment leur terreur par le tremblement de leurs membres et leur murmure étouffé.

La porte s'ouvre doucement : les cordes de la harpe vibrent d'elles-mêmes et répondent par un son à chaque pas léger qui presse le sol.

Le ménestrel voit à la lueur du feu une femme brillante de beauté, en costume de chasse, et dont la robe verte trempée de rosée dessine les contours gracieux de son corps.

Son front semble glacé ; elle découvre l'ivoire arrondi de son sein, en se penchant vers la flamme vacillante pour tordre les tresses humides de sa chevelure.

Elle rougit comme une vierge timide, et dit avec douceur : — Aimable ménestrel, n'as-tu pas rencontré dans la clairière de Glenfinlas une jeune chasseresse en robe verte ?

Avec elle est un vaillant Chef de nos montagnes. Ses épaules sont chargées du carquois du chasseur ; une dague écossaise orne sa ceinture ; son tartan flotte au gré de la brise.

— Et qui es-tu ? quels sont ceux que tu cherches ? reprit Moy en la regardant d'un œil effaré. Pourquoi erres-tu ainsi au clair de la lune dans la forêt de Glenfinlas ?

— Le château de notre père projette son ombre sur le lac profond de Katrine qui entoure mainte île de ses flots azurés. Nous sommes les filles du fier Glengyle.

Parties ce matin pour venir chasser le chevreuil dans la forêt de Glenfinlas, le hasard nous a fait rencontrer le fils du grand Mac-Gillianore.

Aide-moi donc à chercher ma sœur et le lord Ronald, égarés sans doute dans le bois. Je n'ose me hasarder seule dans des sentiers où l'on trouve, dit-on, des fantômes cruels.

— Oui, dit le ménestrel, il est en effet des fantômes à redouter : je dois accomplir mon vœu et achever ici la prière nocturne que j'ai juré de prononcer pendant le sommeil des autres hommes.

— Ah! daigne d'abord, au nom de la douce pitié, guider une chasseresse solitaire! il faut que je traverse le bois et que je revoie avant le jour le château de mon père.

— J'y consens; mais répète avec moi trois *Ave* et trois *Pater*; baise la sainte croix, et alors nous pourrons poursuivre notre route en sûreté.

— Honte à un chevalier tel que toi! Va te couvrir la tête du froc d'un moine : cet ornement convient à ton vœu étrange!

Jadis, dans le château de Dunlathmon, ton cœur ne fut point de glace pour l'amour et le bonheur; alors ta lyre harmonieuse chantait les appas séduisans de Morna, et tu aurais tout fait pour un de ses sourires.

Les yeux du ménestrel étincelèrent, exprimant tour à tour la colère et l'effroi. Ses noirs cheveux se hérissèrent sur sa tête, et son teint changea plusieurs fois de couleur.

— Et toi, dit-il, pendant que je chantais Morna et l'amour auprès du foyer de Dunlathmon, planais-tu sur la sombre fumée du foyer ou sur l'aile de l'orage?

Non, non, tu n'es point d'une race mortelle ni la fille du vieux Glengyle; ta mère fut la fée des torrens, ton père le roi des mines.

Moy répéta trois fois l'antienne de saint Oran, et trois

fois encore la puissante prière de saint Fillan. Il se tourna ensuite vers l'horizon oriental et secoua sa chevelure noire.

Puis, penché sur sa harpe, il en tira les accords les plus séduisans ; l'écho surpris répète cette harmonie mystérieuse et magique qui se marie au murmure des vents.

L'Esprit irrité change de forme, et sa taille devient gigantesque ; puis, se mêlant soudain à l'orage qui commence à gronder, il disparaît après avoir poussé un cri lamentable.

Les nuages crèvent, la grêle et l'ouragan assiègent la hutte, la brisent, et couvrent la terre de ses débris ; mais le ménestrel n'eut pas un seul de ses cheveux soulevé par le vent ou mouillé par la pluie.

De bruyans éclats de rire se mêlent aux mugissemens de l'orage ; le ménestrel les entend au-dessus de sa tête ; mais déjà ils expirent du côté du nord.

La voix du tonnerre ébranle la forêt au moment où ces cris surnaturels cessent, et une pluie de sang vient éteindre les tisons à demi consumés.

Le ménestrel voit tomber un bras dont la main tenait une épée, et puis une tête séparée du tronc : il en ruisselle un sang encore tiède.

Le cimier de Benmore a souvent orné cette tête dans les combats ; cette main a frappé de terribles coups, lorsque le sang des Saxons teignit de pourpre les ondes du Teith.

Malheur aux sombres ruisseaux de Moneira! Malheur au funeste vallon de Glenfinlas! Jamais le fils des montagnes d'Albyn n'y viendra vider son carquois.

Le pèlerin fatigué évitera même cet ombrage à l'heure brûlante du midi : il craindrait d'être la proie des cruelles fées de Glenfinlas.

Pour nous, c'en est fait! nous ne trouverons plus un asile derrière le bouclier du chef de Clangillian ; il ne guidera plus nos guerriers au combat; et nous sommes condamnés à chanter son hymne funèbre.

Hélas! plaignons un Chef valeureux; l'orgueil des enfans d'Albyn n'est plus. L'arbre superbe de Glenartney couvre la terre de son tronc renversé. Nous ne verrons plus lord Ronald.

NOTES.

NOTE 1. — Paragraphe III. — *Les veuves saxonnes.*

Les Saxons ou Sassenachs dont il est ici question sont les habitans des plaines, Lowlanders, appelés ainsi par leurs voisins des montagnes (the Highlanders).

NOTE 2. — Paragraphe IV. — *A la clarté de la flamme.*

Les Highlanders allument des feux sur les hauteurs le premier jour du mois de mai. C'est un usage qui vient des temps du paganisme, et qu'on retrouve aussi dans la principauté de Galles.

NOTE 3. — Paragraphe VII. — *Doué de l'esprit prophétique.*

C'est ce qu'on appelle en anglais la *seconde vue* (the second sight). On ne peut que répéter la définition qu'en donne le docteur Johnson, qui l'appelle « une im-
« pression de l'esprit sur l'œil ou de l'œil sur l'esprit, par le moyen de laquelle les
« événemens éloignés et futurs sont perçus et vus comme s'ils étaient présens. »
J'ajouterai seulement que les apparitions de fantômes présagent ordinairement des malheurs, que cette faculté est pénible pour ceux qui en sont doués, et qu'ils ne l'acquièrent généralement que lorsqu'ils sont eux-mêmes sous l'influence d'un tempérament mélancolique.

NOTE 4. — Paragraphe XXII. — *La règle du bon saint Oran.*

Saint Oran était l'ami et l'acolyte de saint Columba, et il fut enterré à Icolmkill. Ses droits à la canonisation sont un peu douteux. Selon la légende, il consentit à être enterré tout vivant pour rendre propices certains démons *indigènes* qui s'opposaient aux pieux desseins de saint Columba, et s'obstinaient à l'empêcher de bâtir une chapelle.

Au bout de trois jours, Columba fit exhumer le corps de son ami. Saint Oran, au grand scandale des spectateurs, déclara qu'il n'y avait *ni Dieu, ni jugement dernier, ni enfer, ni paradis.* Il allait sans doute faire des révélations encore plus singulières; mais Columba ne lui en donna pas le temps, et le fit au plus vite *réenterrer.* La chapelle et le cimetière conservèrent cependant le nom de Reilig Ouran; et en mémoire du rigide célibat qu'avait gardé le saint, aucune femme ne pouvait y venir prier ni s'y faire enterrer. C'est à ce régime de continence que le paragraphe XXII fait allusion.

Note 5. — Paragraphe LV. — *La puissante prière de saint Fillan.*

Saint Fillan a donné son nom à plusieurs chapelles et sources saintes en Écosse. C'était, selon Camerarius, un abbé de Pittenweem, comté de Fife; fonction dont il se démit pour aller mourir dans les solitudes de Glenurchy, l'an du Seigneur 649. Pendant qu'il était occupé à transcrire les Écritures, sa main gauche jetait un éclat de lumière si vif, qu'il y voyait suffisamment sans autre clarté; ce miracle économisa beaucoup de chandelles au couvent, le saint passant des nuits entières à écrire. Le 9 de janvier est dédié à ce saint, qui a laissé son nom à Kilfillan, dans le canton de Renrew, et à Saint-Phillans, ou Forgend, dans le comté de Fife. L'historien Lesley, liv. VII, nous dit que Robert le Bruce avait en sa possession le bras miraculeusement lumineux de saint Fillan enfermé dans une châsse d'argent, et qu'il portait à la tête de son armée. Avant la bataille de Bannockburn le chapelain du roi, homme de peu de foi, s'empara de cette relique, et la cacha en lieu sûr, de peur qu'elle ne tombât entre les mains des Anglais. Mais soudain, pendant que Robert adressait sa prière à la châsse vide, on la vit s'ouvrir et se refermer aussitôt, et l'on reconnut que le saint avait déposé son bras dans la châsse comme un gage de la victoire. Quoique Bruce n'eût guère besoin que le bras de saint Fillan vînt au secours du sien, il lui dédia en reconnaissance une abbaye à Kiliin, sur le Loch Tay.

Dans le *Scots Magazine* de juillet 1802 (recueil périodique qui vient d'être continué avec un grand talent) on trouve la copie d'une curieuse charte de la couronne, datée du 11 juillet 1487, par laquelle Jacques III confirma à Malise Doire, habitant de Srathfillan dans le Perthshire, la jouissance paisible d'une relique de saint Fillan appelée le Quegrich, qu'il avait héritée de ses ancêtres depuis le temps de Robert le Bruce. Comme le Quegrich servait à guérir des maladies, ce document est probablement la patente la plus ancienne accordée à un remède de charlatan (*quack-medicine*). L'ingénieux correspondant qui l'a fourni ajoute qu'on peut lire des renseignemens plus détaillés sur saint Fillan dans le *Boece* de Bellenden, tom. IV, fol. CCXIII, et dans le *Voyage de Pennant en Écosse*, 1772, pag. 11 et 15.

LA VEILLE

DE

LA SAINT-JEAN.

La tour de Smaylho'me ou de Smalholm, qui fut le théâtre de l'anecdote suivante, est située dans le nord du Roxburghshire, au milieu d'un amas de rochers qui font partie des domaines de Hugh Scott de Harden. Cette tour est un bâtiment carré qu'environne un mur extérieur, aujourd'hui en ruines. L'enceinte de la première cour, défendue de trois côtés par un précipice et un marais, n'est accessible que du côté du couchant par un sentier creusé dans le roc. Les appartemens, comme c'est l'usage dans une forteresse d'Ecosse, s'élèvent les uns au-dessus des autres, et communiquent par un escalier étroit, etc.

C'est dans cette ancienne forteresse et dans le voisinage que l'auteur a passé son enfance, et ces lieux qui lui sont chers avaient des droits aux hommages de sa muse.

La catastrophe de cette histoire est fondée sur une tradition irlandaise.

Le baron de Smaylho'me se leva avec le jour, et guida son coursier, sans s'arrêter, dans le sentier rocailleux qui conduit à Brotherstone.

Il n'allait point avec le brave Buccleuch déployer sa large bannière; il n'allait point se réunir aux lances écossaises pour braver les flèches des Anglais.

Cependant il était revêtu de sa cotte de mailles; son casque ornait son front, et il portait une cuirasse d'un acier éprouvé. Au pommeau de sa selle était suspendue une hache d'armes qui pesait plus de vingt livres.

Le baron de Smaylho'me revint au bout de trois jours; son front était triste et sombre; son coursier semblait accablé de fatigue et ne marchait que lentement.

Il ne venait point d'Ancram-Moor où le sang anglais avait coulé par torrens; Ancram-Moor, témoin des exploits du fidèle Douglas et du brave Buccleuch contre le lord Evers.

Cependant son casque était bossué et brisé, sa cotte d'armes percée et déchirée. Le sang souillait sa hache et son épée; mais ce n'était point le sang anglais.

Il descendit près de la chapelle; et, se glissant contre la muraille, il siffla trois fois pour appeler son jeune page qui portait le nom de William.

—Viens ici, mon petit page, dit-il, viens te placer sur mes genoux; tu es encore dans un âge bien tendre; mais j'espère que tu ne chercheras pas à tromper ton seigneur.

Dis-moi tout ce que tu as vu pendant mon absence, et surtout songe à me dire la vérité!... Qu'a fait ta maîtresse depuis que j'ai quitté le château de Smaylho'me?

William répond: —Chaque nuit, la châtelaine se rendait à la clarté solitaire qui brille sur la cime du Watch-fold, car d'une hauteur à l'autre les signaux nous apprenaient l'invasion des Anglais.

Le butor gémissait, le vent sifflait dans le creux des rochers; cependant elle n'a pas manqué une seule nuit de suivre le sentier qui mène à la cime aérienne de la montagne.

J'épiai ses pas et je m'approchai en silence de la pierre où elle était assise. Aucune sentinelle n'était auprès du feu des signaux.

Mais la seconde fois mes yeux la suivirent encore, et j'aperçus....., je le jure par la Vierge sainte....., j'aperçus un chevalier armé à côté de la flamme solitaire.

Ce guerrier s'entretint avec ma maîtresse: mais la pluie

tombait et l'orage grondait, je ne pus entendre leurs paroles.

Le troisième soir, le ciel était calme et pur, le vent s'était tu... j'épiai encore le chevalier, et votre dame vint le trouver mystérieusement au rendez-vous.

Je l'entendis nommer l'heure de minuit et la veille de cette sainte fête.—Viens, disait-elle, demain, à l'appartement de la dame de tes pensées; ne redoute pas le baron mon époux.

Il combat sous la bannière du brave Buccleuch, et je suis seule; ma porte s'ouvrira pour mon chevalier fidèle la veille de la Saint-Jean.

—Je ne le puis, répond le guerrier, je n'ose me rendre auprès de toi; il faut que j'erre seul la veille de la Saint-Jean.

—Honte à ta lâcheté, dit-elle, chevalier timide; tu ne dois pas me dire non, car la nuit de la Saint-Jean vaut le jour le plus beau de l'été quand elle prête son ombre à deux amans.

J'enchaînerai le dogue vigilant. La sentinelle ne t'adressera aucune question; j'étendrai des nattes de jonc sur l'escalier; au nom de la croix noire de Melrose et du bienheureux saint Jean, je te conjure, mon amour, de te rendre à mes vœux!

— Vainement les limiers garderaient le silence et la sentinelle ne sonnerait pas du cor. Un prêtre dort dans le pavillon de l'orient; il entendrait le bruit de mes pas malgré les nattes de jonc.

— Ha! ne crains point que ce prêtre puisse te découvrir; il est au monastère de Driburg, où il doit célébrer, pendant trois jours, le sacrifice de la messe pour l'ame d'un chevalier trépassé.

A ces mots le guerrier tourna plusieurs fois la tête en fronçant le sourcil, et ensuite il sourit avec dédain en disant :—Celui qui célèbre la messe pour l'ame de ce chevalier pourrait aussi bien la dire pour la mienne.

A l'heure solitaire de minuit, alors que les esprits malfaisans voltigent dans les airs, j'irai auprès de toi. Il a dit et a disparu. Ma maîtresse est demeurée seule, et je n'ai rien vu de plus.

Le front sombre du baron s'enflamme et rougit de colère. — Fais-moi connaître, demande-t-il, le téméraire, car, par sainte Marie, il périra!

— Ses armes brillaient à la clarté de la flamme, répond William; son panache était écarlate et bleu; j'ai remarqué sur son écu un lévrier en lesse d'argent, et son cimier était un rameau d'if.

— Tu en as menti, petit page, tu en as menti : le chevalier que tu me désignes a cessé de vivre; il est enseveli dans son tombeau sous l'arbre d'Eildon.

— J'en atteste le ciel, ô mon noble seigneur! j'ai entendu prononcer son nom : votre dame l'a appelé sir Richard de Coldinghame.

La pâleur couvrit alors le front du baron. — La tombe est obscure et profonde, dit-il; le cadavre immobile et glacé... Je ne puis croire ton récit.

Au lieu où la Tweed roule ses flots autour du saint couvent de Melrose, et où l'Eildon descend en pente douce jusqu'à la plaine, il y a trois nuits qu'un ennemi secret a tranché les jours du chevalier de Coldinghame.

Les reflets de la lumière ont abusé tes yeux; les vents ont trompé ton oreille; j'entends encore sonner les cloches de Driburgh, et les moines Prémontrés chantent l'hymne des morts pour sir Richard.

Le baron franchit le seuil de la grille; il se glisse dans l'escalier étroit, et se rend à la plate-forme, où il trouve sa dame entourée des filles qui la servent.

Il remarque qu'elle est triste, et qu'elle porte ses regards tour à tour sur les collines et les vallées; sur les ondes de la Tweed et les bois de Mertoun dans la riche plaine de Teviot.

— Salut, salut, aimable et tendre châtelaine! — Salut,

baron fidèle ! Quelles nouvelles apportez-vous du combat d'Ancram et du vaillant Buccleuch ?

— La plaine d'Ancram-Moor est rouge de sang ; mille Anglais ont mordu la poussière, et Buccleuch nous ordonne de veiller à nos signaux mieux que jamais.

La châtelaine rougit, mais elle ne répondit pas, et le baron n'ajouta rien de plus. Bientôt elle se retira dans sa couche, où elle fut suivie par le baron chagrin.

La châtelaine gémissait en sommeillant, et le baron de Smaylho'me, inquiet et agité, murmurait tout bas : — Les vers rampent sur son cadavre ; la tombe sanglante est fermée sur lui ; la tombe ne peut lâcher sa proie.

C'était bientôt l'heure de matines : la nuit allait faire place à l'aurore, lorsque enfin un sommeil pénible s'appesantit sur les yeux du baron.

La châtelaine regarda de tous côtés dans l'appartement ; à la lueur d'une lampe mourante elle reconnut non loin d'elle un chevalier, sir Richard de Coldinghame.

— Hélas ! dit-elle, éloignez-vous, pour l'amour de la Vierge sainte ! — Je sais, répondit-il, qui dort auprès de toi ; mais ne crains pas qu'il se réveille.

Voici trois longues nuits que je suis étendu dans une tombe sanglante, sous l'arbre d'Eildon ! On a chanté pour le repos de mon ame les messes et l'hymne des morts, mais vainement.

C'est le bras perfide du baron de Smaylho'me qui m'a percé le cœur sur le rivage sablonneux de la Tweed, et mon ombre est condamnée à errer pendant un temps sur la cime du Watchfold.

C'était le lieu de nos rendez-vous ; on m'y verra apparaître chaque soir : mais je n'aurais jamais pu parvenir jusqu'ici sans tes pressantes supplications.

L'amour surmonta la crainte de la châtelaine ; elle se signa le front : — Cher Richard, dit-elle, daigne m'apprendre si ton ame est sauvée ou réprouvée. — Le fantôme secoua la tête.

— Dis à ton époux, répondit-il, que celui qui répand le sang perdra la vie par le glaive. Mais l'amour adultère est un crime dans un autre monde : reçois-en ce gage irrécusable.

Il appuya sa main gauche sur une table de chêne, et la droite sur celle de la châtelaine, qui frémit et s'évanouit en sentant l'impression brûlante de son étreinte.

La trace noircie des quatre doigts resta imprimée sur la table, et la châtelaine porta toujours sa main couverte.

Il est dans l'abbaye de Dryburgh une religieuse qui ne tourne jamais les yeux vers le soleil; il est un moine dans le monastère de Melrose qui ne profère jamais une parole.

Cette religieuse, qui ne voit jamais la clarté du jour, c'est la châtelaine de Smaylho'me; ce moine, qui garde un si morne silence, est le fier baron son époux.

NOTES.

NOTE 1re.

LA bataille d'Ancram-Moor est un des événemens les plus importans de l'histoire d'Ecosse.

Le lieu qui en fut le théâtre est appelé aussi *Lyliard's Edge*, du nom d'une amazone écossaise qui s'y était distinguée. On vous montre encore son monument aujourd'hui en ruines. On y lisait cette inscription :

« *La belle Lyliard est ensevelie sous cette pierre ; sa taille était petite, mais sa « gloire fut grande, et les Anglais sentirent la force de son bras. Quand ses jambes « furent coupées, elle combattit sur ses cuisses.* »

NOTE 2. — *Il est une religieuse*, etc.

La circonstance de cette religieuse qui ne vit jamais le jour n'est pas tout-à-fait imaginaire. Il y a cinquante ans qu'une infortunée descendit dans un sombre caveau sous les ruines de l'abbaye de Dryburgh, qu'elle ne quittait jamais pendant le jour. Dès que la nuit était venue, elle sortait de sa misérable retraite, et se rendait à la demeure de M. Haliburton de Newmains, ou à celle de M. Erskine de Sheffield, deux propriétaires du voisinage. Elle obtenait de leur charité toutes les provisions qu'elle désirait; mais aussitôt qu'elle entendait sonner minuit, elle allumait sa lanterne et retournait à son caveau, assurant ses voisins bienfaisans que, pendant son absence, sa retraite était arrangée par un esprit qu'elle appelait *Fatlips* [1]; elle le représentait comme un petit homme portant des souliers de fer, avec lesquels il dissipait l'humidité des voûtes en foulant le pavé. Les gens sages regardaient avec pitié une femme qui leur semblait être privée de la raison; mais le vulgaire ne pensait à elle qu'avec un sentiment de terreur. Elle ne voulut jamais expliquer la cause d'un genre de vie aussi extraordinaire; on imagina qu'elle l'avait adopté après s'être engagée, par un vœu, à ne voir jamais le soleil tant que durerait l'absence de son amant. Son amant était mort dans la guerre civile de 1745 à 1746, et cette femme renonça pour jamais à la clarté du jour.

Le caveau porte encore le nom du prétendu esprit qui tenait compagnie à cette solitaire. Et il est plus d'un paysan du voisinage qui n'oserait y pénétrer.

(1) *Fatlips*, grosses lèvres.

LE CHATEAU

DE

CADYOW.

Les ruines de Cadyow (ou du château de Cadzow), antique résidence baronniale de la famille Hamilton, sont situées sur les bords de la rivière Evan, à trois milles environ du lieu où elle se réunit à la Clyde.

Ce château fut démantelé à la fin des guerres civiles, sous le règne de l'infortunée Marie, dont la maison d'Hamilton avait embrassé le parti avec un zèle et une générosité qui furent cause de l'obscurité dans laquelle elle est restée quelque temps. La situation de ces ruines au milieu d'un bois, le lierre et les arbustes rampans qui les couvrent, le torrent sur lequel elles sont comme suspendues, tout contribue à leur donner un aspect des plus romantiques.

Dans le voisinage de Cadyow est un bois de chênes, reste de la grande *forêt calédonienne*, qui jadis s'étendait depuis l'océan Atlantique jusqu'au sud de l'Ecosse. Quelques-uns de ces chênes ont vingt-cinq pieds et plus de circonférence, et leur vétusté prouve qu'ils ont été témoins des rites druidiques.

On a long-temps conservé dans cette forêt la race des taureaux sauvages d'Ecosse. Il n'y a que quarante ans que leur férocité força de la détruire. Ces animaux étaient blancs de lait, la tête, les cornes et les sabots noirs; les anciens auteurs leur donnent une crinière blanche, mais cette particularité s'était perdue dans les derniers temps, peut-être par des croisemens avec l'espèce domestique.

En citant avec quelque détail la mort du régent Murray, qui est le sujet de la ballade suivante, il serait injuste de ne pas répéter ici les propres expressions du docteur Robertson, dont le récit forme un des plus beaux tableaux de son Histoire.

« Hamilton de Bothwellhaugh fut l'auteur de cet assassinat. Il avait été condamné à mort après la bataille de Langside, comme nous l'avons déjà raconté, et il devait la vie à la clémence du régent. Mais une partie de ses domaines avait été confisquée au profit d'un favori (sir James Bellenden). Cet homme avide était venu s'emparer de sa maison pendant la nuit, et avait chassé sa femme, qui, dans son désespoir, en perdit la raison. Cet outrage fit plus d'impression sur Hamilton que le bienfait qu'il avait reçu, et, depuis ce jour, il jura de tirer vengeance du régent. L'esprit de parti irrita ses ressentimens particuliers. Ses cousins les Hamiltons applaudirent à ses projets. Les maximes du siècle justifiaient les cruelles représailles qu'il exerça. Après avoir suivi le régent pendant quelque temps, pour trouver l'occasion favorable de le frapper, il résolut enfin d'attendre son arrivée à Linlithgow, où il devait passer en se rendant de Stirling à Edimbourg. Il alla se poster dans une galerie de bois qui avait une fenêtre donnant sur la rue ; il plaça un tapis sur le parquet pour dissimuler le bruit de ses pas, et un drap noir derrière lui pour que son ombre ne le trahît pas en dehors. Après tous ces préparatifs, il attendit patiemment l'approche de Murray, qui avait passé la nuit dans une maison voisine. Quelques avis sur le danger qu'il courait étaient parvenus au régent, de sorte qu'il avait résolu de ressortir par la porte sous laquelle il avait passé en entrant, et de faire un détour hors la ville ; mais la foule était si grande du côté de cette porte, et il était si peu familiarisé avec la peur, qu'il continua directement son chemin dans la rue, où la foule, l'obligeant de marcher lentement, donna à l'assassin le temps de viser si bien son coup, qu'il l'atteignit avec une balle dans le bas-ventre et tua le cheval d'un gentilhomme qui l'accompagnait. Les gens de Murray voulurent s'introduire aussitôt dans la maison d'où le coup était parti, mais la porte était soigneusement barricadée, et, avant qu'on pût la forcer, Hamilton eut le temps d'enjamber un cheval qui était tout sellé et bridé près d'une porte secrète ; il fut bientôt à l'abri de leurs poursuites. Cette même nuit le régent mourut de sa blessure. » (*Histoire d'Ecosse*, liv. v.)

Bothwellhaugh galopa jusqu'à Hamilton, où il fut reçu en

triomphe; car les cendres des maisons du Clydesdale, brûlées par l'armée de Murray, étaient encore fumantes. La rage des factions, les mœurs du siècle et l'outrage qui avait provoqué le meurtrier, le justifièrent pleinement auprès de sa famille. Après un court séjour à Hamilton, cet homme déterminé quitta l'Ecosse, et fut se mettre au service de la France, sous les auspices de la maison des Guises, dont il fut probablement bien accueilli comme ayant vengé la cause de leur nièce la reine Marie sur un frère ingrat. De Thou rapporte qu'on essaya de l'engager à assassiner Gaspard de Coligny, l'amiral de France et le bouclier du parti huguenot; mais on se trompait sur le caractère de Bothwellhaugh. Il ne versait point le sang par l'appât d'un vil salaire, et il repoussa avec indignation les offres qu'on lui fit. Il n'avait point reçu, dit-il, l'autorisation de l'Ecosse pour commettre des meurtres en France. Il avait tiré vengeance de ses propres injures, mais jamais rien ne serait capable de le décider à se charger de la querelle d'un autre. (*Thuanus*, cap. XLVI.)

La mort du régent d'Ecosse arriva le 23 janvier 1569. Il a été flétri ou loué par les historiens contemporains, selon les préventions de chacun. Blackwood parle de sa mort comme d'un triomphe. Il ne se contente pas de célébrer le *pieux exploit* de Bothwellhaugh, « qui, observe-t-il, satisfit avec une once de plomb celui dont l'avarice sacrilège avait dépouillé l'église métropolitaine de Saint-André de sa toiture. » Mais il prétend que Hamilton fut inspiré par le ciel, regardant aussi son éva- « sion comme un miracle divin. ». (*Jebb.*, vol 11, p. 263.)

Il est d'autres historiens qui veulent faire de cet assassinat une affaire nationale, et l'attribuer au caractère naturellement perfide des Ecossais. (*Voyez* MURDIN, *State Papers*, vol. 1, page 197.)

A LADY ANNE HAMILTON.

LORSQUE la noble race des Hamilton habitait les tours gothiques de Cadyow, la musique, les chants, le vin et de joyeux banquets en bannissaient l'ennui.

Chaque voûte prolongeait les sons mélodieux de la

harpe, et l'écho répétait les pas légers de la danse et les chants inspirés des ménestrels.

Mais les tours de Cadyow tombent en ruines, ses voûtes, que le lierre revêt d'un manteau de verdure, ne retentissent plus que des sifflemens de l'aquilon et de la voix mugissante de l'Evan.

Vous m'ordonnez de célébrer par le chant d'un ménestrel la gloire oubliée de Cadyow, et de réveiller par les sons de ma harpe les échos sauvages de la vallée.

Vous ne craignez point de détourner vos yeux de la pompe des cours et des tableaux rians du plaisir, pour soulever le voile de l'oubli et contempler l'urne solitaire et négligée.

J'obéis, noble châtelaine; les murs écroulés vont se relever à vos ordres... Silence! nous sommes sur les rives de l'Evan; le passé revient s'offrir à nos yeux... le présent disparaît.

Aux lieux où naguère les ruines tapissées de verdure se confondaient avec le taillis qui couvre les rochers, des tourelles fantastiques se couronnent de créneaux sur lesquels flottent des bannières féodales.

Aux lieux où le torrent s'irritait de trouver sur son passage le faible obstacle des buissons et des arbustes entrelacés, un bastion en briques brave ses flots mugissans, et des remparts entourent une citadelle.

Il est nuit; le donjon et la tour projettent leurs ombres vacillantes sur les eaux de l'Evan, et le feu des sentinelles éclipse la faible lumière de la lune.

Mais déjà la flamme pâlit; l'orient se colore : la sentinelle fatiguée descend de la tour; les coursiers hennissent; les limiers saluent l'aurore par leurs aboiemens, et le chasseur se prépare à partir.

Le pont-levis s'abaisse... chaque poutre gémit, chaque chaîne se tend, lorsque les cavaliers piquent de l'éperon leurs coursiers et leur lâchent les rênes.

A la tête de la troupe est le noble chef des Hamiltons;

tous ses gens le suivent gaiement; son coursier est plus rapide que le vent des montagnes.

Les chevreuils bondissent et s'élancent de l'épais taillis, le daim fuit dans la plaine ; car le cor des guerriers les a réveillés dans leurs repaires.

Quel est ce mugissement qui retentit dans la forêt antique d'Evandale, dont les chênes comptent des milliers d'années? A peine si l'on distingue les fanfares sonores des chasseurs.

C'est le roi de tes forêts, ô Calédonie, c'est le taureau des montagnes qui accourt, à travers le feuillage, semblable à la foudre.

Il roule des yeux enflammés à l'aspect des chasseurs, frappe le sable de ses cornes noires, et agite sa blanche crinière.

Dirigé par une main sûre, le javelot a transpercé les flancs de l'animal sauvage ; il se débat encore au milieu des flots de son sang ; un gémissement douloureux termine ses souffrances. Sonnez, sonnez sa défaite.

Le soleil a parcouru la moitié de sa carrière, les chasseurs appuient leurs lances inoccupées contre les troncs noueux du chêne ; les légers nuages de fumée qui dominent la voûte du feuillage, indiquent le lieu où les vassaux préparent le festin.

Le Chef vit avec orgueil tous les hommes de son clan étendus sur la bruyère, mais ses yeux cherchèrent vainement le plus vaillant de tous ceux qui portaient le nom d'Hamilton.

— Et pourquoi donc Bothwellaugh n'est-il pas avec nous, lui qui partage tous nos plaisirs comme tous nos chagrins? pourquoi ne vient-il pas prendre part à notre chasse et s'asseoir à notre repas champêtre?

Le farouche Claude répondit avec le ton sévère qui distinguait le seigneur orgueilleux des tours de Pasley : — Tu ne verras plus le guerrier que tu demandes, ni à nos joyeux festins, ni à nos chasses hardies.

Il y a peu de temps que les coupes s'emplissaient encore jusqu'au bord dans Woodhouselee, lorsque, fatigué des travaux de la guerre, Bothwellhaugh revenait gaiement dans ses foyers.

Il venait de quitter sa Marguerite, qui, à peine délivrée des douleurs de la maternité, belle et touchante comme une rose pâle, nourrissait son enfant nouveau-né.

Fatal changement! ces jours ne sont plus, les barbares satellites du perfide Murray n'ont fait que passer, la flamme hospitalière du foyer domestique est devenue un incendie dévastateur.

Quel est ce fantôme à demi nu qui erre avec désespoir sur les bords qu'arrose l'onde mugissante de l'Evan? ses bras tiennent un enfant..... serait-ce la rose pâle d'Hamilton?

Le voyageur égaré la voit se glisser à travers le feuillage, il entend avec terreur sa voix faible et plaintive. — Vengeance! s'écrie-t-elle, vengeance sur l'orgueilleux Murray! Plaignez les malheurs de Bothwellhaugh!

Ainsi parle le seigneur de Paisley; des cris de rage et de douleur se font entendre au milieu des Hamiltons. Le Chef se relève soudain, et tire à demi du fourreau sa redoutable épée. —

Mais quel est cet homme qui franchit avec tant de rapidité les broussailles, le torrent et le rocher? sa main, armée d'un poignard sanglant, s'en sert pour exciter son coursier harassé de fatigue.

Son front est pâle, ses yeux étincellent comme ceux d'un homme poursuivi par une apparition. Le sang souille ses mains, sa chevelure est en désordre.....

C'est lui, c'est lui, c'est Bothwellhaugh!

Il abandonne son coursier haletant et près de succomber; il brise contre terre sa carabine, fumante encore d'un meurtre récent.

—Il est doux, dit-il d'une voix farouche, il est doux d'entendre résonner le cor dans les forêts; mais il est cent fois plus doux encore d'écouter les derniers soupirs d'un tyran.

Le roi puissant des forêts calédoniennes, que je vois percé de vos javelots, parcourait avec fierté les vallons et les collines; mais avec plus d'orgueil encore s'avançait le lâche Murray, au milieu des flots du peuple, dans la ville de Linlithgow.

Il venait en triomphe des frontières ravagées, et Knox, oubliant pour lui l'orgueil de sa dévotion, souriait en contemplant la pompe qui entourait le traître.

Mais la puissance avec tout son orgueil, la pompe avec tout son éclat, peuvent-elles ébranler le cœur qui a juré de se venger? peuvent-elles arrêter les projets du désespoir?

J'arme ma carabine, et je choisis un poste secret et obscur comme le coup que je médite; j'attends que les lanciers de l'Ecosse et les archers de l'Angleterre défilent près de moi.

Morton, odieux instrument des assassinats, s'avance le premier à la tête d'une troupe armée; je reconnais les plaids bariolés des clans sauvages de Macfarlane, qui agitent leurs larges claymores.

Je vois Glencairn et Parkhead, qui tiennent humblement les rênes du coursier de Murray; je vois Lindsay, dont l'œil implacable ne fut point ému des larmes de la belle Marie.

Au milieu d'une forêt de piques surmontées de bannières, flottait le panache du régent; à peine s'il pouvait faire un pas, tant ses flatteurs se pressaient autour de lui.

Sa visière était haute, ses yeux parcouraient les rangs de ceux qui l'entouraient, il brandissait son glaive comme pour donner des ordres à ses soldats.

Cependant la tristesse mal dissimulée qu'on lisait sur son front trahissait un sentiment de doute et de crainte; quelque démon lui disait tout bas : — Défie-toi de Bothwellhaugh outragé.

Le plomb de la mort vole..... le coursier tressaille..... La voix du tumulte retentit..... le panache de Murray vacille, le tyran tombe pour ne plus se relever.

Quel est le ravissement du jeune homme amoureux qui entend celle qu'il aime lui avouer qu'il a touché son cœur! Quelle est la joie d'un père qui perce de sa lance le loup dont la dent cruelle a blessé son fils bien-aimé!

Mais il fut mille fois plus doux pour moi de voir rouler l'orgueilleux Murray dans la poussière, et d'entendre son ame perfide s'échapper avec un douloureux gémissement.

L'ombre de ma Marguerite errait près de là; elle a pu contempler sa victime sanglante; elle a pu faire retentir à son oreille presque insensible : — Souviens-toi des outrages de Bothwellhaugh.

Noble Châtellerault, hâte-toi donc, déploie tes bannières; que tous tes guerriers s'arment de leurs arcs. Murray n'est plus, l'Ecosse est libre!

Tous les guerriers courent à leurs coursiers; leurs clameurs sauvages se mêlent aux sons bruyans de leurs cors: — Murray n'est plus, s'écrient-ils, l'Ecosse est libre..... Arran, prépare ta lance....

.... Mais le charme magique qui avait abusé le ménestrel a cessé..... Je ne vois plus les fers étincelans des piques; les cris de guerre expirent avec la brise, ou se perdent dans le murmure de l'Evant solitaire.

Les sifflemens du merle ont remplacé les fanfares sonores du cor, et les tours crénelées d'Evandale sont de nouveau cachées sous le lierre.

Au lieu de ces Chefs armés pour la vengeance et excitant leurs clans au carnage, je n'aperçois plus qu'une noble beauté, qui dirige avec grace les rênes de soie de son coursier.

Puissent la paix et le plaisir sourire long-temps aux dames qui daignent écouter le ménestrel! qu'elles embellissent long-temps de leur présence les rives fleuries d'Evandale!

NOTES.

Note 1re. — *A la tête de la troupe.*

Le chef de la famille des Hamiltons, à cette époque, était Jacques, comte d'Arran, duc de Châtellerault, en France, et premier pair d'Ecosse, en 1569; il fut nommé par la reine Marie son lieutenant-général en Ecosse, avec le titre singulier de son père adoptif.

Note 2. — *Lord Claude Hamilton.*

C'était le second fils du duc de Châtellerault, et l'un des plus fidèles partisans de la reine Marie. Il est l'ancêtre du marquis d'Abercorn.

Note 3. — *Woodhouselee.*

Cette baronnie, située sur les bords de l'Esk, appartenait à Bothwellhaugh. Les ruines de la demeure dont sa femme fut expulsée d'une manière si brutale qu'elle en mourut après avoir perdu la raison, subsistent encore dans un petit vallon du côté de la rivière. La crédulité populaire les fait encore habiter par lady Bothwellhaugh, que l'on confond cependant avec le spectre de lady Anne Bothwell, dont la complainte est si répandue : ce spectre est si jaloux de sa propriété, qu'une partie des pierres de l'ancien édifice ayant été employées à rebâtir ou à réparer la maison qui a remplacé Woodhouselee, il a cru qu'il avait le droit de se faire voir dans cette nouvelle habitation. Il n'y a pas long-temps qu'il a causé de grandes frayeurs aux domestiques. Il y a pourtant quatre milles des ruines de l'ancien Woodhouselee au nouveau; mais les fantômes iraient réclamer leur bien au bout du monde : celui-ci apparaît toujours vêtu de blanc, avec un enfant dans ses bras.

Note 4. — *Sa main armée d'un poignard sanglant.*

Birrell nous apprend que Bothwellhaugh étant poursuivi de près, et n'ayant plus ni fouet ni éperons, tira sa dague et en piqua son cheval par-derrière : l'animal, excité de cette sorte, sauta un large fossé, ce qui sauva le meurtrier.

Note 5. — *J'arme ma carabine.*

On conserve encore à Hamilton la carabine qui servit à tuer le régent.

Note 6. — *Ses flatteurs se pressaient autour de lui.*

John Knox avait averti le régent du complot, par des avis répétés. On prétend que Murray savait même dans quelle maison le meurtrier l'attendait. Egaré par cet entêtement fatal qui conduit l'homme à sa perte, il crut qu'en pressant son cheval devant la maison désignée il éviterait le danger. Mais la foule donna, sans le vouloir, à Bothwellhaugh le temps d'exécuter son assassinat.

LE MOINE

DE SAINT-BENOIT.

FRAGMENT.

Si je publie cette ballade sans la terminer, je dois dire que mon but n'a pas été de lui donner cette sorte d'intérêt qui naît souvent d'une curiosité désappointée. J'avouerai que mon intention était de poursuivre le récit jusqu'à la fin ; mais je n'ai jamais pu être content de mon travail, et si je joins ce fragment à mes œuvres poétiques, c'est par déférence à l'avis de quelques personnes dont l'opinion mérite des égards, et qui se sont opposées à mon projet de supprimer entièrement mon Moine de Saint-Benoît.

La tradition qui m'en a fourni l'idée est connue dans le comté de Mid-Lothian, où se trouve la maison appelée aujourd'hui Gilmerton-Grange, et à qui jadis on avait donné le nom de Burndale, d'après l'aventure tragique que je vais rapporter.

La baronnie de Gilmerton appartenait autrefois à un seigneur nommé Heron qui avait une fille de la plus grande beauté. Cette jeune personne fut séduite par l'abbé de Newbattle, couvent richement doté sur les rives de l'Esk, et qu'habite aujourd'hui le marquis de Lothian. Heron fut informé des amours de sa fille, et sut aussi que le moine avait été favorisé dans ses criminelles intentions par sa nourrice, qui demeurait dans cette maison de Gilmerton-Grange. Il conçut le projet d'une terrible vengeance sans être arrêté ni par le saint caractère dont le préjugé revêtait les ecclésiastiques, ni par les droits plus sacrés de la nature.

Il choisit une nuit sombre et orageuse, pendant laquelle les amans s'étaient donné rendez-vous ; il fit entasser autour de la maison des broussailles desséchées avec d'autres combustibles, et y mit le feu. La maison et ceux qu'elle renfermait ne formèrent bientôt plus qu'un amas de cendres.

Le début de ma ballade m'a été suggéré par ce curieux extrait de la vie d'Alexandre Peden, l'un de ces apôtres errans et persécutés de la secte des caméroniens sous le règne de Charles II et de son successeur Jacques. Cet Alexandre Peden passait dans l'esprit de ses prosélytes pour être doué d'une puissance surnaturelle : peut-être se l'était-il persuadé à lui-même; car les lieux sauvages que ces malheureux fréquentaient et les dangers continuels qu'ils couraient dans leur état de proscription, ajoutaient encore à la sombre superstition de ce siècle d'ignorance.

A peu près dans ce même temps Alexandre Peden, dit son biographe, fut dans la maison d'André Normand, où il devait prêcher pendant la nuit. Après être entré il s'arrêta un moment, s'appuya sur le dos d'un fauteuil en se couvrant la tête. Soudain il se relève, et dit : Il y a quelqu'un dans cette maison pour qui je n'ai aucune parole de salut. Après quelques momens de silence il ajouta : Il est étrange que le démon refuse de sortir pour nous empêcher de commencer la bonne œuvre.

Alors une femme sortit; c'était une vieille qui avait toujours été vue de mauvais œil, et qui passait même pour sorcière.

(*La vie et les prophéties d'Alexandre Peden, ex-ministre du saint Évangile à New-Glenluce, partie II*, § 26.)

I.

Le pape célébrait le saint sacrifice avec le pouvoir qu'il a reçu du ciel d'effacer les péchés des hommes. C'était le grand jour de Saint-Pierre.

Le peuple était agenouillé dans le temple; chaque fidèle allait recevoir l'absolution de ses fautes en baisant le pavé de l'enceinte sacrée.

II.

Toute l'assemblée est immobile et muette au moment où les paroles de la grace vont retentir sous les voûtes.

Soudain le pontife tressaille de terreur ; la voix lui manque ; et lorsqu'il veut élever le calice il le laisse tomber à terre.

III.

— Le souffle d'un grand coupable, s'écrie-t-il, souille ce jour pieux ; il ne peut partager notre croyance ni éprouver le saint effet de mes paroles.

C'est un homme dont aucune bénédiction ne peut calmer le cœur troublé ; c'est un malheureux dont l'odieuse présence profane toutes les choses saintes.

IV.

Lève-toi, misérable, lève-toi et fuis ; crains mes imprécations. Je t'ordonne de ne plus étouffer ma voix par ton aspect profane ; fuis.

Au milieu du peuple était agenouillé un pèlerin recouvert d'un capuchon gris ; venu des rives lointaines de sa terre natale, il voyait Rome pour la première fois.

V.

Pendant quarante jours et quarante nuits il n'avait proféré aucune parole, et toute sa nourriture avait été du pain et l'eau des fontaines.

Au milieu du troupeau de pénitens aucun n'était prosterné avec plus d'humilité ; mais lorsque le pontife eut parlé, il se leva et sortit.

VI.

Il reprit le chemin de sa terre natale, et dirigea ses pas fatigués vers les plaines fertiles du Lothian et vers la cime azurée des montagnes de Pentland.

Il revit les ombrages de l'Esk, berceau de son enfance, et cette rivière si douce qui porte à la mer le tribut de ses flots argentés.

VII.

Des seigneurs accoururent au-devant du pèlerin ; des vassaux vinrent fléchir le genou devant lui ; car parmi les Chefs guerriers de l'Ecosse aucun n'était aussi brave que lui.

Il avait versé plusieurs fois son sang pour la patrie, et les rives du Till avaient été témoins de ses exploits.

VIII.

Salut, lieux ravissans où coulent les ondes limpides de l'Esk; salut, cimes aériennes des rochers, et vous ombrages inaccessibles aux rayons du soleil.

C'est là que le poète est heureux de s'égarer avec la Muse; c'est là que la beauté peut trouver un asile discret pour parler de ses amours!

IX.

Qui n'admirerait la noble architecture de ce château d'où le cor annonce l'arrivée des rois? Qui ne se plairait sous les noisetiers d'Auchendinny et près de Woodhouselee qu'habite un blanc fantôme.

Qui ne connaît les bocages de Melville, les vallons de Roslin, Dalkeith, asile de toutes les vertus, et Hawthorden, que le nom de Drummond a rendu classique?

X.

Cependant le pèlerin évite tous ces lieux enchanteurs, et chaque jour il suit le sentier solitaire qui conduit à la ferme incendiée de Burndale.

Ce lieu est d'un aspect triste; le désespoir seul pourrait s'y plaire; les murs en ruines semblent menacer de leur chute celui qui s'en approche, et la toiture est noircie par les traces du feu.

XI.

C'était un soir d'été; les rayons affaiblis du jour arrêtés sur la crète de Carnethy la nuançaient d'une teinte de pourpre.

La coche du couvent annonçait l'heure des vêpres dans les chênes de Newbattle; à l'hymne de la Vierge céleste se mêlait la voix solennelle de l'airain.

XII.

Le vent apporta les derniers sons de cette harmonie religieuse à l'oreille du pèlerin au moment où il s'avançait dans le sentier accoutumé.

Plongé dans ses rêveries profondes, il levait enfin les yeux lorsqu'il fut parvenu à ce séjour mélancolique où l'œil ne pouvait apercevoir que des ruines.

XIII.

Il soupira avec amertume en contemplant ces murs calcinés, et un moine de Saint-Benoît étendu sur une pierre.

— Que le Christ t'écoute, dit le serviteur du ciel : tu es sans doute quelque pèlerin malheureux? Lord Albert le fixe avec des yeux surpris et attristés, mais il ne répond rien.

XIV.

— Viens-tu de l'Orient ou de l'Occident? demanda le moine. Apportes-tu de saintes reliques, as-tu visité la châsse de saint Jacques de Compostelle, ou viens-tu de la chapelle de saint Jean de Beverley?

— Je ne viens point du pèlerinage de Compostelle; je n'apporte point des reliques d'Orient, mais j'apporte une malédiction de notre Saint-Père le pape, une malédiction qui me suivra partout.

XV.

— Cesse de le croire, infortuné pèlerin! Fléchis le genou devant moi, et confesse ton crime afin que je puisse t'absoudre.

— Et qui es-tu, moine, pour avoir le droit de me remettre mes péchés, lorsque celui qui tient les clefs du ciel et de la terre n'a pu m'en accorder le pardon.

XVI.

— Je viens, dit le moine, d'un climat lointain; j'ai parcouru plus de mille lieues exprès pour venir absoudre un coupable d'un crime commis dans ce lieu même.

Le pèlerin s'agenouilla, et commença en ces termes sa confession, pendant que le moine appuyait une main glacée sur sa tête humblement fléchie. . . . .

. . . .

NOTES.

NOTE 1. — Paragraphe IX.

La baronnie de Pennycuik, appartenant à sir George Clerk, soumet son propriétaire à une singulière obligation : il est tenu de monter sur un large quartier de roche, et d'y donner trois fois du cor chaque fois que le roi vient chasser dans le Borough-Muir. On admire à juste titre le château de Pennycuik, tant pour son architecture que pour le paysage qui l'avoisine.

NOTE 2. — Même paragraphe.

Auchendinny sur l'Esk, en dessous de Pennycuik, est la demeure actuelle de l'ingénieux H. Mackenzie, auteur de *l'Homme sensible* (*the Man of feeling*).

NOTE 3. — Même paragraphe. — *Roslin, Dalkeith.*

Le château et la vallée romantique de Roslin, jadis habité par la famille de Saint-Clair, appartient aujourd'hui au comte de Roslin.

Dalkeith est la résidence de la famille Buccleuch.

LE ROI DU FEU.

> « Il porte avec lui les bénédictions des mauvais
> « génies, qui sont des malédictions véritables. »
> *Conte oriental.*

Cette ballade fut composée à la demande de M. Lewis pour être insérée dans ses *Contes merveilleux*. Elle est la troisième des quatre qui forment la série consacrée aux esprits élémentaires. Cependant l'apostasie du comte Albert est presque historique. On lit dans les *Annales des croisades* qu'un chevalier du Temple, appelé Saint-Alban, passa du côté des Sarrasins et défit les chrétiens dans plusieurs batailles, jusqu'à ce qu'il pérît lui-même sous les murs de Jérusalem de la main de Baudouin.

BALLADE.

I.

Vaillans chevaliers et belles dames, prêtez l'oreille aux accords de ma harpe ; je vais vous parler d'amour, de guerre et de prodiges ; peut-être, au milieu de votre bonheur, donnerez-vous un soupir à l'histoire du comte Albert de la tendre Rosalie.

II.

Voyez-vous ce château sur le roc escarpé ? Voyez-vous cette jeune beauté les larmes aux yeux ? Voyez-vous ce pèlerin qui revient de la Palestine ? Des coquillages ornent son chapeau ; il tient un bourdon à la main.

III.

Bon pèlerin, dis-moi, je t'en supplie, dis-moi quelles

nouvelles tu apportes de la Terre-Sainte? où en est la guerre sous les remparts de Solime? que font nos guerriers, la fleur de notre noblesse?

IV.

— La victoire nous sourit sur les rives du Jourdain; nous avons conquis Gilead, Nablous et Ramah. Le ciel daigne récompenser la foi de nos chevaliers au pied du mont Liban; les païens fuient; les chrétiens triomphent.

V.

Une belle chaîne d'or était entrelacée dans les tresses de ses cheveux; Rosalie la pose sur la tête blanche du vieux pèlerin : —Bon pèlerin, dit-elle, reçois cette chaîne pour prix des nouvelles que tu as apportées de la Terre-Sainte.

VI.

Mais dis-moi, bon pèlerin, as-tu vu dans la Palestine le vaillant comte Albert? Lorsque le croissant a pâli devant la croix victorieuse, le comte Albert n'était-il pas le premier des chrétiens au pied du mont Liban?

VII.

—Belle demoiselle, l'arbre se pare de verdure, le ruisseau promène ses eaux argentées dans le vallon, ce château brave les assaillans, et l'espérance nous flatte et nous séduit : mais, hélas! belle demoiselle, tout ici-bas ne fleurit que pour mourir.

VIII.

Le feuillage de l'arbre se flétrit, la foudre éclate et consume les murs des châteaux, le cristal limpide des fontaines se trouble, et l'espérance s'envole... Le comte Albert est prisonnier sur le mont Liban!

IX.

Rosalie se procure un cheval rapide comme l'éclair; elle s'arme d'une bonne et fidèle épée; elle s'embarque pour la Palestine, résolue d'aller arracher le comte Albert à l'esclavage du soudan.

X.

Hélas! le comte Albert se souciait peu de Rosalie, le

comte Albert tenait peu à sa foi et à son serment de chevalier. Une belle païenne avait conquis son cœur volage. C'était la fille du soudan qui régnait sur le mont Liban.

XI.

—Brave chrétien, lui a-t-elle dit, veux-tu obtenir mon amour, tu dois faire tout ce que j'exigerai de toi. Adopte nos lois et notre culte, tel est le premier gage de tendresse que te demande Zuléma.

XII.

Descends ensuite dans la caverne où brûle éternellement la flamme mystérieuse qu'adorent les Curdes; tu y veilleras pendant trois nuits en gardant le silence : ce sera le second gage d'amour que recevra de toi Zuléma.

XIII.

Enfin tu consacreras ton expérience et ta valeur à chasser de la Palestine les profanes chrétiens, j'accepterai alors le titre de ton épouse, car le comte Albert aura prouvé qu'il aime Zuléma.

XIV.

Albert a jeté de côté son casque et son épée, dont la garde figurait une croix; il a renoncé au titre de chevalier, et a renié son Dieu, séduit par la beauté de la fille du mont Liban; il a pris le cafetan vert, et paré son front du turban.

XV.

Dès que la nuit arrive, il descend dans le caveau souterrain dont cinquante grilles et cinquante portes de fer défendent l'accès. Il veille jusqu'au retour de l'aurore, mais il ne voit rien si ce n'est la lueur de la flamme qui brûle sur l'autel de pierre.

XVI.

La princesse s'étonne, le soudan partage sa surprise; les prêtres murmurent en regardant Albert; ils cherchent dans ses vêtemens, et y trouvent un rosaire, qu'ils lui arrachent et jettent aussitôt.

XVII.

Il redescend dans la caverne, et y veille toute la nuit en écoutant le sifflement lointain des vents; mais rien d'extraordinaire ne frappe son oreille ou sa vue; la flamme continue à brûler sur l'autel solitaire.

XVIII.

Les prêtres murmurent; le soudan s'étonne de plus en plus pendant qu'ils chantent leurs airs magiques. On cherche encore sous les vêtemens d'Albert, et l'on trouve sur son sein le signe de la croix qu'y avait imprimé son père.

XIX.

Les prêtres s'efforcent de l'effacer, et y parviennent avec peine; l'apostat retourne dans l'antre mystérieux; mais en descendant il croit entendre quelqu'un qui lui parle à l'oreille : c'était son bon ange qui lui disait adieu.

XX.

Ses cheveux se hérissent sur sa tête, son cœur s'émeut et s'agite; il recule cinq pas, hésitant de poursuivre sa route; mais son cœur était endurci... et bientôt le souvenir de la fille du mont Liban étouffe tous ses remords.

XXI.

A peine a-t-il dépassé le premier arceau de cette voûte souterraine que les vents soufflent des quatre points du ciel; les portes de fer s'ébranlent et gémissent sur leurs gonds; le redoutable roi du feu arrive sur l'aile de l'ouragan.

XXII.

La caverne tremble à son approche, la flamme s'élève avec un nouvel éclat; les explosions volcaniques des montagnes proclament la présence du roi du feu.

XXIII.

L'œil ne peut mesurer sa taille ni distinguer sa forme; le tonnerre est son souffle, l'orage est sa voix : ah! sans doute le cœur vaillant du comte Albert s'émut en voyant le roi des flammes environné de toutes ses terreurs.

XXIV.

Sa main tenait une large épée brillant d'une lueur bleuâtre à travers la fumée; le mont Liban tressaillit en entendant parler le monarque : — Avec cette épée, dit-il au comte, tu vaincras jusqu'au jour où tu invoqueras la Vierge et la croix.

XXV.

Une main à demi voilée par un nuage lui remet le fer enchanté que l'infidèle reçoit en fléchissant les genoux. La foudre gronde dans le lointain, la flamme pâlit au moment où le fantôme se retire sur l'ouragan.

XXVI.

Le comte Albert se réunit aux guerriers païens : son cœur est perfide; mais son bras est tout-puissant. La croix cède, et le croissant triomphe depuis le jour où le comte a embrassé la cause des ennemis du Christ.

XXVII.

Depuis les cèdres du Liban jusqu'aux rives du Jourdain les sables de Samaar furent inondés du sang des braves; enfin les chevaliers du Temple et les chevaliers de Saint-Jean vinrent avec le roi de Salem secourir les soldats de la croix.

XXVIII.

Les cymbales résonnent, les clairons leur répondent; les lances sont en arrêt; les deux armées en viennent aux mains. Le comte Albert renverse chevaux et cavaliers, et perce les rangs des chrétiens pour rencontrer le roi Baudouin.

XXIX.

Le bouclier orné d'une croix rouge eût été une vaine défense pour le roi chrétien contre l'épée magique du comte Albert; mais un page se précipite entre les deux adversaires, et fend le turban du fier renégat.

XXX.

Le coup fut si violent que le comte fléchit la tête jusque sur le pommeau de sa selle, comme s'il eût rendu hommage au bouclier du croisé, et il laissa involontairement échapper ces mots : *Bonne grace, Notre-Dame!*

XXXI.

L'épée enchantée a perdu toute sa vertu; elle abandonne la main du comte, et disparaît à jamais; — il en est qui prétendent qu'un éclair la reporta au redoutable monarque du feu.

XXXII.

Le comte grince les dents; il étend sa main armée du gantelet, et d'un revers il jette le jeune téméraire sur le sable. Le casque brisé du page laisse voir en roulant ses yeux bleus et les boucles d'or de sa chevelure.

XXXIII.

Le comte Albert reconnaît avec horreur ces yeux éteints et ces cheveux souillés de sang. Mais déjà les Templiers accourent semblables au torrent de Cédron, et le fer de leurs longues lances immole les soldats musulmans.

XXXIV.

Les Sarrasins, les Curdes et les Ismaélites reculent devant ces religieux guerriers; les vautours se rassasièrent des cadavres de ces infidèles depuis les sources de Bethsaida jusqu'aux collines de Nephtali.

XXXV.

La bataille est terminée sur la plaine de Bethsaida..... Quel est ce païen étendu parmi les morts? quel est ce page immobile à ses pieds?... C'est le comte Albert et la belle Rosalie.

XXXVI.

La jeune chrétienne fut ensevelie dans l'enceinte sacrée de Salem; le comte fut abandonné aux vautours et aux chacals. Notre-Dame prit en merci l'ame de Rosalie, celle d'Albert fut portée par l'ouragan au roi des flammes.

XXXVII.

Le ménestrel chantait ainsi sur sa harpe le triomphe de la croix et la défaite du croissant. Les seigneurs et les dames soupirèrent au milieu de leur gaieté, en entendant l'histoire du comte Albert et de la belle Rosalie.

THOMAS LE RIMEUR.

PREMIÈRE PARTIE.

Il est peu de personnages aussi renommés dans la tradition que Thomas d'Erceldoune, connu par le surnom de Rimeur : réunissant le talent de la poésie à celui de prophétiser, Thomas est encore en grande vénération parmi ses concitoyens, cinq cents ans après sa mort.

Donner une histoire bien avérée de cet homme remarquable, ce serait un travail difficile; mais les curieux pourront encore nous remercier des particularités que nous avons rassemblées ici.

On convient généralement qu'Erceldoune fut sa résidence et probablement aussi le lieu où naquit cet ancien barde. C'est un village situé sur le Leader, à deux milles au-dessus de sa jonction avec la Tweed. On désigne encore une vieille tour comme le château du Rimeur; les traditions s'accordent aussi à dire que son surnom était Lermont ou Learmont, et que celui de Rimeur lui fut donné à cause de ses compositions poétiques. Il reste encore cependant quelques doutes à éclaircir à ce sujet. Dans une chartre que nous citons ici [1], le fils de notre poète se désigne par

---

[1] *Extrait du Cartulaire de la Trinité de Soltra.* (Bibliothèque des avocats à Édimbourg.)

ERSYLTON.

Omnibus has litteras visuris vel audituris Thomas de Ercildoun, filius et hæres Thomæ Rymour de Ercildoun, salutem in Domino. Noveritis me per fustem et baculum in pleno judicio resignasse ac per præsentes quietem clamasse pro me et hæredibus meis, Magistro domus sanctæ Trinitatis de Soltre et fratribus ejusdem domus totam terram meam cum omnibus pertinentibus suis, quam in tenemento de Ercildoun hæreditarie tenui, renunciando de toto pro me et hæredibus meis omni jure et clam eoque ego seu antecessores mei in eadem terra alioque tempore de

le titre de *Thomas d'Erceldoune, fils et héritier de Thomas le Rimeur d'Erceldoune;* ce qui indiquerait que son père ne portait pas le nom héréditaire de Learmont, ou que du moins il était mieux connu et distingué par l'épithète qu'il avait acquise par son mérite personnel.

Je dois remarquer cependant que jusqu'à une époque très-reculée ce fut une habitude commune, et même nécessaire parmi les clans des frontières, de désigner les parties contractantes, même dans des écrits importans, par les épithètes qui leur avaient été données pour des qualités personnelles, plutôt que par les surnoms de famille.

Il est plus facile de fixer l'époque à laquelle vivait Thomas d'Erceldoune. C'était à la fin du treizième siècle. Je serais assez d'avis de le faire vivre moins long-temps que ne le veut M. Pinkerton, qui suppose (dans ses *Poètes écossais*) qu'il vivait encore en 1300; ce qui est presque contredit par la date de la chartre déjà citée, où le fils du Rimeur dispose des propriétés de la famille.

On ne peut douter que Thomas d'Erceldoune ne fût un personnage remarquable et important de son temps, puisque peu de temps après sa mort nous le voyons célébré déjà comme prophète et comme poète. Il n'est guère possible de décider si le premier de ces deux titres lui fut conféré gratuitement par la crédulité de la postérité, ou s'il prétendit se l'attribuer de son vivant.

Si nous croyons Mackenzie, Learmont ne fit que mettre en vers les prédictions d'Elisa, nonne inspirée d'un couvent d'Haddington; mais Mackenzie ne le prouve nullement; au contraire, tous les anciens auteurs qui citent les prophéties de Thomas les donnent comme de lui.

Quelques doutes qui puissent s'élever parmi les savans sur la source de la science prophétique du Rimeur, le vulgaire n'a jamais hésité à l'attribuer aux entretiens qu'il eut avec la reine des fées. Un conte populaire dit que Thomas fut emmené dans

---

perpetuo habuimus sive de futuro habere possumus. In cujus rei testimonio, præsentibus his sigillum meum apposui. Data apud Ercildoun, die martis proximo post festum sanctorum apostolorum Symonis et Judæ, anno Domini millesimo ducentesimo nonagesimo nono. — Ed.

sa jeunesse dans le royaume de féerie (fairy land), où il acquit toute la science qui le rendit depuis si fameux. Après sept ans de séjour dans ces régions fantastiques, il obtint la permission de descendre sur la terre pour éclairer et surprendre ses compatriotes par ses talens prophétiques, mais en restant à la disposition de sa souveraine et ayant promis de retourner à elle aussitôt qu'elle l'exigerait.

En conséquence, pendant que Thomas se réjouissait avec ses amis dans son château d'Erceldoune, une personne vint lui annoncer avec toutes les marques de la crainte et de l'étonnement qu'un cerf et une biche avaient abandonné la forêt voisine et se promenaient librement dans le village : le prophète se leva au même instant, alla trouver les deux animaux, les suivit, et ne revint plus. Selon la croyance populaire, il habite encore le pays des fées. Quelque jour, à ce qu'on prétend, il viendra rendre de nouveau visite aux habitans de la terre; en attendant, sa mémoire est en grande vénération. L'arbre d'Eildon, sous lequel il débitait ses prophéties, n'existe plus, mais la place est marquée par une large pierre, appelée la pierre d'Eildon ; un ruisseau voisin est désigné par le nom de *Bogle-Burn* (ruisseau des esprits), à cause des entretiens que le barde avait avec eux.

Le respect dont on entourait le lieu où habita Thomas d'Erceldoune s'étendit même à un certain degré jusque sur un homme qui choisit pour sa résidence la tour en ruines de Learmont, à une époque moderne : c'était une espèce d'herboriste appelé Murray, qui parvint à se faire pendant plusieurs années une réputation de sorcier par quelque connaissance des simples, la possession d'une horloge musicale, une machine électrique et un alligator empaillé, mais surtout par ses communications supposées avec Thomas le Rimeur.

Il eût paru impardonnable à l'auteur, en donnant la ballade suivante, de se contenter d'un simple commentaire, quand il s'agit d'un personnage aussi important dans nos traditions que Thomas le Rimeur.

Cette ballade est tirée d'un manuscrit que nous a confié une dame qui habite près d'Erceldoune; elle a été corrigée et augmentée dans la copie de mistress Brown.

L'auteur s'est hasardé d'y ajouter une seconde partie qui forme une espèce de centon tiré des prophéties communément attribuées au Rimeur, et une troisième tout-à-fait moderne, fondée sur la tradition qui fait retourner Thomas au pays des fées avec le cerf et la biche.

Pour me concilier le suffrage des antiquaires, plus difficiles, j'ai ajouté à la seconde partie quelques remarques sur les prédictions de Learmont.

I.

Thomas était couché sur les rives de l'Huntlie : il aperçut soudain un spectacle merveilleux; une dame brillante de beauté descendit de son palefroi auprès de l'arbre d'Eildon.

II.

Sa robe était de soie verte, son manteau d'un riche velours; à la crinière flottante de son coursier pendaient cinquante-neuf clochettes d'argent.

III.

Thomas se découvre la tête, et fait une profonde salutation... —Salut, dit-il, puissante reine du ciel, car je n'ai jamais vu ton égale sur la terre.

IV.

—Non, Thomas, répondit-elle, non, ce titre ne m'appartient pas : je ne suis que la reine du pays des fées. Je viens ici pour te visiter.

V.

—Prends ta harpe, et suis-moi, Thomas, répétait-elle, et si tu oses approcher tes lèvres des miennes, ce baiser me rendra maîtresse de toi.

VI.

—Advienne ce que pourra ; heur ou malheur, dit-il, ce destin ne saurait jamais m'effrayer.

Thomas baisa ses lèvres de rose sous l'arbre d'Eildon.

VII.

— Maintenant, reprit-elle, Thomas, tu es obligé de me suivre ; tu me serviras pendant sept ans, qu'il t'arrive heur ou malheur.

VIII.

Elle remonte sur son palefroi couleur de lait ; elle prend Thomas en croupe ; et, docile à la main qui guide ses rênes, le coursier vole rapide comme le vent.

IX.

Ils voyagèrent bien loin : rien ne ralentissait l'ardeur du coursier, jusqu'à ce qu'ils atteignirent un vaste désert, laissant derrière eux la terre habitée par les hommes.

X.

— Descends, fidèle Thomas, descends, dit la reine des fées ; appuie ta tête sur mes genoux... repose-toi quelques instants, et je te montrerai trois prodiges.

XI.

— Ne vois-tu pas ce sentier étroit, embarrassé par les épines et les broussailles.... c'est le sentier de la vertu ; peu de gens le cherchent.

XII.

— Ne vois-tu pas cette route qui serpente au milieu des fleurs ?... C'est le chemin du vice, quoique quelques-uns l'appellent le chemin du ciel.

XIII.

— Ne vois-tu pas ce joli sentier qui tourne dans la bruyère ?... c'est le sentier qui mène au beau royaume des fées, où nous devons, toi et moi, nous rendre cette nuit.

XIV.

— Mais, Thomas, tu retiendras ta langue, quelque chose que tu puisses entendre ou voir ; car si tu prononces une parole dans le pays des fées, tu ne retourneras plus dans ta terre natale.

XV.

Ils remontèrent sur le palefroi, et voyagèrent bien

loin. Ils traversèrent des rivières, ayant de l'eau jusqu'au genou, et ne voyant ni soleil ni lune, mais entendant le mugissement de la mer.

XVI.

Il était nuit, et la nuit était sombre et sans étoiles. Ils marchèrent dans une mer de sang ; car tout le sang qui se répand sur la terre va se mêler aux ruisseaux de cette contrée.

XVII.

Ils arrivèrent enfin dans un jardin vert. La reine cueillit une pomme sur l'arbre, et l'offrant à Thomas : — Reçois, dit-elle, ce fruit pour ta récompense ; il te donnera une langue qui ne pourra jamais mentir.

XVIII.

— Je ne pourrai donc plus disposer de ma langue, dit Thomas ; vous me faites là un don précieux ! Je ne pourrai donc plus acheter ni vendre en quelque lieu que je me trouve ?

XIX.

— Je ne pourrai donc plus parler à un prince ou à un seigneur, ni demander aucune grace à une belle dame !
— Silence ! reprit la reine en l'interrompant ; il en sera comme j'ai dit.

XX.

Thomas fut revêtu d'un manteau de drap uni ; il chaussa des sandales de velours vert, et pendant sept ans on ne le vit plus reparaître sur la terre.

SECONDE PARTIE.

Ce sont surtout les prophéties attribuées à Thomas d'Erceldoune qui ont consacré sa mémoire parmi *les enfans de sa nation*. L'auteur de sir Tristrem serait allé depuis long-temps joindre dans la vallée de l'oubli Clerk de Tranent, qui écrivit les aventures de *Schir Gawain*. Mais, par bonheur, la même superstition qui fait que les lazzaroni de Naples regardent Virgile comme un magicien, a élevé le barde d'Erceldoune au rang de prophète.

Peut-être lui-même y prétendit-il pendant sa vie. Nous savons du moins que déjà peu de temps après sa mort on parlait de ses connaissances surnaturelles. Ses prédictions sont citées par Barbour et par Winton, vulgairement appelé Harry l'aveugle.

Aucun de ces auteurs cependant ne donne le texte des prophéties du Rimeur; mais ils se contentent de raconter en historiens qu'il a prédit les événemens dont ils parlent.

La plus moderne des prophéties attribuées à Thomas d'Erceldoune est citée par M. Pinkerton d'après un manuscrit. C'est une réponse supposée faite à la comtesse de March, cette héroïne renommée par la défense du château de Dunbar contre les Anglais, et appelée dans le dialecte familier de son temps la noire Agnès de Dunbar. Comme je n'ai jamais vu le manuscrit où sir Pinkerton a puisé cet extrait, et que ce savant en fixe la date au règne d'Edouard Ier, je me hasarde avec peine à le déclarer apocryphe.

Si j'osais me permettre une conjecture, je dirais que cette prophétie avait été arrangée en faveur des Anglais contre l'indépendance de l'Ecosse. Il en est de même de celle qu'on supposa pour le régent duc d'Albany.

Le nom de Thomas d'Erceldoune a servi plusieurs fois d'autorité, et outre ces prophéties, publiées sous son nom, Gildas, personnage fictif, est supposé lui devoir toute sa science; car il conclut en ces termes : — Voilà ce que m'a révélé dans des temps de malheur le véridique Thomas sur les collines d'Eildon.

Dans le recueil des prophéties écossaises réunies par Hart, le prophète Berlington dit aussi : — Merveilleux Merlin, et toi, Thomas, interprète de l'avenir!

Puisque ce nom se présente, je demanderai la permission aux antiquaires d'appeler leur intention sur Merdwynn-Wyllt ou Merlin le sauvage, auteur des prophéties écossaises, qu'on ne doit point confondre avec Ambroise Merlin, l'ami d'Arthur.

Fordun nous apprend que ce personnage a habité Drummelziar, où il errait dans les bois comme un autre Nabuchodonosor, pleurant le meurtre de son neveu. Dans le *Scotichronicon* il est rapporté une entrevue entre saint Kentigern et Merlin, surnommé alors *Lailovren* à cause de son genre de vie. Le saint lui commande de raconter son histoire; il dit alors que la pénitence qu'il accomplit lui a été imposée par une voix du ciel. Selon sa propre prédiction, Merlin périt à la fois par le bois, la terre et l'eau; car étant poursuivi à coups de pierres par des paysans, il tomba dans la Tweed, et fut transpercé par un pieu aigu qui avait été fixé à cet endroit pour placer un filet.

> *Sude perfossus, lapide percussus et unda,*
> *Hæc tria Merlinum fertur inire necem.*
> *Sicque ruit, mersusque fuit, lignoque pependit,*
> *Et fecit vatem per terna pericula verum.*

Mais dans une histoire en vers de Merlin de Calédonie, compilée par Geoffroy de Monmouth sur les traditions des poètes gallois, ce genre de mort est la destinée d'un page qu'une sœur de Merlin, qui désirait faire passer son frère pour un faux prophète, parce qu'il avait découvert ses intrigues, envoya sous trois déguisemens lui demander de quelle mort il périrait. La première fois Merlin répondit à celui qui le consultait qu'il périrait en tombant d'un rocher, la seconde qu'il mourrait par un arbre, et la troisième en se noyant; ce qui arriva en effet au page, à peu près comme Fordun veut qu'il soit arrivé à Merlin lui-même.

En opposition avec les autorités galloises, Fordun confond ce second Merlin avec le Merlin d'Arthur. Mais il conclut en nous assurant que plusieurs auteurs en reconnaissaient deux.

Le tombeau de Merlin est montré aux étrangers à Drummelziar, dans la vallée de Teviot, sous une antique aubépine. Au couchant du cimetière, le ruisseau appelé Pansayl tombe dans la Tweed, et la prophétie suivante courut, dit-on, au sujet de la réunion des eaux de la Tweed et du Pansayl.

Quand la Tweed et le Pansayl se réuniront au tombeau de Merlin, l'Ecosse et l'Angleterre n'auront plus qu'un monarque.

Le jour du couronnement de Jacques VI la Tweed déborda, et joignit en effet le Pansayl, au tombeau du prophète.

La mémoire de Merlin était en vénération en Ecosse sous le règne de Jacques V. Waldhave, sous le nom duquel un livre de prophéties fut publié, se représente lui-même comme étendu sur le sommet du Lomond-Law, lorsqu'il entendit une voix qui lui criait de se tenir sur la défensive. Il tourne la tête, et aperçoit un troupeau de lièvres et de renards, poursuivis sur les montagnes par une espèce de sauvage auquel on avait de la peine à donner le nom d'homme. A la vue de Waldhave, le chasseur abandonne ces animaux qui fuyaient devant lui, et l'attaque avec une massue. Waldhave se défend avec son épée, jette le sauvage par terre, et refuse de le laisser se relever, jusqu'à ce qu'il lui ait juré par le Law et la cabane qu'il habite de ne lui faire aucun mal. A cette condition, il lui permet de se remettre sur ses pieds, et s'étonne de son aspect extraordinaire.

Il était fait comme un homme qui a ses quatre membres; mais une barbe si épaisse couvrait son menton et ses joues; ses cheveux étaient si touffus, qu'il faisait peur.

Il répond en peu de mots à Waldhave ce que Fordun lui fait dire à saint Kentigern.

Les prophéties de Merlin, comme celles de Thomas, semblent avoir été très-recherchées sous la minorité de Jacques V; car, parmi les amusemens que sir David Lindsay procurait à ce prince pendant son enfance, il compte :

Les Prophéties du Rimeur, de Merlin et de Bède.
(Sir David Lindsay, *Epître au Roi.*)

Avant de terminer cette espèce de dissertation sur les prophéties de notre pays d'Ecosse, il est juste de remarquer que plusieurs vers qui passent pour des boutades prophétiques de Thomas sont encore en faveur parmi le peuple. C'est ainsi qu'on répète souvent ce qu'il a prédit au sujet de l'ancienne famille de Haig de Bemerside :

— Advienne que pourra, Haig de Bemerside aura toujours un enfant mâle.

Le grand-père du propriétaire actuel de Bemerside eut douze filles avant que sa femme pût lui donner un garçon. Le peuple tremblait pour la réputation de son prophète favori; Sir M. J. Haig naquit enfin, et Thomas le Rimeur fut prophète plus certainement que jamais.

Une autre prédiction mémorable dit que la vieille église de Kelso, construite sur les ruines de l'abbaye, s'écroulera lorsqu'elle sera pleine. Il y a trente ans que, pendant un sermon qui avait attiré une assemblée nombreuse, il tomba un morceau de plâtre de la voûte. L'alarme devint universelle, et heureux les fidèles qui se trouvèrent les plus voisins de la porte. J'espère, pour la conservation d'un des plus beaux monumens de l'architecture saxo-gothique, que la prédiction de Thomas ne s'accomplira pas de long-temps.

Corspatrick (Côme Patrick), comte de March, mais prenant plus souvent le titre de comte de Dunbar, joua un rôle important pendant la guerre d'Ecosse sous Edouard Ier.

Comme Thomas d'Erceldoune avait fait à ce seigneur la prédiction de la mort d'Alexandre, j'ai cru devoir l'introduire dans la ballade suivante. Tous les vers prophétiques sont tirés du recueil publié par M. Hart.

I.

Lorsque sept années se furent écoulées, un jour que le soleil brillait sur le lac et la rivière, Thomas se retrouva sur les bords de l'Huntlie, comme s'il se réveillait après un songe.

II.

Il entendit les pas bruyans d'un coursier; il vit étinceler une armure; un vaillant chevalier se dirigeait d'une course rapide vers l'arbre d'Eildon.

III.

C'était un chevalier de grande taille et qui semblait de la race des géans; il piquait les flancs de son palefroi avec des éperons d'or d'une forme élégante.

IV.

— Sois le bienvenu, dit-il à Thomas, sois le bienvenu; révèle-moi quelque étrange merveille.

Thomas répond : — Que le Christ veille sur toi, brave Corspatrick, généreux comte de Dunbar; sois trois fois le bienvenu!

V.

Descends près de moi, brave Corspatrick, et je te découvrirai trois grands malheurs qui menacent la belle

Ecosse, et qui doivent changer ses habits de fête en habits de deuil.

VI.

Un orage gronde en ce moment depuis les collines de Ross jusqu'à la mer de Solway.

— Tu mens, tu mens, vieux magicien! car le soleil brille sur la terre et sur les flots.

VII.

Thomas mit la main sur la tête du comte, et lui fit voir un rocher du côté de la mer, où un monarque était étendu sans vie sous son coursier, et ses nobles chevaliers essuyaient leurs yeux humides.

VIII.

— La seconde malédiction que je t'annonce s'accomplira sur les collines de Branxton : au milieu des fougères de Flodden flottera une bannière rouge comme le sang, sous laquelle marcheront des Chefs valeureux.

IX.

— Un roi d'Ecosse viendra à leur rencontre; il porte le lion sur son écu; une flèche empennée, lancée par une main ennemie, le renversera sur le champ de bataille.

X.

En voyant couler le sang de la blessure, il dit encore à ses guerriers : — Pour l'amour du ciel, faites face à ces soldats du Sud, et forcez la victoire à vous suivre! Pourquoi perdrais-je aujourd'hui mes droits? Ce n'est pas aujourd'hui que je dois mourir.

XI.

— Maintenant, comte, tourne les yeux du côté de l'orient, et tu verras un spectacle de malheur : quarante mille soldats armés de lances sont rangés en bataille près du lieu où la rivière se perd dans la mer.

XII.

— C'est là que le lion perdra sa dorure, entièrement effacée par les léopards. Que de noble sang sera versé ce jour-là auprès de Pinkyn !

XIII.

— C'est assez, dit le comte, me montrer de revers ; fais-moi voir maintenant quelque heureux événement, ou sur ma foi, tu maudiras le jour où tu rencontras Corspatrick.

XIV.

— La première des bénédictions que je te vais révéler s'accomplira près du ruisseau de Bannock-Burn [1] ; c'est là que les Saxons maudiront leurs arcs, en voyant leurs flèches tromper leur adresse.

XV.

— Non loin d'un pont qui n'existe pas encore, au lieu où l'onde du ruisseau est limpide et brillante, maint coursier roulera sur le sable et maint chevalier recevra le trépas.

XVI.

— Au pied d'une croix de pierre, les léopards verront échapper leur proie ; les corbeaux viendront se désaltérer dans le sang des Saxons, la croix de pierre disparaîtra sous les cadavres amoncelés.

XVII.

— Mais dis-moi, demanda le vaillant Dunbar, dis-moi, véridique Thomas, qui gouvernera alors l'île de la Grande-Bretagne, depuis le nord jusqu'aux mers du sud ?

XVIII.

— C'est d'une reine française que doit naître celui qui règnera sur la Grande-Bretagne. Il appartiendra au sang de Bruce jusqu'au neuvième degré.

XIX.

— Les mers les plus éloignées respecteront sa race ; les habitans de nos îles parcourront l'immense plaine de l'Océan avec des rênes de chanvre et des coursiers de bois.

[1] The burn of Breid
Shall run fow reid.
(*Thomas's Rhymes.*)

TROISIÈME PARTIE.

Thomas le Rimeur fut célèbre parmi ses contemporains comme auteur du fameux roman de sir Tristrem. Il n'existe qu'une copie connue de ce poëme jadis si généralement admiré ; on la trouve dans la bibliothèque des avocats d'Edimbourg.

L'auteur publia en 1804 une édition de cet ouvrage curieux : si elle ne ressuscite pas la grande réputation du barde d'Erceldoune, elle donne du moins un modèle de la poésie écossaise la plus ancienne qu'on ait jamais publiée. Elle nous avait déjà fait connaître quelque chose de ce roman poétique dans son *Choix d'anciennes poésies*, vol. 1, pag. 165 ; ouvrage auquel nos prédécesseurs et la postérité sont également redevables, ceux-là parce qu'il est un monument de leur littérature, ceux-ci parce qu'ils y trouvent une histoire de la langue anglaise qui sera intéressante aussi long-temps que le génie et la science qui l'ont illustrée.

Il doit suffire ici de dire que le roman de sir Tristrem était tellement renommé, que peu de personnes étaient jugées capables de le réciter comme l'auteur lui-même.

Il paraît, d'après un manuscrit curieux du treizième siècle, qui contient un roman en vers de sir Tristrem, que l'ouvrage de notre Thomas le Rimeur était connu et cité par les ménestrels de la Normandie et de la Bretagne : arrivé à un passage du Roman où les *rhapsodes* de ces temps féodaux différaient dans leurs versions, le barde français cite expressément l'autorité du poète d'Erceldoune :

   Plusurs de nos granter ne volent
   Co que del naim dire se solent,
   Ki femme Kaherdin dut aimer,
   Li naim redut Tristram narrer,
   E entusché par grant engin,
   Quant il afole Kaherdin ;
   Pur cest plaie e pur cest mal,
   Enveiad, Tristran Guvernal,
   En Engleterre pur Ysolt
   Thomas ico granter ne volt,
   Et si volt pur raisun mostrer,
   Qu'ico ne put pas esteer, etc., etc., etc.

L'histoire de *sir Tristrem*, du manuscrit d'Edimbourg, diffère totalement du volumineux roman en prose compilé jadis par Rusticien de Pise et analysé par M. le comte de Tressan; mais elle est d'accord dans toutes les particularités essentielles avec le poëme que je viens de citer, et qui est d'une antiquité beaucoup plus reculée.

I.

— Pendant sept ans le soleil avait parcouru son cercle accoutumé, la guerre exerçait ses fureurs en Ecosse, et le Ruberslaw montrait au Dunyon sa cime couronnée de la flamme rouge des signaux.

II.

Aux alentours de Coldingknow des pavillons s'élèvent dans la plaine. Les cimiers des casques et les fers des lances étincellent dans les touffes du genêt.

III.

Le Leader, roulant ses ondes vers la Tweed, entend résonner l'ensenzie[1] sur ses rives; les chevreuils tressaillent et fuient depuis Caddenhead jusqu'aux bois lointains de Torwoodlee.

IV.

On donne un grand festin à Erceldoune, dans l'antique château de Learmont : des chevaliers de renom et des dames vêtues de manteaux brodés d'or sont conviés au banquet.

V.

Ils n'attendirent pas vainement à table la musique et les agréables récits, les coupes remplies d'un rouge nectar, et les quaighs[2] couronnés de la mousse argentée de l'ale.

VI.

Quand le festin fut terminé, le prophétique Thomas se

---

(1) Cri de guerre. — Ed.
(2) Vase de bois formé de douves assemblées. — Ed.

leva la harpe à la main (harpe magique qu'il avait obtenue pour prix de ses chants dans le royaume de féerie).

VII.

Le silence règne parmi les convives; immobiles et muets, les harpistes pâlissent d'envie; les lords armés s'appuient sur la garde de leurs épées, prêtant une oreille attentive.

VIII.

Le prophète commence ses chants magiques sur un mode élevé; aucun des bardes qui sont venus après lui n'a osé les continuer.

IX.

Des fragmens de ses nobles récits flottent encore sur le fleuve des années, comme on voit après la tempête les débris d'un naufrage surnager sur les vagues.

X.

Il chanta la table ronde d'Arthur et le chevalier du Lac; il dit comment le courtois Gawaine combattit avec valeur, et versa son sang pour l'amour des dames.

XI.

Mais ce fut surtout Tristrem et ses exploits que célébrèrent ses mélodieux accens. Aucun chevalier du temps d'Arthur ne surpassa le chevalier de Lionel.

XII.

Il reçut une blessure empoisonnée en soutenant les droits d'un oncle sans courage; ce fut pour le roi Marc qu'il immola le farouche Morolt sur le rivage d'Irlande.

XIII.

Aucun secret ne pouvait arrêter les progrès du poison; l'art d'Esculape échouait lorsque la main de lis de l'aimable Isolde [1] sonda la fatale blessure.

XIV.

Sa douce main et ses tendres paroles eurent plus de vertu que les simples; et, pendant qu'elle se penchait sur

---

(1) L'Iseult du roman français. — Ed.

sa couche, Tristrem la paya de ses soins en lui donnant son cœur.

XV.

Présent funeste! hélas! une destinée ennemie a déjà condamné Isolde à être la reine de Cornouailles ; elle est promise en mariage à l'oncle de Tristrem.

XVI.

Le barde aimé des fées célèbre en vers mélodieux leurs amours et leurs malheurs ; il chante les fêtes où brillèrent tant de nobles chevaliers et de belles dames.

XVII.

La garde-joyeuse jetait partout son brillant éclat, et les merveilles du vallon enchanteur d'Avallon furent décrites par le ménestrel.

XVIII.

Il n'oublia pas Brengwain, Segramore, ni la science magique de Merlin. — Qui pouvait chanter comme Thomas les charmes puissans de ce fameux enchanteur?

XIX.

Ses accords séduisans et variés firent passer tous les cœurs d'une passion à un autre, jusqu'à ce que les convives se crurent transportés autour du lit de Tristrem mourant.

XX.

Les cicatrices de ses anciennes blessures se sont ouvertes ; son cœur souffre une cruelle agonie! où est la main blanche d'Isolde, où sont ses douces paroles?

XXI.

Elle arrive, elle arrive! les amans volent comme l'éclair ;... elle arrive, elle arrive!... Elle n'arrive que pour voir expirer Tristrem.

XXII.

Elle mêle dans un baiser son dernier soupir au sien ; le couple le plus aimable qu'eût produit la Bretagne est réuni par la mort. —

XXIII.

La harpe s'est tue... ses derniers sons meurent doucement à l'oreille : les convives silencieux restent immobiles et penchés ; ils semblent écouter encore.

XXIV.

Bientôt la douleur éclate en faibles murmures ; ce ne sont pas les dames seules qui soupirent ; mais, honteux à demi, maint rude guerrier essuie ses joues basanées avec son gantelet de fer.

XXV.

Les vapeurs du soir sont suspendues sur les ondes du Leader et sur la tour de Learmont : chaque guerrier va chercher le repos dans le camp ou dans le château.

XXVI.

Lord Douglas, étendu dans sa tente, rêvait au mélancolique récit de Thomas, lorsque des pas légers viennent, dans l'ombre, frapper l'oreille du guerrier.

XXVII.

Il tressaille et se dresse : — Debout ! Richard, debout ! dit-il ; lève-toi, mon page ; quel téméraire ose donc venir pendant la nuit au lieu où Douglas repose ?

XXVIII.

Le seigneur et son page sortent de leur tente ; ils se dirigent vers les flots du Leader, et voient sur ses rives un spectacle étrange : c'étaient un cerf et sa biche, blancs comme la neige qui tombe sur Fairnalie.

XXIX.

Ils marchent de front au clair de la lune, levant fièrement la tête ; ils ne sont point effarouchés par la foule qui accourt pour les voir passer.

XXX.

Un jeune page léger à la course est dépêché au château de Learmont ; Thomas, entendant son message, se lève en sursaut, et s'habille à la hâte.

XXXI.

Pâlissant et rougissant tour à tour, il ne dit que ces trois paroles : — Le sable de ma vie est écoulé ; le fil de mes jours est filé ; ce prodige me regarde.

XXXII.

Il suspend sa harpe magique à ses épaules, à la manière des ménestrels ; ses cordes, que le vent fait vibrer, jettent un son mourant et mélancolique.

XXXIII.

Il part ; il tourne souvent la tête pour voir son antique château ; les rayons d'une lune d'automne versaient une douce lumière sur les créneaux noircis de la tour.

XXXIV.

L'onde argentée du Leader s'agitait en flots lumineux dans une perspective lointaine ; les sommets imposans du Soltra se groupaient en masses obscures.

XXXV.

— Adieu, château gothique de mon père, adieu pour long-temps, dit-il ; tu ne seras plus le rendez-vous des plaisirs, de la magnificence et du pouvoir.

XXXVI.

— Il n'y aura plus un pouce de terre qui porte le nom de Learmont, et le lièvre laissera ses petits sur ton foyer hospitalier.

XXXVII.

— Adieu, adieu, s'écria-t-il encore en détournant les yeux ; adieu, onde argentée du Leader ; adieu, château d'Erceldoune !

XXXVIII.

Le cerf et la biche s'approchèrent de lui pendant qu'il s'éloignait à regret ; et là, devant Douglas, il traversa le fleuve avec ses deux guides.

XXXIX.

Lord Douglas sauta sur son coursier noir comme le jais, et le lança dans les flots du Leader ; mais vainement les suivit-il avec la rapidité de l'éclair, il ne les revit plus.

XL.

Les uns dirent qu'ils avaient poursuivi leur voyage merveilleux du côté des collines, les autres du côté du vallon ; mais on ne vit plus parmi les hommes Thomas d'Erceldoune.

PRÉCIS

DE L'HISTOIRE

DE SIR TRISTREM[1].

CHANT PREMIER.

I A XVI.

Le poète annonce qu'il va raconter la naissance et les aventures de sir Tristrem, telles qu'elles lui ont été communiquées par Thomas d'Erceldoune. Il déplore la dégénération de son siècle, comparable au changement que doit produire l'approche de l'hiver sur l'aspect des champs et des bois.

Tout à coup, sans transition, le narrateur commence le récit d'une guerre entre deux Chefs féodaux, le duc Morgan et Roland Rise, seigneur d'Ermonie. Ce dernier est victorieux : une trêve de sept ans est conclue ; Roland se rend à la cour de Marc, roi de Cornouailles.

Dans un tournois qui a lieu à la cour du roi de Cornouailles, Roland remporte la gloire de la journée, et en

---

(1) L'espèce d'extrait ou sommaire suivant, par sir Walter Scott, est curieux comme un moyen de comparaison entre le *Tristrem écossais* et notre *Tristan de Léonais*. Il atteste aussi l'industrieuse étude que le romancier a faite des anciennes poésies nationales. Une conclusion a été adaptée par lui en style gothique à l'original brusquement terminé dans un manuscrit incomplet. La seule copie de ce manuscrit publiée par sir Walter Scott existait dans la bibliothèque de la Faculté des avocats d'Édimbourg. Elle faisait partie d'une riche collection appelée le *Manuscrit Auchinleck*, d'après le nom du donataire (le lord d'Auchinleck). — Ed.

même temps gagne le cœur de la princesse Blanche-Fleur, sœur du roi Marc. La princesse découvre son amour à ses précepteurs. Ici le poète place un éloge obscur de la bravoure et des qualités aimables de Roland Rise.

La princesse Blanche-Fleur se rend en secret à la chambre du chevalier blessé, et sir Tristrem doit sa naissance à cette clandestine entrevue. Bientôt un vassal fidèle informe Roland que ses domaines sont envahis par le duc Morgan, malgré la trève. La princesse ne veut pas laisser partir son amant sans elle; elle l'accompagne quand il retourne à la défense de ses Etats. Ils fuient avec mystère; ils s'arrêtent dans un château appartenant à Roland, et reçoivent la bénédiction nuptiale. Cependant le duc Morgan s'avance à la tête d'une puissante armée.

XVII A XXX.

Une grande bataille est livrée : Roland a d'abord l'avantage; mais le duc reçoit des renforts; et, malgré des prodiges de valeur, Roland est vaincu et tué par trahison. C'est au milieu des cruelles douleurs de l'enfantement que Blanche-Fleur apprend la mort de son époux : elle met Tristrem au monde. La malheureuse mère, après l'avoir recommandé aux soins de Rohan, seigneur dévoué à son époux, expire au milieu des sanglots et des lamentations de ses femmes. Avec l'enfant, Rohan a reçu une bague de Blanche-Fleur, destinée à prouver la parenté de Tristrem avec le roi Marc.

Rohan, pour plus de sûreté, fait passer son pupille pour son fils, et change son nom par l'inversion des deux syllabes qui le composent. On appelle donc Tristrem, Tremtris.

Cependant le duc Morgan devient le maître absolu des domaines d'Ermonie, et Rohan lui rend un hommage contraint et simulé. Il s'occupe de l'éducation de Tristrem, dont le poète décrit les détails depuis l'enfance du héros jusqu'à sa quinzième année. Tristrem devient habile dans l'art des ménestrels, dans celui de la chasse, et dans tous les exercices de la chevalerie.

Un navire norwégien arrive. La cargaison consiste en un trésor et en faucons. Tristrem apprend que le capitaine défie tout le monde au jeu d'échecs, en pariant vingt shillings. Rohan et ses fils, avec Tristrem, se rendent à bord du vaisseau norwégien. Tristrem joue aux échecs avec le capitaine, et lui gagne six faucons et cent livres sterling. Rohan retourne à terre, laissant à bord Tristrem, qui continue une partie d'échecs, sous la surveillance de son précepteur. Le capitaine, pour ne pas payer ce qu'il a perdu, renvoie le précepteur seul dans un bateau, et met à la voile en emmenant Tristrem.

XXXI A L.

Le vaisseau norwégien est battu par une cruelle tempête, et les matelots l'attribuent à l'injustice dont ils se sont rendus coupables.

En réparation, ils paient à Tristrem ce qu'il a gagné, et le déposent à terre dans un pays inconnu. Tristrem se recommande à la Providence, et la supplie d'être son guide et sa protection.

Le narrateur interrompt ici son récit pour nous garantir l'authenticité de tout ce que Thomas a vérifié par des recherches minutieuses. Il décrit ensuite l'habillement de Tristrem. Ayant réparé ses forces avec quelques alimens que les Norwégiens avaient laissés en le débarquant, Tristrem traverse une forêt dans laquelle il rencontre deux pèlerins; il leur demande où il est; en réponse à cette question, les pèlerins lui apprennent qu'il est en Angleterre. Tristrem leur offre une récompense de dix shillings, s'ils consentent à le conduire à la cour du roi. Les pèlerins consentent volontiers à lui servir de guides.

Dans leur route, ils rencontrent une compagnie de chasseurs : Tristrem est scandalisé de la maladresse avec laquelle ils mettent en quartiers les cerfs qu'ils ont tués. — Pourquoi, leur dit-il, écorcher si follement votre gi bier ? C'est un martyre.—Un officier ou un ancien répond à Tristrem : Nous suivons la méthode de tout temps adoptée dans notre pays ; mais nous consentirons à en apprendre une meilleure, si vous voulez bien découper un cerf pour notre instruction.

Tristrem se met à l'ouvrage, et découpe en effet le cerf d'après les règles de l'art ; puis il enseigne aussi aux chasseurs la fanfare de triomphe appelée *la mort*. Tout ceci se passe en Cornouailles. Le roi Marc apprend bientôt qu'il est arrivé un savant chasseur dans ses Etats : c'est une découverte importante dont il se réjouit ; l'air nouveau le charme surtout. Il veut voir Tristrem, qui s'est acquitté d'un devoir en instruisant l'ignorance.

LI A LXXIII.

Tristrem est présenté au monarque, à qui il raconte son éducation ; mais comme le nom de Rohan, père supposé de notre héros, est inconnu au roi de Cornouailles, il ne découvre pas son neveu dans le jeune chasseur. Tristrem est admis au banquet royal, servi avec magnificence.

Après le repas, un ménestrel est introduit, ce qui donne à Tristrem l'occasion de montrer son talent sur la harpe ; et le musicien de Cornouailles lui cède la palme. Tristrem devient le favori de Marc ; on le comble de prévenances et de riches bienfaits à la cour.

Cependant Rohan, désespéré de la perte de son fils supposé, le cherche dans différens pays, sans renouveler même ses vêtemens, qui tombent en haillons. Il rencontre enfin un des deux pèlerins qui ont conduit Tristrem à la cour de Cornouailles.

Le pèlerin raconte à Rohan la faveur dont Tristrem jouit auprès du roi ; et, à sa requête, il le conduit aussi à la cour. En arrivant, Rohan se voit repoussé d'abord par le portier, ensuite par l'huissier de service, à cause de son vêtement sale et déchiré. Il triomphe de leurs refus par des récompenses libérales, et parvient enfin à être introduit chez Tristrem, qui d'abord ne peut le reconnaître.

Une explication a lieu : Tristrem, désolé de sa méprise, présente Rohan au roi Marc comme son père, et lui raconte en même temps la cause de leur séparation. Rohan est conduit au bain. On le revêt de riches habits par ordre du roi Marc. Il paraît aux yeux de toute la cour ; chacun admire son air majestueux. Hôte du banquet royal, il est placé à la droite du monarque.

LXXIII A XC.

Rohan révèle au roi le secret de la naissance de Tristrem, lui montre la bague de Blanche-Fleur, témoignage irrécusable que cette malheureuse mère lui a légué à son lit de mort. Tristrem est reconnu neveu du roi.

Tristrem ayant reçu les félicitations des courtisans, désire ardemment connaître les particularités de la mort de son père. Rohan lui apprend la perfidie du duc Morgan, et la mort tragique de Roland et de Blanche-Fleur. Alors Tristrem annonce au roi que son intention est de se rendre à Ermonie pour y venger la mort de son père.

Après avoir vainement cherché à dissuader son neveu d'une si dangereuse entreprise, Marc y donne enfin son assentiment. Il confère à Tristrem l'honneur de la chevalerie, et lui confie une troupe choisie de mille hommes, qui mettent à la voile avec le héros. Ils arrivent au château de Rohan, et en forment la garnison. Fatigué de rester inactif dans une forteresse, sir Tristrem se décide à se rendre, déguisé, à la cour du duc Morgan.

Il entre chez le duc pendant qu'il est à table. Avec sir Tristrem sont quinze chevaliers qui portent chacun, comme un présent destiné au duc, une hure de sanglier. Cependant Rohan, inquiet pour son fils adoptif, se met à la tête des soldats de Cornouailles et de ses propres vassaux.

Sir Tristrem adresse à Morgan un salut ambigu qui amène celui-ci à lui demander son nom et ses projets. Sir

Tristrem se déclare. D'après une provocation pleine de colère et d'aigreur, le duc porte la main sur notre héros. Tristrem tire son épée; en ce moment arrive Rohan avec son armée; un combat a lieu; Morgan est tué; ses partisans sont vaincus et prennent la fuite. Sir Tristrem recouvre les domaines paternels, qu'il donne à Rohan, en s'en réservant la suzeraineté. Il prend congé de ce brave défenseur, et retourne en Cornouailles.

XCI A CX.

A son arrivée à la cour, sir Tristrem trouve tout le pays en émoi, à cause d'un tribut réclamé de Marc par le roi d'Angleterre. Ce tribut consiste en un paiement de trois cents livres d'or, trois cents livres d'argent, trois cents livres de cuivre; plus, chaque quatrième année, trois cents enfans [1].

Au moment où sir Tristrem se montre, Moraunt, ambassadeur irlandais, chevalier et champion célèbre, fait la demande de ce tribut. Marc explique à son neveu la cause de son chagrin, et proteste contre l'injustice d'une semblable réclamation. Sir Tristrem se propose de la faire refuser.

Le conseil de la nation s'assemble; on y discute l'affaire : sir Tristrem y prend la parole, déclare, sur son titre de chevalerie, qu'il défendra les libertés de Cornouailles. Cette proposition est acceptée à contre-cœur par le conseil national. Tristrem en personne remet à Moraunt la déclaration qu'aucun tribut n'est dû au roi d'Angleterre. Moraunt réplique en donnant un démenti à Tristrem; ils échangent les gages du défi, et Tristrem et son adversaire s'embarquent pour une petite île, afin d'y combattre. Là Tristrem abandonne son navire au gré des flots, disant qu'un seul suffira pour ramener le vainqueur.

---

[1] Ici commence la ressemblance entre le poëme de Thomas et la prose française où Moraunt est appelé Morhault. — « Quand le roy de Cornouailles entend que ceulx d'Irlande sont venus quérire le treu, si commencent le deuil et le cry, sus et jus. »
— Ed.

Les deux chevaliers en viennent aux mains : ils fondent l'un sur l'autre; le cheval de Moraunt est tué. Tristrem met pied à terre; le combat est renouvelé à pied; Tristrem est blessé dangereusement à la cuisse; mais il assène un coup terrible à Moraunt, et lui fend le crâne; son épée est brisée; un fragment de la lame reste dans la blessure.

Tristrem se félicite d'avoir tué le miroir de la chevalerie d'Irlande [1]. Il retourne en Cornouailles, et les suivans de Moraunt emportent son corps. Le héros offre son épée à l'autel. Il est proclamé prince héréditaire de Cornouailles, et successeur de son oncle; mais sa blessure, causée par une arme empoisonnée, empire de jour en jour; tous les remèdes sont inefficaces : l'odeur de la gangrène éloigne tout le monde de sa présence, excepté son fidèle serviteur Gouvernayl.

CHANT SECOND.

I A XV.

Tristrem, abandonné de tous, demande au roi Marc un navire pour s'embarquer et quitter le pays de Cornouailles. Marc lui accorde à regret sa requête. Tristrem met à la voile avec Gouvernayl, son seul serviteur, et avec sa harpe, sa seule consolation. Il part de Carlion, et

---

[1] L'Amorant d'Irlande fut, en son temps, ung des bons chevaliers du monde. Il estoit grand et de si belle taille que chevalier pouvoit avoir. Les cheveux eust oncques crespés, le visage bel et plaisant; moult chantoit bien; les épaules eust droites et larges; les bras et les poings eust longs, gros, carrez. Pas le bas estoit maigre, les cuisses et les jambes eust belles et grosses, à mesure armé et désarmé, estoit un des plus beaux chevaliers qu'on pouvoit veoir, et chevauchoit mieux que tout autre. Trop estoit bon ferreur de lance, et meilleur d'espée. Si hardy et si aspre estoit, qu'il ne craignoit rien à rencontrer. Tousjours cherchoit les plus périlleuses aventures : moult estoit craint et doubté par le monde. Doux et courtois estoit, fors aux demoiselles errantes, car il les hayoit à mort. Moult estoit aymé de bons chevaliers, gayères ne hantoit gens de religion. » (*Manuscrit de la bibliothèque du duc de Roxburgh.*)—Ed.

reste neuf semaines en mer. Le vent le pousse enfin au port de Dublin, en Irlande. Des mariniers viennent à lui en bateaux ; il leur dit qu'il a été blessé par des pirates.

Tristrem apprend à son tour qu'il est en Irlande ; et, se rappelant que Moraunt, qu'il a occis, était le frère de la reine du pays, il reprend son nom de Tremtris.

On parle bientôt à la reine, princesse célèbre par la science en médecine, du talent que le blessé montre sur la harpe ; elle veut visiter Tristrem, qui, conservant son nom supposé, continue à se dire un marchand que des pirates ont pillé et blessé. Son talent comme musicien, son adresse aux échecs et au trictrac, étonnent la reine et les assistans, qui jurent par saint Patrice, le patron du pays, que jamais son pareil n'a paru en Irlande. La reine entreprend la guérison de Tristrem, et par le moyen d'un bain médicinal, lui rend l'usage de ses membres inférieurs.

Les précieux remèdes de la reine hâtent la guérison du blessé, que son talent comme musicien et son adresse dans tous les jeux font appeler souvent à la cour. Il y devient le précepteur de la princesse Ysonde, princesse qui aime l'étude de la musique et de la poésie. Tristrem lui donne des leçons dans ces deux arts, aussi-bien que des leçons d'échecs, et d'autres jeux ; bientôt Ysonde n'a point d'égale en Irlande dans ces récréations élégantes, si ce n'est son précepteur.

XVI A XX.

La santé de Tristrem est rétablie ; l'éducation d'Ysonde est complète. Notre héros désire retourner dans la Bretagne : le reine, fâchée de son départ, lui donne la permission de la quitter, mais non sans se plaindre de l'ingratitude des étrangers. Tristrem est comblé de présens. Il met à la voile pour Carliole, où il arrive avec Gouvernayl, à la grande surprise des habitans de Cornouailles.

Marc reçoit avec joie son neveu, et lui demande comment sa blessure a été guérie. Tristrem vante au roi la bonté de la sœur de Moraunt, et il est prodigue surtout de louanges pour la beauté et les vertus de la jeune Ysonde. Le roi, frappé de ce panégyrique, promet à Tristrem qu'il sera son héritier, s'il veut amener Ysonde en Cornouailles.

Les barons, jaloux du crédit de Tristrem, persuadent au roi Marc qu'il serait facile à son neveu d'obtenir pour son oncle la main de la belle Ysonde. Tristrem cherche à leur prouver la folie d'une telle entreprise; mais il ajoute qu'il veut la tenter, sachant bien que les nobles attribuent son opinion contraire à ses projets égoïstes, lui supposant le désir d'empêcher le roi de se marier. Il demande une suite de quinze chevaliers.

Les quinze chevaliers sont accordés; on charge de riches marchandises le vaisseau qui doit les conduire à Dublin. Tristrem, avec son cortège, met à la voile, et arrive en vue du port de la capitale d'Irlande. Sans annoncer l'objet de son voyage, Tristrem envoie des messagers porter des présens précieux au roi, à la reine et à la princesse. Ces messagers reviennent exaltant les charmes de la princesse Ysonde, et ils racontent que le peuple de Dublin est dans de vives alarmes.

XXVIII A XL.

Quelle cause excite la terreur des Irlandais? C'est l'approche d'un monstrueux dragon qui a exercé de si grands ravages, qu'une proclamation a fait connaître que la main de la princesse sera le prix de celui qui immolera le monstre. Tristrem propose l'aventure à ses chevaliers, qui refusent de l'entreprendre. Il descend lui-même à terre, bien monté, bien armé, pour aller au-devant du dragon redoutable.

Tristrem attaque le monstre, brise sa lance sur sa peau impénétrable, perd son cheval, et après s'être recommandé à Dieu, il recommence le combat à pied.

Il atteint le dragon à la gueule. Le monstre, dans sa rage,

jette tant de feu par les naseaux, qu'il consume toute l'armure du chevalier; mais il est enfin tué. Le vainqueur lui coupe la langue, et la cache dans son haut-de-chausses (ou son bas), et revient à la ville : mais l'opération subite du venin le prive de ses sens.

Sur ces entrefaites, l'intendant du roi venant à passer par là, coupe la tête au dragon, la porte à la cour, s'arroge le mérite de la victoire, et demande la main de la princesse. Ysonde et sa mère, ne pouvant ajouter foi aux paroles de l'intendant, prennent la résolution de visiter le lieu du combat : elles trouvent le coursier, les armes brisées de Tristrem, et enfin le chevalier lui-même. Revenu à la vie par l'application de la thériaque, le véritable vainqueur vient faire valoir ses droits à la victoire, et produit la langue du dragon. Il offre en même temps, pour garantie, son vaisseau et sa riche cargaison, et demande le combat singulier contre le perfide intendant. Comme Tristrem ne se donne que pour un marchand, Ysonde exprime le regret qu'il ne soit pas chevalier.

XL A XLVIII.

La reine et Ysonde admirent la bravoure, l'air noble et la beauté de Tristrem. Elles le conduisent elles-mêmes au bain; et la reine va chercher pour lui un breuvage particulier. Cependant Ysonde soupçonne enfin que l'étranger n'est autre que son ancien précepteur Tremtris. En cherchant à confirmer cette conjecture, elle examine son épée, qu'elle trouve ébréchée. En comparant la brèche avec le fragment retiré de la blessure de Moraunt, Ysonde découvre que le possesseur de cette arme est celui qui a tué son parent : elle reproche à Tristrem cette mort, et fond sur lui avec sa propre épée. Sa mère arrive au même moment, prend part au ressentiment d'Ysonde dès qu'elle apprend que c'est Tristrem qui est devant elle. L'arrivée du roi empêche notre héros d'être tué dans le bain.

Tristrem déclare, pour sa défense, qu'il a tué Moraunt dans un combat légitime ; et, avec un sourire qu'il adresse à Ysonde, il dit qu'elle avait eu plus d'une occasion de le tuer lorsqu'il était son précepteur Tremtris. Il rappelle les bons services qu'il lui a rendus à ce titre, et se fait aussi un mérite des éloges qu'il a faits d'elle au roi Marc. Enfin, il fait connaître sa mission d'ambassadeur.

Tristrem ayant pris l'engagement, au nom de son oncle, que ce monarque épousera Ysonde, il est convenu qu'elle partira sous son escorte pour le royaume de Cornouailles. L'intendant n'a pas plus tôt appris que son antagoniste est le redouté Tristrem, qu'il renonce à racheter son gage et à réclamer le prix de la mort du serpent. Il est mis en prison, à la demande de la princesse.

La fiancée, Tristrem et ses chevaliers, sont à la veille de leur départ. La reine appelle Brengwain (Brenguien), demoiselle chargée de servir Ysonde, et lui remet un philtre puissant, ou *boire amoureux*, en lui recommandant de le faire prendre au roi Marc et à son épouse le soir de leur mariage [1].

Les voilà en mer : le vent devient contraire ; on est forcé d'avoir recours à la rame. Tristrem s'exerce à ramer ; et Ysonde, le voyant fatigué, demande un breuvage pour lui rendre ses forces et le rafraîchir. Brengwain, par inadvertance, lui donne la coupe qui contient la fatale liqueur. Tristrem et Ysonde l'approchent tous deux de leurs lèvres, et la vident. Un chien favori, appelé Hodain, en lèche les dernières gouttes. L'effet de ce breuvage est la malheureuse passion qui rendit Tristrem et Ysonde criminels et si malheureux [2].

Le vaisseau arrive en Angleterre après une traversée d'une quinzaine de jours. Ysonde épouse le roi Marc. Mais

---

(1) « Ce breuvage est appelé le *boire amoureux*; car sitôt comme le roy Marc en aura beu, et ma fille aprez; ils se aymeront si merveilleusement que nul ne pourroit mettre discord entre eux. » (*Sic* dans le texte d'un vieux manuscrit français sur Tristan.) — En.

(2)   C'onques Tristan, Yseult la-Blonde
       Né nulle femme de cest monde
       N'aura oncques si fort melui
       Comme elle fist tantôt celui. (*La vieille Truandes.*) — En.

pour cacher au roi son commerce coupable avec Tristrem, elle substitue Brengwain à sa place la première nuit de ses noces. Après le premier somme du monarque, Ysonde revient se coucher auprès de son royal époux.

LVI A LXIII.

Le soupçon, conséquence inévitable du crime, s'empare de l'ame de la belle Ysonde, qui craint que Brengwain ne trahisse le secret important dont elle est la confidente. Elle paie des assassins pour tuer sa fidèle suivante.

Brengwain est conduite par ces brigands dans une sombre forêt, où ils se préparent à exécuter leur sanglante mission. Les prières de la pauvre demoiselle touchent cependant les meurtriers. Elle proteste que son seul crime est d'avoir prêté à Ysonde une robe de nuit propre, la première nuit de ses noces, parce que la chemise royale avait été salie par accident. Les brigands lui laissent la vie sauve, mais font croire qu'ils l'ont immolée. Ils rapportent à la reine ce qu'a dit Brengwain, comme si c'eût été ses dernières paroles. Ysonde, reconnaissant la fidélité de sa suivante, déplore sa perte, et jure de la venger sur ses prétendus assassins : ceux-ci font alors reparaître Brengwain, qui rentre en faveur auprès d'Ysonde. (L'allégorie de Brenguien est bien plus délicate dans le vieux roman français que dans celui de Thomas le Rimeur : « Quand madame Yseult se partit d'Yrland, elle avoit une « fleur de liz qu'elle devoit porter au roy Marc ; et une de « ses demoiselles en avoit une aultre. Madame perdit la « sienne, dont eust esté mal baille : quand la demoiselle « lui présenta par moi la sienne dont elle fut saulvée et « cuide, que pour celle bonté, me fait-elle mourir ; car je « ne sais aultre achoison. »)

LXIII A LXXIII.

Un comte irlandais, ancien admirateur d'Ysonde, arrive à la cour de Cornouailles, déguisé en ménestrel, et portant une harpe d'une forme singulière ; il excite la curiosité du bon roi Marc, en refusant de jouer de ce superbe instrument jusqu'à ce qu'il lui ait accordé un don. Le roi jure sur son honneur de chevalier qu'il satisfera sa demande. Le ménestrel s'accompagne de sa harpe, en chantant un *lai*, dans lequel il réclame Ysonde comme le don promis.

Marc ayant engagé son honneur, n'a d'autre alternative que de passer pour un chevalier déshonoré, ou de livrer sa femme au ménestrel : il se décide à ce dernier parti.

Tristrem avait été absent à la chasse : il arrive au moment où le comte aventurier emmène la belle Ysonde. Il reproche au roi (non sans raison) son extravagante générosité pour les ménestrels. Alors il saisit lui-même sa rote; et, courant au rivage où Ysonde venait de s'embarquer, il commence à jouer de cet instrument.

Le son en affecte profondément Ysonde, qui devient tellement indisposée, que le comte, son amant, est contraint de revenir à terre avec elle.

Ysonde prétend que la musique de la rote de Tristrem est nécessaire à son rétablissement; et le comte, à qui Tristrem était inconnu personnellement, lui propose d'aller en Irlande à sa suite. Ysonde se ranime au son de la musique de son amant, et le comte se prépare à remonter sur son vaisseau. Alors Tristrem saute sur son coursier; et saisissant la bride de celui d'Ysonde, il l'entraîne, et fuit dans le plus épais du bois, après avoir crié, en se moquant, au comte d'Irlande, qu'il a perdu par la *rote* ce qu'il avait gagné par la harpe.

Les amans restent toute une semaine dans une hutte de la forêt; après quoi Tristrem restitue Ysonde à son oncle, en lui conseillant de ne plus accorder à l'avenir de semblables dons aux ménestrels.

LXXIV A LXXX.

Meriadoc [1], chevalier de Cornouailles, compagnon de Tristrem, et qui lui a des obligations, conçoit des soup-

(1) Dans le roman français, c'est un neveu de Marc qui se fait le dénonciateur des amans. — Ed.

çons de son commerce amoureux avec la reine. Ce commerce était entretenu au moyen d'une porte à coulisse par laquelle Tristrem était admis dans l'appartement d'Ysonde. Une nuit qu'il tombait de la neige, l'espion Meriadoc put suivre les traces des pas de Tristrem, quoique notre héros eût pris la précaution d'attacher un tamis à ses pieds. Par une fente de la porte à coulisse, Meriadoc découvre un pan de la cotte verte de Tristrem.

Il fait part de son soupçon au roi, qui, par son avis, prétend vouloir faire un pèlerinage en Terre-Sainte, et demande à la reine quel est celui à la garde de qui elle veut être confiée. La reine nomme d'abord Tristrem. Brengwain, plus rusée, lui conseille de revenir sur cet entretien, et de feindre une haine mortelle contre Tristrem, ce qu'elle fait, en prétextant pour motif le scandale qui a eu lieu à son sujet. Les soupçons du bon roi de Cornouailles sont endormis par cette ruse.

LXXXI A XC.

A l'instigation de Meriadoc, qui promet de donner au roi la preuve évidente de son déshonneur, sir Tristrem devient encore l'objet de la jalousie de Marc. On le sépare d'Ysonde : leur douleur est décrite par le poète.

Ysonde habite un pavillon solitaire, et Tristrem est dans une ville voisine. Il essaie d'établir une communication avec elle par le moyen de légers rameaux jetés dans la rivière qui coule à travers son jardin. C'étaient des signaux qui instruisaient Ysonde de la visite clandestine de Tristrem.

Leurs entrevues sont découvertes par un nain caché dans un arbre. Meriadoc conseille au roi de faire proclamer une grande partie de chasse, et, au lieu de s'enfoncer dans la forêt, de se cacher dans le poste mystérieux du nain.

Le nain est envoyé à Tristrem avec un prétendu message d'Ysonde, pour lui fixer un rendez-vous. Tristrem se doute de la ruse, et fait une froide réponse. Le nain dit à

Marc que Tristrem n'a aucune confiance dans son message; mais que néanmoins il est sûr qu'il viendra voir Ysonde cette nuit.

XCI A XCVIII.

Marc prend son poste dans l'arbre, et l'entrevue a lieu sous l'abri de ses rameaux; mais les deux amans sont avertis de la présence du roi par la projection de son ombre, et ils se parlent avec un ton d'aigreur et de reproches. Tristrem accuse Ysonde de lui avoir ravi l'affection de son oncle, à un tel point qu'il se prépare à fuir dans le pays de Galles. Ysonde avoue sa haine pour Tristrem, et allègue pour cause les soupçons injustes que son époux a conçus au sujet de leur commerce prétendu. Ils continuent ces mutuelles récriminations; Tristrem supplie Ysonde de lui procurer son éloignement de la cour, et Ysonde s'engage, sous la condition de son départ, d'obtenir pour lui la somme nécessaire à son entretien dans une terre étrangère.

Le bon roi Marc est comblé de joie et de tendresse par la découverte qu'il croit faire de l'innocence de sa femme et de son neveu. Bien loin de consentir à l'éloignement de Tristrem, il le crée grand-connétable.

Le chevalier reconnaissant continue son intrigue avec Ysonde, sans plus de soupçons, pendant trois années.

XCVIII A CVIII.

Meriadoc excite de nouveau la jalousie du roi Marc, et lui conseille de faire saigner (par ordonnance sans doute) la reine et Tristrem le même jour. Meriadoc fait aussi répandre de la farine sur le plancher de la chambre du roi, pour y découvrir l'empreinte des pas. Tristrem élude cette précaution en sautant par-dessus l'espace couvert de farine; c'était un saut de trente pas; mais sa veine s'ouvre par cet effort; ses visites clandestines sont trahies par les traces de son sang. Il fuit du pays de Cornouailles.

Ysonde entreprend de prouver son innocence par l'ordalie du feu. Un tribunal est convoqué à Westminster, où la reine doit porter à la main un fer rouge, selon l'ancienne loi de l'ordalie. Tristrem se mêle à la suite de la cour, déguisé en paysan, dans le costume de la plus abjecte indigence.

Au moment où l'on va traverser la Tamise, la reine distingue son amant déguisé, et lui fait signe de la transporter du rivage au vaisseau. Tristrem laisse tomber à dessein son précieux fardeau sur le sable de la plage, de manière à exposer aux yeux une partie de la nudité de sa personne. Les serviteurs de la cour, scandalisés de cet accident indécent, causé par la maladresse de l'étranger, sont prêts à le jeter lui-même dans le fleuve; mais Ysonde les prévient, en attribuant sa chute à la faiblesse causée par son estomac à jeun, et ordonne au contraire qu'on le récompense.

Le tribunal est assemblé : la séance s'ouvre. Ysonde prend la parole, et jure qu'elle est innocente : « Oui, dit-elle, personne n'a jamais eu de familiarité avec moi, excepté le roi mon époux et le paysan qui m'a transportée au vaisseau, et dont la maladresse a été vue de toute notre suite. » On présente alors le fer brûlant à Ysonde; mais le plus bénévole des époux, le roi de Cornouailles, se déclare content du serment équivoque de sa moitié. Il refuse de lui laisser pousser plus loin l'épreuve dangereuse de sa fidélité conjugale.

Ysonde est proclamée innocente, en dépit des accusations de Meriadoc, et se réconcilie complètement avec son royal époux. Cependant Tristrem est dans le pays de Galles, où il passe le temps de sa séparation d'Ysonde à se rendre redoutable par de nouveaux exploits.

CHANT TROISIÈME.

I A X.

Il y avait au pays de Galles un roi nommé Triamour : il avait une jeune fille qu'on appelait Blanche-Fleur. Urgan, prince voisin, voulut conquérir cette douce beauté, et l'emmener captive. Il assiège Triamour dans son château, et ravage la contrée.

Tristrem, banni de Cornouailles, apprend cette injuste attaque. Triamour invoque son assistance, et lui promet le don de ceux de ses domaines que l'ennemi a conquis, s'il parvient à les reprendre.

Tristrem et Urgan se déclarent ennemis, et en viennent à un combat singulier. Urgan est un chevalier d'une taille gigantesque. Il reproche à Tristrem la mort de son frère Morgan, qui a péri de la main de notre héros.

Les deux antagonistes combattent avec acharnement. Tristrem tranche la main droite d'Urgan; mais le géant continue la bataille de la main gauche; mais bientôt, serré de près, il fuit, et se réfugie dans son château.

Tristrem ramasse la main sanglante du vaincu, et l'emporte. Urgan sort de son château avec des baumes d'une vertu miraculeuse pour reprendre sa main et la recoller à son bras; mais ne trouvant ni la main ni Tristrem, il se met à sa poursuite, et l'atteint sur un pont où le combat est renouvelé en présence d'une multitude de spectateurs.

Urgan, furieux, serre Tristrem de près, et fend son bouclier en deux; mais Tristrem, évitant son autre coup, le perce lui-même de part en part. Le géant, dans l'agonie de sa mort violente, saute par-dessus le pont dans la rivière.

Triamour reconnaissant récompense la valeur de Tristrem, en lui cédant la souveraineté du pays de Galles, et lui offre aussi un joli petit chien, appelé Peticrew, dont le poïl est de trois couleurs, rouge, vert et bleu.

Le généreux chevalier donne le royaume de Galles à Blanche-Fleur, fille de Triamour, et envoie en présent à Ysonde le joli chien aux couleurs extraordinaires.

XII A XXV.

Le bruit des exploits de Tristrem parvient jusqu'à la cour de Cornouailles. Son oncle se réconcilie avec lui, et le rappelle.

Marc donne à notre héros la place de grand intendant de la couronne; mais tous ses bienfaits ne sauraient contrebalancer les effets du—boire amoureux.—Les amours clandestines de Tristrem et d'Ysonde recommencent et sont découvertes encore par le roi Marc, qui bannit sa femme et son neveu de ses domaines. Les amans fuient dans une forêt, ravis de la liberté qu'ils acquièrent au prix de l'exil. Ils habitent une caverne, et vivent de la venaison que Tristrem tue avec ses chiens, Peticrew et Hodain, dressés par lui à la chasse [1].

La caverne avait été creusée jadis par des géans : elle devient la demeure des deux fugitifs, hiver comme été. Tristrem et Ysonde y sont privés des commodités de la vie; mais le tout-puissant amour y pourvoit à tous leurs besoins. Ils demeurent dans la forêt pendant au moins trois semaines.

Tristrem, ayant tué un daim et l'ayant porté dans sa caverne, s'endort auprès d'Ysonde, laissant entre elle et lui, sans préméditation, l'épée nue qui probablement lui avait servi à écorcher l'animal. Or, le hasard fit que le roi de Cornouailles chassait ce jour-là dans la forêt : les gens de sa suite découvrent les amans endormis dans cette posture, et vont le raconter au roi, qui vient visiter la caverne. Un rayon de soleil y plongeait à travers les crevasses du rocher, éclairant les beaux traits d'Ysonde. La

---

(1) Illecques apprint Tristan à Huden (l'Hodain de Thomas le Rimeur) à chasser sans glattir, pourvu qu'il ne fût quitté en aucune manière. » (*Tristan français.*)
On sait que ces deux chiens furent fidèles même aux cendres de leurs maîtres.
— Ed.

vue de ses charmes renouvelle la passion du monarque débonnaire; il bouche le trou de la crevasse, de peur que le repos de la dormeuse ne soit troublé. De la circonstance accidentelle de l'épée posée entre eux il conclut qu'aucun commerce criminel ne subsiste entre Tristrem et Ysonde. Sa cour complaisante approuve ce raisonnement [1].

Les amans se réveillent quand le roi est parti, et sont surpris de trouver son gant bien connu. Des chevaliers arrivent pour les conduire au roi Marc, auprès de qui ils rentrent encore en grace.

XXVI A XXX.

Or il arriva un jour d'été que Tristrem et la reine jouaient aux jeux de l'amour. Le nain les épie, les voit, il court chercher le bon roi Marc, et lui dit : — Sire roi, ta femme est occupée à cette heure avec son chevalier; viens vite, et surprends-les si tu peux.

Le roi accourt avec tant de hâte, qu'il surprend en effet sa femme et son neveu. Tristrem n'a que le temps de fuir, et se voit forcé de laisser Ysonde derrière lui. Il se lamente d'avoir abandonné ainsi la reine. Il est inutilement poursuivi par les courtisans du roi Marc, que le monarque a appelés pour être témoins; mais ne trouvant qu'Ysonde seule, ils soutiennent, à la barbe du malheureux Marc, que ses yeux l'ont trompé. Marc lui-même se persuade qu'ils ont raison, ou fait semblant de le croire; Ysonde est encore en grande faveur.

XXX A XXXVIII.

Tristrem, dans un nouvel exil, se livre aux entreprises les plus désespérées. Il traverse l'Espagne, où il tue trois géans. D'Espagne, il se rend au pays d'Ermonie, où il est reçu avec joie par ses vassaux, les fils de son ancien tuteur Rohan. Ils lui offrent de lui rendre ses domaines héréditaires, qu'il refuse d'accepter.

---

(1) Dans les mariages par ambassadeur en Allemagne, l'épée séparoit ainsi le mari par procuration de sa chaste moitié. — ED.

Tristrem arrive en Bretagne, et assiste le duc de cette contrée dans ses guerres. Grace à la valeur de notre héros, toute contestation est bientôt terminée. Il est introduit et présenté à la jolie et aimable fille du duc, qui porte le même nom que la reine de Cornouailles; mais, pour la distinguer, on la surnomme *Ysonde aux blanches mains*.

Tristrem a composé un lai sur la beauté d'Ysonde de Cornouailles; la princesse de Bretagne, trompée par la similitude des noms, s'imagine qu'elle a inspiré de l'amour à Tristrem, et communique sa méprise à son père.

Le duc offre à Tristrem la main de sa fille. Tristrem réfléchit sur sa malheureuse situation, sur l'impossibilité de revoir jamais Ysonde d'Irlande, et finalement sur l'illégitimité de leur liaison. Le résultat de ces réflexions est sa résolution d'épouser Ysonde à la blanche main, qu'il aime à cause de son nom. Ils sont fiancés et mariés; mais lorsqu'ils se rendent à la chambre nuptiale, la bague donnée à Tristrem par la reine de Cornouailles tombe de son doigt : cet accident lui rappelle la fidélité de sa première amie, et le danger qu'elle court à cause de lui. Son cœur lui reproche la fausseté dont il est coupable, et qu'il se promet bien de ne pas pousser plus loin. La belle Ysonde de Bretagne demeure *vierge*, quoique *épouse* [1].

XXVIII A L.

Le duc de Bretagne donne à Tristrem un territoire qu'un bras de mer sépare des domaines d'un géant redoutable, nommé Beliagog. Le vieux duc recommande à son gendre de bien prendre garde de franchir, dans ses

---

[1] « Tristan se coucha avec Yseult. Le luminaire ardoit si cler que Tristan pouvoit bien voir la beauté d'Yseult. Elle avoit la bouche blanche et tendre, yeux verds, rians, les sourcils bruns et bien assis, la face clère et vermeille. Tristan la baise et accole; et quant il lui souvient de la reyne Yseult de Cornouailles, si a toute perdu la voullonté du surplus faire. Ceste Yseult est devant luy, et l'autre est en Cornouailles, qui lui deffend si cher comme il ayme son corps, que à ceste Yseult ne face chose qui à villenie lui tourne. Ainsi demeure Tristan avec Yseult sa femme; et elle qui d'autre soulas que d'accoller et baiser ne savoit rien, s'endort entre les bras de Tristan. » (*Tristan*, folio LXIX.)

parties de chasse, les limites de ses terres, de peur d'irriter le ressentiment de son voisin, qui avait été le frère (sans doute frère d'armes) de Morgan, d'Urgan, et du noble chevalier Moraunt, trois champions occis par l'épée de Tristrem.

Ce prudent conseil, comme on s'y attend, ne fait qu'exciter le chevalier à rendre une prompte visite à Beliagog. Il suit ses chiens sur les domaines du géant, qui se montre aussitôt, et, apprenant le nom de l'audacieux, jure de venger la mort de ses frères. Tristrem lui porte un défi, et déclare son intention de s'emparer de toute la forêt. Beliagog lance à Tristrem un javelot qui glisse entre son haubert et ses côtes. Tristrem se précipite sur le géant, et ils combattent tous deux avec vigueur. Enfin, le chevalier coupe un pied à Beliagog, et le géant demande merci, promettant de livrer son trésor et ses domaines à Tristrem.

Tristrem épargne sa vie, à condition qu'il bâtira un château en l'honneur d'Ysonde et de Brengwain.

Beliagog conduit Tristrem à un château environné d'un fossé, ou plutôt d'un lac; c'est l'ancienne résidence fortifiée de ses pères. Il montre à son vainqueur un gué par lequel il pourra entrer quand il voudra. C'est là qu'est commencé le château promis. Des ouvriers sont mandés de toutes parts pour travailler sous la direction de Beliagog à la construction d'une magnifique salle. Dans cette salle est représentée en sculpture toute l'histoire de Tristrem. Ysonde et Brengwain, Marc et Meriadoc, Hodain et Peticrew y revivent en pierre.

LI A LXV.

Le duc Florentin de Bretagne, suivi de Tristrem et de sa femme, et de son fils Ganhardin, part pour la ville de Saint-Mathieu, pour assister aux noces splendides d'un baron, nommé Boniface, et d'une dame de Lyon. Dans la route, une observation naïve d'Ysonde révèle à Ganhardin que Tristrem néglige les charmes de sa sœur. Ganhardin croit sa famille offensée de ce dédain; et, dans son extrême ressentiment, il demande raison à Tristrem de son étrange conduite avec sa femme. Tristrem répond avec fierté que puisqu'elle a trahi le secret conjugal, il renonce à elle pour toujours, et retournera à sa première maîtresse, dame trois fois plus belle que l'Ysonde de Bretagne.

Cette déclaration cavalière, jointe peut-être à la prouesse redoutée de Tristrem, produit sur Ganhardin un effet tout différent de ce qu'on pouvait en attendre. Sa curiosité est vivement excitée sur la beauté inconnue que Tristrem a tant vantée. Déposant tout son ressentiment, il devient l'ami de notre héros, et le fidèle confident de ses amours.

Tristrem conduit Ganhardin à son merveilleux château. Le prince breton, se trouvant sur les domaines de Beliagog, craint que Tristrem ne le conduise à la mort. Tristrem lui explique comment le géant est devenu son vassal. En conséquence, Beliagog accourt à son signal convenu, appuyé sur une béquille.

Au commandement de Tristrem, le géant introduit les deux chevaliers dans la salle splendide qui a été construite en l'honneur de la reine de Cornouailles. La beauté d'Ysonde et de Brengwain, telle que la sculpture en offre l'image, produit une telle impression sur Ganhardin, qu'il chancèle, recule d'étonnement, et tombe à la renverse. Lorsqu'il revient de son extase et regarde de nouveau les statues, surtout celle de Brengwain, qui est représentée avec la fatale coupe à la main, il avoue franchement que la beauté d'Ysonde est bien supérieure à celle de sa sœur; que Tristrem est en tous points excusable de sa conduite, et que lui-même il est si épris des charmes de Brengwain, qu'il faut qu'il la voie ou qu'il en meure.

LXV A LXXVI.

Tristrem promet au prince breton de s'intéresser vivement à son amour pour Brengwain. Ils s'embarquent tous deux pour la Grande-Bretagne.

Un nouveau personnage paraît sur la scène; c'est Canados, connétable du roi Marc, et encore un des adorateurs d'Ysonde, tant ce bon roi était malheureux dans le choix de ses favoris! Canados entendant Ysonde qui chante un des lais que composa jadis Tristrem, l'interrompt avec discourtoisie, et lui déclare qu'elle est coupable de choisir un tel sujet de chant, d'abord parce que ses notes ressemblent aux cris d'une chouette, ou aux hurlemens d'un orage; secondement, parce que Tristrem, dont la partialité lui rend les compositions si chères, lui a été infidèle et a épousé la fille du duc de Bretagne. Ysonde répond à Canados qu'il est un lâche et un calomniateur, l'accable de reproches et de malédictions, souhaite qu'il soit toujours aussi malheureux en amour qu'il l'a été avec elle, et le chasse de sa présence.

La reine, inconsolable des nouvelles qu'elle a reçues, monte à cheval avec Brengwain pour aller dans la forêt distraire sa mélancolie. Tristrem et son complaisant beau-frère Ganhardin arrivent dans le même lieu, et aperçoivent les dames. Tristrem envoie porter sa bague à Ysonde, comme un gage de son approche. Cependant le chien Peticrew a déjà reconnu son ancien maître, et court à lui pour le caresser. Ysonde, apprenant par le message de Ganhardin et par le gage de la bague, que Tristrem est près d'elle, prend la résolution de passer la nuit dans la forêt. Elle feint une indisposition, et ordonne qu'on lui dresse des tentes sous les arbres. Son entrevue avec Tristrem amène leur réconciliation. Brengwain et Ganhardin sont fiancés [1].

LXXVII A LXXXIII.

Après deux jours passés dans la forêt, Tristrem et Ysonde sont au moment d'être surpris par Canados, qu'un espion a informé de ce qui est advenu. A cette nou-

---

[1] Dans le roman français, c'est de Gouvernail que Brenguien devient l'épouse. C'est d'Ysonde que Ganhardin est amoureux, et il meurt en terminant un madrigal à sa louange. — Ed.

velle, Canados a rassemblé tous les soldats du canton, et il marche vers le bois pour faire son rival prisonnier.

Le fidèle Gouvernayl vient avertir Tristrem et Ganhardin du danger qu'ils courent : le nombre des assaillans les force de fuir dans différentes directions. Ysonde est ramenée à la cour par Canados, qui se vante d'avoir fait peur à Tristrem, qui, dit-il, n'avait pas osé se mesurer avec lui. La reine et Brengwain lui font d'amers reproches.

Ganhardin, dans sa fuite, est retourné en Bretagne. Tristrem est seul resté en Cornouailles, déguisé en mendiant avec la besace et l'écuelle. Brengwain feint de désapprouver sa conduite, et menace de révéler ses entrevues avec Ysonde.

Mais, bien au contraire, cette fidèle confidente d'Ysonde fait voir au roi Marc le danger qu'il court par l'amour présomptueux que Canados a conçu pour la reine. Le roi Marc, furieux de l'audace de son connétable, le bannit de sa cour; et la reine, réconciliée avec sa suivante, admire son adresse à mentir.

LXXXVI A XC.

Dans une conversation entre Ysonde et Brengwain, la reine défend la valeur de son amant, qui semble avoir déchu dans l'opinion de sa confidente depuis la dernière aventure dans la forêt. Brengwain consent à l'introduire cette nuit dans la chambre de la reine. En s'acquittant de cette fonction, elle lui reproche sa retraite précipitée avec Ganhardin devant leurs ennemis. Tristrem répond en demandant qu'on proclame un tournoi dans lequel son beau-frère et lui vengeront leur réputation.

Le tournoi est annoncé : Canados et Meriadoc en sont les tenans. Ganhardin revient de Bretagne pour joindre Tristrem. Quand la joûte commence, Tristrem, se rappelant sa vieille rancune contre l'espion Meriadoc, l'attaque et le blesse à mort. Un combat terrible et douteux s'engage entre Ganhardin et Canados, jusqu'à ce que Tristrem, venant au secours de son frère d'armes, désarçonne et tue son antagoniste. Cette terminaison sanglante des joûtes occasione une consternation générale dont Tristrem profite pour se venger de ses ennemis. Avec l'assistance de Ganhardin, il immole et met en déroute tous ceux qui lui résistent, et les médisans du pays paient cher leurs propos.

XCI A XCV.

Brengwain se réjouit de la défaite de ses ennemis. Tristrem et Ganhardin se retirent en Bretagne, où Tristrem est abordé par un jeune chevalier, sans souliers, qui le cherchait depuis long-temps. Ce jeune champion, qui s'appelle aussi Tristrem, se jette aux pieds de notre héros, et implore son assistance dans une périlleuse aventure. Il a été privé de sa dame par un chevalier. Le ravisseur, avec ses sept frères et sept autres chevaliers, doivent escorter, ce jour-là, leur captive jusqu'à quelque lieu de refuge. Le chevalier suppliant propose à son homonyme de l'aider à reconquérir sa dame. Tristrem n'a garde de refuser.

Les deux chevaliers s'arment et se préparent au combat : ils attaquent les ravisseurs dans le voisinage d'une forêt. Tristrem le jeune est bientôt tué ; notre héros venge sa mort, et tue quinze chevaliers, mais, dans ce combat, il reçoit une flèche dans son ancienne blessure... (Ici le manuscrit Auchinleck se termine brusquement ; le reste du roman a été déchiré [1].)

---

(1) La conclusion qui va suivre est de sir Walter Scott, qui a imité avec une singulière vérité le vieux langage de Thomas le Rimeur, et sa concision, qu'on trouve presque affectée quand on la compare à la prose du *Tristan* français. — Tr.

CONCLUSION.

Quinze chevaliers ont mordu la poussière, mais auprès d'eux expire aussi Tristrem le jeune. Tristrem lui-même est blessé; sa blessure excite sa fureur. Il se rend à sa demeure, et se jette sur sa couche. Maints baumes sont apportés pour calmer sa douleur.

Mais aucune puissance, aucune science, aucun trésor ne peuvent lui porter secours. Son ancienne blessure s'est rouverte; l'os est brisé. Pauvre chevalier! toute assistance est inefficace, excepté celle d'Ysonde, la belle reine de Cornouailles.

Tristrem appelle Ganhardin, son compagnon fidèle : « Mon frère, lui dit-il, tu peux me secourir et me procurer guérison. Va trouver la belle Ysonde en Cornouailles; porte avec toi ma bague, gage chéri et secret. Si elle ne consent à me tirer de peine, hélas! adieu la vie.

— Prends mon vaisseau, chargé de riches marchandises; fais faire deux voiles, chacune de différente couleur; que l'une soit noire, l'autre blanche comme neige; et quand tu reviendras, le signal indiquera l'issue de ton voyage. Si Ysonde m'abandonne, tu mettras la voile noire.

Ysonde de Bretagne à la blanche main écoute avec tristesse, et comprend bien que Tristrem envoie quérir Ysonde la blonde en Angleterre.—Je serai vengée, se dit-elle, de mon perfide époux! Quoi! il fait venir des faucons sauvages [1], et moi je serais mise de côté!

Ganhardin met à la voile pour l'Angleterre : il arrive, et se donne pour un riche marchand. Il porte de riches marchandises et de splendides habits. Il fait des dons à Marc et aux seigneurs de sa cour. Il prépare aussi une coupe où il cache la bague, et la remet à Brengwain pour la reine.

---

(1) Au figuré *filles de joie*. — Ed.

Ysonde reconnaît la bague d'or, gage amoureux que lui envoyait Tristrem. Ganhardin, introduit auprès d'elle, lui apprend que Tristrem est blessé dans sa vieille blessure, et que si elle ne vient le guérir, il périt, le pauvre chevalier!

Ysonde s'afflige du récit qu'elle entend; elle se déguise en page pour partir avec Ganhardin. Les voilà embarqués; un vent propice les conduit. Ysonde, bien chagrine, verse des larmes amères. Ganhardin appareille la voile blanche.

Ysonde de Bretagne à la blanche main aperçoit le vaisseau qui s'approche du rivage; elle remarque la voile blanche : —Voici Ysonde qui vient m'enlever mon perfide époux; mais je jure qu'elle ne sera venue ici que pour son malheur.

Elle accourt vers Tristrem étendu dans son lit.

—Tristrem, dit-elle, bonne nouvelle! tu seras guéri : je découvre le vaisseau sur lequel Ganhardin revient pour calmer ta souffrance!

—Quelle voile est au vaisseau, dame? au nom de Dieu tout-puissant!

Ysonde veut être vengée de Tristrem, l'amant fidèle, et lui répond : —La voile est noire, noire comme la poix. —Tristrem retombe en arrière, croyant Ysonde déloyale; son tendre cœur s'est brisé, s'est brisé en deux! Que là-haut le Christ le reçoive en merci! il mourut d'amour fidèle [1].

---

(1) Cette scène touchante est ainsi rendue dans un fragment en vers :

    — Turne sei vers la pareie (*la muraille*)
    Donc dit: « Dens salt Ysolt et mei !
    Quant à mei me voler venir
    Pur votre amur mestu et mourir.
    Je ne puis plus tenir ma vie :
    Pur vus muers Ysolt, belle amie!
    N'aver pité de ma langur,
    Maz de ma mort aurez dolur !
    Ça m'est m'amie, grant confort
    Que pité aurez de ma mort!

Vieux et jeunes s'affligent, s'affligent petits et grands ; car Tristrem le bon chevalier était estimé de tous. Les jeunes filles se tordent les mains ; les épouses crient et pleurent ; les cloches sonnent leur chant de mort ; les prêtres disent leurs messes de deuil, et ne prient plus que pour Tristrem [1].

Le vaisseau fait force de voiles et de rames. Ysonde aborde au rivage ; elle rencontre un vieillard à barbe blanche : les larmes coulaient en abondance de ses yeux ; il sanglotait amèrement : — Il n'est donc plus la fleur de l'Angleterre ! nous ne le verrons plus ! sir Tristrem est mort !

Quand Ysonde ouit ceci, elle se mit à courir vers la porte du château ; personne ne put l'arrêter ; elle franchit la grille ; elle entre dans la chambre. Tristrem, en robe d'appareil, était couché, immobile et froid comme le marbre. Ysonde regarde et le reconnaît.

Jamais plus belle dame n'avait paru en Bretagne, témoignant une plus vive peine. Ysonde se jette sur la couche de Tristrem ; elle ne se relève plus ; mais elle meurt de douleur. Jamais il n'y aura de tels amans !

Les corps des deux malheureux amans furent transportés en Cornouailles. Marc, toujours irrité du souvenir de ses affronts, refusa d'abord de les laisser ensevelir dans ses domaines ; mais il s'adoucit en lisant une lettre écrite par Tristrem dans sa dernière maladie, et qu'il avait attachée à la poignée de son épée, pour être remise à son

---

Amie Ysolt ? » Tres fez dit,
A la quarte rend l'esprit.

Dans le roman en prose on lit : « Tristan se tourna de l'autre part, et dist : « Ha! ha! doulce amye! à Dieu vous recommande! jamais ne me verrai, ne moi vous ! Dieu soit garde de vous! Adieu, je m'envays, je vous salut. » Lors bât sa coulpe, et se recommande à notre Seigneur Jhe-Crist, et le cœur lui crève, et l'âme s'en va. » (*Tristan*, fol. CXXIII.)

(1) « Lors y accourent grans et petits, crians et bruyans, et font tel deuil, que l'on n'y ouyst pas Dieu tonnant. » (*Tristan*, fol. CXXIII.)

oncle. En voyant ce fer, qui avait sauvé le royaume de Cornouailles, et en apprenant, par la lettre, la fatale histoire du *boire amoureux*, Marc déplora, avec des larmes de pitié, une passion plutôt l'effet d'un sortilège ou de la destinée, que de la volonté des deux amans : « Hela dolent! pourquoy ne sçavois-je ceste avanture! je les eusse ainçoys cellez, et consenty qu'ilz ne fussent jà partis de moy. Las! or ay-je perdu mon nepveu et ma femme. » (TRISTAN, f. cxxv.)

Marc fit ériger sur leurs cercueils une magnifique chapelle, où se manifesta, pour la première fois, ce miracle célébré depuis dans tant de ballades. De la tombe de Tristrem sortit un bel églantier qui alla entourer de ses festons le monument d'Ysonde. Il fut coupé trois fois par l'ordre de Marc; mais le lendemain matin on le trouvait refleuri dans toute sa beauté. *Ce miracle estoit sur monseigneur Tristan et sur la reine Ysonde.*

LA

RECHERCHE DU BONHEUR,

ou

LE VOYAGE

DU SULTAN SOLIMAN.

Sir Walter Scott nous avertit par une note que l'idée du conte suivant lui a été fournie par Giam Battista Casti, auteur des *Animaux parlans*, dans sa nouvelle intitulée *La Camiscia magica*. Sir Walter Scott lui a donné, comme on verra, une couleur tout-à-fait nationale. Un écrivain que nous regrettons de ne pas trouver plus souvent dans la même route que le barde d'Ecosse, M. Charles Nodier, a aussi imité en vers la même nouvelle de Casti : mais il lui a conservé sa couleur d'apologue oriental, dont nous avouons que la naïve simplicité nous semble préférable à toutes les broderies de l'esprit. On sent que sir Walter Scott n'a voulu faire qu'un badinage qui ne manque pas de grace dans l'original ; peut-être aussi il a voulu imiter les digressions et les boutades de l'auteur de *Beppo*.

I.

Oh ! que ne puis-je obtenir un sourire de cette muse folâtre qui inspirait les contes joyeux de Bandello, et qui nous charmait par son ingénieuse malice, quand Giam

Battista lui servait d'interprète ! Cependant, jeune dame, ne craignez pas de moi la naïveté des détails que se permettent les enfans de la terre de la mélodie. La licence italienne aime à franchir les bornes ; nous autres Bretons nous avons plus de pudeur, et si nous ne sommes pas sages dans notre gaieté, du moins nous devons respecter la bienséance.

II.

Sous le climat lointain d'Orient, vivait naguère le sultan Soliman, magnifique prince dont les yeux ne pouvaient promener leurs regards sans trouver tous ceux des autres fixés vers la terre, et dont les oreilles royales entendaient toujours la même phrase : — Sultan, ton esclave t'écoute et t'obéit.

Chacun a son goût; laissons ces graves personnages aimer la pompe et la grandeur. Pour moi, je préfère le cœur honnête d'un monarque qui se promène autour de sa ferme, ou qui, lorsque les travaux de l'Etat le lui permettent, cherche au coin du feu le bonheur domestique; je préfère un prince qui fait circuler la bouteille et qui choque le verre et rit avec ses sujets, un prince sachant être à propos le plus gai des convives, hasarder un bon mot et chanter un refrain ; de tels monarques conviennent mieux à notre joyeuse et libre Angleterre ; mais les despotes doivent être superbes, sévères et taciturnes.

III.

Ce Soliman régnait à Serendib. — Où est Serendib? me dira quelque critique. Eh! mon bon ami, consultez la mappemonde ; n'allez pas effaroucher mon Pégase avant que je sois parti. Si Renel ne vous montre pas Serendib, vous trouverez cette île dans la carte du capitaine Sindbad, fameux marin, dont les histoires firent perdre patience à tous ses parens et amis jusqu'à ce que, désireux d'avoir un hôte qui les trouvât plus courtes, ce conteur sans pitié daigna les adresser à un portier. Voyez la dernière édition publiée par Longman et compagnie, Rees, Hurst et Orme, nos patrons en littérature [1].

IV.

Serendib une fois trouvé, n'allez pas croire mon histoire une fable; notre sultan, soit absence de contradiction (espèce de stimulant qui réussit à merveille pour relever les esprits vitaux et purifier les humeurs, spécifique souverain pour toutes sortes de cures, dans la pratique de ma femme et peut-être aussi de la vôtre); soit donc que le sultan manquât de cette salutaire recette, ou de tout autre cordial plus propre au palais d'un prince, soit qu'un mollah eût troublé ses rêves par un de ces sortilèges qu'emploient les prêtres de Mahomet, c'est ce que j'ignore : mais le sultan ne riait jamais; il mangeait et buvait à peine, et sa tristesse défiait tous les remèdes profanes ou sacrés. Dans la longue liste de ses mélancolies extravagantes ou muettes, Burton [2] n'en cite point d'aussi mauvaise.

V.

Bientôt arrivèrent des médecins sages, prudens et savans comme jamais il en fut; d'un œil attentif ils regardent la langue du sultan, examinent son bain, et Dieu sait quoi encore; ensuite ils prononcent d'un ton solennel le résultat de leurs observations : — Sa Majesté est loin d'être bien!

Alors chacun veut offrir son spécifique. Hakin Ibrahim avait apporté son baume, *Nahazzim al Zerdukkaut* [3]; Roompot, praticien plus entendu encore, comptait bien davantage sur son *Munaskif al Fillfily*. Leurs doctes confrères se pressent avec eux autour de l'illustre malade pour lui appliquer leurs remèdes variés; il accourut des chirurgiens et même des apothicaires, jusqu'à ce qu'enfin le monarque

---

(1) Libraires-éditeurs de Londres. — Ed.
(2) Auteur d'un fameux ouvrage sur la mélancolie. — Ed.
(3) Voyez pour ces mots d'Herbelot, auteur de la *Bibliothèque orientale*, ou le savant éditeur des *Recettes d'Avicenne*. — Ed.

harassé reprit soudain la parole pour leur apprendre à
demi mot qu'il allait récompenser leurs peines inutiles
avec le cimeterre ou avec le cordon : il n'en fallut pas davantage, je vous proteste, pour faire déguerpir ces véné-
rables docteurs.

VI.

Alors le conseil fut convoqué : l'affaire y fut jugée épi-
neuse et délicate, et chacun voulut en décharger ses
épaules. Aussi, d'après l'avis général, des Tartares et des
courriers furent expédiés en toute hâte pour réunir une
espèce de parlement oriental des chefs feudataires et des
francs-tenanciers ; les Persans ont encore aujourd'hui de
ces assemblées que mon brave Malcolm appelle *Couroul-
tai* [1]. Je ne suis pas préparé dans ce léger poëme à vous
montrer qu'il y avait à Serendib ces mêmes formes de
gouvernement ; — que les érudits cherchent donc et me
disent si j'ai tort.

VII.

Les Omrahs [2], la main sur leur cimeterre, votèrent
tous pour la guerre comme Sempronius.

— Le glaive du sultan, dirent-ils, a trop long-temps
dormi dans son fourreau loin du théâtre de la mort ; que
le tambourgi fasse entendre son signal, que les bruyantes
cymbales retentissent, que le cri des batailles s'élève ! Le
sombre nuage qui trouble les beaux jours de notre souverain sera dissipé quand il verra voltiger notre cavalerie,
et que l'éléphant, armé de sa tour, ébranlera la terre.
Tout noble cœur languit de répondre à l'appel de la gloire,
et pour ce qui est des impôts, — voilà, Sire, vos fidèles
communes.

Les riots écoutaient de leurs places (dans la langue de
Serendib les fermiers s'appellent riots) ; ils se regardèrent
tristement les uns les autres, augurant, d'une pareille ha-
rangue, beaucoup de tracasseries, avec double cotisation

---

(1) Voyez l'admirable *Histoire de la Perse*, par sir John Malcolm.
(2) La noblesse.

de billets de fourrages et de logemens. Craignant ces choses-là autant que les Chinois redoutent les Tartares, ou les rats les chats, chacun d'eux fouilla dans sa poche d'un air gauche.

VIII.

Vint ensuite le vénérable collège des prêtres. On y voyait têtes chauves, barbes blanches, turbans verts, imans, mollahs de tous rangs, santons, fakirs et calendars. Leurs motions furent diverses. Les uns conseillaient de faire construire une mosquée à laquelle seraient attachés des revenus considérables, avec de riches jardins et de jolis kiosques, pour en gratifier une troupe choisie de prêtres; d'autres opinaient pour distribuer dans l'empire un don gratuit aux hommes pieux, dont les prières rendraient au sultan la santé du corps et celle de l'ame. Mais le chef des ecclésiastiques musulmans, le sheikh Ul-Sofit, discuta plus clairement la chose.

— Ton esprit studieux, ô prince, dit-il, a épaissi tout ton sang et appesanti ton cerveau par un travail trop assidu; donne-toi donc quelque relâche et prends des distractions; caresse tes odalisques ou compte ton trésor; délivre-toi de tous les soins de l'Etat, ô mon souverain, et daigne en confier le fardeau à ton fidèle clergé.

IX.

Ces sages conseils ne menèrent à rien; et le malade (comme cela n'est pas rare quand de graves docteurs ont perdu avec lui leur temps et leur latin) résolut de demander avis à une vieille femme; c'était sa mère, dame qui avait été belle, et qui était encore appelée belle par tous ses sujets soumis. Or, soit que Fatime fût sérieusement un peu nécromancienne ou seulement le fît croire, c'est ce que je ne saurais dire, elle prétendait guérir des plus cruelles maladies avec des amulettes ou des chants magiques : quand toute autre science était épuisée, c'était alors qu'elle croyait à propos de faire usage de la sienne.

X.

— La *Sympathia magica* fait des merveilles! — C'est en ces termes que Fatime s'adressa à son fils. — Elle agit sur les fibres et les pores pour nous rendre insensiblement à la santé; c'est elle qui doit nous servir. Il faut, mon fils, que tu gardes ton mal ou que tu voyages pour trouver le remède. Parcours la terre et les mers, et procure-toi, n'importe où, le vêtement intérieur d'un homme HEUREUX, je veux dire sa chemise, mon fils, qui, prise toute chaude sur sa peau, dissipera ton malaise, ranimera ton sang dans tes veines, et fera bondir ton cœur aussi légèrement que celui d'un petit berger.

Tel fut le conseil que la mère de Soliman lui donna. Je ne sais pas trop si elle avait quelque arrière-pensée, comme ces docteurs qui ordonnent à leurs patiens de changer d'air quand ils sont sûrs de les voir bientôt mourir entre leurs mains. Peut-être aussi pensait-elle que le titre de reine-régente sonnait mieux à l'oreille que celui de reine-mère; mais la chronique dit (la consulte qui voudra) que tel fut le conseil de Fatime, et le sultan le suivit.

XI.

On est à bord. Le sultan et sa suite, embarqués dans une galère dorée, vont sillonner les flots. Le vieux réis [1] fut le premier qui fit la question : — Où allons-nous? — Grand silence. — L'Arabie, se dit en lui-même le prince mélancolique, l'Arabie porte depuis plusieurs siècles le surnom d'heureuse : — A Mokha, réis. — Et ils firent voile pour Mokha, où ils arrivèrent sans accident.

Mais ni dans l'Arabie avec tous ses parfums, ni dans ces plaines où la Judée pleure sous son palmier, ni dans la riche Egypte, ni dans les solitudes de la Nubie, on ne put trouver les traces du bonheur. Un Cophte seul assura l'avoir vu sourire quand Bruce vint aux sources du Nil.

---

(1) Le capitaine du vaisseau.

Le bonheur se révéla à l'intrépide voyageur au moment où il but de cette onde si désirée ; mais il disparut que ses lèvres étaient encore humides.

— C'est assez de turbans, dit le prince ennuyé ; nos dolimans ne sont pas notre affaire ; essayons les *giaours* [1], ces hommes en habits courts et en chapeaux de castor ; je suis assez porté à croire qu'il y en a quelques-uns d'heureux, du moins ils ont toutes sortes de bonnes raisons pour l'être ; ils boivent de bon vin, et n'observent pas de ramazan [2]. Vers le nord, pilote !

XII.

Le vaisseau fend l'onde amère, et se trouve bientôt sous le vent de la belle Italie.

Mais la belle Italie, qui jadis déployait sur le monde vaincu ses bannières décorées d'aigles, depuis long-temps renversée de son trône impérial, était cruellement humiliée par ses anciens vassaux. Le pape lui-même avait l'air triste, pâle et maigre ; il n'était plus que la moitié de ce qu'il fut jadis.

— Pendant que les uns plument nos prêtres et les autres nos nobles, dirent les Italiens, notre pauvre vieille botte [3] est mise en pièces. La vindicative Autriche fait sentir ses griffes au sommet de la tige [4], et le *grand diable* en déchire la pointe et le talon [5]. Si vous cherchez le bonheur, à parler franchement, nous pensons qu'il habite avec un nommé Giovanni Bulli, un tramontane, un hérétique ; le libertin, *poffaredio* [6] ! a tout pour lui ; son pavillon triomphe sur terre et sur mer, et puis il est en vérité une bourse ambulante.

---

(1) *Giaours* : on sait que ce mot, qui veut dire infidèle, mécréant, est donné à tous les chrétiens par les enfans de Mahomet.

(2) Carême des musulmans, plus sévère que le nôtre.

(3) Figure bien connue de l'Italie sur la mappemonde.

(4) Florence, Venise.

(5) La Calabre, infestée par des troupes d'assassins. Un de leurs principaux chefs s'appelait *Fra Diavolo*, c'est-à-dire Frère le Diable.

(6) *Poffare il Dio !* interjection italienne : grand Dieu ! ô ciel !

Notre prince partit pour aller chercher la demeure de John Bull ; mais d'abord il s'arrêta en France, royaume qui était sur sa route.

XIII.

M. Babouin, sortant d'une grande commotion, était agité comme un océan après la tempête, et indisposé sans savoir dire ce qui lui faisait mal, si ce n'est la gloire de sa maison qui avait reçu un échec ; il avait aussi quelques bosses à la tête qui annonçaient une récente querelle où il avait été un peu battu (lui qui est si accoutumé à battre les autres [1].) Notre prince, quoique les sultans fassent peu d'attention à ces choses-là, crut peu délicat et inutile de lui demander s'il était heureux. Monsieur, voyant que c'était un homme *comme il faut*, lui cria *Vive le roi !* et puis tout bas il ajouta : Avez-vous des nouvelles de Nap ?

Le sultan lui répondit question pour question.

— Pouvez-vous, lui dit-il, me donner des nouvelles d'un certain John Bull, qui, je crois, est votre voisin ?

La demande parut de digestion difficile ; le Français leva les épaules, prit du tabac, et eut besoin de toute sa politesse.

XIV.

Après une pose il dit :

— Jean Boule, je le connais ; je me rappelle qu'il y a un an ou deux je le vis dans une plaine appelée Waterloo. Ma foi il s'est très-joliment battu, c'est-à-dire pour un Anglais, m'entendez-vous ? mais il avait avec lui un enfant de mille canons, appelé Wellington.

La politesse de Monsieur ne put cacher son dépit. Soliman lui fit ses adieux et passa le détroit.

XV.

John Bull était de très-mauvaise humeur, s'occupant de ses fermes stériles et de ses marchandises sans débouché. Il jetait ses pains de sucre et ses ballots, et battait sur

---

(1) Nous avouons que nous avons ajouté ce dernier membre de phrase, et nous osons croire que nous n'aurons pas de démenti. — Tr.

son comptoir la retraite du diable. Ses guerres étaient finies ; c'était le jour des comptes, et les auteurs prétendent que c'est la coutume de ce digne personnage de ne jamais se plaindre jusqu'à ce qu'il soit obligé de payer ; et pour lors, par caractère, il pense toujours que l'ouvrage est trop peu de chose et le salaire trop fort [1].

Cependant, tout grognon qu'il est, il a si bon cœur que, lorsque son ennemi mortel fut terrassé et hors d'état de lui faire peur, le pauvre John était presque tenté de pleurer Buonaparte.

Tel était le personnage à qui Soliman fit son salamalec.

— Et qui êtes-vous ! Dieu vous damne ! répondit John.

XVI.

— Je suis un étranger venu ici pour voir l'homme le plus heureux de tout le *Frangistan* [2]. C'est du moins, seigneur, ce qu'on m'a assuré. — Heureux ! mes fermiers me refusent leurs rentes, mes pâturages sont sans bestiaux et mes terres sans culture ; le sucre et le rum ne sont plus que des drogues, et les rats et les teignes sont les seuls consommateurs de mes bons draps. Heureux ! Eh quoi ! la maudite guerre et les taxes nous ont à peine laissé un habit sur le dos.

— Dans ce cas, seigneur, je dois prendre congé de vous. Je venais vous demander une grace, mais je vois bien.....

— Une grace ? dit John en fronçant le sourcil. Mais, tenez, vous me paraissez quelque pauvre pêcheur étranger ; prenez cela pour vous procurer une chemise et un dîner.

Ce disant, il lui jeta une guinée au visage ; mais le sultan reprit avec dignité :

— Permettez-moi de refuser votre générosité. Je cherche en effet une chemise, mais aucune des vôtres, seigneur. Je vous baise les mains, et adieu.

(1) Voyez *le véritable Anglais*, par Daniel de Foe.
(2) L'Europe.

— Baise-moi les mains tant que tu voudras, dit John, et va-t'en à tous les diables !

XVII.

A la porte voisine de celle de John demeurait sa sœur Peg [1], jadis joyeuse fille qui dansait de bon cœur au son de la cornemuse ; mais, devenue plus sérieuse, elle s'occupe à filer son chanvre et à traire sa vache. Peg, qui fut jadis une pauvre déguenillée, sans être un modèle d'opulence et de propreté, balayait du moins une fois le mois sa maison, et une fois la semaine faisait un bon repas ; — Peg, qui jadis montrait dents et griffes à la moindre provocation, était devenue soumise aux lois et aussi paisible que qui que ce fût dans la nation. Le seul souvenir de ses plaisirs belliqueux c'était ses vieilles ballades dont elle amusait ses enfans. John Bull, avec qui, dans leurs anciens débats, elle vivait comme chien et chat, trouvait, disait-il, que sa voisine savait s'industrier, était laborieuse, aimait de longues prières, parlait le jargon du nord, et se montrait diablement tenace quand elle faisait un marché.

XVIII.

Le sultan entre et salue. La sœur Peg lui fit la révérence avec tout le décorum d'usage. Elle devina de suite à qui elle avait affaire ; et lui dit de s'asseoir au coin du feu, puis, tirant de l'armoire son *whisky* et sa galette, lui demanda les nouvelles d'Orient et de ses fils absens les pauvres Highlandais. — La paix a-t-elle fait baisser le thé, le poivre et les muscades ? Si vous voulez acheter de la toile bien filée, je vous la garantis.

XIX.

A ces mots Peg se lève et va chercher dans tous les coins de la maison ce qu'elle veut vendre ; mais le sultan la retient et lui crie :

— Madame, ce n'est pas là ce que je demande ; je vous

---

(1) Margot, Marguerite, *l'Ecosse.*

prie, madame, dites-moi, êtes-vous heureuse dans ce joli pays?

— Heureuse! répond Peg, que voulez-vous dire? pensez donc un peu seulement à l'année qui vient de finir; le grain n'a pas payé le labour.

— Mais cette année-ci?

— Oh! tout est si cher que mes enfans ont à peine de quoi faire leur soupe.

— Au diable la chemise! dit Soliman; je crois que je m'en retournerai comme je suis venu. Adieu, madame :
— Oh! je vous prie, pas de cérémonie.

— Vous ne voulez donc pas de ma toile? dit Peg.

XX.

Maintenant le vaisseau royal du sultan fait voile pour la terre de la verte Erin [1], l'île Emeraude, où habite l'honnête Paddy, cousin de John Bull, comme dit l'histoire.

Pendant long-temps John, prodigue en menaces et en coups de bâton, avait mené rudement Paddy, jusqu'à ce que le pauvre garçon, comme un enfant injustement fouetté, fût devenu un peu têtu et rétif. Son sort était mesquin, et son toit bien modeste. Son propriétaire exigeait de lui de fortes rentes, son vêtement était vieux et troué, son repas consistait en une pomme de terre froide. Cependant, pour les bons mots et la gaieté, il n'y avait pas dans tout le monde l'égal de Paddy.

XXI.

Le sultan le vit un dimanche (c'est un jour de fête pour Paddy); la messe terminée, après la confession de toutes ses peccadilles, Paddy se livre à ses joyeux caprices; bons mots, refrains, cabrioles, et danse légère.

— Par Mahomet, dit le sultan Soliman, ce drôle en guenilles est mon homme! qu'on le saisisse! qu'on ne lui fasse point de mal, et, s'il refuse, qu'on lui prenne sa chemise.

(1) L'Irlande.

XXII.

Ce ne fut pas sans peine que cet ordre fut exécuté. Il ne faut pas tant de provocations pour mettre en colère. Mais Hercule fut vaincu par le nombre, et Paddy Whack le fut comme lui. On le saisit, on le met par terre, on le déshabille ; hélas ! — Paddy n'avait pas de chemise !

Le roi, désappointé, honteux et fâché, s'en revint à Serendib aussi triste qu'il en était parti.

LE LAI

DU

DERNIER MÉNESTREL.

Le poëme offert au public est destiné à peindre les coutumes et les mœurs qui régnaient autrefois sur les frontières d'Angleterre et d'Ecosse. Les habitans menant une vie tour à tour pastorale et guerrière, et joignant des habitudes de déprédation continuelle à un esprit grossier de chevalerie, se montraient souvent sous un point de vue susceptible des ornemens de la poésie. La description des lieux et des mœurs étant l'objet de l'auteur plutôt qu'une narration suivie et régulière, il a adopté le plan de l'ancien roman en vers, qui donne à cet égard plus de latitude que n'en accorderait la dignité d'un poëme régulier. Ce même modèle donne d'autres facilités, en permettant de temps en temps une variété de poésie qui va jusqu'à autoriser le changement de rhythme dans le texte. Enfin le merveilleux, adopté d'après la croyance populaire, et qui aurait semblé puéril dans un poëme, n'a rien d'inconvenant dans l'ancienne ballade ou roman poétique.

Voilà pourquoi l'auteur met son récit dans la bouche d'un vieux ménestrel, le dernier de cette race, qui, étant supposé avoir survécu à la révolution, peut avoir profité des changemens heureux que le temps a introduits dans la poésie moderne, sans avoir perdu la simplicité de son modèle primitif. La scène se passe vers le milieu du seizième siècle, époque où vivaient réellement la plupart des personnages introduits dans cet ouvrage, et l'action dure trois nuits et trois jours.

INTRODUCTION.

Le chemin était long, le vent était froid, le ménestrel était vieux et infirme. Son visage flétri et ses cheveux blancs semblaient avoir connu des jours plus heureux. Sa harpe, seul plaisir qui lui restât, était portée par un enfant orphelin. Il était le dernier de tous les bardes qui avaient chanté les chevaliers des frontières [1]; car, hélas! leur temps était passé : ses frères, fils de l'harmonie, n'existaient plus, et lui-même, dédaigné, opprimé, il désirait partager leur repos dans la tombe. On ne le voyait plus guider un noble coursier, et chanter gaiement comme l'alouette au point du jour; il n'était plus fêté ni recherché par les châtelains et les châtelaines; on ne le faisait plus asseoir à la place d'honneur pour entendre le lai qu'il improvisait sur sa harpe : les vieux temps et les vieilles mœurs n'étaient plus. Un étranger occupait le trône des Stuarts; l'art innocent du barde était un crime aux yeux des fanatiques de ce siècle de fer. Pauvre, humilié, errant, il mendiait son pain de porte en porte, et accordait pour l'oreille d'un paysan la harpe qu'un roi avait aimé jadis à entendre.

Le ménestrel passait près de l'endroit où la tour majestueuse de Newark s'élève au-dessus des bouleaux de l'Yarrow; son regard s'y porta avec l'expression du désir; il ne voyait pas dans les environs un autre asile plus humble. Enfin, d'un pas craintif, il franchit le seuil de cette pesante porte de fer de laquelle étaient si souvent sorties des légions de combattans, mais qui ne s'était jamais fer-

---

(1) Border. — Ed.

mée pour le pauvre et le malheureux. La duchesse [1] remarqua son air fatigué, sa démarche timide, sa figure vénérable, et dit à son page qu'elle voulait que ses gens fissent bon accueil au vieillard : malgré son illustre naissance, elle avait connu l'adversité; dans l'orgueil du pouvoir, dans la fleur de la beauté, elle avait pleuré sur la tombe sanglante de Monmouth.

Quand l'hospitalité eut pourvu à tous ses besoins, le ménestrel satisfait sentit renaître sa verve, il se mit à parler du bon comte Francis [2] qui était allé rejoindre ses aïeux, et du comte Walter [3], que Dieu lui fasse paix ! Jamais chevalier plus brave ne s'était montré dans les combats. Combien d'histoires il savait sur tous les anciens guerriers de Buccleuch ! Si la noble duchesse daignait écouter les accens d'un vieillard, si elle aimait les sons de la harpe, quoique ses doigts fussent raidis par l'âge, quoique sa voix eût perdu de sa force, il croyait pourtant, à parler sans détour, pouvoir encore lui faire entendre des accords qui ne seraient pas sans charmes pour son oreille.

Cette humble demande lui fut bientôt accordée, et le vieux ménestrel obtint une audience de la duchesse. Mais, quand il entra dans le salon de parade où elle était assise avec toutes les dames de sa suite, il aurait peut-être préféré avoir essuyé un refus : quand il essaya d'accorder sa harpe, sa main tremblante avait perdu cette aisance que donne la certitude de plaire ; et des scènes de joie et de douleur passées depuis long-temps se présentèrent confusément à sa mémoire vieillie : en vain il s'efforçait de mettre son instrument d'accord. La duchesse en eut compassion, elle loua l'harmonie de ses sons ; elle l'encouragea, et attendit avec bienveillance que ses cordes fus-

---

(1) Anne, duchesse de Buccleuch et de Monmouth, héritière des anciens lords de Buccleuch, et veuve de l'infortuné Jacques, duc de Monmouth, décapité en 1685.
— Ed.

(2) François Scott, comte de Buccleuch, père de la duchesse. — Ed.
(3) Walter, comte de Buccleuch, aïeul de la duchesse. — Ed.

sent toutes montées sur le même ton. — Il allait tenter, dit-il alors, de se rappeler d'anciens chants qu'il ne se croyait plus destiné à répéter. Ils n'avaient pas été composés pour d'humbles villageois, mais pour de nobles dames, et pour de puissans seigneurs. Il les avait chantés devant le bon roi Charles, quand ce monarque tenait sa cour à Holyrood; il ne pouvait s'empêcher d'éprouver quelque crainte en essayant un air chéri, mais oublié depuis long-temps. Ses doigts errans sur les cordes en tirèrent un prélude peu assuré; il secoua plusieurs fois sa tête blanchie par l'âge; mais, quand il eut enfin saisi la mesure, le vieillard leva son front vénérable, il sourit, et ses yeux presque éteints brillèrent encore du feu poétique. Variant ses tons en parcourant ses cordes, il passait successivement de l'énergique au tendre : le présent, l'avenir, ses peines, ses privations, les glaces de l'âge, la méfiance de lui-même, tout fut oublié dans son enthousiasme. Si sa mémoire infidèle laissait quelque lacune dans ses chants, l'inspiration y suppléait; ce fut en s'accompagnant de sa harpe que le DERNIER MÉNESTREL chanta ce qui suit.

CHANT PREMIER.

I.

Le banquet était fini dans la tour de Branksome, et la dame du château s'était retirée dans son appartement secret, appartement gardé par des charmes et des paroles magiques, terribles à entendre et terribles à répéter. Jésus et Marie, protégez-nous! Nul être vivant, excepté elle, n'aurait osé franchir le seuil de la porte.

II.

Les tables étaient enlevées, tout était paisible et oisif; le chevalier, le page et l'écuyer se promenaient dans la grande salle, où restaient groupés autour du vaste foyer; les chiens, fatigués de la chasse, sommeillaient étendus sur le plancher couvert de roseaux, et dans leurs songes poursuivaient encore la bête fauve depuis Teviot-Stone jusqu'à Eskdale-Moor.

III.

Vingt-neuf chevaliers de renom suspendaient leurs écus dans la grande salle de Branksome. Vingt-neuf fidèles écuyers veillaient à leurs coursiers; vingt-neuf hommes d'armes d'une taille élevée les servaient avec soumission. Tous ces chevaliers, d'un courage à l'épreuve, étaient les parens du vaillant Buccleuch.

IV.

Dix d'entre eux étaient couverts d'acier, leurs épées pendaient à un baudrier, et leurs talons étaient armés d'éperons. Ni jour ni nuit ils ne quittaient leur brillante armure; ils se reposaient avec leurs cuirasses, n'avaient d'autre oreiller qu'un dur et froid bouclier, découpaient à table, la main couverte du gantelet, et buvaient à travers la visière de leur casque.

V.

Dix écuyers et dix hommes d'armes, revêtus de cottes de mailles, étaient attentifs au moindre signe des dix guerriers; trente coursiers aussi agiles que vigoureux restaient sellés nuit et jour dans l'écurie, leur tête était défendue par un fronteau d'acier, et à l'arçon de la selle était suspendue une hache de Jedwood; cent autres coursiers étaient nourris dans l'étable. Tel était l'usage du château de Branksome.

VI.

Pourquoi ces coursiers sont-ils toujours prêts à partir? Pourquoi ces guerriers font-ils sentinelle et gardent-ils leur armure pendant la nuit? Ils veillent pour écouter les aboiemens du limier fidèle et le cor des combats, ils veillent pour voir déployer la croix rouge de Saint-George et briller les feux des signaux. Ils veillent pour n'être surpris ni par la ruse ni par la force, de peur que les Anglais Scroop, Howard ou Percy ne viennent de Warkworth, de Naworth ou de Carlisle, menacer les tours majestueuses de Branksome.

VII.

Tel est l'usage du château de Branksome. Maint chevalier y habite ; mais où est celui qui fut leur chef? Son épée se rouille contre la muraille, à côté de sa lance rompue. La mort du puissant lord Walter sera long-temps un sujet de chants pour les bardes. Quand les citoyens d'Edimbourg effrayés s'enfuirent au loin pour éviter les fureurs de la guerre des frontières; quand les rues de la ville virent briller les lances, et les glaives se rougir dans le sang; quand on entendit pousser le cri terrible du *slogan* [1], ce fut alors que le Chef de Branksome reçut le trépas.

VIII.

La piété peut-elle calmer la discorde? Peut-elle éteindre les feux d'une guerre à mort? Que peuvent les prières du chrétien, l'amour de la patrie et la divine charité? En vain des guerriers se rendent en pèlerinage dans tous les lieux saints; en vain ils implorent la clémence du ciel pour les Chefs qu'ils ont eux-mêmes massacrés; tant que Cessford sera soumis aux descendans de Car, tant qu'Ettrick se fera gloire d'obéir à ceux de Scott, jamais, jamais on n'oubliera les Chefs qui ont péri, le carnage et les désastres de la guerre féodale.

IX.

Les belliqueux forestiers s'étaient inclinés douloureusement sur le cercueil de lord Walter; les jeunes filles et les matrones du vieux Teviot y avaient répandu des larmes et jeté des fleurs; mais l'épouse du guerrier ne répandit pas de larmes sur sa bière sanglante, elle ne la décora pas de fleurs. Le désir de la vengeance avait tari dans son

---

[1] Cri de guerre écossais. — ED.

ame la source d'une affliction plus douce. Un indomptable orgueil arrêtait la larme prête à couler. Mais quand, au milieu de son clan livré à la douleur, elle entendit son fils bégayer sur les genoux de sa nourrice, —Si j'atteins l'âge d'homme, la mort de mon père sera vengée, — alors les pleurs de la mère coulèrent, et baignèrent les joues enflammées de l'enfant.

x.

Négligeant le soin de sa parure, et laissant flotter en désordre ses beaux cheveux d'or, Marguerite, penchée sur la tombe de son père, pleurait avec désespoir. Mais la tendresse filiale ne faisait pas seule couler ses larmes amères; la crainte et les inquiétudes d'un amour sans espérance l'accablaient en même temps. Elle n'osait chercher la compassion dans les yeux courroucés de sa mère, son amant avait pris les armes avec Car contre le clan de lord Walter, lorsque l'onde de Mathouse-Burn parvint jusqu'à Melrose teinte de leur sang; elle savait que sa mère aimerait mieux la voir sur son lit de mort que de lui donner pour époux lord Cranstoun.

XI.

La châtelaine était de noble race, et fille d'un magicien de renom, de la famille de Béthune en Picardie : son père avait appris l'art que personne n'ose nommer, à Padoue, par-delà les mers. On disait qu'il avait changé son corps mortel par la vertu d'un secret magique; et, quand il traversait en méditant le cloître de Saint-André, son ombre ne se dessinait point sur la muraille qu'éclairaient les rayons du soleil.

XII.

Les bardes racontent qu'il initia sa fille dans son art; elle sut comme lui forcer les esprits invisibles de l'air à paraître devant elle.

Assise dans son appartement secret de la tour occidentale du vieux lord David, la dame de Branksome écoute un son lugubre qui murmure autour des tourelles couvertes de mousse. Sont-ce les vagues du Teviot qui se brisent contre la rive escarpée? Est-ce le vent qui agite les branches des chênes? Est-ce l'écho des rochers? Quel peut être ce son lugubre qui murmure autour des tourelles antiques de Branksome?

XIII.

A ce son triste et solennel, les limiers répondent par des hurlemens, et le hibou épouvanté pousse des cris funèbres du haut des tours qu'il habite. Dans la grande salle, le chevalier comme l'écuyer jurent qu'un orage va éclater. Ils approchent d'une fenêtre pour regarder le ciel; la nuit est belle et sans nuage.

XIV.

Mais la dame savait fort bien que ce son formidable n'était ni le gémissement du Teviot luttant contre le flanc de la montagne, ni le sifflement du vent entre les chênes, ni l'écho des rochers, ni le bruit précurseur d'une tempête : c'était l'Esprit des Eaux qui parlait, et qui appelait l'Esprit de la Montagne.

XV.

L'ESPRIT DES EAUX.

— Dors-tu, frère?

L'ESPRIT DE LA MONTAGNE.

—Non, frère. Les rayons de la lune se jouent sur mes montagnes depuis Craig-Cross jusqu'à Skelf-Hill-Pen. Près de chaque ruisseau, dans chaque vallée, de joyeux esprits exécutent des danses légères au son d'une harmonie aérienne; ils forment des cercles d'émeraudes sur la bruyère : vois leurs pieds agiles, écoute leur douce musique.

XVI.

L'ESPRIT DES EAUX.

—Les pleurs d'une jeune fille captive altèrent mes eaux; Marguerite de Branksome, accablée de douleur, gémit à la pâle lueur de la lune. Dis-moi, toi qui t'approches des astres, quand cesseront ces discordes féodales? Quel sera le destin de la jeune vierge? qui sera l'époux de Marguerite?

XVII.

L'ESPRIT DE LA MONTAGNE.

— Le char d'Arthur poursuit lentement sa course dans une obscurité profonde autour du pôle ; l'Ourse du nord est sombre et menaçante ; la ceinture brillante d'Orion disparaît dans les ténèbres, les planètes ne jettent qu'un éclat faible et éloigné qui perce par moment la nuit profonde : j'ai quelque peine à interpréter leurs décrets ; mais les astres ne daigneront verser une influence favorable sur les eaux du Teviot et sur la tour de Branksome, que quand l'orgueil sera dompté et l'amour libre.

XVIII.

Les voix surnaturelles se turent, et le son redoutable mourut sur le sein calme des eaux et sur le penchant de la montagne; mais il murmurait encore auprès de la tour de lord David et aux oreilles de la dame. Elle leva sa tête majestueuse, et son cœur palpitait d'orgueil. — Montagnes, s'écria-t-elle, vous courberez vos têtes ; et vous, ondes du Teviot, vous gravirez leur sommet, avant que Marguerite devienne l'épouse de notre ennemi.

XIX.

Elle retourna dans la grande salle où étaient ses vaillans chevaliers; son fils, au milieu d'eux, se livrait avec une joie bruyante à des jeux enfantins. Se croyant déjà un maraudeur, l'enfant, à cheval sur le tronçon d'une lance, courait gaiement autour de la salle, comme s'il eût fait une invasion sur le territoire anglais. Les chevaliers, même ceux qui avaient vieilli sous les armes, prenaient part à sa gaieté innocente, quoique leurs cœurs, naturellement farouches, fussent aussi durs que l'acier qui les couvrait : mais les guerriers à cheveux blancs prédisaient que le brave enfant dompterait un jour l'orgueil de la licorne, et ferait triompher le croissant et l'étoile [1].

XX.

La mère oublia un moment son dessein; un instant, pas davantage. Elle s'arrêta sous la porte cintrée, jeta un coup d'œil maternel sur son fils, et, du milieu de cette troupe de guerriers, appela William Deloraine.

XXI.

C'était un maraudeur aussi déterminé qu'on en vit jamais sur les frontières. Les yeux bandés il aurait trouvé son chemin à travers les sables de Solway et les marais de Tarras. Par son adresse, par son agilité, il avait cent fois donné le change aux limiers les plus acharnés de Percy. Il n'existait pas un seul gué dans l'Eske ou le Liddel, qu'il ne connût et qu'il n'eût passé. La saison, la force des courans n'étaient rien pour lui : les neiges de décembre ou la verdure de juillet, une nuit sans lune ou l'aube du matin, tout lui était indifférent. Jamais pillard chargé des dépouilles du Cumberland n'eut l'ame plus ferme, le bras plus vigoureux. Cinq fois il avait été proscrit par le roi d'Angleterre et par la reine d'Ecosse.

XXII.

— Sir William Deloraine, prouve que tu sais me servir au besoin; monte sur ton meilleur coursier, n'épargne pas l'éperon, et ne t'arrête que lorsque tu seras arrivé sur les bords de la Tweed; cherche le moine de Sainte-Marie dans le saint édifice de Melrose; salue ce père de ma part, et dis-lui que l'heure fixée par le destin est arrivée. Il veillera cette nuit avec toi pour obtenir les trésors de la tombe : car c'est la nuit de Saint-Michel; quoique les étoiles soient obscurcies, la lune brille de tout son éclat; et la croix d'un rouge de sang te montrera le sépulcre du puissant magicien.

XXIII.

—Aie soin de ce qu'il te donnera. Ne t'arrête point; ne

---

[1] Allusion aux armoiries des Scotts et à celles des Cars. — Ed.

prends ni sommeil ni nourriture. Mais, que ce soit une lettre ou un livre qui te soit remis, garde-toi bien de l'ouvrir. Si tu l'ouvres, tu es perdu; il vaudrait mieux pour toi que tu ne fusses pas né.

XXIV.

— Ah! mon coursier gris-pommelé, qui boit l'onde du Teviot, répondit le guerrier, a le pas agile; et je serai de retour ici avant le point du jour. Vous ne pouviez, noble dame, confier votre message à un chevalier plus propre à s'en acquitter; car je ne pourrais lire une ligne, ni déchiffrer une lettre, serait-ce la première ligne ou la première lettre du verset qu'on présente à Hairibie [1].

XXV.

Deloraine fut bientôt en selle. Il descendit la colline escarpée, traversa la barbacane du château, et gagna les rives du Teviot. Il suivit la route de l'est sous une voûte de verdure formée par les rameaux entrelacés des coudriers; il passa le donjon de Goldiland, traversa le vieux Borthwick, entrevit la montagne de Moat-Hill, que les ombres des druides fréquentaient encore; aperçut dans Hawick des lumières qui disparurent bientôt derrière lui, et, pressant les flancs de son coursier, il arriva sous la tour d'Hazeldean.

XXVI.

Les sentinelles entendirent le bruit des pas du cheval : — Halte-là, courrier des ténèbres! — Je viens de Branksome, répondit le chevalier; et, laissant la tour amie derrière lui, il quitta les bords du Teviot. Le murmure de l'eau guidant ses pas, il gravit une hauteur vers le nord, et gagna la prairie d'Horselie-Hill, laissant à sa gauche l'ancienne voie romaine.

XXVII.

Il s'arrêta un instant pour laisser reprendre haleine à

---

(1) Lieu où l'on exécutait les maraudeurs à Carlisle. On présentait jadis le sixième psaume *Miserere mei* aux criminels, pour voir s'ils savaient lire, et s'ils pourraient réclamer le privilège du clergé. Le premier verset du psaume s'appelait *le verset du cou* (le verset du pendu), *necke-verse*.

son coursier essoufflé. Il desserra la sangle, et essaya s'il pourrait tirer facilement son glaive du fourreau. Les rayons de la lune éclairaient les rochers de Minto, où Barnhill avait établi sa couche de pierre ; c'est là qu'il disputait aux faucons un abri pour reposer ses membres proscrits ; de la cime de ces monts son œil d'aigle pouvait au loin apercevoir sa proie ; les échos ajoutaient encore à la terreur qu'inspirait le cor du brigand ; ces mêmes échos retentiront long-temps après les sons du chalumeau dorien, et quelque amant mélancolique apprendra aux bocages que l'ambition n'est pas un remède contre l'amour.

XXVIII.

Quittant ces lieux sans avoir rencontré aucun ennemi, Deloraine s'avança dans les beaux domaines de l'ancien Riddel, où l'Aill, ayant rompu les barrières que lui opposaient les montagnes, voit sortir des lacs ses vagues couronnées d'écume et semblables à la crinière hérissée d'un cheval bai. Mais nul torrent, quelque large, quelque profond qu'il soit, ne peut arrêter l'audacieux maraudeur.

XXIX.

Il s'élance dans les ondes impétueuses ; elles couvrent la selle, et à peine à travers leur écume aperçoit-on la crinière du coursier qui était, comme son maître, complètement bardé de fer. Jamais homme et cheval plus pesamment armés n'avaient lutté au milieu de la nuit contre la force d'un torrent. Les vagues mouillèrent jusqu'au panache du guerrier, et cependant, graces à son courage et à la protection de la Vierge, il gagna enfin l'autre rive.

XXX.

Le chevalier arriva ensuite à Bowden-Moor, et secoua la tête en apercevant Halidon-Hill, car il se rappela le carnage de cette malheureuse journée où, pour la première fois, les Scotts et les Cars combattirent dans des rangs opposés ; où le roi Jacques vit le vainqueur rester maître du champ de bataille; et où Home et Douglas, conduisant l'avant-garde, culbutèrent le clan de Buccleuch qui battait en retraite, jusqu'à ce que le sang du brave Cessford eût teint la lance d'Elliot.

XXXI.

Fronçant le sourcil, il se hâta de s'éloigner des lieux qui lui offraient de si tristes souvenirs, et vit bientôt, malgré l'obscurité, la Tweed rouler ses belles eaux, et Melrose montrer ses antiques murailles. Il vit s'élever la sombre abbaye, telle qu'un éminent rocher tapissé de lichen. En passant par Hawick, il avait entendu sonner le couvre-feu, maintenant on chantait les laudes dans Melrose. Les sons mourans de cette harmonie solennelle arrivaient jusqu'à lui, semblables à ceux de cette harpe magique qui ne sont produits que par le souffle des vents. Mais quand il entra dans Melrose, un profond silence y régnait. Il mit son coursier à l'écurie, et se rendit dans l'enceinte solitaire du couvent.

Ici la harpe cessa de se faire entendre, le feu du ménestrel s'éteignit aussitôt, son courage l'abandonna. Il baissa la tête d'un air confus, et, jetant un regard timide sur les dames qui l'entouraient, il semblait chercher à lire dans leurs yeux si elles étaient contentes de ses accords. N'osant croire aux louanges qu'il recevait, il parla du temps passé, et dit que la vieillesse et sa vie errante avaient rendu sa harpe moins juste et sa main moins sûre.

La duchesse, ses aimables filles, et toutes les dames qui avaient écouté le ménestrel, donnèrent chacune à son tour des éloges à ses chants. — Sa voix était sonore, sa main fidèle à la mesure, et elles désiraient l'entendre encore. Encouragé de cette manière, le vieillard, après quelques instans de repos, continua en ces termes.

CHANT SECOND.

I.

Veux-tu bien voir le beau Melrose? va le visiter à la lueur pâle de la lune : les rayons du jour semblent ne dorer ses débris antiques que par moquerie. Quand la nuit règne sur les arches brisées, et que la lune argente la sculpture de chaque croisée en ogive; quand sa clarté incertaine et froide se répand sur les restes de la grande tour centrale; quand chaque arcade et chaque faisceau de colonnes paraissent être alternativement d'ivoire ou d'ébène; quand un cadre d'argent entoure les figures en relief et les pieux versets qui vous exhortent à bien vivre et à bien mourir; quand le hibou chante sur les pierres des morts; alors va, — mais va seul, admirer le temple en ruines de Saint-David, et conviens, au retour, qu'il n'existe nulle part un spectacle à la fois plus mélancolique et plus beau.

II.

Deloraine se souciait peu d'admirer ce noble édifice. Il frappe au guichet à grands coups avec la garde de son poignard. Le portier accourt. — Qui frappe si fort? qui vient si tard? — Je viens de Branksome, — répond le guerrier. A ces mots le guichet s'ouvre, car les Chefs de Branksome avaient combattu pour soutenir les droits de Melrose; et ils avaient donné à l'abbaye de vastes domaines pour le repos de leur ame.

III.

Le brave Deloraine déclara son message. Le portier inclina humblement la tête, et le conduisit en silence, les pieds nus et une torche à la main; les voûtes du cloître retentirent du bruit des armes du guerrier. Il baissa sa tête altière pour entrer dans la cellule du vieux moine de l'aile Sainte-Marie, et releva la visière de son casque pour lui dire avec respect :

IV.

— La dame de Branksome vous salue. L'heure fixée par le destin est arrivée; je dois veiller avec vous cette nuit pour obtenir les trésors de la tombe. — Le moine était sur la haire qui lui servait de couche; il souleva avec peine ses membres raidis par l'âge. Cent années avaient répandu leur neige sur sa longue barbe et sur les cheveux rares qui lui restaient.

V.

Ses yeux bleus contemplent le chevalier d'un air égaré : — Oses-tu bien, guerrier, chercher à voir ce que le ciel et l'enfer veulent cacher? Ma poitrine est entourée d'une ceinture de fer, mon corps est couvert d'un cilice armé de pointes aiguës. J'ai passé soixante ans dans la pénitence; mes genoux ont usé les pierres de ma cellule, et c'est encore trop peu pour obtenir le pardon d'avoir connu ce qui ne devait jamais l'être. Veux-tu passer dans la prière et la pénitence le reste de tes années, et n'attendre qu'en tremblant la fin de tes jours?.... Audacieux guerrier, suis-moi.

VI.

— Je ne veux pas de pénitence, Père. Rarement j'entre dans une église, et je sais à peine une prière, tout au plus un *Ave, Maria*, que je récite quand je pars pour faire une excursion sur les frontières. Hâtons-nous donc; que je retourne promptement.

VII.

Le vieillard regarda encore le chevalier, et poussa un profond soupir. Il avait lui-même porté les armes autrefois, et avait combattu avec courage en Italie et en Espagne. Il pensait à ces jours passés depuis long-temps où ses membres étaient pleins de vigueur, son cœur bouillant de courage... Aujourd'hui il marche à pas lents vers le jardin du monastère. Les voûtes du cloître étaient sur leurs têtes, et sous leurs pieds les ossemens des morts.

VIII.

La rosée de la nuit brille sur des fleurs et des arbustes sans nombre ; ces fleurs et ces arbustes sont habilement retracés par la sculpture du cloître. Le moine fixa long-temps ses regards sur la lune ; ses yeux semblèrent ensuite vouloir percer l'obscurité des voûtes. Des rayons de lumière, d'un rouge étincelant, traversaient l'horizon du nord. C'est ainsi qu'il avait vu dans la belle Castille de jeunes cavaliers s'élancer en brillans escadrons, tourner leurs coursiers agiles et lancer le dard inattendu [1]. Il savait que ces rayons de lumière étaient les feux du nord servant de coursiers aux esprits.

IX.

Le moine et le guerrier pénètrent dans la nef par une porte garnie d'airain. Le toit sombre s'élevait sur de hautes colonnes délicates et légères ; la maîtresse pierre qui fermait chaque arcade était sculptée en fleurs de lis ou en trèfle ; tous les frontons représentaient des figures grotesques et bizarres, et les piliers, élégans depuis la base jusqu'au chapiteau, auraient pu être pris pour des faisceaux de lances réunies avec des guirlandes.

X.

Autour de l'autel, des écussons, des bannières déchirées, s'agitaient avec bruit au souffle glacial du vent de la nuit. C'était là que la lueur mourante d'une lampe éclairait l'urne sépulcrale du vaillant Chef qui périt à Otterburne, et celle du chevalier de Liddesdale ! O périssables honneurs de la mort ! fière ambition, quelle chute pour ton orgueil !

XI.

Du côté de l'est, la lune versait sa clarté à travers un treillage en pierre, travaillé avec tant de délicatesse, qu'on eût dit que la main d'une fée tressant des brins d'osier entre des peupliers, en avait formé des nœuds fantas-

---

(1) Le jeu mauresque du Djerid. — Éd.

tiques, pour pétrifier ensuite, par un charme magique, les vertes guirlandes du saule. Cette lumière, pâle et tremblante, découvrait les prophètes et les saints dont l'image était peinte sur le verre. Au milieu d'eux, Michel triomphant brandissait l'étendard rouge de la croix, et foulait aux pieds l'ange rebelle; un rayon de lumière traversant ces vitraux sacrés teignait de la couleur du sang le marbre du pavé.

XII.

Ils s'assirent sur une pierre sous laquelle reposait un roi d'Ecosse; alors le moine dit d'un ton solennel : — Je n'ai pas toujours vécu dans la solitude du cloître; j'ai vu le pays des païens, j'ai combattu pour la croix sainte. Cependant aujourd'hui la vue de tes armes est étrange à mes yeux, et le son de ton armure est nouveau pour mon oreille.

XIII.

— Dans ces pays lointains, le hasard me fit connaître le célèbre Michel Scott, ce magicien dont le pouvoir était si redoutable, qu'en élevant sa baguette dans la caverne de Salamanque, il faisait, quand il le voulait, sonner les cloches de Notre-Dame. Il m'apprit quelques-uns des secrets de sa science; je pourrais te dire, guerrier, les paroles qui partagèrent le sommet de l'Eildon et qui placèrent un pont sur la Tweed; mais on ne pourrait les prononcer sans péché, et rien que pour y avoir secrètement pensé, je vais être obligé de faire triple pénitence.

XIV.

— Quand Michel fut sur son lit de mort, des remords éveillèrent sa conscience; il songea à ses fautes, et désira me voir près de lui sans délai. J'étais le matin en Espagne, et avant la nuit je fus au chevet de son lit. Ce qu'il me dit en mourant ne peut être répété... Cette nef massive s'écroulerait et couvrirait sa tombe de ses débris.

XV.

— Je fis serment d'enterrer son livre tout-puissant,

afin que nul mortel ne pût le lire, et de ne jamais révéler où je l'aurais caché, à moins que ce fût pour servir son Chef, le baron de Branksome. Quand je lui eus creusé un caveau dans ce séjour des morts, j'y déposai ses restes ; la cloche sonnait une heure ; la lune brillait de tout son éclat. Je saisis cet instant afin que la croix de son patron, réfléchissant sa couleur rouge sur sa tombe, en pût écarter les malins esprits.

XVI.

— Ce fut une nuit solennelle et terrible que celle où le tombeau s'ouvrit pour Michel. Des sons étranges se firent entendre dans cette nef, et toutes ces bannières furent agitées sans qu'on sentît un souffle d'air. — Le moine parlait encore quand la cloche sonna une heure. Je vous ai dit que jamais chevalier plus brave que William Deloraine ne lança son coursier contre un ennemi, et cependant une terreur soudaine vint glacer son sang dans ses veines, et ses cheveux se dressèrent sur sa tête.

XVII.

— Guerrier, regarde cette croix rouge, elle t'indique la tombe du grand magicien. Dans ce caveau brûle une lampe miraculeuse, pour en bannir les esprits qui aiment les ténèbres. Elle brûlera sans jamais s'éteindre, jusqu'au dernier jugement. — Le moine s'avança lentement vers la pierre sur laquelle se réfléchissait la croix couleur de sang ; étendant sa main flétrie et décharnée, il montra au chevalier un pieu de fer caché dans un coin, et lui fit signe de s'en servir pour ouvrir le caveau.

XVIII.

Deloraine se met à l'ouvrage ; son cœur bat avec force. Il incline ses membres nerveux sur le tombeau, et ses puissans efforts font couler la sueur sur son front comme des gouttes de pluie. Enfin il réussit à soulever l'énorme pierre. Une lumière éclatante jaillit tout à coup du caveau, s'élança jusqu'aux voûtes de la nef, et se répandit de tous côtés. Jamais flamme terrestre ne fut si éblouissante. Elle brillait comme la clarté pure des cieux ; elle éclaira le visage pâle du moine et son capuchon, la cotte de mailles et le panache flottant du guerrier.

XIX.

Le magicien se présenta à leurs yeux comme s'il n'avait jamais cessé de vivre. Les flots d'argent de sa barbe blanche attestaient qu'il avait vu plus de soixante-dix hivers. Il était couvert d'une aumusse et d'un baudrier de Tolède, comme un pèlerin arrivant d'outre-mer. De la main gauche il tenait son livre de magie, de la droite une croix d'argent, et la lampe brûlait à ses pieds : il avait encore cet air fier et majestueux qui avait fait trembler les esprits les plus redoutables, et son visage était si serein qu'ils espérèrent que son ame avait trouvé grace.

XX.

Souvent William Deloraine avait parcouru le théâtre sanglant des combats, souvent il avait foulé aux pieds les cadavres des guerriers, toujours sans crainte et sans remords ; mais les remords et la crainte s'emparèrent de lui quand il vit cette étrange apparition. Respirant à peine, les yeux obscurcis et troublés, il resta immobile et sans force. Le moine se mit à prier avec ferveur et à haute voix, en détournant la tête : il ne put soutenir la vue de celui qu'il avait chéri avec une affection fraternelle.

XXI.

Lorsqu'il eut achevé les prières des morts : — Hâte-toi, dit le moine à Deloraine, hâte-toi de terminer ce que tu as à faire, ou nous pourrions payer bien cher notre audace, car tu ne peux voir ceux qui s'assemblent autour de cette tombe entr'ouverte. — Alors le chevalier, frappé de terreur, prit de la main froide du magicien le livre tout-puissant, relié en fer et fermé par des agrafes de même métal. Il crut voir le mort froncer le sourcil ; mais l'éclat de la lumière qui sortait du sépulcre avait peut-être ébloui les yeux du guerrier.

XXII.

Lorsque l'énorme pierre recouvrit la tombe, les ténèbres redoublèrent; car la lune avait disparu, et les étoiles scintillaient en petit nombre. Le prêtre et le chevalier se retirèrent d'un pas chancelant et l'esprit égaré, ayant à peine la force de regagner la porte. On dit qu'en traversant les ailes de l'église, ils entendirent dans l'air des bruits étranges, et que des galeries qui régnaient le long des murs il partit de profonds gémissemens, de bruyans éclats de rire, ou des sons qui ne ressemblaient pas à la voix humaine, comme si les démons eussent célébré une fête, parce que le livre magique revoyait le jour. Je ne puis dire si ces détails sont vrais : je conte l'histoire comme je l'ai apprise.

XXIII.

— Maintenant, retire-toi, dit le moine; et, lorsque nous serons sur notre lit de mort, oh! puisse Notre-Dame et le secourable saint Jean obtenir pour nos ames le pardon de ce que nous venons de faire! — Le Père retourna dans sa cellule pour s'y livrer à la prière et à la pénitence; mais, quand la cloche du couvent sonna midi, le moine de Sainte-Marie n'existait plus. Son corps était étendu devant la croix, les mains jointes, comme s'il priait encore.

XXIV.

La fraîcheur de l'air du matin rendit plus libre la respiration du chevalier, et il s'efforça de retrouver son courage. Il se sentit soulagé quand il fut au-delà des monumens funèbres qui entourent les murs de l'abbaye; car le livre mystérieux accablait son sein comme d'un poids énorme, et ses membres si robustes tremblaient comme les feuilles du saule agitées par le vent. Il vit avec plaisir les premiers feux de l'aurore éclairer la cime du mont Cheviot; le retour de la lumière réjouit son cœur, et il récita un *Ave, Maria,* aussi bien qu'il le put.

CHANT SECOND.

XXV.

Le soleil dorait déjà le Cheviot et la côte du Carter; bientôt ses célestes rayons découvrirent les flots du Teviot et les tours de Branksome. Les oiseaux saluaient le jour naissant par leurs concerts; les fleurs sortaient de leur sommeil pour s'épanouir; la pâle violette soulevait sa tête à travers le gazon, et la rose des montagnes entr'ouvrait son sein. Plus belle que la plus belle des roses, mais plus pâle que la violette, la plus aimable des filles de la vallée de Teviot quitta sa couche que fuyait le sommeil.

XXVI.

Pourquoi la belle Marguerite se lève-t-elle de si grand matin? Pourquoi se presse-t-elle ainsi de se parer? Pourquoi ses jolis doigts tremblent-ils en serrant les nœuds de soie qu'elle forme à la hâte? Pourquoi s'arrête-t-elle pour regarder derrière elle d'un air craintif en se glissant dans l'escalier dérobé? Pourquoi caresse-t-elle le limier qui se réveille en l'entendant passer? Et quoiqu'elle sorte seule par la poterne, pourquoi la sentinelle ne sonne-t-elle pas du cor?

XXVII.

Marguerite s'avance d'un pas timide et tremblant, parce qu'elle craint que sa mère vigilante ne l'entende; elle caresse le limier, de peur que ses aboiemens n'éveillent tout le château; la sentinelle ne sonne pas du cor, parce que c'est le fils de son père nourricier qui veille sur le rempart; et elle se glisse dans le taillis, au retour de l'aurore, pour y joindre son chevalier fidèle, le baron Henry.

XXVIII.

Le chevalier et celle qu'il aime sont assis sous les rameaux d'aubépine, qui n'ont jamais prêté leur ombre à un couple plus beau. Henry était jeune, de haute taille, d'un port majestueux, redouté sur le champ de bataille, et chéri dans les châteaux; et elle... quand un amour à demi caché et à demi avoué animait ses joues d'un vermillon plus vif; quand un soupir prêt à s'échapper de son sein le faisait battre doucement contre le ruban de soie qui le tenait captif, quand ses yeux bleus, ombragés par les boucles de sa chevelure d'or, trahissaient son secret, où auriez-vous pu trouver la beauté sans égale digne d'être comparée à Marguerite de Branksome?

XXIX.

Et maintenant, belles dames, il me semble que vous écoutez mes chants avec une nouvelle attention. Vous rejetez en arrière votre chevelure flottante, et vous penchez vos fronts de neige. Vous croyez que je vais vous faire entendre l'histoire attendrissante de deux amans bien épris, s'entretenant dans une vallée; vous désirez savoir comment le chevalier, brûlant du plus tendre feu, cherche à peindre son amour fidèle, et jure qu'il mourrait aux pieds de Marguerite, plutôt que de cesser de l'aimer...., pendant que Marguerite rougit, soupire, hésite entre un refus et un doux aveu, et dit qu'elle ne connaîtra jamais les liens de l'hymen, mais que, si la haine sanguinaire des partis pouvait s'éteindre, Henry de Cranstoun fixerait le choix de Marguerite de Branksome.

XXX.

Hélas! belles dames, votre espérance sera trompée : ma harpe a perdu ses accords enchanteurs; ce sujet aimable et léger conviendrait mal à ma vieillesse : ma tête a blanchi, ma main est sans force, mon cœur s'est éteint, et tout mon sang s'est glacé; pourrais-je encore chanter l'amour?

XXXI.

Sous un chêne que le temps avait couvert de mousse, le nain du baron gardait le coursier de son maître, sa lance et son heaume surmonté d'un panache. Ce nain était à peine une créature humaine, s'il faut ajouter foi aux différens bruits qui couraient sur toute la frontière. On disait que le baron, étant un jour à la chasse dans la vallée peu fréquentee de Reedsdale, il entendit une voix s'écrier : — Perdu! perdu! perdu! — Au même instant, ce nain difforme, et semblable à un singe, s'élançant du milieu des genêts avec la rapidité d'une balle lancée par une raquette, fit un saut de trente-trois pieds, et tomba aux genoux de lord Cranstoun. Le baron, plus que surpris, courut cinq milles tout d'une traite pour se débarrasser d'un tel compagnon. Mais le nain faisait quatre milles pendant que lord Cranstoun en faisait un, et il arriva le premier à la porte du château.

XXXII.

L'habitude, dit-on, diminue le merveilleux. Ce nain demeura avec le baron : il mangeait peu, parlait moins, et il évitait les autres serviteurs. Souvent il élevait les bras en disant : — Perdu! perdu! perdu! Il était paresseux, fantasque, acariâtre; mais il servait fidèlement lord Cranstoun, et ses services étaient agréables à son maître, qui, un jour, sans lui, aurait été tué ou fait prisonnier.

XXXIII.

Le baron faisait un pèlerinage accompagné de ce page nain. Il avait fait vœu de présenter une offrande à la chapelle de Sainte-Marie, près du lac de Notre-Dame, et il voulait l'accomplir. Mais la dame de Branksome rassembla ses meilleurs cavaliers, et leur donna pour rendez-vous Newark-Lee. On y vit accourir John de Thirlestaine, Wat de Harden, William de Deloraine, suivis de trois cent trois lances. La plaine de Douglas, la rivière d'Yarrow, virent caracoler leurs chevaux et briller leurs armures. Ils arrivèrent avant le jour au lac de Notre-Dame : mais le baron était parti, la chapelle était déserte; ils la brûlèrent de rage, et maudirent le page de lord Cranstoun.

XXXIV.

Et maintenant, sous un vieux chêne, dans le taillis de Branksome, le coursier du baron dresse l'oreille, comme s'il entendait quelque bruit lointain. Le nain agite ses longs bras, et il fait signe aux amans de se séparer et de fuir. Ce n'était plus le moment de prononcer des vœux de constance ni de soupirer. La belle Marguerite se retire à travers les coudriers, comme le ramier timide; Henry saute légèrement sur son coursier, pendant que le nain lui tient l'étrier, et il s'avance du côté de l'est à travers les touffes d'aubépine.

Tandis qu'il chantait ainsi son récit trop long peut-être, la voix faillit au ménestrel. Un page s'en aperçut, et mit dans la main flétrie du vieillard une coupe pleine de l'excellent vin des coteaux brûlés de Velez. Le ménestrel prit le vase d'argent, le souleva, et versa une larme de reconnaissance, en priant Dieu de bénir long-temps la duchesse et tous ceux qui daignaient encourager un fils de l'harmonie. Les jeunes filles sourirent en voyant avec quelle volupté le vieillard vida lentement la coupe jusqu'à la dernière goutte. Enhardi par ce jus précieux, il les regarde lui-même en souriant. Le nectar échauffe son cœur, et fait circuler plus rapidement son sang dans ses veines. Le ménestrel prélude d'un ton plus vif et plus léger, et continue son histoire.

CHANT TROISIEME.

I.

Ai-je dit que mes membres étaient affaiblis par l'âge? Ai-je dit que mon sang était glacé dans mes veines; que le feu qui m'animait était éteint; que mon pauvre cœur avait cessé de battre? Ai-je dit que je ne pouvais plus chanter l'amour? Ah! comment ai-je pu être ingrat envers le Dieu qui inspira toujours le ménestrel et charma ses rêveries poétiques? Comment ai-je pu prononcer le nom de l'amour sans renaître à l'enthousiasme?

CHANT TROISIEME.

II.

Pendant la paix l'amour rend harmonieux le chalumeau du berger ; pendant la guerre, il monte sur le coursier du vainqueur ; dans les salons, il attire les yeux par sa parure ; dans les hameaux, il danse sur le gazon : l'amour règne à la cour, dans les camps et dans les bois ; il gouverne les mortels sur la terre et les saints dans le ciel, car l'amour, c'est le ciel, et le ciel, c'est l'amour.

III.

Telle était, je crois, la pensée de lord Cranstoun, tandis que, réfléchissant au tendre entretien qu'il venait d'avoir avec la belle de ses pensées, il traversait le vert taillis de Branksome. Tout à coup son page pousse un cri perçant, et à peine le baron avait-il eu le temps d'assurer son casque sur sa tête, qu'il vit un chevalier de haute taille qui descendait la montagne. Son coursier gris-pommelé était couvert de sueur ; son armure était souillée d'anciennes taches de sang ; il semblait lui-même aussi fatigué que s'il eût marché toute la nuit ; en effet c'était William Deloraine.

IV.

Mais ce chevalier oublia sa fatigue dès que les rayons du soleil firent briller à ses yeux la cigogne qui surmontait le casque du baron ; il mit la lance en arrêt. Quelques courtes menaces exprimèrent la haine des deux champions ; d'orgueilleuses provocations donnèrent bientôt le signal d'un cruel combat. Les coursiers mêmes semblaient savoir que leurs maîtres étaient ennemis mortels, et le feu sortait de leurs naseaux, quand les deux chevaliers tournèrent bride pour prendre du champ.

V.

Le baron poussa un soupir et récita une prière : la prière était pour son saint patron, le soupir pour sa dame. Son ennemi ne pria ni ne soupira, il n'appela à son aide ni saint ni dame ; mais, courbant la tête et tenant sa lance en arrêt, il pressa les flancs de son coursier ; la rencontre de ces deux fiers champions fut comme le choc de deux nuages qui recèlent la foudre.

VI.

Deloraine porta un coup terrible qui fit plier le baron sur la croupe de son cheval, et qui ébranla toutes les plumes de son panache. La lance du chevalier, cette lance si sûre et si fidèle, quoique du frêne le plus dur, se brisa en mille pièces ; mais celle de Cranstoun, plus heureuse, perça le bouclier de son adversaire, comme si c'eût été un tissu de soie, traversa sa cotte de mailles et tous ses vêtemens, et ne se rompit enfin qu'en faisant une profonde blessure. Toutefois le guerrier se maintenait sur ses arçons ; mais son coursier, renversé par la violence du choc, l'entraîna dans sa chute, et le cheval et le cavalier restèrent étendus sur la poussière. Le baron continuait sa route ; dans le trouble de ses idées, à peine savait-il qu'il laissait son ennemi grièvement blessé.

VII.

Mais bientôt il se retourne, et voit son adversaire insensible comme la terre sanglante sur laquelle il est étendu ; sir Henry ordonne à son page d'étancher sa blessure, de la bander soigneusement, et de reconduire Deloraine jusqu'à la porte du château de Branksome. Son noble cœur s'émeut de compassion pour le parent de celle qu'il aime : — Accomplis mes ordres sans délai, dit-il ; je ne puis moi-même m'arrêter, obligé de me dérober au trépas par une prompte fuite.

VIII.

Lord Cranstoun partit à toute bride, et son nain obéit. Il ne trouvait pas un grand plaisir à faire le bien ; mais jamais il ne résistait aux ordres de son maître. En dépouillant le blessé de son armure, il découvrit le livre merveilleux. Surpris qu'un si fier chevalier marchât chargé de l'équipage d'un chapelain, il oublia la blessure du vaincu pour porter sur ce livre une main indiscrète.

IX.

Les agrafes de fer résistèrent long-temps à tous ses efforts ; car, dès qu'il avait réussi à en ouvrir une, elle se fermait pendant qu'il cherchait à ouvrir l'autre. Elles ne cédèrent à ses mains profanes que lorsqu'il eut frotté la couverture avec le sang figé du blessé. Alors le livre s'ouvrit, et le nain eut le temps d'y lire un secret magique : par sa vertu on pouvait prendre une belle dame pour un vaillant chevalier ; les toiles d'araignée tapissant les murailles d'un cachot pour de riches tentures ornant les murs d'un palais ; une coquille de noix pour une nacelle dorée ; une chaumière pour un château ; la jeune fille pour une vieille surannée ; le vieillard pour un jeune homme ; enfin donner à l'illusion l'apparence de la vérité.

X.

Il allait continuer de lire, quand il reçut un coup si violent qu'il en fut renversé à côté de Deloraine. Il se releva d'un air confus, balançant sa grosse tête qui n'avait aucune proportion avec son corps : — Vieillard des siècles, s'écria-t-il, tu frappes bien fort ! il ne prononça que ces mots, et n'osant plus tenter d'ouvrir le livre, qui s'était fermé de lui-même, il le cacha sous ses vêtemens. Les agrafes, quoique couvertes de sang chrétien, se réunirent plus étroitement que jamais. Si vous me demandez qui l'avait ainsi frappé, c'est ce qu'il me serait impossible de vous dire ; mais ce coup n'avait pas été porté par une main mortelle.

XI.

Le page exécuta enfin, quoiqu'à contre-cœur, les ordres de son maître ; et, ayant soulevé Deloraine privé de connaissance, il le mit sur un cheval, et le conduisit au château de Branksome, où il le fit entrer à la barbe de toutes les sentinelles, qui jurèrent qu'elles n'avaient vu arriver qu'une charrette chargée de foin. Il le mena dans la tour du roi David, jusqu'à la porte de l'appartement secret de la dame du château ; et, sans le talisman qui empêchait qu'elle ne pût s'ouvrir, il l'aurait déposé sur son lit. Toutes les fois qu'il employait la magie, c'était toujours avec malice. Il jeta le guerrier par terre, et le sang coula de nouveau de sa blessure.

XII.

Comme il repassait dans la cour, il y vit le fils de la châtelaine, qui était à jouer, et il résolut de l'emmener avec lui dans le bois; car il faut dire, une fois pour toutes, qu'il se plaisait toujours à faire le mal, et qu'il ne faisait jamais le bien qu'à regret. L'enfant le prit pour un de ses camarades, et les sentinelles qui gardaient la porte n'y virent passer qu'un chien d'arrêt et un chien couchant.

XIII.

L'enfant et le nain traversèrent collines et vallons, et arrivèrent sur le bord d'une petite rivière qui coulait dans la forêt. Ses eaux courantes rompirent le charme, et le nain parut sous ses traits difformes. S'il avait osé se livrer à son penchant malfaisant, il aurait brisé les jambes du noble enfant, ou l'aurait étranglé de ses doigts longs et maigres: mais il craignait le pouvoir redoutable de sa mère, et le sien était limité. Il se borna donc à lancer sur lui un regard terrible; et, traversant la rivière d'un seul saut, il disparut dans l'épaisseur du bois en poussant un grand éclat de rire, et en s'écriant:

— Perdu! perdu! perdu!

XIV.

Epouvanté, comme il devait l'être à son âge, de cette métamorphose, de la figure affreuse qui s'était offerte à ses yeux, et du cri sauvage qu'il venait d'entendre, le bel enfant semblait avoir pris racine dans les bois comme un jeune lis. Enfin il chercha à retrouver le chemin de Branksome, tremblant à chaque pas de voir paraître derrière un buisson le visage horrible qui l'avait effrayé. Il se mit donc en chemin, et marcha long-temps; mais plus il s'avançait dans le bois, plus il s'égarait. Enfin il entendit les échos des montagnes répéter les aboiemens d'un chien.

CHANT TROISIEME.

XV.

Ecoutez! écoutez! le bruit des aboiemens s'approche de plus en plus. Un limier paraît dans le sentier; son museau incliné semble chercher une piste, et son œil lance le feu. Dès qu'il aperçut l'enfant, il courut sur lui avec fureur. Vous auriez vu avec plaisir la contenance du brave enfant, digne fils de son noble père. Le visage rouge de colère et de crainte, il s'arrêta pour faire face au limier, et leva sa baguette. Il en frappa même si bien son ennemi, que celui-ci, n'osant avancer, fit halte à son tour, continuant à aboyer, et semblant guetter l'instant de s'élancer sur lui. Tout à coup un archer parut à travers le taillis; et, voyant le limier en arrêt, il bandait son arc, et il allait faire partir la flèche, quand une voix forte s'écria : — Ne tire pas, Edouard, ne tire pas! c'est un enfant.

XVI.

Celui qui venait de parler ainsi sortit du bois, arrêta le bras de son compagnon, et apaisa la fureur du chien. C'était un archer anglais du comté de Lancastre. Nul n'avait l'œil plus juste ni la main plus sûre pour abattre un daim à cinq cents pieds de distance. Des cheveux noirs, coupés très-court, entouraient son visage brûlé par le soleil; la croix de saint George, emblème de la vieille Angleterre, était attachée à sa toque; son cor était suspendu à son côté par un baudrier de peau de loup, et son couteau de chasse, brillant et bien affilé, avait tranché les jours de plus d'une bête fauve.

XVII.

Ses vêtemens, verts comme les feuilles de la forêt, lui descendaient à peine aux genoux, et il portait à sa ceinture un carquois poli et plein de flèches acérées. Son bouclier avait à peine neuf pouces en tous sens. Il n'aurait pas regardé comme un homme celui qui aurait blessé son adversaire au-dessous du genou. Il tenait en main son arc détendu, et la courroie lui servait à mener son chien en lesse.

XVIII.

Il ne voulait faire aucun mal au bel enfant, mais il le saisit d'un bras vigoureux pour qu'il ne pût ni s'enfuir ni se défendre, car en voyant la croix rouge il se débattait violemment. — Par saint George! Edouard, s'écria l'archer, je crois que nous avons fait une bonne prise, car les traits et le courage de ce jeune captif annoncent qu'il est de haut lignage.

XIX.

— Sans doute, je suis de haut lignage, puisque je suis le fils du brave Buccleuch; et, si tu veux me priver de ma liberté, méchant Anglais, tu le paieras bien cher, car tu verras bientôt arriver Walter de Harden, le vaillant William Deloraine, et tous ceux qui portent le nom de Scott, depuis l'Esk jusqu'à la Tweed; si tu ne me laisses aller, je te ferai pendre, malgré tes flèches et ton arc, et tu serviras de pâture aux corbeaux.

XX.

— Grand merci de ta bonne volonté, mon bel enfant; mais je n'ai jamais aspiré à de si hautes destinées; et, si tu es le Chef d'un tel clan, si tu es le fils d'un tel homme, et que tu arrives à l'âge de commander, nous pouvons nous tenir sur nos gardes, car je parie mon arc d'if contre une baguette de coudrier, que tu feras parler de toi sur les frontières. En attendant, tu voudras bien me suivre, car le brave lord Dacre sera charmé de te voir. Je crois que nous n'avons pas perdu notre temps en nous emparant du fils de ton père.

XXI.

Pendant qu'on emmenait l'enfant loin du château de Branksome, il semblait toujours y être, car le nain y jouait son rôle; et, sous les traits du jeune Buccleuch, il mettait tout le château en désordre. Il pinçait ses compagnons, les battait, les renversait par terre; il en tua presque quelques-uns. Il déchira la robe de soie de dame Madeleine, et tandis que Sym Hall était près de la cheminée, il mit le feu à la mèche de son mousquet, et le blessa grièvement. On aurait peine à s'imaginer tous les méchans tours qu'il jouait dans le château, où l'on commençait à croire que le jeune baron était possédé.

XXII.

Sans doute que la noble dame aurait bientôt détruit le charme ; mais elle n'était alors occupée que des soins qu'exigeait la blessure de Deloraine : elle avait été bien surprise de le trouver étendu près du seuil de sa porte ; elle pensa d'abord que quelque esprit aérien avait maltraité le maraudeur, parce qu'au mépris des ordres qu'elle lui avait donnés il avait peut-être voulu lire dans le livre magique ; mais la lance rompue était encore dans sa blessure : elle reconnut que c'était la lance d'un ennemi.

XXIII.

Elle en retira le tronçon, arrêtant par un charme le sang qui coulait encore ; puis elle fit laver et bander la plaie, et laissa Deloraine sur la couche où elle l'avait fait placer ; mais elle avait pris le fragment de l'arme fatale, elle en essuya le sang, et le frotta d'un baume précieux. Tandis qu'elle s'occupait de cette opération, William Deloraine souffrait comme si l'on eût sondé sa blessure. Cependant la duchesse annonçait à ses femmes qu'il serait guéri dans un jour et une nuit. Elle n'épargna aucune peine, car elle prenait l'intérêt le plus vif à un ami si brave et si fidèle.

XXIV.

La journée se passa ainsi. Le soir arriva, et amena l'instant où l'on allait sonner le couvre-feu. L'air était doux, toute la nature était calme, le fleuve roulait paisiblement ses ondes, une rosée embaumée tombait du ciel, et la sentinelle, placée sur le haut de la tour, se félicitait de la beauté de la nuit. La belle Marguerite jouissait plus que personne de cette heure de paix et de silence. Seule, assise sur le haut d'une tour, elle pinçait son luth, chantait quelques airs tendres, et dans les intervalles pensait au bosquet d'aubépine. Ses cheveux d'or étaient dégagés de tous liens ; sa joue de rose était appuyée sur sa main, et ses yeux bleus se tournaient du côté de l'ouest, car les amans aiment l'étoile qui brille vers l'occident.

XXV.

Est-ce cet astre qu'elle voit apparaître lentement sur le sommet du Penchryst, et qui, brillant à chaque instant de nouveaux feux, semble secouer sur la nuit sa chevelure rayonnante ? Est-ce l'étoile de l'occident qui répand cette rouge lumière ? Non; c'est le signal embrasé de la guerre... A peine si Marguerite peut respirer ; elle ne reconnaît que trop cette flamme, brillant précurseur du trépas.

XXVI.

La sentinelle l'aperçoit en même temps ; son cor retentit au loin ; ces sons guerriers sont répétés par l'écho des rochers, des bois et des rivières ; ils jettent l'alarme dans la grande salle, et en font sortir tous les guerriers, qui se précipitent dans la cour. La cour fut à l'instant éclairée par cent torches, à la lueur desquelles on voyait briller confusément les casques et les panaches ; et les lances, se heurtant en désordre, semblaient des roseaux agités par le vent sur les bords d'un ruisseau.

XXVII.

Le sénéchal, dont la flamme des torches rougissait les cheveux blancs, se tenait au milieu de la troupe, donnant ses ordres d'un air imposant et d'un ton d'autorité. Le signal brille sur le mont Penchryst, et se répète sur les sommets du Priesthaughswire. — A cheval ! à cheval ! qu'on observe les mouvemens de l'ennemi ! A cheval pour Branksome. — Toi, Todrig, cours avertir le clan des Johnstones, qui furent toujours aussi fidèles que braves. Il est inutile d'envoyer à Liddesdale ; il suffira qu'on y voie les flammes des signaux ; les Elliots et les Armstrongs ne se feront pas attendre... Alton, pars sans délai, va prévenir le gouverneur des frontières... Gilbert, allume le feu qui doit avertir notre clan et nos amis.

XXVIII.

La belle Marguerite, du haut de la tourelle, entendit le bruit des coursiers, des harnais, des armures et des armes, lorsque les cavaliers s'élancèrent sur la selle en mêlant leurs diverses acclamations; les uns se dirigèrent vers le nord, les autres vers le sud, ceux-ci vers l'est, ceux-là vers l'ouest, pour reconnaître l'ennemi, surveiller sa marche, et faire armer leurs vassaux et leurs alliés.

XXIX.

Un page s'empressa de réveiller la flamme endormie des signaux; une lueur rouge se répandit dans l'horizon, et une colonne de flammes s'éleva vers la voûte des cieux, semblable à une bannière sanglante agitée par les vents. Bientôt le même signal fut répété sur vingt montagnes; car chaque poste était prêt, et la flamme de l'un servait d'avis pour l'autre. On les voyait s'allumer tour à tour comme ces astres qui se succèdent pendant la nuit. Ils brillèrent sur le rocher sourcilleux habité par l'aigle solitaire, et sur le monument pyramidal sous lequel reposent les cendres de vaillans Chefs. Dunedin [1] vit ces feux sur le Soltra et sur le Law [2] de Dumpender, et tout le Lothian entendit l'ordre donné par le régent de se préparer à marcher vers les frontières.

XXX.

Pendant toute la nuit le bruit des armes retentit dans les murs de Branksome, et la cloche du château frappa les airs des sons lents et solennels du tocsin. Les pierres massives et les barres de fer étaient apportées dans les tours et les donjons, pour faire pleuvoir la mort sur les ennemis; les sentinelles répétaient sans cesse le mot d'ordre; et les chiens, étonnés de ce bruit continuel, augmentaient le tumulte par leurs hurlemens.

XXXI.

Au milieu de tous ces embarras, la noble dame parta-

---

(1) Château d'Edimbourg. — Ed.
(2) Montagne de forme conique. — Ed.

geait les travaux de son vieux sénéchal, et parlait du danger en souriant. Elle enflammait le courage des jeunes chevaliers, et tenait conseil avec les guerriers plus âgés et plus prudens. On ne connaissait encore ni le nombre ni le projet des ennemis. Les uns disaient qu'ils étaient au nombre de dix mille ; les autres prétendaient que ce n'étaient que les clans de Leven ou de Tynedale qui venaient lever le black-mail ; Liddesdale, avec quelque peu d'aide, les repousserait aisément. Ce fut ainsi qu'on passa la nuit dans l'inquiétude, et l'on vit avec plaisir le lever de l'aurore.

Le ménestrel reprit haleine, et le cercle qui l'écoutait donna des éloges à ses chants. On regretta qu'à un âge si avancé, quand il aurait eu besoin de quelque appui, il eût à faire en ce monde un pèlerinage si pénible. N'avait-il pas d'amis, pas de fille chérie pour partager et adoucir ses travaux, pas de fils pour être le soutien de son père, et pour le guider dans les sentiers épineux de la vie ? Il en eut un, mais il n'existait plus. Il pencha la tête sur sa harpe; sa main en parcourut tour à tour les cordes pour arrêter la larme qui voulait s'échapper de ses yeux, et la douleur paternelle se trahit par un prélude lent et solennel.

CHANT QUATRIEME.

I.

Aimable Teviot, les feux, signaux de la guerre, ne brillent plus sur tes flots argentés; tes rives, qu'ombragent les saules, ne voient plus de fiers guerriers couverts d'airain ; dans les prairies, dans les vallées où tu serpentes, tout est paisible et calme ; comme si tes eaux, depuis la naissance du temps, depuis le jour où elles furent pour la première fois joindre celles de la Tweed, n'avaient entendu que le chalumeau du berger, n'avaient jamais été épouvantées des sons guerriers du clairon.

II.

Il n'en est pas ainsi de la vie humaine. C'est un fleuve dont le cours varie sans cesse, mais condamné à conserver le souvenir des malheurs et des crimes qu'il a vus près de sa source, et dont les eaux se grossissent toujours des pleurs du passé et de ceux du présent. Quoique son courant rapide m'ait déjà entraîné bien loin, il réfléchit encore pour ma mémoire l'instant où mon brave fils, mon fils unique, périt aux côtés du grand Dundee [1]. Pourquoi, lorsque les balles des mousquets vinrent frapper la lame sanglante du montagnard, pourquoi n'ai-je pas succombé avec lui? Ah! du moins il reçut la mort des héros; il périt avec le vaillant Grœme!... [2].

III.

La terreur parcourait au loin toutes les montagnes et toutes les vallées des frontières. Le paysan abandonnait son humble cabane pour fuir dans des marécages inaccessibles, ou se réfugier dans des cavernes. Les troupeaux effrayés n'avaient d'autre abri qu'une tente grossière; les jeunes filles et les mères fondaient en larmes, en voyant le fer étinceler dans la main des guerriers. Du haut de la tour de Branksome la sentinelle pouvait apercevoir dans le lointain d'épais nuages de fumée obscurcir les rayons du soleil levant; ils annonçaient les premières dévastations des Anglais.

IV.

Tout à coup la sentinelle vigilante s'écrie : — Préparez vos armes, et apprêtez-vous à voir couler le sang! Wat Tinlinn, des bords de Liddel, vient de passer à gué la rivière. Bien des fois les maraudeurs de Tynedale ont essayé

---

(1) Claverhouse. — Ed.
(2) Autre nom de Claverhouse. James Grœme de Claverhouse, vicomte de Dundee.
— Ed.

de forcer la porte de sa demeure solitaire. L'été dernier ils l'ont assiégée pendant toute une nuit; mais ils partirent aux premiers rayons du jour, car ils savaient bien que ses flèches ne manquaient jamais leur but. Le tonnerre a dû gronder bien fort pour le faire sortir de sa tour de Liddel, et je suis tenté de croire que nos ennemis sont commandés par le gouverneur des frontières anglaises en personne.

V.

Il parlait encore quand l'audacieux archer passa sous les voûtes retentissantes du château. Il guidait un petit cheval à longue crinière qui courait comme un cerf à travers les marais et les fondrières, portant la femme et les deux enfans de Tinlinn, dont un serf à demi vêtu composait toute la suite : sa femme robuste, aux sourcils noirs, au visage rubicond, fière de ses colliers et de ses bracelets d'argent, souriait à ses amis en traversant la foule. Tinlinn était maigre et élancé, mais de la plus haute taille. Il portait un morion bossué, et une jaquette de cuir flottait négligemment sur ses épaules. Il avait une hache ; sa lance, longue de six verges d'Ecosse, semblait teinte d'un sang nouvellement répandu, et sa vaillante épouse était chargée de son arc et de ses flèches.

VI.

Il donna en ces termes des nouvelles de l'ennemi à la dame de Branksome : — William Howard marche contre nous, il est accompagné du bouillant lord Dacre ; une troupe nombreuse de lances et des arquebusiers allemands, qui étaient en quartier à Askerten, ont traversé le Liddel comme on sonnait le couvre-feu, et ont incendié ma petite tour. Puisse le démon les en récompenser ! Il y avait plus d'un an qu'elle n'avait été brûlée. L'incendie de ma grange et de ma demeure a éclairé ma fuite, mais j'ai été poursuivi toute la nuit; John d'Akeshaw et Fergus Græme m'ont suivi de près, mais je leur ai fait face à Priesthaugh Scragg ; j'ai tué leurs chevaux dans les marécages, et j'ai percé Fergus d'un coup de lance. Je lui gardais rancune pour m'avoir enlevé mes vaches le carnaval dernier.

VII.

Des cavaliers hors d'haleine, venant de Liddesdale, confirmèrent ce récit. Autant qu'ils pouvaient en juger, on verrait paraître dans trois heures sur les rives du Teviot trois mille Anglais en armes. Cependant de nouvelles troupes arrivaient de Teviot, d'Aill et des bois d'Ettrick, pour prendre la défense de leur Chef. Partout on sellait les chevaux : les bruyères et les vallées étaient couvertes de cavaliers, et celui qui partait le dernier pour le rendez-vous essuyait les reproches ironiques de sa dame.

VIII.

Des hauteurs arides de Games-Cleugh, dont la base est baignée par les eaux argentées du lac de Sainte-Marie, l'intrépide Thirlestane rassemble ses braves lances autour d'une bannière brillante. La fleur de lis orne son écusson, depuis que le roi Jacques, campé sur les bords couverts de mousse du Fala, lui accorda cette distinction honorable, par reconnaissance pour sa fidélité pendant les dissensions intestines, alors qu'aucun des opiniâtres barons écossais, excepté le seul Thirlestane, ne voulut marcher contre les Anglais. C'est depuis qu'on voit dans ses armoiries un faisceau de lances, glorieux souvenir : — Prêt, toujours prêt au combat, — telle est sa noble devise.

IX.

Un vieux chevalier endurci aux dangers conduit une bande nombreuse de maraudeurs. Les étoiles et le croissant brillent sur son bouclier, dans une bande d'azur sur un champ d'or. Ses domaines s'étendent au loin autour du château d'Oakwood et de celui d'Ower. Sa demeure est située au fond d'un bois, dans une sombre vallée, près du torrent de Borthwick. C'est là que les troupeaux enlevés sur les Anglais sont pour ses soldats audacieux une nourriture achetée par mille périls et au prix de leur sang. Chef de maraudeurs, son unique plaisir est de faire une excursion nocturne, et de livrer le combat au point du jour.

Même dans sa jeunesse les charmes de la fleur d'Yarrow[1] n'avaient pu dompter son humeur guerrière; sa vieillesse trouvait encore le repos insupportable, et le casque couvrait ses cheveux aussi blancs que la neige de Dinlay. Cinq jeunes guerriers marchaient, le glaive à la main, à la tête des soldats de leur père. Jamais chevalier plus brave que le seigneur de Harden n'avait ceint l'épée.

X.

Les Scotts d'Eskdale, troupe intrépide, descendirent en foule du Todshaw-Hill. Ils avaient conquis leurs domaines le fer à la main, et c'était le fer à la main qu'ils les conservaient.—Ecoutez, noble dame, comment vos aïeux sont devenus maîtres de la belle vallée d'Eskdale. Le comte Morton en était seigneur, et les Beattison étaient ses vassaux. Le comte était d'une humeur douce et pacifique, et ses vassaux, fiers et belliqueux, ne respectaient guère un seigneur ami de la paix. Le comte alla un jour à Eskdale pour s'y faire rendre foi et hommage, et s'adressant à Gilbert Gaillard : — Paie ton *heriot*[2], lui dit-il, et donne-moi ton meilleur coursier, comme c'est le devoir d'un vassal. — Mon coursier blanc m'est précieux, répondit Gilbert, il m'a tiré d'embarras plus d'une fois, et tout lord et comte que vous êtes, il est mieux entre mes mains que dans les vôtres. — Le comte en insistant aigrit tellement l'humeur indomptable du Beattison, que, s'il n'avait pris la fuite, les vassaux auraient tué leur seigneur. Il n'épargna ni le fouet ni l'éperon, et pressa tellement son coursier à travers les gras pâturages d'Eskdale, qu'il tomba épuisé de fatigue sur le seuil de la porte de Branksome.

XI.

Le comte était courroucé et avait soif de vengeance.— Fais passer ces traîtres sous ton joug, dit-il au lord de Branksome, je t'abandonne tout le domaine d'Eskdale

---

(1) Nom poétique de Marie Scott, épouse de Walter Scott de Harden.—Ed.
(2) Voyez la note 10. — Ed.

pour une paire de faucons et une bourse d'or. Malheur à toi, si tu laisses dans toute la vallée un pouce de terre à un seul homme du clan des Beattisons! n'épargne que Woodkerrick, qui m'a donné son cheval pour fuir. L'intrépide Branksome accepte cette offre avec joie, il jette au comte une bourse pleine d'or, et part pour Eskdale à la tête de cinq cents cavaliers. Il les laisse derrière la montagne, et va seul dans la vallée trouver Gilbert et ses compagnons.

—Reconnais-moi pour ton Chef et ton seigneur suzerain, lui dit-il, et ne crois pas me traiter comme le pacifique Morton, car les Scotts ne craignent personne le fer à la main. Acquitte-toi, sans murmurer, de l'heriot que tu me dois; donne-moi ton cheval blanc, ou tu t'en repentiras. Si je sonne trois fois du cor, ce son retentira long-temps aux oreilles des habitans d'Eskdale.

XII.

Le Beattison répondit par un sourire méprisant :—Ton cor ne nous inspire pas de crainte, et jamais Gilbert ne cèdera son coursier blanc à un Scott orgueilleux. Retourne à pied à Branksome avec tes éperons rouillés et tes bottes couvertes de boue.—Branksome à ces mots sonna du cor avec tant de force que le daim épouvanté en tressaillit jusqu'à Craig-Cross : il en sonna une seconde fois, et l'on commença à voir briller des lances à travers le brouillard qui couvrait la montagne : à la troisième fois, ce son redoutable parvint jusqu'aux rochers de Pentoun-Linn, et fut répété par leurs échos. Ses vassaux arrivèrent en un instant, et vous auriez vu alors une mêlée terrible. Que de cavaliers désarçonnés! que de lances rompues! Chaque parole insultante qu'avait prononcée Gilbert coûta la vie à un Beattison. Le Chef lui-même tira son épée et en perça l'orgueilleux Galliard. L'endroit où son sang teignit la terre se nomme encore la sépulture de Gilbert. Le clan des Beattisons fut détruit par les Scotts, et un seul d'entre eux conserva ses domaines. Ce fut ainsi que le cheval blanc fit changer de maître à toute la vallée que forme l'Esk depuis sa source jusqu'à son embouchure.

XIII.

Après les Scotts on vit arriver Headshaw, Whitslade, surnommé le Faucon, et plus de guerriers que je n'en pourrais nommer, depuis Yarrow-Cleugh jusqu'à Hindhaugh-Swair, depuis Woodhousclie jusqu'à Chesterglen, fantassins et cavaliers armés d'arcs et de lances. Leur mot de ralliement était Bellenden, et jamais la frontière n'avait envoyé des troupes plus braves, soit pour assiéger une place, soit pour la secourir. La noble dame sentit son cœur s'enfler d'orgueil en voyant les secours qui lui arrivaient. Elle ordonna qu'on fît venir son fils, afin qu'il apprît à connaître les amis de son père, et à faire face à ses ennemis. — L'enfant est mûr pour la guerre, je l'ai vu bander un arc, j'ai vu sa flèche fidèle frapper un nid de corbeau sur le rocher. La croix rouge placée sur la poitrine de l'Anglais est plus large que le nid du corbeau : Whitslade, tu lui apprendras à manier les armes, et tu le couvriras du bouclier de son père.

XIV.

Comme vous pouvez bien le croire, le rusé page ne se souciait pas de paraître devant l'habile dame. Il feignit une frayeur enfantine, poussa des cris, versa des larmes, et se livra aux plaintes et aux gémissemens. On vint dire à la châtelaine qu'il fallait que quelque fée eût jeté un charme sur cet enfant naguère si fier et si hardi. La noble dame rougit de honte : — Qu'il s'éloigne avant que son clan soit témoin de sa faiblesse. Wat Tinlinn, tu seras son guide. Conduis ce rejeton dégénéré à Buccleuch, sur les bords solitaires du Rangleburn. Il faut que quelque mauvais génie ait maudit notre race, pour qu'un lâche ait reçu le jour de moi.

XV.

Wat Tinlinn avait reçu une commission pénible en se chargeant de conduire l'héritier supposé de Branksome. Dès que le palefroi sentit le poids du nain malfaisant, il

devint rétif, rua, se cabra, et refusa d'obéir aux rênes.
Ce ne fut pas sans peine que Wat Tinlinn parvint à lui
faire faire un mille d'Ecosse. Mais, comme ils traversaient
un ruisseau peu profond, le page reprit tout à coup sa
première forme, par une métamorphose semblable à celle
des figures fantastiques que nos songes nous présentent.
—Perdu! perdu! perdu! s'écria-t-il en prenant la fuite;
et il riait en courant avec vitesse; mais la flèche de Wat
Tinlinn, plus prompte que le nain, lui perça l'épaule. La
mort n'avait pas de droits sur le nain : sa blessure se
guérit en un instant, mais la douleur lui arracha un grand
cri. Wat Tinlinn, l'œil effaré, retourna au château de
Branksome.

XVI.

Il est déjà sur le sommet de la hauteur qui domine sur
les tours et sur les bois de Branksome; un bruit lointain
de guerre annonce l'arrivée des Anglais; les sons de la
cornemuse des frontières et du cor martial se confondent
dans la profondeur de la forêt. Il entend le hennissement
des chevaux et les pas mesurés des soldats, que couvrait
quelquefois le bruit éclatant des tymbales d'Almayn. Bientôt au-dessus du taillis il voit s'élever des bannières écarlates; et les casques, les lances, les boucliers brillent à
travers les buissons d'aubépine.

XVII.

Les fourrageurs, troupe légère, montés sur d'habiles
coursiers, courent en avant pour reconnaître le terrain.
Derrière eux, en rangs serrés, les archers de Kendal, en
uniforme vert, sortent du bois au son du cor. A leur suite,
et pour les soutenir, s'avancent les soldats de lord Dacre,
armés de haches, race endurcie, née sur les bords de l'Irthing. Portant la ceinture blanche et la croix rouge, ils
suivent la bannière qui avait flotté sur les murs d'Acre;
et tandis qu'ils s'avançaient en bon ordre, des ménestrels
chantaient l'air : —*Le noble lord Dacre habite les frontières.*

XVIII.

Après les soldats anglais armés d'arcs et de haches, marchait d'un pas ferme et mesuré un corps de mercenaires. Ils combattaient sous les ordres de Conrad de Wolfenstein, qui les avait amenés des rives lointaines du Rhin, et qui vendait leur sang à prix d'argent. Ils n'avaient point de patrie, ne reconnaissaeint pas de maître, n'avaient d'autre habitation qu'un camp, d'autre loi que leur sabre. Ils n'étaient pas armés comme les enfans de l'Angleterre, car ils portaient des mousquets lançant la foudre; une poire à poudre était suspendue à leur écharpe; et ils étaient couverts d'un justaucorps de buffle froncé et brodé. Leur genou droit était nu, pour qu'ils pussent plus facilement monter à l'escalade. En marchant, ils répétaient dans leur langue barbare des chants de guerre teutoniques.

XIX.

Mais le bruit augmente, et les chants des ménestrels s'élèvent. Lord Howard, à la tête de ses chevaliers, fait sortir du bois l'arrière-garde, composée de ses hommes d'armes, armés du glaive et de la lance. C'était parmi eux qu'on voyait maint jeune chevalier brûlant du désir de gagner ses éperons, et portant sur le cimier de son casque un ruban ou un gant, souvenir précieux de sa dame. Ils marchaient ainsi en bon ordre; et, déployant ensuite leurs lignes, ils firent halte, et s'écrièrent :—Saint George et l'Angleterre.

XX.

Les Anglais fixent les yeux sur le château de Branksome. Ils en étaient si près, qu'ils pouvaient entendre bander les arcs. Sur les bastions et sur les remparts on voyait briller les haches, les lances et les pertuisanes; des fauconneaux et des couleuvrines s'apprêtaient à lancer du haut des tours leur grêle meurtrière; l'éclat des armes perçait les noirs tourbillons de fumée qui sortaient des fournaises où l'on faisait bouillir la poix et fondre le plomb, et semblables à la chaudière d'une sorcière. Tout à coup le pont-levis s'abaisse, le guichet s'ouvre, et l'on voit sortir le vieux sénéchal.

XXI.

Il est armé de toutes pièces, mais sans casque ; sa barbe blanche flotte sur sa cuirasse ; l'âge n'a pas courbé sa taille. Ferme sur ses arçons, il guide un coursier plein d'ardeur, tantôt modérant son feu, tantôt lui faisant faire des courbettes et des caracoles. Il tient de la main droite une baguette de saule, dépouillée de son écorce, en signe de trève : son écuyer qui le suit porte un gantelet au haut d'une lance. Dès que lord Howard et lord Dacre le voient sortir des murs, ils courent en avant de leur armée, pour savoir ce que le vieux sénéchal vient leur annoncer.

XXII.

— Lords anglais, lady Buccleuch vous demande pourquoi, au mépris de la paix qui règne entre les deux frontières, vous osez entrer à main armée sur les terres d'Ecosse, avec vos archers de Kendal, vos hommes d'armes de Gilsland, et vos bandes mercenaires? Ma maîtresse vous engage à faire une prompte retraite, et si vous brûlez un seul fétu de paille, si vous effrayez une seule des hirondelles qui ont fait leurs nids sur nos tours, par sainte Marie! nous allumerons une torche qui chauffera vos foyers dans le Cumberland.

XXIII.

Les yeux de lord Dacre étincelaient de courroux ; Howard, plus calme ; prit la parole : — Si ta maîtresse, sire sénéchal, veut s'avancer sur les murailles extérieures du château, notre poursuivant d'armes lui apprendra pourquoi nous sommes venus, et à quelles conditions nous nous retirerons.

Un messager partit, et la noble dame se rendit sur les murs, entourée de ses Chefs, qui, appuyés sur leur lance, attendaient l'arrivée du poursuivant. Il parut bientôt, revêtu des couleurs de lord Howard ; le lion d'argent brillait sur sa poitrine; il conduisait un enfant par la main. Quel spectacle pour les yeux d'une mère! c'était l'héritier du grand Buccleuch. Le héraut fit son salut, et annonça en ces termes les volontés de son maître.

XXIV.

— C'est à regret, puissante dame, que mes nobles seigneurs tirent l'épée contre une belle dame; mais ils ne peuvent souffrir plus long-temps que toutes nos frontières du côté de l'occident soient pillées et ravagées par votre clan, au mépris de toutes les lois; il ne convient ni à votre naissance ni à votre rang d'ouvrir dans votre château un asile pour les proscrits. Nous réclamons de vous William Deloraine, afin qu'il subisse le châtiment de ses méfaits. Cette année encore, la veille de saint Cuthbert, il est venu à Stapleton, sur le Leven, piller les terres de Richard Musgrave, dont il a égorgé le frère. Puisqu'une châtelaine privée de son époux ne peut réprimer ces audacieux maraudeurs, recevez dans votre château deux cents hommes d'armes de mon maître, sinon il va faire sonner la charge et donner l'assaut à votre garnison, et ce bel enfant sera conduit à Londres, pour être page du roi Edouard.

XXV.

Il se tut, et l'enfant se mit à pleurer en étendant ses faibles bras vers les murailles; il implorait le secours de tous ceux qu'il reconnaissait, et semblait vouloir embrasser sa mère. Les joues de la noble dame perdirent leurs couleurs, et une larme se glissa, malgré elle, entre ses paupières. Elle jeta les yeux sur les guerriers qui l'entouraient, et qui fronçaient le sourcil d'un air sombre; puis, étouffant les soupirs qui cherchaient à s'échapper de son sein, elle reprit son sang-froid, et répondit avec calme :

XXVI.

— Dis à tes vaillans maîtres qui font la guerre aux femmes et aux enfans, que William Deloraine se justifiera par le serment [1], ou acceptera le combat contre Musgrave pour laver son honneur. Nul chevalier du Cumberland ne peut prétendre à un plus haut lignage, et il reçut de Douglas l'ordre de la chevalerie quand le sang anglais grossit les eaux de l'Ancram : lord Dacre le lui aurait vu conférer lui-même, sans la vitesse du coursier sur lequel il fuyait. Quant au jeune héritier de la maison de Branksome, que Dieu lui soit en aide, ainsi qu'à moi ! Je ne sacrifierai aucun de mes amis ; aucun de mes ennemis ne mettra le pied dans mon château, tant que je vivrai. Si donc tes maîtres persistent dans leur dessein, dis-leur que nous les défions hautement et hardiment ; notre slogan sera leur chant de mort ; le fossé qui entoure nos murs, leur sépulture.

XXVII.

Elle regarda autour d'elle avec fierté pour jouir de l'approbation des siens. Des éclairs de feu partirent des yeux de Thirlestane, Wat de Harden sonna du cor, on vit les étendards et les bannières se déployer de toutes parts, et l'on entendit retentir jusqu'au ciel ce cri de guerre : — Sainte-Marie et le jeune Buccleuch ! — Les Anglais y répondirent par le leur, et mirent leurs lances en arrêt ; les archers de Kendal firent un pas en avant et bandèrent leurs arcs ; les ménestrels entonnèrent des chants de gloire ; mais avant qu'une seule flèche eût été décochée, un cavalier arriva au galop de l'arrière-garde.

XXVIII.

—Ah ! nobles lords, dit-il hors d'haleine, quelle trahison a fait découvrir votre marche ? A quoi songez-vous d'assiéger ces murs, quand vous êtes si loin de tout secours ? Vos ennemis triomphent et s'imaginent avoir pris le lion dans leurs filets. Déjà Douglas a convoqué le ban de ses vassaux au pied du sombre Ruberslaw, et leurs lances couvrent la plaine comme les nombreux épis des moissons. Sur la rive septentrionale du Liddel, lord Maxwell

(1) Voyez la note 14.

range ses braves hommes d'armes sous les bannières de l'aigle et de la croix, pour vous couper la retraite du côté du Cumberland; les vallées de Jedwood, d'Esk et de Teviot prennent les armes à la voix du fier Angus, et les Merses et les Lauderdales suivent les drapeaux du vaillant Home. Exilé du Northumberland, j'ai long-temps erré dans le Liddesdale, mais mon cœur est toujours pour l'Angleterre; j'ai frémi à la vue des dangers qui menacent mes compatriotes, et j'ai couru toute la nuit pour venir vous annoncer quelles forces se rassemblent contre vous.

XXIX.

— Qu'elles viennent! s'écria l'impétueux Dacre; ce cimier, l'orgueil de mon père, qui a flotté sur les rivages de la mer de Judée, qu'ont agité les vents de la Palestine, sera planté sur les plus hautes tours de Branksome, avant l'arrivée de ce secours tardif. Que la flèche parte, que les traits sifflent dans les airs, que la hache sape les murailles; braves gens, criez tous : — Dacre et l'Angleterre! — vaincre ou périr!

XXX.

— Ecoutez-moi, dit Howard, écoutez-moi avec calme, et ne croyez pas que la crainte dicte mes paroles, car qui a jamais vu le lion blanc reculer sur le champ de bataille ou dans la mêlée? mais risquer ainsi l'élite de nos frontières contre toutes les forces d'un royaume, vouloir que nos trois mille hommes combattent dix mille Ecossais, ce serait un acte de folie et de témérité. Acceptons les conditions de la noble dame, et que Musgrave se mesure avec Deloraine en combat singulier. S'il triomphe, nous profiterons de sa victoire; s'il est vaincu nous n'aurons perdu qu'un guerrier, et notre armée évitera la défaite, la mort et la honte.

XXXI.

L'orgueilleux Dacre ne goûta point l'avis prudent de son frère d'armes; il y céda toutefois d'un air sombre et mécontent. Mais les frontières ne virent plus ces deux

Chefs s'allier pour une expédition, et ce léger sujet de discorde fit plus tard répandre bien du sang.

XXXII.

Le poursuivant d'armes s'avança de nouveau vers le château. Un trompette demanda un pourparler, et les Chefs écossais parurent sur les murailles. Alors le héraut, au nom de Musgrave, défia Deloraine en combat singulier; il jeta un gantelet, et proposa en ces termes les conditions du combat : — Si l'épée du vaillant Musgrave triomphe du chevalier Deloraine, votre jeune Chef, l'héritier de Branksome, restera en otage pour son clan. Si Deloraine est vainqueur du vaillant Musgrave, l'enfant vous sera rendu ; mais quoi qu'il arrive, l'armée anglaise, sans inquiéter les Ecossais et sans être inquiétée, rentrera paisiblement dans le Cumberland.

XXXIII.

Les Chefs écossais, quoique pleins de bravoure et de loyauté, pensèrent qu'on devait accepter cette proposition. Ils ignoraient le secours qu'on leur préparait, et, d'après le sac récent de Jedwood, ils savaient que les soldats du régent n'arrivaient jamais qu'avec lenteur. La noble dame n'était pas du même avis, mais elle n'osait avouer que son art secret, cet art qu'elle ne pouvait nommer, lui faisait connaître qu'on marchait en ce moment à son aide. La trève fut donc conclue, et l'on convint que le combat aurait lieu le lendemain, en champ clos, dans une prairie voisine, à la quatrième heure après le lever de l'aurore ; que les champions combattraient à pied avec la dague écossaise, et que Deloraine, ou quelque autre Chef, si sa blessure ne lui permettait pas de porter les armes, soutiendrait sa cause et celle de son jeune seigneur contre le vaillant Musgrave.

XXXIV.

Je sais fort bien que plus d'un ménestrel dit dans ses chants que les deux champions combattirent sur des coursiers écumans, armés d'une épée dont ils devaient se servir après avoir rompu leurs lances; mais le barde habile qui fut mon maître m'apprit tous les détails de cet événement comme je les rapporte. Il connaissait toutes les clauses des lois et ordonnances sur les combats, portées par lord Archibald-le-Noir, et recueillies du temps du vieux Douglas. Il ne pouvait souffrir qu'une langue téméraire accusât ses chants de mensonge ou d'inexactitude, et il donna la mort au barde de Reull, qui dans un festin avait blessé sa fierté par un pareil reproche. Ils combattirent sur les bords du Teviot, et leurs mains, habituées à pincer la harpe, furent teintes de sang. On voit encore fleurir l'épine blanche qu'il planta sur la tombe de son rival, en souvenir de sa victoire.

XXXV.

Pourquoi parlerais-je du sort cruel qui entraîna mon maître dans le tombeau? Les jeunes filles d'Ousenam s'arrachèrent les cheveux et versèrent tant de larmes qu'elles en perdirent la vue, pour l'amour du barde qui mourut à Jedwood. Il mourut; ses élèves l'ont suivi l'un après l'autre dans la tombe silencieuse; moi seul, hélas! je leur survis, pour me rappeler mes anciens rivaux, pour regretter de ne plus entendre leurs chants que je n'écoutais qu'avec envie; l'envie qu'ils m'inspiraient s'est éteinte avec eux.

Le vieux ménestrel fit une pause, et les dames l'applaudirent de nouveau. Leurs éloges étaient en partie sincères, et en partie dictés par la compassion. La duchesse s'étonna que ses chants pussent si bien retracer des faits si anciens et des combats dont le souvenir n'existait plus. Comment pouvait-il célébrer des forêts que la hache avait renversées, des tours dont les ruines servaient de retraite aux animaux sauvages, des mœurs si étranges, des Chefs qui sommeillaient sous la pierre funéraire depuis tant de siècles, quand déjà la renommée avait effacé leurs noms des murs de son temple, et couronné la tête d'un nouveau favori de ces lauriers acquis au prix de leur sang? N'était-il pas surprenant que les vers de ce vieillard eussent le pouvoir de les évoquer de la nuit des tombeaux?

Le ménestrel sourit de plaisir, car jamais la flatterie n'est perdue pour l'oreille du poète. Race pleine de simplicité! pour récompense de tous leurs travaux, ils ne demandent que le vain tribut d'un sourire; c'est un souffle puissant qui ranime leur ardeur quand l'âge vient l'éteindre. Leur imagination se réveille à la voix de la louange, et s'efforce d'entretenir sa flamme mourante.

Le vieillard sourit donc d'un air satisfait, et continua ses chants en ces termes.

CHANT CINQUIEME.

I.

Non, ils ne se trompent pas ceux qui disent que quand le poète cesse d'exister, la nature muette porte le deuil de son interprète et célèbre ses funérailles; le rocher qui perce la nue, la caverne solitaire, gémissent sur l'absence du barde; les montagnes pleurent en ruisseaux de cristal; les fleurs répandent les larmes d'une rosée embaumée, les vents soupirent à travers les bosquets qu'il a chéris; les chênes y répondent par de sourds gémissemens, et les fleuves apprennent à leurs ondes à murmurer un chant funèbre autour de sa tombe.

II.

Ce n'est pas que ces êtres inanimés puissent réellement gémir sur l'urne d'un mortel; mais les ondes, les bois, les vents, ont une voix qui s'unit aux regrets plaintifs de ceux qui n'échappaient à l'oubli que par les chants fidèles du poète, et dont la mémoire va s'évanouir une seconde fois avec son dernier soupir. L'ombre pâle de la jeune fille qui déplore l'oubli où va être enseveli l'amour, le vé ritable amour, fait tomber les larmes de la rose et de l'aubépine sur le cercueil du ménestrel. Le fantôme du chevalier qui voit sa gloire s'éclipser sur la plaine qu'il a couverte de morts monte sur le vent des ouragans, et fait retentir de ses cris le champ de bataille. Du haut des nuages qui lui servent de trône, le Chef, dont l'antique couronne féodale brilla long-temps dans les vers du poète, voit, dans les domaines qui lui appartenaient autrefois, ses cendres reposer sans distinction; son rang, son pouvoir, sa mémoire même se perdent dans l'obscurité des âges; ses gémissemens remplissent les cavernes solitaires, et dans sa douleur ses larmes grossissent le cours des ruisseaux; tous regrettent que la harpe brisée du ménestrel ne chante plus leurs louanges, ne fasse plus entendre leur nom.

III.

A peine avait-on arrêté les soldats prêts à donner l'assaut; à peine était-on convenu des conditions de la trêve, qu'on aperçut du haut des tours de Branksome une troupe nombreuse de guerriers qui s'avançaient pour secourir le château. D'épais nuages de poussière s'élevaient dans le lointain; on entendait le bruit sourd de la marche des chevaux; un rayon de soleil faisait briller de temps en temps les lances qui s'élevaient au-dessus des rangs; et les bannières féodales déployées désignaient les Chefs qui arrivaient au secours de Branksome.

IV.

Je n'ai pas besoin de nommer chacun des braves clans qui venaient du centre des frontières. Le Cœur sanglant brillait à l'avant-garde et annonçait Douglas, nom redouté. Je n'ai pas besoin de dire quels nobles coursiers hennirent, quand les sept lances de Wedderburne [1] rangèrent leurs soldats en ordre de bataille, et que Swinton tint en main cette arme redoutable qui avait autrefois

---

(1) Voyez la note 1. — Ed.

humilié la tête superbe de Clarence Plantagenet; et à quoi bon parler de cent autres braves chevaliers venant de Lammermoor, du riche Merse [1] et des belles rives de la Tweed, sous les bannières réunies d'Hepburn et du vieux Dunbar? on voyait étinceler leurs armes, tandis qu'ils descendaient la montagne, en criant : — Home! Home!

v.

La noble dame de Branksome, remplie de courtoisie, fit partir de la tour des chevaliers et des écuyers, pour remercier ces vaillans Chefs du secours prompt et puissant qu'ils lui apportaient; pour les informer qu'une trêve avait été conclue, et qu'un combat devait avoir lieu entre Musgrave et le brave Deloraine; elle les fit inviter à y assister, et à accepter l'hospitalité dans son château. Mais en faisant bon accueil à ses compatriotes, elle n'oublia pas les lords anglais. Le vieux sénéchal alla lui-même les engager de sa part de la manière la plus civile, à se rendre à Branksome. Howard, que nul chevalier ne surpassait en bravoure pendant la guerre ni en courtoisie pendant la paix, accepta cette invitation sans hésiter; mais Dacre courroucé préféra se reposer sous sa tente.

vi.

Maintenant, noble dame, vous me demanderez peut-être comment les deux armées ennemies se réunirent : vous pensez que ce n'était pas une tâche facile que de maintenir la trêve entre ces cœurs guerriers, ces ames de feu, qui ne respiraient que la colère, le sang et la mort. Une haine héréditaire, l'esprit national, des guerres habituelles divisaient les Chefs qui se rencontrèrent sur les rives du Teviot; et cependant, sans se menacer, sans froncer le sourcil, ils s'abordèrent comme des frères qui se retrouvent dans un pays étranger. Les mains qui naguère tenaient la lance, et couvertes encore du gan-

---

(1) Comté de Berwick. — Éd.

telet de fer, se cherchèrent avec franchise. Les visières des casques se levèrent, et bien des amis se reconnurent dans les rangs opposés. — Les uns se livrent aux plaisirs de la table, les autres, poussant des cris joyeux, s'exercent à différens jeux, et la boule, les dés, les dames et le ballon les aident à passer la journée.

VII.

Si pourtant le cor avait fait entendre le signal de la guerre, ces guerriers confondus avec tant de franchise, ces mains qui se pressaient avec tant de cordialité, auraient ensanglanté la terre. Les rives du Teviot, au lieu de retentir de cris de joie, n'auraient plus entendu que le cri terrible de la guerre et les gémissemens de la mort : les *whingers*[1], employés dans le festin à un usage pacifique, auraient versé le sang des convives. Ce passage soudain de la paix à la guerre n'était autrefois ni rare ni regardé comme étrange sur les frontières. Cependant tout était en paix dans le château de Branksome et dans les environs quand le dernier rayon du soleil en couronna les créneaux.

VIII.

Les signes heureux d'une joie bruyante ne cessèrent pas avec le jour. Bientôt on vit sortir des hautes fenêtres grillées de la grande salle de Branksome des rayons d'une clarté qui succédait à celle du soleil, et les lambris continuèrent à retentir des sons de la harpe et du choc des verres. Cependant dans toute la plaine, sur laquelle les ombres commençaient à se répandre, on entendait appeler et crier ; chaque clan cherchait à réunir ses traîneurs en frappant leurs oreilles du mot de ralliement, tandis que ceux qui étaient encore à table portaient à haute voix des santés en l'honneur de Dacre ou de Douglas.

IX.

Tout ce bruit s'affaiblit peu à peu, et finit par mourir

---

(1) Espèce de poignard qui servait aussi de couteau à table. — En

entièrement; et des hauteurs de Branksome on n'entendait plus que le murmure des ondes du Teviot, la voix de la sentinelle qui donnait le mot d'ordre quand on venait la relever de sa garde, et les coups pesans de la hache et du marteau, qui partaient de l'épaisseur du bois; car plus d'une main y travaillait à préparer des pieux et des palissades, pour former le champ clos du combat du lendemain.

x.

Marguerite quitta bientôt la salle, malgré le coup d'œil de reproche que lui lança sa mère; et elle ne remarqua pas, en s'éloignant, les soupirs qui s'échappaient en secret du sein de maint guerrier, car plus d'un noble défenseur, plus d'un allié valeureux, aurait voulu intéresser le cœur de la fleur charmante du Teviot. Le cœur agité, l'esprit inquiet, elle ne goûta qu'un sommeil interrompu dans son appartement solitaire, et plus d'une fois elle se leva de sa couche entourée de rideaux de soie. Tandis que ses nobles hôtes reposaient encore, elle vit paraître l'aube du jour. De tous ceux qui goûtaient le repos dans Branksome, la beauté la plus aimable et la plus parfaite fut celle qui s'éveilla la première.

xi.

Elle jeta un regard sur la cour intérieure que les murs élevés de la tour enveloppaient encore de leur ombre; dans cette cour, qui la veille avait retenti du bruit des armes et des hennissemens des coursiers, règne le plus profond silence. Mais quel est ce guerrier d'une taille imposante, et armé d'éperons brillans, qui s'avance soudain?... Il lève sa tête couronnée d'un panache. — Sainte Marie! est-ce bien lui? Il marche dans le château ennemi de Branksome sans plus de crainte que s'il était dans le domaine d'Ousenam! Marguerite n'ose proférer une parole, elle n'ose faire un geste..... Si un seul page se réveille... une mort prompte l'attend. Toutes les perles de la reine Marie, les larmes plus précieuses encore de Marguerite, ne pourraient racheter un seul de ses jours.

XII.

Cependant il ne courait guère de risque. Vous pouvez vous rappeler le charme du malicieux page; il l'avait communiqué à son maître, qui, par la vertu de ce secret magique, paraissait un chevalier de l'Ermitage. Il passa pour tel aux yeux des gardes et des sentinelles, et personne ne songea à l'arrêter. Mais quel charme magique aurait été assez puissant pour le déguiser aux yeux de Marguerite? Elle se lève brusquement, tressaille de crainte et de surprise, et ces deux sentimens peuvent à peine maîtriser l'amour. Lord Henry est à ses pieds.

XIII.

Je me suis demandé bien des fois quel motif ce lutin malicieux pouvait avoir eu pour faciliter cette entrevue. L'amour heureux est un spectacle céleste, et un esprit de ténèbres n'y peut trouver aucun plaisir. Peut-être s'était-il imaginé que de cette passion devaient naître la honte et les regrets; qu'elle causerait la mort du vaillant Cranstoun, le déshonneur et la perte de l'aimable Marguerite; mais il ne lui était pas donné de connaître des cœurs si sincères. Le véritable amour est une vertu que Dieu n'a accordée dans ce monde qu'à l'homme seul. Ce n'est pas le feu brûlant du caprice qui ne brille que pour s'éteindre; il ne doit pas sa naissance au désir, et ne meurt pas avec lui. C'est cette sympathie secrète, nœud de soie et d'or, qui unit le cœur au cœur et l'esprit à l'esprit. Mais laissons Marguerite avec son chevalier, et parlons du combat qui va se livrer.

XIV.

Les cors ont déjà donné le premier signal; chaque clan est éveillé par le son des cornemuses. Tous les guerriers s'empressent de courir pour être témoins du combat; ils entourent le champ clos, appuyés sur leurs lances, telles que les pins dépouillés de feuilles dans la forêt d'Ettrick. Tous ont les yeux fixés sur le château de Branksome pour en voir sortir les combattans, et chacun vante les prouesses de celui des champions que ses vœux favorisent.

XV.

Cependant la noble maîtresse du château n'était pas sans inquiétude, car une querelle s'était élevée entre Harden et Thirlestane, jaloux l'un et l'autre de combattre pour Deloraine. Chacun d'eux faisait valoir sa fortune, son rang, sa noblesse, déjà ils fronçaient les sourcils ; mais ils furent bientôt d'accord, car tout à coup on vit paraître Deloraine lui-même, guéri de toute souffrance, paraissant avoir recouvré toute sa vigueur, armé de pied en cap, et réclamant le droit de soutenir lui-même sa querelle. La châtelaine s'applaudit de la vertu de son charme [1], et les deux fiers rivaux renoncèrent à leurs prétentions.

XVI.

En partant pour le champ clos, Howard tint les rênes de soie du palefroi de la noble dame, et marcha sans armes à son côté, lui parlant avec courtoisie de faits d'armes du temps passé. Il était richement vêtu : des dentelles de Flandre tombaient sur sa veste de peau de buffle doublée et bordée de soie ; ses bottes de cuir jaune étaient armées d'éperons d'or ; son manteau était de fourrure de Pologne, et son haut-de-chausses couvert d'une broderie en argent ; son glaive de Bilbao, dont plus d'un maraudeur avait senti le tranchant, était suspendu à un large baudrier enrichi de pierres précieuses, et de là venait que sur toutes les frontières les habitans, dans leur style grossier, nommaient le noble Howard — William au Baudrier. —

XVII.

Derrière lord Howard et la noble dame était la belle Marguerite, montée sur son palefroi. Sa robe, qui flottait jusqu'à terre, était d'une blancheur éclatante, ainsi que

---

(1) Voyez chant III, stance XXIII. — Éd.

sa guimpe et son voile; une guirlande de roses blanches enchaînait les tresses de ses blonds cheveux. Le comte Angus était près d'elle, et cherchait à l'égayer par une conversation agréable. Sans l'aide du chevalier, sa main eût cherché en vain à guider ses rênes brodées. Il crut qu'elle frémissait de la pensée d'un combat à outrance; mais une autre cause de terreur, que personne ne pouvait soupçonner, fit palpiter son sein quand elle se plaça auprès de sa mère sur les fauteuils couverts de soie cramoisie qui leur étaient destinés.

XVIII.

Prix du combat, le jeune Buccleuch était conduit par un chevalier anglais. A peine l'enfant songeait-il à la perte de sa liberté, tant il brûlait du désir de voir les champions en venir aux mains. Le fier Home et l'orgueilleux Dacre parcourent la lice à cheval, avec toute la pompe de la chevalerie, tenant en mains leurs baguettes d'acier, comme maréchaux du combat. Leurs soins assurèrent à chaque champion un même avantage de vent et de soleil. Les hérauts défendirent alors à haute voix, au nom du roi, de la reine et des maréchaux, que personne, sous peine de mort, tant que le combat durerait, osât donner aucune aide à l'un ou à l'autre champion, par regards, par gestes ou par paroles; on les écouta dans un profond silence, et les deux hérauts firent alternativement ces deux proclamations :

XIX.

LE HÉRAUT ANGLAIS.

— Voici Richard de Musgrave : vrai chevalier et de naissance libre, prêt à demander réparation des actes de violence et des dévastations insultantes commises par Deloraine. Il dit que William Deloraine est un traître, suivant les lois des frontières, et il le soutiendra les armes à la main. Que Dieu et sa bonne cause lui soient en aide!

CHANT CINQUIÈME.

XX.
LE HÉRAUT ÉCOSSAIS.

— Voici William Deloraine, vrai chevalier et de noble naissance. Il dit que jamais acte indigne de trahison n'a souillé son écu depuis qu'il porte les armes, et qu'avec l'aide de Dieu il le prouvera contre Musgrave qui en a lâchement menti par la gorge.

LORD DACRE.

— En avant, braves champions, le champ est ouvert : trompettes, sonnez.

LORD HOME.

— Que Dieu défende le droit !

Rives du Teviot, combien vos échos retentirent, lorsqu'au son des cors et des trompettes, les deux ennemis pleins d'ardeur s'élancèrent l'un contre l'autre ! le bouclier levé, l'œil attentif, et d'un pas mesuré, les voilà qui se rencontrent au milieu de la lice !

XXI.

Aimables dames qui m'écoutez, vos oreilles délicates frémiraient d'entendre comment les casques résonnèrent sous les coups de la hache pesante, comme le sang jaillit de mainte blessure, car le combat fut long et acharné, et chacun des guerriers était aussi vigoureux que brave. Mais, si j'adressais mes chants à des chevaliers, je pourrais entrer dans les détails du combat, car j'ai vu briller l'éclair de la guerre, j'ai vu la claymore se croiser avec la baïonnette, j'ai vu le fier coursier marcher dans des flots de sang, et refuser de faire un pas en arrière pour sauver sa vie.

XXII.

C'en est fait ! c'en est fait ! ce coup fatal l'a étendu sur la terre ensanglantée. Il cherche à se relever. Non, brave Musgrave, tu ne te relèveras plus. Le sang l'étouffe ; que la main d'un ami détache son casque, et desserre l'agrafe de son hausse-col, pour qu'il puisse respirer plus librement. Soins inutiles! Hâtez-vous, saint frère, hâtez-vous, et avant que le pécheur expire, venez l'absoudre de toutes ses fautes, et aplanissez à son ame le chemin de la terre au ciel.

XXIII.

Le saint frère accourut en diligence. Ses pieds nus se teignirent de sang en traversant l'arène. Sourd aux cris de joie qui proclamaient le triomphe du vainqueur, il souleva la tête du guerrier mourant; sa barbe et ses cheveux blancs flottaient sur sa poitrine et ses épaules, tandis qu'il priait à genoux près de lui, et qu'il présentait le crucifix à ses yeux déjà couverts d'un nuage. — Il prête une oreille attentive à l'aveu de ses fautes, en soutenant sa tête ensanglantée; au moment de la séparation de l'ame et du corps, il lui prodigue des consolations spirituelles et lui inspire la confiance en Dieu. Mais le chevalier ne l'entend pas, l'agonie de la mort est passée; Richard de Musgrave ne respire plus.

XXIV.

Comme si le combat eût épuisé ses forces, ou qu'il eût réfléchi sur ce triste spectacle, le vainqueur reste immobile et silencieux. Il ne baisse pas la visière de son casque, il n'entend pas les cris de victoire qui s'élèvent dans les rangs des Ecossais, il ne sent pas les mains qui s'empressent de venir serrer les siennes. Mais tout à coup des cris de surprise mêlée d'une sorte de terreur partent de toutes parts, et les rangs les plus serrés s'ouvrent à la hâte pour faire place à un homme pâle et à demi nu, qui accourt du château. Il saute par-dessus les barrières d'un seul bond, il promène autour de lui ses yeux hagards, comme un malade en délire. Chacun reconnaît William Deloraine. Les dames se lèvent de leurs sièges en tressaillant, et les deux maréchaux sautent à bas de leurs coursiers. — Qui es-tu donc, s'écrient-ils, toi qui as combattu et emporté la victoire? — Le vainqueur détache son casque : — Je suis Henry Cranstoun, répond-il, et voilà le prix pour lequel j'ai combattu.—A ces mots, prenant par la main le jeune Buccleuch, il le conduit à sa mère.

XXV.

Elle couvrit de baisers le fils qui lui était rendu, et le pressa long-temps sur son sein ; car malgré l'intrépidité qu'elle avait cherché à montrer, son cœur avait tremblé à chaque coup porté à son champion. Cependant elle ne daigna pas remercier lord Cranstoun, qui fléchissait un genou devant elle. Il n'est pas besoin de rapporter tout ce que dirent Douglas, Home et Howard, car Howard était un ennemi généreux, ni les prières que tout le clan adressa à la châtelaine pour qu'elle oubliât la haine qui avait divisé les deux familles, et daignât bénir l'hyménée du seigneur de Cranstoun avec la fleur du Teviot.

XXVI.

Elle jeta les yeux alternativement sur la rivière et sur la montagne, et se rappela les paroles prophétiques des deux esprits. Rompant enfin un silence jusqu'alors inflexible :— Ce n'est pas vous qui l'emportez, dit-elle, mais je cède à la destinée. Les astres peuvent verser une influence favorable sur les eaux du Teviot et sur la tour de Branksome, car l'orgueil est dompté et l'amour est libre [1]. — Prenant alors la main de la belle Marguerite qui, éperdue et tremblante, pouvait à peine respirer et se soutenir, elle la mit dans celle du lord Cranstoun : — Que ce nœud d'amour, dit-elle, attache nos deux maisons l'une à l'autre, et soit le gage d'une fidélité réciproque et inviolable ; c'est aujourd'hui le jour de vos fiançailles, et ces nobles lords voudront bien rester pour les honorer de leur présence.

XXVII.

En retournant au château, elle apprit de Cranstoun comment il avait combattu Deloraine ; comment son page avait soustrait au chevalier blessé le livre merveilleux ; comment il s'était introduit le matin dans le château, à

---

(1) Voyez chant I, stance XVII. — ÉD.

l'aide d'une illusion magique ; et comment le nain ayant dérobé l'armure du chevalier, tandis que celui-ci dormait, il avait paru dans la lice sous son nom. Mais il ne lui fit que la moitié du récit, et passa sur son entrevue avec Marguerite. La dame ne voulut pas faire paraître au grand jour les secrets de son art mystérieux, mais elle se promit de punir avant minuit l'audace de ce page étrange, de retirer le livre de ses mains impures, et de le rendre à la tombe de Michel.

Je ne parlerai pas des discours pleins de tendresse de Marguerite et de son amant. Elle lui conta combien son sein avait été agité, et quelles craintes elle avait éprouvées pendant qu'il se mesurait contre Musgrave. Je ne vous peindrai pas leur bonheur; un jour, belles demoiselles, vous le goûterez à votre tour.

XXVIII.

William Deloraine, en s'éveillant d'un sommeil léthargique, avait appris par hasard qu'un autre chevalier couvert de ses armes et portant son bouclier, combattait en champ clos, sous son nom, contre le fier Musgrave. Il y courut aussitôt sans être armé, et sa présence répandit la terreur et la consternation, car on le prit pour son propre spectre [1], et non pour un homme vivant. Ce nouvel allié n'était guère de ses amis; mais quand il vit l'heureux résultat de cet événement, il le félicita de bon cœur et ne voulut pas réveiller une ancienne querelle; car, quoique grossier et peu courtois, son cœur ne nourrissait pas une haine implacable; et dans ses incursions il ne répandait le sang que lorsqu'il éprouvait de la résistance, ou, comme cela était juste, quand il s'agissait d'une guerre à mort. Jamais il ne conservait de ressentiment d'une blessure qu'un vaillant ennemi lui avait faite honorablement. Tel

---

(1) Une des superstitions écossaises les plus bizarres, est de croire que le spectre (*the wraith*) d'un homme vivant peut apparaître ; ce qui annonce toujours quelque malheur. — Éd.

parut en effet William Deloraine, en jetant les yeux sur le corps de Musgrave. Son front trahit ses regrets mal déguisés par son air soucieux et sévère; il baissa la tête avec douleur, et célébra ainsi la gloire du vaincu :

XXIX.

— Te voilà donc sans vie, Richard Musgrave, mon mortel ennemi, devrais-je dire! car si le frère que tu chérissais a péri sous mes coups, tu m'avais privé du fils d'une sœur, et quand je fus plongé, pendant trois grands mois, dans un noir cachot du château de Naworth, jusqu'à ce que j'eusse payé une rançon de mille marcs d'argent, c'est à toi que j'en étais redevable. Si nous pouvions combattre aujourd'hui, si tu étais vivant comme moi, nul mortel ne pourrait nous séparer avant qu'un de nous ne restât sur l'arène. Et cependant la paix soit avec toi, car je sais que je ne trouverai jamais un plus noble ennemi. Dans tous nos comtés du nord, où le mot de ralliement est — la bride, l'éperon et la lance, — personne ne savait mieux que toi poursuivre son butin. C'était un plaisir, en se retournant, de te voir donner la chasse à ton ennemi, exciter les limiers féroces, et animer par les sons de ton cor les vassaux qui te suivaient. Je donnerais les terres de Deloraine, fier Musgrave, pour que tu vécusses encore!

XXX.

Il ne cessa de parler que lorsque la troupe de lord Dacre se prépara à rentrer dans le Cumberland. On releva le corps du brave Musgrave, on l'étendit sur son bouclier, qu'on plaça sur des lances, et quatre hommes, que d'autres relevaient à tour de rôle, se chargèrent de ce noble fardeau. Les vents portaient au loin les chants plaintifs des ménestrels. Quatre prêtres, en longues robes noires, suivaient le corps et récitaient des prières pour le repos de son ame. Les cavaliers s'avançant à pas lents, et les porte-lances les suivant à pied, formaient le reste du cortège. Ce fut ainsi qu'on transporta les restes du vaillant chevalier à travers le Liddesdale, jusqu'aux rives du Leven; il fut déposé sous la nef élevée d'Holme Coltrame, dans la sépulture de ses pères.

Le barde avait cessé de chanter, mais les cordes de sa harpe faisaient encore entendre les sons d'une marche funèbre. Ses accords variés avec art, semblaient partir tantôt de loin, tantôt de près, s'affaiblir par degrés, et soudain devenir plus sonores. C'était un torrent descendant avec fracas du haut des montagnes, et puis ne faisant plus entendre qu'un doux murmure au fond de la vallée. Il imitait tour à tour les airs mélancoliques des bardes, les chants solennels de l'église, et il finit par le chœur des prêtres qui fermaient la tombe du guerrier.

Après quelques instans d'intervalle, les dames lui demandèrent pourquoi un ménestrel si habile sur la harpe, errait ainsi dans un pays trop pauvre pour récompenser dignement ses talents, pourquoi il n'allait pas dans les contrées du sud, où sa main habile trouverait un appui plus généreux.

Quelque chère que lui fût sa harpe, son unique amie, le vieux ménestrel n'aimait pas à lui entendre donner une préférence si marquée sur ses chants : il aimait encore moins qu'on parût rabaisser la patrie qu'il chérissait tant, et il prit un ton plus élevé pour continuer ses poétiques récits.

CHANT SIXIEME.

1.

Est-il un homme dont l'ame soit assez insensible pour ne s'être jamais dit : — Voici ma patrie ! ma terre natale ! Est-il un homme qui n'ait pas senti son cœur s'enflammer quand après avoir erré dans des contrées étrangères, il tourne ses pas du côté de son pays. Si un tel homme existe, remarquez-le bien, le noble enthousiasme du ménestrel lui est inconnu. Quelque élevé qu'il soit par son rang, quelque fier qu'il soit de son nom, en dépit de ses titres, de son pouvoir et de ses richesses, le malheureux, concentré en lui-même, vivra sans gloire, et, frappé d'une double mort, rentrera dans la poussière dont il est sorti, sans qu'aucune larme, sans qu'aucuns chants honorent sa mémoire.

II.

O Calédonie, fière et sauvage nourrice du génie poétique, terre de bruyères et de forêts, terre de montagnes et de lacs, terre de mes pères, quelle main mortelle pourrait rompre le lien filial qui m'attache à tes rochers! Quand je revois les lieux témoins de ma jeunesse, quand je songe à ce qu'ils furent, à ce qu'ils sont, il me semble que, seul dans le monde, je n'ai plus d'autres amis que tes bois et tes ruisseaux, et l'excès même du malheur fait que je les chéris davantage. J'aime à errer sur les rives de l'Iarrow, quoique une main compatissante n'y guide point mes pas chancelans; j'aime à sentir le vent impétueux qui part de la forêt d'Ettrick, quoique son souffle glace mes joues flétries; j'aime à reposer ma tête sur les rochers du Teviot, quoique le barde soit condamné à y rendre le dernier soupir dans la solitude et l'oubli.

III.

Ils n'étaient pas méprisés comme moi, ces ménestrels qu'on appela de toutes parts au château de Branksome. Ils y arrivèrent en foule, et des environs et des comtés les plus éloignés. Ministres joyeux de la gaieté et de la guerre, également prêts à partager les plaisirs d'un festin ou les dangers d'un combat, on les voyait dans la salle du banquet et sur le champ de bataille. Naguère ils avaient fait entendre leurs chants guerriers à l'avant-garde de leurs clans belliqueux; maintenant les portes de fer s'ouvrent aux accords plus doux de leurs harpes et de leurs cornemuses. Ils dansent, boivent, et font retentir les tours de leurs accens d'allégresse.

IV.

Je ne dirai point la splendeur avec laquelle la fête de l'hymen fut célébrée. A quoi bon décrire les jeunes filles, les nobles dames, les écuyers et les chevaliers qui se réunirent dans la chapelle; les bijoux, les riches manteaux, les fourrures de prix, les panaches ondoyans, les éperons et les chaînes d'or, qu'on vit briller autour de l'autel. Quel barde pourrait peindre cette aimable rougeur que la pudeur faisait naître et mourir tour à tour sur les joues de Marguerite?

V.

Quelques bardes ont dit que sa mère n'approcha pas de l'autel, n'entra même pas dans la chapelle, n'assista point à la cérémonie sainte, parce qu'elle n'osait paraître dans un lieu consacré : mais ces bruits sont faux et calomnieux. Elle ne s'occupait pas de magie noire [1]; il est certaines formules et certains signes qui ont du pouvoir sur les esprits par l'influence des planètes; mais j'ai peine à approuver ceux qui se livrent à cet art dangereux. Cependant je puis dire avec vérité que la noble dame était près de l'autel. Elle portait une robe de velours noir bordée d'hermine, avait sur la tête une coiffure de soie cramoisie, brodée en or et en perles, et tenait sur le poing un faucon attaché avec une tresse de soie.

VI.

La cérémonie nuptiale se termina vers midi, et un festin splendide fut servi dans la grande salle. L'intendant et les écuyers s'empressèrent d'assigner la place à chaque convive. La table était couverte des mets les plus recherchés; on n'y avait oublié ni le paon doré, ni la tête de sanglier, ni le ptarmigan, ni le jeune cygne des étangs de Sainte-Marie. Le prêtre donna sa bénédiction à tous les

---

(1) Voyez la note 1. — E_D.

mets, les pages se mirent à découper et à servir. Qui pourrait dire le bruit qui régna alors dans la salle, au dehors, et jusque sur la tête des convives? car les trompettes, les cornemuses et les psaltérions retentissaient dans la galerie. Les vieux guerriers parlaient haut et riaient en vidant leurs coupes sonores; les jeunes chevaliers, d'un ton plus doux, parlaient à demi-voix aux belles dames qui les écoutaient en souriant. Les faucons chaperonnés, sur leurs perchoirs, battant des ailes et secouant leurs sonnettes, joignaient leurs cris aux aboiemens des chiens de chasse; les échansons versaient à grands flots les meilleurs vins du Rhin, d'Orléans et de Bordeaux; tout était joie, bruit et plaisir.

VII.

Le lutin de page, ne perdant jamais l'occasion de faire le mal, voulut profiter du moment où les têtes s'échauffaient, pour semer la haine et la discorde. Conrad de Wolfenstein, naturellement hautain, était mécontent d'avoir perdu quelques-uns de ses coursiers. Le nain lui persuada que le vaillant Hunthill de Rutherford, qu'on avait surnommé Dick Sabre-en-main, les lui avait dérobés. Wolfenstein se prend de paroles avec lui, s'emporte, et le frappe de son gantelet. Howard, Home et Douglas se levèrent aussitôt, et cherchèrent à apaiser cette querelle naissante. Rutherford dit peu de choses et se borna à mordre son gant et à secouer la tête. Quinze jours après, le chien d'un bûcheron trouva, dans la forêt d'Inglewood, le brave Conrad percé de coups, baigné dans son sang et sans vie. On ne put découvrir comment il avait péri, mais on ne lui trouva plus son sabre, et l'on dit que depuis ce temps Dick porta une lame de Cologne.

VIII.

Le nain, qui craignait que son maître ne s'aperçût de ses manœuvres perfides, se rendit alors dans l'office où les principaux vassaux se livraient à la gaieté aussi franchement que les nobles lords dans la salle d'apparat. Wat

Tinlinn invita Arthur-le-Brûleur à proposer une santé, et celui-ci, par courtoisie, porta celle des braves hommes d'armes d'Howard. Les Anglais ne voulurent pas céder en politesse aux Ecossais, et Roland Forster s'écria à haute voix : — Un toast à votre belle mariée! — L'ale brune [1] remplit les coupes de son écume pétillante, aux bruyantes acclamations de tous les convives. Jamais pareils transports de joie n'avaient éclaté parmi le clan de Buccleuch depuis le jour où la mort d'un cerf avait acquis ce nom au premier de leurs Chefs.

IX.

Le méchant page n'avait pas oublié l'arc de Wat Tinlinn. Il jura de se venger et de lui faire payer bien cher son adresse à décocher une flèche. D'abord il le tourmenta par des railleries piquantes : il raconta comment il avait pris la fuite à la bataille de Solway, et comment Hob Armstrong avait consolé sa femme. Bientôt, craignant encore son bras vigoureux, il lui joua plus d'un tour malin en tapinois, faisant disparaître de son assiette les meilleurs morceaux, et renversant le pot de bière qu'il portait à ses lèvres. Enfin, se glissant adroitement sous la table, il lui enfonça dans le genou une épingle acérée dont la pointe envenimée lui fit une blessure qui ne put se guérir de long-temps. Tinlinn se lève en jurant de colère, renverse la table et les flacons. Mais, au milieu du tumulte et des clameurs, le nain retourna dans la grande salle, y prit son poste dans un coin obscur; et murmura en faisant une grimace effroyable : — Perdu! perdu! perdu!

X.

Cependant la noble dame, craignant que quelque nouvelle querelle ne vînt encore troubler la bonne intelligence, ordonna aux ménestrels de commencer leurs chants. Un vieux barde, portant un ancien nom, Albert Grœme, se

---

(1) Bière douce. — ED.

présenta d'abord. Personne ne pinçait la harpe comme lui dans toute l'étendue du territoire contesté. Son clan audacieux ne connaissait pas d'amis. N'importe qui perdait, il gagnait toujours, et il enlevait les troupeaux sur les frontières d'Ecosse comme sur celles d'Angleterre. Le ménestrel commença ses chants sur un mode simple, tel que le lui inspirait la nature.

XI.

ALBERT GROEME.

— Il était une belle dame anglaise (le soleil brille sur les murs de Carlisle) qui voulait épouser un chevalier écossais, car l'amour sera toujours le maître du monde.

Ils virent avec gaieté les premiers rayons du soleil levant qui brillait sur les murs de Carlisle; mais ils furent plongés dans la tristesse avant la fin du jour, quoique l'amour fût toujours le maître du monde.

Le père de la dame lui donna un collier et des bijoux, tandis que le soleil brillait sur les murs de Carlisle : son frère ne lui donna qu'un flacon de vin, car il ne pouvait souffrir que l'amour fût le maître du monde.

Elle avait des terres, des bois et des prairies dans les lieux où le soleil brille sur les murs de Carlisle, et il jura de la faire périr, plutôt que de voir un chevalier écossais en devenir le maître.

A peine avait-elle goûté ce vin (le soleil brille sur les murs de Carlisle), qu'elle tomba morte entre les bras de son fidèle amant, car l'amour était encore le maître du monde.

L'amant perça le cœur du frère dans les lieux où le soleil brille sur les murs de Carlisle. Ainsi périsse quiconque voudrait séparer deux amans! Que l'amour soit toujours le maître du monde!

Il prit ensuite la croix dans les lieux où le soleil brille sur les murs de Carlisle, et il mourut pour l'amour de sa dame en Palestine; ainsi l'amour resta le maître du monde.

Maintenant, ô vous amans fidèles (le soleil brille sur les murs de Carlisle)! priez pour l'ame de ceux dont l'amour a causé le trépas, car l'amour sera toujours le maître du monde [1]. —

XII.

A peine Albert finissait-il son simple lai, qu'on vit se lever un barde d'un port plus imposant, et qui était célèbre à la cour du fier Henri par ses sonnets et ses rondeaux. Long-temps, Fitztraver, tu fis entendre les sons argentins de ta harpe sans connaître de rival : l'aimable Surrey aimait ta lyre. Où n'a pas pénétré la renommée de Surrey? A l'ame de feu des héros il réunit le génie immortel du barde; son amour, célébré par sa propre lyre, fut le noble amour d'un chevalier.

XIII.

Fitztraver et Surrey parcoururent ensemble des climats lointains ; et souvent, quand venait la nuit avec les astres étincelans qui l'accompagnent, assis dans un bosquet d'oliviers, ils chantaient l'amie absente de Surrey. Le paysan d'Italie, s'arrêtant pour les écouter, croyait que les esprits descendus du ciel étaient rassemblés autour de la sépulture de quelque saint ermite, et faisaient entendre une divine harmonie; tant le concert de leurs voix et de leurs harpes avait de douceur quand ils célébraient les charmes de Geraldine.

XIV.

O Fitztraver, quelle langue pourrait exprimer les regrets qui déchirèrent ton cœur fidèle quand la sentence de l'ingrat Tudor ordonna la mort de ce Surrey dont les chants sont immortels! Fitztraver méprisa la colère du tyran; sa harpe invoqua la justice et la vengeance des cieux. Il renonça à la cour, abandonna les bosquets verdoyans de Windsor pour les tours de fer de Naworth, et, fidèle au nom de son ancien maître, alla chercher un autre

---

[1] Ce *soleil qui brille*, dans chaque stance, *sur les murs de Carlisle*, forme le refrain d'une ancienne ballade très-connue en Ecosse.— ED.

Howard, devint le favori de lord Wiltiam et le chef de ses ménestrels.

XV.

FITZTRAVER.

— C'était la veille de la Toussaint [1], et le cœur de Surrey battait vivement. La cloche qui sonna minuit le fit tressaillir, en lui annonçant l'heure mystérieuse à laquelle le sage Cornelius lui avait promis de lui faire voir, par la puissance de son art, la dame de ses pensées, dont il était séparé par le vaste Océan : le sage l'avait assuré qu'il la lui montrerait sous sa forme naturelle, et qu'il lui ferait connaître si elle l'aimait encore, et si elle pensait toujours à lui.

XVI.

Le magicien conduisit le vaillant chevalier sous les voûtes d'une salle où régnaient de sombres ténèbres ; la faible clarté d'un cierge bénit brillait seule devant un grand miroir, et découvrait les instrumens mystérieux de l'art magique, l'*Almageste*, une croix, un autel, des caractères cabalistiques et des talismans. Cette lumière était pâle, tremblante, incertaine comme celle qui éclaire le lit de l'homme que la sépulture réclame.

XVII.

Mais bientôt une vive clarté jaillit du grand miroir, et le comte y vit se dessiner des objets vagues et sans forme, tels que ceux que nous présentent les rêves. Ils se fixèrent peu à peu, et offrirent à ses yeux un grand et bel appartement ; la pâle lueur de la lune unie aux rayons d'une lampe qui brûlait près d'une couche formée des belles soies d'Agra, en éclairait une partie ; le reste demeurait dans l'obscurité.

XVIII.

Ce spectacle était beau ; mais qu'elle était plus belle encore la dame qui reposait sur cette couche des Indes ! Des

---

(1) D'après une superstition écossaise, la veille de la Toussaint est le jour le plus propre aux apparitions de spectres, de fantômes, et aux opérations magiques. — ED.

cheveux noirs flottaient sur son cou d'albâtre, et la pâleur de ses joues charmantes annonçait la mélancolie de l'amour. Négligemment couverte d'une longue robe blanche, elle appuyait sa tête sur une de ses mains, et lisait d'un air pensif, sur des tablettes d'ivoire, des vers qui semblaient pénétrer au fond de son ame. Ces vers étaient des chants d'amour de Surrey; cette beauté enchanteresse était lady Geraldine.

XIX.

De sombres vapeurs couvrirent peu à peu la surface du miroir, et firent disparaître cette vision délicieuse. Tels furent les nuages que l'envie d'un roi fit planer sur les plus beaux jours de mon maître. Tyran injuste et barbare, puisse le ciel venger sur toi et sur les derniers de tes descendans les caprices féroces de ton despotisme, ton lit nuptial ensanglanté, les autels que tu dépouillas, le sang de Surrey que tu fis couler, et les pleurs de Geraldine ! —

XX.

Les Chefs des deux peuples donnèrent de vifs applaudissemens aux chants de Fitztraver; le nom de Henry était odieux aux Calédoniens, et les Anglais étaient encore fidèles à leur ancienne foi. Rose Harold, barde du brave Saint-Clair, — de Saint-Clair qui, étant venu faire une visite d'ami à lord Home, l'avait accompagné à la guerre, se leva alors avec un air de dignité. Harold était né dans ces lieux où la mer, sans cesse tourmentée par les tempêtes, mugit autour des Orcades. C'est là que les Saint-Clairs régnaient autrefois en princes sur les grandes et les petites îles, sur les baies et les détroits. Les ruines de leur palais, de ce palais autrefois ton orgueil, maintenant l'objet de tes regrets, ô Kirkwall, annoncent encore leur ancienne puissance. Harold regardait souvent la mer furieuse soulever ses vagues, comme si le bras courroucé d'Odin les eût agitées; la pâleur sur le front et le cœur palpitant, il suivait des yeux le navire qui luttait contre le naufrage ; car tout ce qui est pittoresque et imposant avait des charmes pour ce barde de la solitude.

XXI.

Sur combien de monumens sublimes l'imagination peut s'arrêter dans ces îles sauvages ? ce fut là qu'arrivèrent, dans des temps bien reculés, les enfans guerriers du fier Lochlin, ne respirant que sang et pillage, et préparant sans cesse de la pâture aux corbeaux : leurs braves Chefs étaient les rois de la mer; leurs navires, les dragons de l'Océan. Là de profondes vallées avaient entendu successivement les rugissemens des orages et les récits merveilleux des Scaldes. Là de hautes colonnes runiques avaient vu célébrer les mystères de l'idolâtrie. Là enfin, Harold avait appris dans sa jeunesse les vers de mainte saga antique : l'une célébrait ce serpent de mer dont les replis épouvantables entourent le monde de leurs cercles monstrueux, et ces filles redoutables dont les cris affreux font couler des ruisseaux de sang sur le champ de bataille ; une autre, ces Chefs qui, guidés dans l'obscurité par la pâle lueur du tombeau, pillaient la sépulture des anciens guerriers, arrachaient de leurs mains décharnées le glaive qu'elles tenaient encore, faisaient retentir la tombe du cri de guerre, et appelaient les morts aux armes. Plein du récit de ces merveilles, et brûlant d'une ardeur guerrière, le jeune Harold vint dans les bosquets de Roslin : là, dans de paisibles vallons, à l'ombre des bois verdoyans, sa harpe apprit à soupirer des sons plus doux; et cependant ses chants, quoique moins sauvages, conservaient toujours quelque chose de la rudesse du nord.

XXII.

HAROLD.

—Ecoutez, écoutez-moi, belles dames ! Je ne célèbre pas de hauts faits d'armes ; c'est par des chants tendres et mélancoliques qu'il faut pleurer l'aimable Rosabelle.

Amarrez votre barque, braves matelots ! Et vous, charmante dame, daignez vous arrêter ! Reposez-vous dans le château de Ravensheuch, et ne vous hasardez pas aujourd'hui sur cette mer orageuse ?

La vague noire est bordée d'une écume blanchâtre, la mouette se réfugie sur les rochers solitaires; les pêcheurs ont entendu l'esprit des eaux dont les cris prédisent le naufrage.

La nuit dernière, le devin de la côte a vu une belle dame enveloppée d'un linceul humide. Restez à Ravensheuch ! Pourquoi traverser aujourd'hui cette mer orageuse ?

Ce n'est point parce que l'héritier de lord Lindesay ouvre un bal ce soir à Roslin; c'est parce que ma mère est seule dans son château.

Ce n'est point parce qu'on y court la bague, et que Lindesay y brillera par son adresse; c'est parce que mon père ne trouvera pas de bouquet à son vin, s'il n'est versé par Rosabelle.

Pendant cette nuit horrible, on vit briller sur Roslin une flamme surnaturelle. Elle s'étendait plus loin que celle des feux qui servent de signaux, et elle était plus rouge que les rayons brillans de la lune.

Elle se réfléchissait sur le château de Roslin, situé sur le sommet d'un roc, et jetait une lueur de pourpre sur le taillis de la vallée. On la voyait des bosquets de chênes de Dryden et du fond des cavernes de l'Hawthornden.

On croyait voir en feu cette chapelle orgueilleuse où les Chefs de Roslin reposent sans cercueil, l'armure de fer de chaque baron lui servant de drap funéraire.

On croyait voir en feu la sacristie, et jusqu'à l'autel même. La flamme semblait jaillir des colonnes sculptées en feuillage, et des trophées d'armes des anciens guerriers.

Bastions, murailles, tourelies, tout semblait embrasé. C'est ce qui arrive encore quand le destin menace les jours d'un descendant de la noble famille Saint-Clair.

Vingt barons de Roslin sont ensevelis dans l'orgueilleuse chapelle ; c'est sous la voûte sainte qu'ils reposent. Mais la mer couvre l'aimable Rosabelle.

Chaque Saint-Clair fut inhumé à la lueur des cierges, au son des cloches, avec les prières des funérailles ; les mugissemens des antres de la mer et la voix menaçante des vents furent le chant de mort de l'aimable Rosabelle. —

XXIII.

Les chants d'Harold avaient tant de douceur que les convives s'aperçurent à peine que l'obscurité se répandait dans la salle ; quoique le jour fût encore éloigné de sa fin, ils se trouvèrent enveloppés d'une ombre mystérieuse. Ce n'était point un brouillard ni la vapeur que le soleil tire des lacs et des marais ; les sages n'avaient pas annoncé d'éclipse ; et cependant les ténèbres s'épaississaient tellement, qu'on pouvait à peine voir la figure de son voisin, et même sa propre main quand on l'étendait. Une secrète horreur succéda aux plaisirs du festin et glaça tous les cœurs. La noble dame elle-même fut presque effrayée, et sentit que l'esprit du mal planait dans les airs. Le méchant nain tomba la face contre terre, et murmura en tremblant :

— Trouvé ! trouvé ! trouvé !

XXIV.

Tout à coup un éclair fendit les airs obscurcis, — un éclair si vif, si brillant, si terrible, que le château sembla tout en feu. Un instant, un seul instant, il rendit visibles toutes les solives du plafond, les boucliers suspendus aux murs, et les trophées d'armes sculptés sur les colonnes. La foudre brilla sur la tête des convives et tomba sur le page renversé ; les roulemens du tonnerre effrayèrent les plus braves et firent pâlir les plus audacieux. La cloche d'alarme sonna d'une mer à l'autre ; sur les murs de Berwick et sur ceux de Carlisle, la sentinelle, saisie de terreur, se hâta de courir à ses armes ; et, quand le calme succéda à cette convulsion de la nature, le page avait disparu.

XXV.

Les uns entendirent une voix dans la grande salle de Branksome, et les autres virent ce que tous n'aperçurent pas. Cette voix terrible cria d'un ton de maître : — Viens, Gylpin[1] ! — Et à l'endroit que le tonnerre avait frappé, où le page s'était jeté par terre, les uns virent un bras, les autres une main, quelques autres les plis d'une robe flottante. Les convives tremblans priaient en silence, et la terreur était peinte sur tous les fronts. Mais parmi ces guerriers effrayés, nul ne l'était comme Deloraine. Son sang était glacé, sa tête en feu, et l'on craignit qu'il n'eût perdu la raison pour toujours. Il était pâle, ne pouvait parler, avait l'air égaré et ressemblait à ce soldat, dont on conte l'histoire, qui parla au spectre-chien dans l'île de Man [2]. Enfin il dit en frissonnant, et à mots entrecoupés, qu'il avait vu, et vu de ses yeux, un vieillard *couvert d'une aumuse et d'un baudrier travaillé en Espagne, comme un pèlerin d'outre mer* [3]. — Je sais, dit-il, mais ne me demandez pas comment, que c'est le magicien Michel Scott.

XXVI.

Frappés d'horreur, les convives écoutèrent en frémissant ce récit merveilleux. Pas un mot n'était prononcé, pas un son ne se faisait entendre. Enfin le noble Angus rompit le silence, et promit par un vœu solennel à sainte Brigite-de-Douglas, de faire un pèlerinage à l'abbaye de Melrose, pour apaiser l'ame de Michel. Chaque guerrier, pour rétablir la paix dans son cœur troublé, adressa aussi ses prières à quelque saint, les uns à saint Modan, les autres à sainte Marie-des-Lacs, ceux-ci à la sainte Croix-de-Lille, ceux-là à Notre-Dame-des-Iles : tous prirent leur patron à témoin qu'ils entreprendraient tel ou tel pèlerinage, qu'ils feraient sonner les cloches, qu'ils ordonneraient des prières pour le salut de l'ame de Michel. Tandis

---

(1) Voyez la note 13 sur le chant II. — Ed.
(2) Voyez la note 15. — Ed.
(3) Voyez la stance XIX du chant II. — Ed.

qu'ils prononçaient ces vœux, on dit qne la noble dame épouvantée renonça pour jamais à employer le secours de la magie.

XXVII.

Je ne parlerai pas de la noce qui eut lieu peu de temps après ; je ne vous dirai pas combien de fils vaillans, combien d'aimables filles couronnèrent l'amour de la fleur du Teviot et de l'héritier de Cranstoun. Après une scène si terrible, il serait inutile de vouloir produire des sons d'allégresse. Il convient mieux de parler du jour marqué par la pénitence et la prière, où la troupe des pèlerins se rendit solennellement dans le saint temple de Melrose.

XXVIII.

Chacun d'eux marchait les pieds nus, le corps couvert d'un sac, et les bras croisés sur la poitrine. Dans tout ce long cortège on aurait eu peine à entendre le bruit de leurs pas, le son de leurs voix ; à peine osaient-ils respirer. Vainement on aurait cherché en eux l'air imposant, le port martial ; leur gloire était éclipsée, leur orgueil abattu, leur illustre nom oublié. D'un pas lent, et dans un profond silence, ils s'avancèrent vers l'autel sacré, et se prosternèrent humblement. Sur la tête des guerriers supplians flottaient les bannières des anciens héros ; sous leurs pieds étaient les cendres de leurs pères ; et autour d'eux les saints et les martyrs, dans leurs niches, semblaient les regarder d'un air sévère.

XXIX.

Couverts d'étoles blanches comme la neige, de scapulaires et de capuchons noirs, les saints Pères arrivèrent sur deux rangs en procession solennelle par une des ailes de l'église. Ils portaient des cierges, des missels et l'hostie consacrée ; une sainte bannière avec le nom du rédempteur flottait devant eux. L'abbé, couvert de sa mitre, étendit la main sur les pèlerins agenouillés devant lui, leur donna sa bénédiction en faisant sur eux le signe de la croix ; il pria le ciel de leur accorder sagesse dans leurs châteaux et succès sur le champ de bataille. On célébra la messe, on fit des prières, on chanta un *requiem* pour les morts, et on sonna toutes les cloches pour le salut de leur ame. Pour terminer l'office, l'hymne d'intercession s'éleva vers le ciel, et les voûtes de l'église retentirent des sons de l'orgue qui accompagnait le chant majestueux du *Dies iræ, dies illa.* S'il m'est permis de finir par des vers sacrés un lai léger et frivole, voici ce que chantaient les saints Pères :

XXX.

HYMNE POUR LES MORTS.

Jour de terreur, jour de vengeance, où le ciel et la terre passeront! Quel sera alors l'appui du pécheur? Comment soutiendra-t-il ce jour formidable? Le ciel enflammé se repliera comme le parchemin exposé à l'action du feu; on entendra le son bruyant de la redoutable trompette qui doit éveiller les morts.

Oh! dans ce jour, dans ce jour terrible, où l'homme sortira de la nuit du tombeau pour subir son jugement, Dieu de miséricorde, sois l'appui du pécheur tremblant, tandis que le ciel et la terre passeront!

La harpe est muette, et le ménestrel est parti... Mais est-il parti seul? sa vieillesse va-t-elle continuer dans l'indigence son pèlerinage solitaire? — Non. — Près de la tour orgueilleuse de Newark s'élève une demeure pour l'ancien barde : ce n'est qu'une humble chaumière; mais on y voit un petit jardin entouré de haies et un foyer consolateur qui répand le jour et la gaieté. Là le voyageur, assis au coin du feu, écoutait, pendant l'hiver, les récits des anciens temps : car le vieillard ouvrait sa porte avec plaisir, et ne refusait à personne les secours qu'il avait demandés lui-même. Mais quand l'été ornait de sa parure le sommet de Bowhill, quand l'haleine embaumée de juillet balançait les fleurs de la vallée de Newark, quand les grives chantaient dans les taillis d'Hare-Head, que des épis verts tapissaient Carterhaugh, et que le chêne de Blanckandro offrait un abri sous ses vastes rameaux, alors l'ame du barde s'embrasait d'un nouveau feu; alors il chantait les hauts faits d'armes et les exploits des chevaliers. En l'écoutant, le voyageur oubliait le jour qui s'enfuyait, le jeune chasseur ne songeait plus à poursuivre le daim timide, et l'Yarrow, en roulant ses ondes, répétait les chants du dernier ménestrel.

NOTES.

CHANT PREMIER.

NOTE 1. — Paragraphe 1.

Sous le règne de Jacques I*er*, roi d'Ecosse, sir William Scott de Buccleuch, chef du clan qui portait ce nom, fit un échange avec sir Thomas Inglis de Manor, du domaine de Murdiestone, dans le comté de Lanarck, pour moitié de la baronnie de Branksome ou Branxholm, située sur les bords du Teviot, à environ trois milles au-dessus d'Hawick. Il s'y détermina probablement parce que Branksome touchait aux domaines étendus qu'il possédait près de la forêt d'Ettrick et dans la vallée de Teviot. La tradition attribue cet échange à une conversation entre Scott et Inglis, dans laquelle ce dernier, homme, à ce qu'il paraît, d'un caractère doux et pacifique, se plaignit des incursions que faisaient sur ses possessions les habitans des frontières d'Angleterre. Sir William Scott lui offrit sur-le-champ la terre de Murdiestone en échange du domaine qui était sujet à de tels inconvéniens. Lorsque l'affaire fut conclue, il remarqua que les bestiaux du Cumberland valaient bien ceux de la vallée de Teviot, et il commença contre les Anglais un système de représailles que ses successeurs ne manquèrent pas de suivre. Sous le règne suivant, Jacques II accorda à sir Walter Scott de Branksome, et à sir David son fils, l'autre moitié de la baronnie de Branksome, sans autre redevance qu'une rose rouge.

Branksome devint alors le siège principal de la famille de Buccleuch. La seule partie de l'ancien édifice qui existe aujourd'hui est une tour carrée dont les murs sont d'une épaisseur prodigieuse.

NOTE 2. — Paragraphe v.

Les Ecossais, dit Froissard, ne sont pas d'excellens archers, mais ils combattent parfaitement avec la hache, et s'en servent à ravir dans l'occasion. La hache de Jedwood était une sorte de pertuisane dont les cavaliers étaient armés.

Note 3. — Paragraphe vii.

Le château de Branksome était sans cesse exposé aux attaques des Anglais, tant à cause de son voisinage des frontières, que par suite du caractère turbulent de ses maîtres, qui vivaient rarement en paix avec leurs voisins.

Note 4. — Paragraphe vii.

Sir Walter Scott de Buccleuch succéda à son aïeul sir David en 1592; sa mort fut occasionée par la querelle qui s'éleva entre les Scotts et les Kerrs ou Cars. Il est nécessaire d'entrer dans quelques détails à ce sujet, pour que le lecteur puisse comprendre plusieurs allusions qui se trouvent dans le poëme.

En 1526, le comte d'Angus et les Douglas étaient maîtres absolus du pays, et personne n'osait leur résister. Le roi Jacques V, alors mineur, en fut mécontent, et aurait voulu secouer leur joug. Il écrivit de sa propre main une lettre confidentielle au lord Buccleuch, le priant de venir le joindre à Melross ou Melrose, et de le délivrer des Douglas.

Un serviteur fidèle du prince fut chargé de porter cette lettre au lord de Buccleuch, qui ne perdit pas un instant pour obéir aux ordres du roi. Il assembla ses vassaux et ses alliés, et marcha vers Melrose. Les Douglas, qui étaient maîtres de sa personne, virent avancer cette armée, et, lui supposant des intentions hostiles, s'avancèrent à sa rencontre. Buccleuch leur livra bataille, et fut repoussé avec une grande perte.

Cette journée fut l'origine de la haine mortelle et héréditaire qui divisa long-temps les familles de Scott et de Kerr. Parmi les actes de violence auxquels elle donna lieu, on peut citer comme le plus signalé le meurtre de sir Walter lui-même, qui fut assassiné par les Kerrs en 1552, dans les rues d'Edimbourg. C'est à cet événement qu'il est fait allusion dans la strophe vii, et la scène du poëme est supposée s'ouvrir peu de temps après que ce crime eut été commis.

Note 5. — Paragraphe viii.

Entre autres expédiens auxquels on eut recours pour calmer l'inimitié qui régnait entre les Scotts et les Kerrs, les chefs des deux Clans firent, en 1529, une transaction par laquelle ils s'obligèrent à faire les quatre principaux pèlerinages usités en Ecosse, pour prier réciproquement pour l'ame de ceux qu'ils avaient fait périr. Mais ou cette transaction ne fut pas exécutée, ou elle ne produisit pas l'effet qu'on s'en était promis, car leur haine éclata bientôt avec une nouvelle violence.

Note 6. — Paragraphe viii.

La famille des Kerrs était très-puissante sur les frontières d'Ecosse.

Note 7. — Paragraphe x.

Les Cranstouns sont une ancienne famille des frontières, dont la résidence principale était à Crailing, dans la vallée de Teviot. Ils étaient alors en guerre avec le clan des Scotts; car on voit en 1557 lady Buccleuch assiéger lord Cranstoun, et menacer sa vie. Cependant le même Cranstoun, ou peut-être son fils, épousa ensuite la fille de cette dame.

Note 8. — Paragraphe xi.

Les Béthunes sont d'origine française, et tirent leur nom d'une petite ville d'Artois. Il y avait dans la province voisine, la Picardie, plusieurs familles distinguées qui portaient ce nom. Le célèbre duc de Sully en descendait, et ce nom était compté parmi les plus nobles de la France. La famille de Béthune ou Beatown, et Beaton, dans le comté de Fife, produisit trois prélats savans et illustres, le cardinal Beaton, et deux archevêques de Glascow, qui en occupèrent le siège successivement. De cette famille était descendue Jeanne Beaton, épouse de sir Walter Scott de Brank-some, lord Buccleuch. C'était une femme pleine de courage, et elle en donna des preuves en se mettant à la tête du clan de son fils après le meurtre de son mari. Elle possédait à un tel degré les talens qui étaient héréditaires dans sa famille, que les esprits superstitieux lui attribuaient des connaissances surnaturelles.

Note 9. — Paragraphe xi.

Padoue passa long-temps en Ecosse pour être la principale école de nécromancie.

L'ombre d'un nécromancien est indépendante du soleil. Simon-le-Mage, dit Glycas, faisait marcher son ombre devant lui, et laissait croire au peuple que c'était un esprit qui l'accompagnait. Le vulgaire croit que, quand des savans d'une certaine classe ont fait assez de progrès dans leurs études mystiques, ils sont obligés de traverser en courant une grande salle souterraine où le diable les poursuit pour s'emparer de celui qui se trouvera le dernier, à moins que celui-ci ne coure assez vite pour qu'il ne puisse saisir que son ombre. En ce cas la personne du sage ne produit plus aucune ombre; et ceux qui ont ainsi *perdu leur ombre* sont toujours reconnus pour être les meilleurs magiciens.

Note 10. — Paragraphe xii.

Le peuple en Ecosse croit à l'existence d'une classe intermédiaire d'esprits qui résident dans les airs ou dans les eaux. Il attribue à leur puissance les inondations, les ouragans, et tous les phénomènes qu'il ne peut expliquer. Il suppose qu'ils se mêlent des affaires des hommes, souvent pour leur nuire, quelquefois pour leur être utiles.

Tandis que des ouvriers travaillaient aux fondations de l'église d'Old-Deer dans le comté d'Aberdeen, ils furent surpris de trouver des obstacles surnaturels qui s'opposaient à leurs travaux. Enfin ils entendirent la voix de l'Esprit du fleuve, qui ordonnait de construire l'édifice dans un autre endroit nommé Taptillery; et on lui obéit.

Je rapporte ce conte populaire parce qu'au premier coup-d'œil l'introduction de l'Esprit des eaux et de l'Esprit des montagnes pourrait paraître peu d'accord avec le ton général du poëme, et avec les superstitions du pays où la scène est placée.

Note 11. — Paragraphe xix.

Les habitans des cantons frontières suivaient la profession de maraudeurs, et les membres du clan de Buccleuch s'y distinguaient surtout.

Note 12. — Paragraphe xix.

Allusion aux armoiries des Scotts et des Kerrs. Les Kerrs de Cessford portaient sur leurs armes une tête de licorne, et les Scotts de Buccleuch avaient dans les leurs une étoile entre deux croissans.

Note 13. — Paragraphe xxi.

Les rois et les héros d'Ecosse, de même que les maraudeurs, étaient quelquefois obligés d'éviter la poursuite de chiens dressés à cette chasse. Barbour rapporte que Robert Bruce fut plus d'une fois suivi à la piste par des chiens. Il leur échappa un jour en se jetant dans une rivière, d'où il sortit en montant sur un arbre par le moyen d'une branche qui pendait sur l'eau. Ne laissant ainsi sur la terre aucune trace de ses pieds, il mit en défaut les chiens qui le poursuivaient. On prétendait qu'un moyen de les dépister était de répandre du sang dans l'endroit par où ils devaient passer; et il en coûta la vie à plus d'un prisonnier.

NOTE 14. — Paragraphe xxv.

C'est une montagne ronde formée par la main des hommes, à peu de distance d'Hawick. Son nom, signifiant en saxon *conseil, assemblée*, porte à croire que c'était autrefois un lieu de réunion pour les Chefs des tribus des environs. On trouve en Ecosse un assez grand nombre de montagnes semblables, et quelques-unes sont de forme carrée.

NOTE 15. — Paragraphe xxvii.

Une petite plate-forme située sur le haut d'un rocher d'où l'on découvre une vue charmante, se nomme encore *le lit de Barnhill*. C'était, dit-on, un brigand ou un proscrit. On y voit les restes d'une tour fortifiée qu'on suppose qu'il a habitée. Dans le nombre des édifices détruits par le comte d'Harford en 1545, on compte les tours de Barnhill et de Minto. Sir Gilbert Minto, père du lord Minto actuel, est auteur d'une jolie pastorale à laquelle il a été fait allusion dans la strophe xxvii.

NOTE 16. — Paragraphe xxxi.

L'ancien et beau monastère de Melrose fut fondé par le roi David Ier. Ses ruines offrent le plus beau modèle d'architecture et de sculpture gothiques qu'on puisse trouver dans toute l'Ecosse.

CHANT II.

NOTE 1. — Paragraphe vi.

On croira sans peine que les maraudeurs n'étaient pas rigoureux observateurs des pratiques religieuses. On voit cependant dans Lesly que, quoiqu'ils n'eussent véritablement pas de religion, ils disaient régulièrement leur chapelet, et y mettaient un nouveau zèle quand ils partaient pour quelque expédition qui avait pour but le vol et le pillage.

NOTE 2. — Paragraphe vii.

Les cloîtres servaient souvent de lieu de sépulture dans les monastères. Dans celui de l'abbaye de Dryburgh on voit encore une pierre sur laquelle est gravé: *Hic jacet frater Archibaldus*.

NOTE 3. — Paragraphe viii.

— Sur ma foi! disait le duc de Lancastre à un écuyer portugais, de tous les faits d'armes des Castillans et des gens de votre pays, la manière dont ils lancent leurs dards est ce qui me plaît le plus. — On imitait cette manière de combattre avec des dards, dans le jeu militaire nommé *juego de las canas*, que les Espagnols empruntèrent des Maures.

NOTE 4. — Paragraphe x.

La fameuse bataille d'Otterburne se livra le 15 août 1388, entre Henri Percy, surnommé Hotspur, et James, comte de Douglas. Chacun de ces deux célèbres champions était à la tête d'un corps de troupes choisies. Percy fut fait prisonnier, et les Ecossais remportèrent la victoire, qu'ils payèrent assez cher par la mort de leur vaillant général, qui périt sur le champ de bataille. Il fut enterré à Melrose sous le maître-autel.

Note 5. — Paragraphe x.

William Douglas, chevalier distingué de Liddesdale, vivait sous le règne de David II. Il s'était tellement distingué par sa valeur, qu'on l'appelait la fleur de la chevalerie. Mais il ternit sa réputation par le meurtre cruel de sir Alexandre Ramsay de Dalhousie, qui avait été son ami et son frère d'armes.

Note 6. — Paragraphe xii.

On montre dans l'église de Melrose une grande tablette de marbre qu'on prétend couvrir la tombe d'Alexandre II, un des plus grands des anciens rois d'Ecosse. D'autres soutiennent que c'est le tombeau de Waldève, ancien abbé de cette abbaye, qui mourut en odeur de sainteté.

Note 7. — Paragraphe xiii.

Sir Michel Scott de Balwearie vivait dans le treizième siècle. Il fut un des ambassadeurs envoyés en Ecosse à la mort d'Alexandre III. Par un anachronisme poétique, on le fait vivre ici dans un siècle plus rapproché de nous.

Note 8. — Paragraphe xiii.

La superstition qui régnait en Espagne, et les restes des sciences que les Arabes y avaient introduites, faisaient regarder ce pays comme le séjour favori des magiciens.

Note 9. — Paragraphe xvii.

Jean-Baptiste Porta et les autres auteurs qui traitent de la magie naturelle, parlent beaucoup des lampes perpétuelles allumées dans d'anciens sépulcres.

Note 10. — Paragraphe xxxiii.

Le 25 juin 1557, dame Jeanne Beaton, veuve du lord de Buccleuch, et un assez grand nombre de Scotts, furent accusés de s'être rendus à l'église de Sainte-Marie, au nombre de plus de deux cents, les armes à la main, et d'en avoir forcé les portes, pour s'emparer du lord Cranstoun et le mettre à mort. Mais le 20 juillet un ordre de la reine sursit à toutes poursuites contre lady Buccleuch. On dit que l'église de Sainte-Marie avait été brûlée par les Scotts.

CHANT III.

Note 1. — Paragraphe iv.

L'écu de Cranstoun, par une allusion à leur nom [1], est surmonté d'une cigogne tenant une pierre dans sa patte. Leur devise, bien conforme à l'esprit des habitants des frontières d'Ecosse, est : *Tu manqueras avant que je manque.*

Note 2. — Paragraphe ix.

Ce pouvoir magique de faire paraître aux yeux des spectateurs un objet tout

---

(1) *Crane* signifie cigogne.

différent de ce qu'il est en réalité, se nomme *glamour* dans les annales de la superstition écossaise.

Note 3. — Paragraphe x.

Le docteur Henry More, dans une lettre qui sert d'introduction au *Saducismus triumphatus* de Glanville, fait mention d'un soufflet tout aussi merveilleux.

Note 4. — Paragraphe xiii.

C'est un article de foi dans les superstitions populaires, qu'une eau courante rompt tous les enchantemens. Si vous pouvez placer un ruisseau entre vous et des sorcières, des spectres, et même des démons, vous êtes en toute sûreté.

Note 5. — Paragraphe xvii.

Blesser son adversaire à la jambe, et même à la cuisse, était regardé comme contraire à la loi des armes.

Note 6. — Paragraphe xxiii.

Allusion aux guérisons par sympathie, fort vantées dans les siècles de la féodalité.

Note 7. — Paragraphe xxvii.

Ces feux, d'après leur position et leur nombre, formaient une chaîne de communication télégraphique avec Edimbourg.

Note 8. — Paragraphe xxviii.

On est étonné de la promptitude avec laquelle on levait sur les frontières de nombreuses troupes de cavalerie, même quand il s'agissait d'objets moins importans que celui dont il est question dans le poëme.

Note 9. — Paragraphe xxix.

Le sommet de la plupart de nos montagnes d'Ecosse est couronné par une espèce de pyramide construite en pierres détachées, et qui semblent en général former des monumens funéraires.

CHANT IV.

Note 1. — Paragraphe ii.

Le vicomte de Dundee, qui mourut sur le champ de bataille à Killicrankie.

Note 2. — Paragraphe iii.

A l'approche d'une armée anglaise, les habitans des frontières d'Ecosse se réfugiaient ordinairement dans des marais inaccessibles. Ils se cachaient aussi dans des cavernes placées dans des situations dangereuses et inabordables. On en voit un grand nombre dans diverses parties des frontières; mais ils n'y étaient pas toujours en sûreté, car souvent on allumait à l'entrée de grands feux de paille, et on les y enfumait comme des renards.

Note 3. — Paragraphe iv.

J'ai entendu dans mon enfance conter bien des histoires sur ce personnage; il était au service de la famille Buccleuch, et tenait d'elle une petite tour sur les confins de Liddesdale. Il était cordonnier de profession; mais il avait le goût des armes, et il maniait l'arc plus souvent que l'alêne.

NOTE 4. — Paragraphe V.

Les habitans des frontières attachaient peu de prix à l'ameublement de leurs maisons, parce qu'elles étaient exposées à chaque instant à être pillées et incendiées. Leur principal luxe consistait dans les bijoux dont ils se plaisaient à parer leurs femmes.

NOTE 5. — Paragraphe VI.

William, lord Howard, troisième fils de Thomas, duc de Norfolk, devint propriétaire du château de Naworth et d'un grand domaine qui y était attaché, du chef de sa femme Elisabeth, sœur de George, lord Dacre, qui mourut sans héritiers mâles, dans la onzième année du règne d'Elisabeth. Par un anachronisme poétique, on le fait vivre quelques années plus tôt dans le poëme.

NOTE 6. — Paragraphe VI.

Le nom bien connu de Dacre fut donné à cette famille à cause des exploits que fit un de ses ancêtres au siège d'Acre ou Ptolémaïs, sous Richard Cœur-de-Lion.

NOTE 7. — Paragraphe VIII.

Dans les guerres contre l'Ecosse, Henri VIII et ses successeurs employèrent des bandes nombreuses de troupes étrangères.

NOTE 8. — Paragraphe VIII.

Sir John Scott de Thirlestane vivait sous le règne de Jacques V. Lorsque ce roi eut assemblée ses barons et leurs vassaux à Fala, dans le dessein de faire une invasion en Angleterre, tous refusèrent obstinément d'y prendre part. Sir John Scott seul déclara au roi qu'il était prêt à le suivre partout où il voudrait le conduire. Sa fidélité lui valut les distinctions honorifiques dont il est parlé dans le poëme.

NOTE 9. — Paragraphe IX.

Walter Scott de Harden, qui vivait sous la reine Marie, était un chef de maraudeurs renommé. La tradition a conservé sur lui une foule d'anecdotes qu'on trouve dans divers ouvrages. Le cor dont se servait, dit-on, ce baron redoutable, est encore en la possession d'un de ses descendans, M. Scott de Harden.

NOTE 10. — Paragraphe X.

On nommait Heriot un tribut que le seigneur avait droit, en certain cas, d'exiger de son feudataire, et qui consistait dans le meilleur cheval de celui-ci.

NOTE 11. — Paragraphe XIII.

Bellenden est situé près de la source du Borthwick; et comme c'était le point central des domaines des Scotts, il leur servait souvent de lieu de rendez-vous et de mot de ralliement.

NOTE 12. — Paragraphe XVIII.

Les aventuriers mercenaires que le comte de Cambridge conduisit au secours du roi de Portugal contre les Espagnols, en 1380, se mutinèrent faute de recevoir leur paie. A une assemblée de leurs Chefs, sir John Soltier, fils naturel d'Edouard, le prince Noir, leur parla en ces termes : — Mon avis est de bien nous entendre ensemble, de lever la bannière de Saint-George, d'être amis de Dieu et ennemis de tout le monde; car si nous ne nous faisons craindre, nous n'aurons rien. — Par ma foi! répondit sir William Helmon, vous avez raison, et c'est ce qu'il faut faire. — La détermination fut prise tout d'une voix; on arbora l'étendard de Saint-George, et lorsqu'il fut question de choisir un chef, chacun s'écria : — Soltier! Soltier! le vaillant bâtard! amis de Dieu et ennemis de tout le monde! —

Note 13. — Paragraphe XXI.

Un gant placé sur le fer d'une lance était l'emblème de la bonne foi parmi les anciens habitants des frontières. Si quelqu'un manquait à sa parole, on élevait ce signe à la prochaine assemblée générale, et on le proclamait — un vilain sans foi. Cette cérémonie était fort redoutée.

Note 14. — Paragraphe XXVI.

Dans les cas douteux, les lois des frontières permettaient quelquefois aux accusés de prouver leur innocence par le serment. Voici quelle en était la forme : — Vous jurez par le ciel qui est sur votre tête, par l'enfer qui est sous vos pieds, par votre part du paradis, par tout ce que Dieu fit en six jours et sept nuits, et par Dieu lui-même, que vous n'avez ni pris, ni fait prendre, ni recélé, que vous ne savez ni ne connaissez qui a pris, fait prendre ou recélé aucun des objets mentionnés dans le bill qui précède.

Note 15. — Paragraphe XXVI.

Le grade de chevalier, d'après son institution originaire, avait cette particularité qu'il n'était point accordé par le monarque, mais que celui qui en était revêtu pouvait le conférer à tout écuyer digne de cet honneur. Ce droit finit par ne plus appartenir qu'aux généraux, qui avaient coutume de créer des chevaliers bannerets après et même avant une bataille.

Note 16. — Paragraphe XXIX.

Un lion blanc ou d'argent se trouvait sur les armoiries de toutes les branches de la famille Howard. On donnait souvent pour nom de guerre à un chevalier le support ou le cimier de ses armoiries. Ce fut ainsi qu'on surnomma Richard III — *le Sanglier d'York.*

Note 17. — Paragraphe XXX.

On peut aisément supposer que le jugement par combat singulier, particulier au système féodal, avait souvent lieu sur les frontières. En 1558, Kirkaldy de Grange combattit ainsi le frère de lord Evre, par suite d'une querelle relative à un prisonnier qu'on prétendait que ce lord avait maltraité.

Note 18. — Paragraphe XXXV.

Le personnage auquel il est fait allusion ici est un ancien ménestrel de nos frontières, nommé Rattling Roaring Willie, nom qu'il devait sans doute à ses heureuses dispositions pour la musique et pour le chant.

Note 19. — Paragraphe XXXV.

Il s'agit ici de la plus ancienne collection de réglemens relatifs aux frontières. Le 18 décembre 1468, William, comte de Douglas, convoqua les lords, les propriétaires et les habitans les plus âgés des frontières, et leur fit prêter serment sur l'Evangile de rédiger fidèlement par écrit les statuts, ordonnances et réglemens portés par Archibald Douglas-le-Noir et son fils Archibald, pour être exécutés en temps de guerre; après quoi il en fit jurer l'observation.

CHANT V.

Note 1. — Paragraphe IV.

Le chef de cette race de héros, à l'époque où est placée la scène de ce poëme, était Archibald Douglas, septième comte d'Angus, homme plein de courage et d'activité. Le cœur sanglant était entré dans les armoiries de la maison de Douglas dans le temps de lord James, que Robert Bruce chargea de porter son cœur en Palestine.

Sir David Home de Wedderburne, qui perdit la vie dans la funeste bataille de Flodden, laissa sept fils qu'on appelait les sept lances de Wedderburne.

Les comtes d'Home, comme descendans des Dumbards, anciens comtes de March, portaient un lion rampant d'argent dans leurs armes. Le cri de guerre de cette famille puissante était : — Home! Home!

Les Hepburns, famille célèbre du Lothian oriental, étaient ordinairement alliés des Homes. Le trop fameux comte de Bothwell fut le dernier rejeton de cette famille.

Note 2. — Paragraphe VI.

Le ballon était anciennement un divertissement favori dans toute l'Ecosse, et surtout sur les frontières.

Note 3. — Paragraphe VII.

Malgré l'état de guerre presque perpétuel dans lequel on vivait sur les frontières, et les cruautés qui accompagnaient souvent les invasions qui se faisaient de l'une sur l'autre, il ne paraît pas que les habitans des deux contrées limitrophes se soient regardés avec ce sentiment violent d'animosité personnelle qu'on pourrait leur supposer. Comme les avant-postes de deux armées ennemies, ils entretenaient souvent les uns avec les autres des relations presque amicales, même au milieu des hostilités. Il est même évident, d'après diverses ordonnances qui furent rendues pour empêcher le commerce et les alliances entre les habitans des deux frontières, que leurs gouvernemens respectifs craignaient qu'ils ne contractassent une liaison trop intime.

Note 4. — Paragraphe VIII.

Patten censure avec raison la conduite désordonnée des habitans des frontières d'Angleterre, qui suivirent le protecteur Sommerset dans son expédition contre l'Ecosse.

Note 5. — Paragraphe XXIX.

Celui qui avait été pillé par des maraudeurs se mettait à leur poursuite avec ses amis, au son du cor, et à l'aide de chiens dressés à cet effet. Si son chien pouvait suivre la piste, il avait droit d'entrer dans le royaume voisin, privilège qui fit couler le sang bien des fois.

CHANT VI.

Note 1. — Paragraphe v.

La croyance populaire, quoique contraire à la doctrine de l'Eglise, faisait une distinction entre les magiciens et les nécromanciens ou sorciers, et elle était favorable aux premiers. On supposait qu'ils commandaient aux malins esprits, tandis que les autres leur obéissaient, ou du moins étaient liguées avec eux.

Note 2. — Paragraphe v.

Les dames du haut rang portaient ordinairement un faucon sur le poing dans les cérémonies, et les chevaliers et barons en faisaient autant en temps de paix.

Note 3. — Paragraphe vi.

On sait que dans les siècles de chevalerie on regardait le paon non-seulement comme un mets délicat, mais comme un plat spécialement consacré aux festins d'apparat. Après l'avoir fait rôtir, on le recouvrait de ses plumes, et on lui plaçait dans le bec une éponge imbibée d'esprit de vin enflammé. L'instant où on le plaçait sur la table, les jours du grand gala, était celui que les chevaliers aventureux choisissaient pour faire — devant le paon et les dames — le vœu d'accomplir quelque prouesse.

La tête du sanglier se servait aussi dans les grandes fêtes au temps de la féodalité. En Ecosse, elle était entourée de petites bannières sur lesquelles on voyait les couleurs, les armoiries et la devise du baron.

On voit souvent des troupes de cygnes sauvages sur le lac de Sainte-Marie, près de la source de l'Yarrow.

Note 4. — Paragraphe vii.

Mordre son gant passait, sur les frontières d'Ecosse, pour un vœu solennel de vengeance. On cite encore un jeune homme du Teviotdale qui, après avoir passé la nuit à boire, remarqua qu'il avait mordu son gant. Il demanda sur-le-champ à ses compagnons avec qui il s'était querellé, et l'ayant appris, il demanda satisfaction aussitôt, disant que quoiqu'il ne se souvînt pas de l'objet de la querelle, il était sûr de ne pas avoir mordu son gant sans avoir reçu une insulte impardonnable. Il perdit la vie dans ce duel, qui eut lieu en 1711, près de Selkirk.

Note 5. — Paragraphe viii.

Voyez, dans la notice biographique, le récit d'une tradition conservée par Scott de Satchells, qui publia en 1688 une Histoire véritable de l'honorable nom de Scott.

Note 6. — Paragraphe x.

John Grahame, second fils de Malice, comte de Monteith, communément surnommé — John à l'épée brillante, — ayant été disgracié à la cour d'Ecosse, se retira avec une grande partie de ses parens et de ses vassaux sur les frontières d'Angleterre, dans une partie qu'on nommait — le Territoire contesté — parce que les deux nations voisines s'en disputaient la possession. Ils s'établirent en ce lieu, et l'on y trouve encore aujourd'hui de leurs descendans.

Note 7. — Paragraphe xiii.

Le vaillant et infortuné Henry Howard, comte de Surrey, était sans contredit le cavalier le plus accompli de son temps. On trouve dans ses sonnets des beautés qui feraient honneur à un siècle plus policé. Il fut décapité en 1546, victime de la basse jalousie d'Henri VIII, qui ne pouvait souffrir près de son trône un caractère si brillant.

Dans les voyages du comte, le célèbre alchimiste Corneille Agrippa lui fit voir, dit-on, dans un miroir, l'aimable Geraldine à qui il avait consacré sa plume et son épée.

Note 8. — Paragraphe xx.

Les Saint-Clairs sont d'extraction normande, étant descendus de William de Saint-Clair, second fils de Walderne, comte de Saint-Clair, et de Marguerite, fille de Richard, duc de Normandie. On l'appelait — le beau Saint-Clair. — S'étant établi en Écosse sous le règne de Malcolm Ceaumore, il obtint de grandes concessions de terres dans le Midlothian. Les domaines de cette famille furent encore considérablement augmentés par Robert Bruce.

Note 9. — Paragraphe xxi.

Le château de Kirkwall, construit par les Saint-Clairs quand ils étaient comtes d'Orkney, fut démantelé par le comte de Caithness, en 1615, Robert Stewart, fils naturel du comte d'Orkney, ayant voulu s'y défendre contre le gouvernement.

Note 10. — Paragraphe xxii.

Les chefs des pirates scandinaves prenaient le titre de *Sækomunger*, ou roi de la mer. Les scaldes, dans leur style ampoulé, nommaient souvent les navires — les serpens de l'Océan. —

Note 11. — Paragraphe xxii.

Le *jormungandr*, ou le serpent de l'Océan, dont les replis entourent la terre, est une des fictions les plus extravagantes de l'Edda. Il fut sur le point d'être pris à la ligne par le dieu Thor, qui avait mis pour amorce à son hameçon une tête de bœuf. Dans la bataille entre les démons et les divinités d'Odin, qui doit précéder le *ragnaraokr*, ou crépuscule des dieux, ce serpent doit jouer un grand rôle.

Note 12. — Paragraphe xxii.

C'étaient les *Valkyriurs*, filles infernales dépêchées du Valhalla par Odin pour choisir ceux qui devaient périr dans le combat.

Note 13. — Paragraphe xxii.

Les guerriers du Nord étaient ordinairement ensevelis avec leurs armes et leurs autres trésors. Ainsi Angantyr, avant le combat singulier dans lequel il perdit la vie, stipula que s'il succombait, son épée Tyrfing serait enterrée avec lui. Sa fille Herror la retira ensuite de sa tombe.

Note 14. — Paragraphe xxiii.

La belle chapelle de Roslin est encore assez bien conservée. Elle fut bâtie en 1446 par William Saint-Clair, qui avait tant de titres, dit Godscroft, qu'un Espagnol en aurait été fatigué. On dit qu'elle paraît tout en feu quand un de ses descendans est sur le point de mourir. Cette superstition est sans doute norwégienne, car plusieurs sagas parlent des tombes de feu du Nord.

Note 15. — Paragraphe xxvi.

L'ancien château de Peel-Town, dans l'île de Man, est entouré de quatre chapelles maintenant en ruines. Il y avait autrefois un passage qui conduisait d'une de ces chapelles dans le corps-de-garde de la garnison.

MARMION.

Il est rare qu'un auteur ne mette pas une seconde fois la bienveillance du public à l'épreuve, quand il a été déjà honoré de ses suffrages. Cependant on doit bien supposer que l'auteur de Marmion éprouve quelque inquiétude sur ce second essai, n'ignorant pas qu'il risque de compromettre toute la réputation que son premier poëme (*le Lai du dernier Ménestrel*) peut lui avoir méritée : ce nouvel ouvrage est fondé sur les aventures d'un personnage imaginaire, mais il est intitulé *Poëme de la bataille de Flodden-Field*, parce que le sort du héros se lie à cette mémorable défaite et aux causes qui l'amenèrent : l'auteur s'est proposé dès le début de faire connaître à ses lecteurs la date de l'époque de son récit, et de les préparer aux mœurs et aux usages du temps. Un récit historique, et encore moins une épopée, étaient loin de son idée lorsqu'il conçut le plan de ce poëme romantique ; cependant la popularité qu'a obtenue le Lai du dernier Ménestrel fait espérer au poète que le public accueillera avec plaisir cet essai destiné à retracer les mœurs des temps de la féodalité, dans un cadre plus large, en les rattachant à un récit romanesque plus intéressant.

Le poëme commence aux premiers jours d'août et finit à la bataille de Flodden-Field, le 9 septembre 1513.

CHANT PREMIER.

Le Château.

A WILLIAM STEWART ROSE, ESQ.

Ashesteil, Ettrick Forest.

Le ciel de novembre est froid et sombre ; la feuille de novembre est rougeâtre et desséchée. Naguère du haut de ces rocs escarpés d'où le torrent descend en cascade et qui entourent notre petit jardin, lorsque nos yeux plongeaient dans la sombre et étroite gorge de la ravine [1], vous aperceviez à peine le ruisseau, tant le taillis croissait épais sur ses rives, tant étaient rares les petits filets de son cours ; maintenant, retentissant au loin et se montrant maintes fois à travers les ronces et les buissons dépouillés de verdure, il balaie la clairière, et, torrent courroucé, franchit en mugissant les rochers, retombe en cascade sauvage, puis d'un cours plus rapide précipite jusqu'à la Tweed l'écume noire de ses flots.

Les couleurs brillantes de l'automne ne s'étendent plus sur les bois de nos monts. Au déclin du soleil, la Tweed ne réfléchit plus leur couronne empourprée ; elle a disparu la bruyère des monts de Needpath, jadis si riches de ses fleurs ; le sommet de ce mont a pris une teinte plus pâle, et les cimes jumelles de l'Yare sont nues et couleur de rouille. Les moutons, fuyant un air trop froid, redescendent dans les vallons abrités, où languissent encore quelques herbes fanées, où brille quelque humide rayon : leurs regards craintifs se fixent tour à tour avec une calme tristesse sur le gazon flétri et sur le ciel nébuleux. Loin des hauteurs qui les ont nourris pendant l'été, ils errent le long du ruisseau de Glenkinnon ; le berger s'entoure des plis de son manteau pour

---

[1] *Glen*, ravine, vallon entouré de montagnes. — ED.

CHANT PREMIER.

se garantir des frimas : ses chiens ne bondissent plus gaiement çà et là autour du troupeau ; mais, tremblans de froid, ils s'attachent aux pas de leur maître, le suivent lentement, et relèvent timidement la tête chaque fois que l'ouragan redouble de violence.

Mes enfans, quoique robustes, hardis et vifs comme tous les enfans des montagnes, ressentent aussi la triste influence de la saison ; ils regrettent leurs reines-marguerites, racontent leurs jeux d'été, et demandent en soupirant : — Le printemps reviendra-t-il encore ? et les oiseaux, et les agneaux retrouveront-ils leur gaieté ? et l'aubépine se couvrira-t-elle encore de fleurs ?

Oui, petits babillards, oui, la reine-marguerite viendra de nouveau décorer vos berceaux d'été ; l'aubépine vous offrira de nouveau ces guirlandes que vous aimez à tresser ; les agneaux bondiront sur la prairie, les oiseaux chanteront aux alentours, et, tant que vous serez gais et folâtres comme eux, les étés vous sembleront trop courts.

Le printemps, ramené par le retour invariable des saisons, donne une nouvelle vie à la matière muette et insensible ; la nature obéit à sa féconde influence, et reparaît dans tout son éclat. Mais hélas ! quel printemps nouveau viendra chasser l'hiver qui règne sur ma patrie !..... Quelle voix assez puissante pourra dire : — Levez-vous, — à ce sage et à ce guerrier ensevelis ? qui nous rendra cette intelligence, sans cesse occupée du bonheur de l'Angleterre, et cette main armée du glaive de la victoire ? Le soleil printanier donne une nouvelle vie à la plus modeste des fleurs ; mais vainement, vainement il brille en ces lieux où la Gloire pleure sur le cercueil de NELSON ! vainement il percera cette obscurité solennelle qui voile, ô PITT ! ta tombe sacrée.

Gravé profondément dans tous les cœurs anglais, que le souvenir de ces noms jamais ne s'en efface. Dites à vos fils : — C'est là que repose le héros qui périt vainqueur sur les flots de Gibraltar ; il lui fut donné de ressembler à la foudre dévorante par sa course rapide, brillante, irrésistible : partout où se levait un ennemi de sa patrie, le bruit de ce tonnerre inévitable se faisait entendre jusqu'à ce que, sur un rivage lointain, le météore ait roulé, éclaté et détruit... pour disparaître à jamais.

Il n'est pas moins digne de nos larmes, ce sage qui commandait à ce guerrier conquérant, et dont la main puissante lança ce foudre de guerre sur l'Egypte, à Copenhague et à Trafalgar.

Destiné à de si hautes entreprises, il reçut, pour le bonheur de l'Angleterre, une sagesse précoce. Hélas! le ciel, en punition de nos crimes, lui réservait une tombe non moins prématurée. Honneur à ce citoyen vertueux qui, au faîte des grandeurs, dédaigna l'orgueil du pouvoir, méprisa les honteuses séductions de l'avarice, et servit son Albion pour elle-même. Une troupe égarée eût voulu briser le frein salutaire de l'obéissance ; mais il parvint à dompter son rebelle courage : modérant cet orgueil qu'il n'eût point voulu étouffer dans son ame, il montra à son impétueuse ardeur une plus noble cause à défendre, et fit servir le bras de l'homme libre à protéger les lois sur lesquelles repose sa liberté.

Ah! il nous aurait suffi que tu vécusses, quoique privé du pouvoir : tel qu'une sentinelle vigilante sur la tour d'une forteresse, tu aurais réveillé l'Angleterre quand l'intrigue ou le danger la menaçaient : semblable à la lumière d'un phare, tu aurais éclairé la route de nos pilotes ; et, comme une colonne superbe qui, seule, est restée debout au milieu des ruines, tu aurais été l'appui du trône chancelant. Maintenant il est brisé ce soutien si nécessaire, il s'est éteint ce phare protecteur ; elle est muette sur la colline la sentinelle dont la voix eût sauvé l'Angleterre.

Rappelez-vous ce courage qui ne l'a jamais abandonné jusqu'à sa dernière heure. La mort déjà planait sur sa couche et réclamait sa proie ; tel que l'infortuné Palinure, il resta ferme au poste dangereux qui lui était assigné ; repoussant les conseils qui l'invitaient au repos, il tenait encore le gouvernail d'une main mourante, jusqu'à ce qu'enfin, privé de son pilote, le vaisseau de l'Etat faillit faire naufrage. Tant que dans les mille plaines de la Grande-Bretagne il restera une seule église non profanée, dont la cloche paisible, invitant aux jours de fête l'habitant des campagnes à venir prier et louer le Seigneur, n'aura jamais fait retentir le son sinistre du tocsin ; tant que la bonne foi et la paix des Etats vous seront chères, arrosez d'une larme cette pierre insensible : celui qui les a conservées, Pitt repose ici.

Ne craignez pas de donner un libre cours à vos généreux soupirs, parce que son rival est déposé près de lui ; ne craignez pas de prononcer ces mots : — Paix à sa cendre ! — de peur qu'ils ne retentissent sur la tombe de Fox ; pleurez ces talens ravis à l'Angleterre au moment où elle en avait le plus pressant besoin ;

pleurez ce génie élevé, ce savoir profond, cet esprit aimable qui aimait la fine raillerie, mais qui eût gémi d'abuser de cette arme ; cette sensibilité si vive, cette imagination si brillante, cette puissante raison qui savait tout pénétrer, tout résoudre, tout combiner; tant de rares qualités sont maintenant ensevelies avec celui qui ne possède plus que cette pierre funéraire. O toi qui déplores qu'elles n'aient pu le préserver toujours de l'erreur, écarte toute pensée trop sévère, et respecte le dernier sommeil.

Ici où se terminent toutes les choses de la terre pour les héros, les patriotes, les bardes et les rois; ici où est immobile et glacé le bras redoutable du guerrier; ici où sont muettes les lèvres de celui qui sut chanter la gloire de sa patrie, ou parler pour sa défense; ici où les voûtes sculptées avec art prolongent le son lointain de l'hymne sacré, comme si un ange répétait encore, — Paix sur la terre aux hommes de bonne volonté! — *ici* dépouillez-vous de toute prévention, si jamais cœur anglais put s'en dépouiller; loin de vous une partialité injuste, et n'oubliez pas que Fox mourut Anglais!... Lorsque l'Europe rampait sous le joug de la France, que l'Autriche était abaissée, la Prusse abattue, et les généreux desseins de la Russie trahis par un lâche esclave; Fox, repoussant avec indignation une paix déshonorante, rapporta l'olivier souillé, fut le noble champion de la gloire de sa patrie, et cloua son pavillon aux mâts des navires. Le ciel, pour prix de sa constance, lui accorda sa part de ce glorieux tombeau; et jamais marbre ne reçut en dépôt la cendre de deux hommes plus étonnans.

Doués de talens plus qu'humains, à quelle hauteur n'ont-ils pas pris leur essor au-dessus de la foule vulgaire; jamais on ne les vit, comme les ames communes, marcher au pouvoir par d'obscures intrigues; semblables aux dieux de la fable, leurs puissantes querelles ébranlaient les royaumes et les nations : voyez tout ce que l'Angleterre a de plus noble se ranger avec orgueil sous la bannière de ces rivaux; on ne prononce plus que les noms de Fox et de Pitt dans le monde britannique. Jamais enchantement n'égala de pareilles réalités, quand même, du fond des ténébreuses cavernes de Thessalie, un magicien aurait pu, par le secours de son art, tarir l'immense Océan, et détourner les planètes de leur sphère. Hélas! le talisman de ces deux noms s'est perdu quand la source de la vie s'est tarie pour eux:

génie, talens, tout est enseveli pour toujours sous ce marbre, où, — pensée humiliante pour l'orgueil humain ! — le ciel s'est plu à réunir ces deux puissans ministres ! Versez une larme sur le tombeau de Fox, elle ira rouler sur le cercueil de son rival ; dites sur la tombe de Pitt la prière des morts, et le monument de Fox renverra vos accens : l'écho solennel qui veille en ces lieux semble redire sans cesse : — Que leurs discordes finissent avec eux ; qu'ils subissent la même loi ceux que le sort a rendus frères dans la tombe ; mais cherchez sur la terre des vivans : — où trouver deux hommes qui puissent les égaler ? —

Reposez-vous, ames de feu, jusqu'à ce que la voix de la nature expirante aille vous réveiller au fond du cercueil ; les gémissemens de votre patrie ne peuvent percer le silence de votre monument : combien plus vain et plus impuissant encore sera donc l'hommage de mes regrets ! mais vous approuvâtes les vers du ménestrel des frontières, quoiqu'il ne célébrât que les climats de la Calédonie : sa harpe gothique a retenti sur vos tombeaux ; le barde, que vous daignâtes louer, a chanté vos noms immortels.

Arrête, illusion, arrête, daigne encore bercer un moment mon imagination égarée ! Comment pourrai-je me séparer d'un sujet si grand, lorsque mon cœur n'est encore soulagé qu'à demi ? Ah ! que toutes les larmes arrachées par la douleur, que tous les ravissemens de l'ame, que toute cette chaleur qui anime le barde dans ses momens d'inspiration et tous ses plus nobles mouvemens se réunissent ; que la douleur, que l'admiration, que tout ce qu'il existe de sensations grandes et sublimes, associant leurs efforts, s'échappent de mon cœur en une sainte et douce extase ; cet hommage sera encore un trop faible tribut !... Mais non, mes vœux sont impuissans... le charme s'est dissipé.

Semblable à ces bizarres constructions des frimas, qui s'évaporent aux premiers rayons du matin, les créations de ma muse s'évanouissent soudain ; ces arches gothiques, ces pierres monumentales, cette nef vaste, obscure et élevée, ont disparu ; et fuyant les derniers de tous, ô douce illusion ! les sons lointains du chœur viennent mourir à mon oreille ; je reconnais peu à peu la prairie solitaire, le taillis touffu qui environne ma ferme, et mes folâtres enfans, dont les cris s'unissent au murmure des ondes de la Tweed.

C'est ainsi que la nature corrige son élève que séduit un sujet au-dessus de ses forces : — il te convient mieux, me dit-elle, d'errer çà et là, de passer les heures solitaires à arracher du marais le léger roseau, et à le suivre de l'œil, flottant sur la Tweed ; écoute à loisir la voix perçante de la laitière qui fredonne en se balançant pour marquer la cadence, et qui, couronnée de son fragile fardeau, glisse légèrement le long de la colline ; ou bien va, près de ce tombeau du fils de Fingal, entendre le conte du vieux berger : dans sa simplicité rustique, il s'interrompt souvent, de peur que sa vieille légende ne fatigue l'oreille de celui qu'il croit avoir puisé dans les livres un goût plus raffiné.

Mais toi, cher ami, tu peux nous dire, mieux que personne (car qui mieux que toi connaît ces anciens romans ?) tu peux nous dire combien ces récits du vieux temps ont encore d'empire sur l'ame du poète. Vainement les siècles ont étendu leurs mains flétries sur les pages de l'ancien ménestrel, le récit des hauts faits de ces guerriers hérissés de fer fait encore battre le cœur d'un tendre intérêt, soit que le chevalier du lac entre dans le palais enchanté de Morgane, soit que, méprisant la magie et la conjuration des démons, il pénètre dans la chapelle périlleuse, et y adresse la parole à un cadavre non enseveli. Tantôt, pour toucher le cœur de la dame Ganore (hélas ! pourquoi leur amour fut-il illégitime ?), il attaque l'orgueilleux Tarquin dans la caverne, et délivre soixante chevaliers ; ou bien enfin, pécheur non encore purifié par la pénitence, il entreprend la pieuse recherche de Saint-Gréal, et voit en songe une apparition qu'il n'aurait pu voir dans la veille.

Les maîtres de notre lyre ont aimé ces légendes ; on les retrouve encore dans les chants de féerie de Spencer. Ils se mêlent aux fictions célestes de Milton, et Dryden eût dans un ouvrage immortel relevé la table ronde ; mais un roi et une cour débauchés dédaignèrent les nobles inspirations du poète, préférant lui acheter à vil prix des satires, des chansons et des comédies licencieuses. Le monde fut privé de ce glorieux projet ; le feu sacré de la muse fut profané, et le génie avili.

Echauffés par le souvenir de ces noms sublimes, nous aussi, quoique enfans dégénérés d'une race déchue, nous irons tenter de rompre une faible lance dans tes beaux domaines, ô Génie de la chevalerie ! nous irons chercher la tour enchantée où tu dors depuis si long-temps, sourd aux prières des belles qu'oppriment les tyrans. Que la harpe du Nord te réveille ; reparais armé de toutes pièces, avec ton bouclier, ta lance, ta hache d'armes, ton panache et ton écharpe, suivi du cortège des fées, des géans, des dragons, des chevaliers, des nains, des magiciens armés de leur baguette, et des demoiselles errantes sur de blancs palefrois. Autour de toi tu verras accourir l'Amour qui rougit d'avouer son secret, le Mystère à demi voilé, l'Honneur avec son bouclier sans tache, l'Attention au regard immobile, la Crainte qui se plaît au récit qu'elle écoute en tremblant, l'aimable Courtoisie, la Loyauté, que ne peuvent altérer ni les souffrances, ni le temps, ni la mort, et la Valeur, lion généreux qui s'appuie sur sa redoutable épée.

Tes succès, cher Stewart, ont montré qu'on peut mériter par là un beau laurier ; les chênes d'Ytène [1]..... à l'ombre desquels les joyeux ménestrels célébraient Ascapart, le fier Bevis, surnommé *le Roux* [2], qui, dans la forêt de Boldrewood, fut blessé par son chasseur favori... les chênes d'Ytène ont entendu de nouveau ces antiques ballades retrouvées par toi. Car tu as chanté comment, pour plaire à la belle Oriane, le héros des Gaules, cet Amadis si fameux dans les cours, vainquit en champ clos les perfides nécromanciens. Tu as célébré en vers modernes les amours mystérieuses de Partenopex ; ne me refuse pas ton attention, et daigne écouter l'histoire d'un chevalier des anciens jours d'Albion.

I.

Le soleil couchant s'arrêtait sur le rocher de Norham et les montagnes solitaires de Cheviot ; ses derniers feux doraient encore le cours large et profond de la Tweed, les tours crénelées, le donjon ; les meurtrières grillées où viennent pleurer les prisonniers, et les murailles qui en-

---

[1] Forêts du Hampshire. — ED.
[2] Guillaume-le-Roux. — ED.

tourent le château. Les guerriers, se promenant sur les remparts à travers les ombres du soir, paraissaient des hommes d'une taille gigantesque; et leur armure réfléchissait le jour occidental comme une lumière éblouissante.

II.

La large et brillante bannière de Saint-George perdait peu à peu ses couleurs à mesure que le jour faiblissait de plus en plus; la brise du soir suffisait à peine pour en dérouler les vastes et pesans replis sur le faîte du donjon. Les patrouilles de la nuit étaient parties pour leur ronde. Les portes du château étaient fermées, la sentinelle se promenait à pas mesurés sur l'arceau obscur du portail, et murmurait les sons à demi articulés d'un vieux chant de guerre des frontières.

III.

Un bruit lointain de chevaux se fait entendre; la sentinelle regarde de tous côtés, et distingue sur les collines de Horncliff un corps de cavaliers armés de lances, qui s'avancent précédés d'un pannonceau.

Un d'entre eux sort des rangs, tel qu'un éclair qui s'échappe d'un sombre nuage; il presse de l'éperon le fier coursier qui le porte, il arrive sous les palissades des premières fortifications, et là sonne du cor : la sentinelle à ce son connu descend à la hâte pour avertir le gouverneur de Norham. Ce chevalier s'empresse d'appeler l'écuyer, le maître d'hôtel et le sénéchal.

IV.

— Qu'on perce un tonneau de malvoisie, qu'on serve un pâté de venaison, qu'on fasse abaisser le pont-levis, que tous nos hérauts s'apprêtent, que les ménestrels accordent leurs harpes, que la trompette sonne : c'est lord Marmion qui arrive; qu'on l'accueille par une salve d'artillerie. — Aussitôt quarante yeomen de haute taille vont ouvrir les portes de fer et relever les herses pesantes; la palissade est écartée et le pont-levis s'abaisse.

V.

Lord Marmion presse son coursier rouan, qui galope avec fierté sur le pont. Son casque pend à l'arçon de la selle. On reconnaît à son visage basané qu'il fut témoin actif de plus d'une bataille, et une cicatrice atteste sa valeur aux plaines de Bosworth. Son sombre sourcil et son œil de feu décèlent un esprit altier et irascible; mais les rides de la pensée qui sillonnent son front indiquent aussi une ame capable de profonds desseins et prudente dans le conseil. Son front est devenu chauve par l'habitude du casque. Ses épaisses moustaches et sa noire chevelure commencent à blanchir, mais c'est plutôt l'effet des fatigues que de l'âge. A la carrure de sa taille et à la vigueur de ses membres, on devine bien que ce n'est point un chevalier de salon; mais dans le combat, adversaire redoutable, il est dans les camps chef expérimenté.

VI.

Armé de pied en cap, il était revêtu d'une cotte de mailles tissue d'argent et d'acier de Milan. Son casque solide, d'un grand prix, était recouvert d'or bruni; au milieu du panache qui surmontait son cimier, un faucon noir aux ailes étendues semblait planer sur son aire pour défendre ses petits. On voyait sur son écu le même oiseau blasonné de sable en champ d'azur avec cette devise :

LA MORT A QUI ME TOUCHE.

Les rênes brodées de son cheval étaient bleues; les rubans qui ornaient les flots de sa crinière, et sa superbe housse de velours chamarrée d'or, étaient de la même couleur.

VII.

Après lord Marmion s'avançaient deux écuyers de race noble, nés de pères chevaliers, tous deux brûlant de réclamer les éperons d'or; habiles à dompter un cheval de bataille, à tendre l'arc, à manier l'épée, à courir légèrement la bague. Non moins avancés dans la courtoisie, ils savaient encore danser avec grace, découper à table, composer des rimes d'amour et les chanter à une dame.

VIII.

Ils étaient suivis par quatre hommes d'armes avec des hallebardes et des haches d'armes, qui portaient aussi la lance redoutable de Marmion, et conduisaient ses sommiers et son palefroi à l'amble, pour les momens où il plaisait au chevalier de soulager son cheval de bataille. Le dernier, et le plus éprouvé des quatre, portait son pannonceau bleu taillé en forme de queue d'hirondelle, où l'on remarquait encore le faucon de sable aux ailes étendues; enfin venaient, deux à deux, vingt yeomen en chausses noires et en hoquetons bleus, avec les armoiries de Marmion brodées sur la poitrine. Choisis parmi les meilleurs archers d'Angleterre, tous étaient habiles chasseurs, bandaient d'un bras robuste un arc de six pieds, et lançaient au loin une flèche de plus d'une verge. Ils avaient tous un épieu à la main et un carquois fixé à leur ceinture.

La poussière qui couvrait les hommes et les chevaux montrait assez qu'ils venaient de faire une longue route.

IX.

Je ne dois pas oublier maintenant les soldats du château avec leurs mousquets, leurs piques et leurs morions. Ils se rassemblèrent dans la cour pour recevoir le noble Marmion. On y voyait les ménestrels et les trompettes, et le canonnier tenant à la main sa mèche allumée. La troupe de Marmion entre; jamais le vieux fort de Norham n'avait retenti d'un fracas comme celui qui ébranla toutes ses tourelles.

X.

Les gardes présentent leurs piques; les trompettes sonnent des fanfares; le canon tonne sur les remparts : les ménestrels purent bien, certes, saluer de bon cœur le noble Marmion, car en traversant la cour il jetait des angelots d'or.—Sois le bienvenu à Norham, Marmion, cœur vaillant et généreux; sois le bienvenu à Norham avec ton coursier, ô toi la fleur des chevaliers de l'Angleterre.

XI.

Deux poursuivans, revêtus de cottes d'armes, ayant au col leurs écussons d'argent, attendaient le chevalier sur les marches de pierre qui conduisent à la tour du donjon; ce fut là qu'ils le reçurent en grande pompe, le saluant seigneur de Fontenaye, de Lutterward, de Scrivelbaye, de la ville et du château de Tamworth. Pour reconnaître leur courtoisie, Marmion leur donna, en descendant de cheval, une chaîne de douze marcs pesant. — Largesse! largesse! s'écrièrent les hérauts; vive lord Marmion, chevalier du casque d'or! jamais écu blasonné conquis dans les combats n'a protégé un cœur plus vaillant.

XII.

Ils l'introduisirent ensuite dans la salle où s'étaient réunis les hôtes de Norham. La trompette annonça son entrée, et les hérauts crièrent à haute voix :

— Place, seigneurs, place à lord Marmion, chevalier du casque d'or! Qui ne connaît sa victoire dans la lice de Cottiswold? C'est là que Ralph de Wilton voulut vainement lui résister. Il fut forcé de céder sa dame à son rival et ses terres au roi. Nous fûmes témoins du spectacle brillant et triste à la fois de cette fameuse joûte. Nous vîmes Marmion percer le bouclier de Wilton et le renverser sur la lice; nous vîmes le vainqueur gagner ce cimier qu'il porte avec un juste orgueil, et attacher au gibet l'écusson renversé du vaincu. Place au chevalier du Faucon! place, nobles chevaliers, place à celui qui conquit son bon droit, Marmion de Fontenaye.

XIII.

Alors s'avança au-devant du chevalier sir Hugh de Heron, baron de Twisell et de Ford, gouverneur de Norham, qui le conduisit à la place d'honneur, au dais de l'estrade.

Le repas fut excellent et joyeux; et, pendant ce banquet, un ménestrel grossier du Nord chanta sur la harpe le récit d'une sanglante inimitié; il dit comment les farouches Thirwalls, tous les Ridleys, le robuste Willimondswick, Dick de Hardriding, Hughie de Hawdon, et Will o' the Wall, fondirent sur sir Albany Featherstonhaugh, et l'égorgèrent à Deadman's Shaw [1].

Marmion eut peine à écouter jusqu'au bout ce chant barbare; mais reconnaissant de la peine du ménestrel, il le récompensa largement; car la prière d'une dame et le chant d'un ménestrel ne doivent jamais être adressés en vain à un chevalier.

XIV.

— Seigneur chevalier, dit Heron, j'attends de votre franche courtoisie que vous consentirez à rester quelque temps dans ce pauvre château; vos armes n'y craindront pas la rouille, et votre coursier sera tenu en haleine. Jamais huit jours ne se passent sans quelque joûte ou quelque combat. Les Ecossais savent conduire un cheval fougueux et ils aiment à mettre la lance en arrêt. Par saint George! on mène une vie agitée avec de tels voisins; demeurez quelque temps avec nous, vous verrez comment nous faisons ici la guerre; je vous le demande au nom de votre dame. — Le front de Marmion se rembrunit.

XV.

Le gouverneur observa l'altération de ses traits, et fit signe à un écuyer, qui prit aussitôt une large coupe et la remplit jusqu'aux bords d'un vin couleur de pourpre : — Chevalier, agréez la santé que je vous porte, lui dit-il; mais auparavant apprenez-moi, je vous prie, ce qu'est devenu ce jeune et joli page qui jadis vous versait à boire? La dernière fois que nous nous rencontrâmes au château de Raby, je regardais de près ce bel enfant, et je voyais ses yeux gonflés de larmes qu'il essayait en vain de retenir; sa main douce ne ressemblait en rien à celle d'un varlet accoutumé à polir les armes, à aiguiser le fer, ou à seller un cheval de bataille. Ses doigts délicats semblaient plutôt

---

(1) Citation d'une vieille ballade chantée par les ménestrels, et qui est très-populaire en Ecosse. — Ed.

faits pour agiter l'éventail devant une dame, pour tresser ses cheveux, ou guider une soie déliée à travers le tissu d'une broderie. Son teint était blanc, ses cheveux tombaient en boucles d'or, et quand il soupirait, les plis du drap grossier de son pourpoint brun ne pouvaient arrêter les battemens de son sein. L'auriez-vous laissé auprès de quelque dame? ou plutôt ce gentil page n'était-il qu'une gentille maîtresse par amour?

XVI.

Cette plaisanterie ne pouvait plaire à Marmion. Il roulait déjà des yeux enflammés; mais, réprimant sa colère naissante, il répondit froidement : — Cet enfant que vous trouviez si beau n'aurait pu supporter l'air glacé du nord. Voulez-vous en savoir davantage? Je l'ai laissé malade à Lindisfarn. En voilà assez sur lui. Mais à votre tour, seigneur, me direz-vous pourquoi votre dame dédaigne aujourd'hui d'embellir ce salon? cette dame si sage et si belle aurait-elle entrepris quelque pieux pèlerinage?

Marmion dissimulait ainsi une question moqueuse, car la médisance s'égayait tout bas sur la dame de sir Hugh Heron.

XVII.

Ce chevalier feignit de ne pas sentir l'ironie, et répondit négligemment : — Quel est l'oiseau qui, libre de ses ailes, se plaît à rester dans sa cage? Norham est si triste! ses grilles, ses créneaux, ses sombres tours inspirent tant d'ennui! Mon aimable dame préfère jouir d'un jour plus gai et de sa liberté à la cour de la belle reine Marguerite. Nous pouvons bien garder notre lévrier en lesse, retenir sur le poing l'impatient faucon, mais est-il un lieu capable de fixer une beauté légère? Laissons cet oiseau volage errer dans les airs, il reviendra près de nous quand ses ailes seront fatiguées.

XVIII.

— Hé bien, si lady Heron habite avec la royale épouse de Jacques, vous voyez en moi un messager prêt à lui porter vos tendres complimens. Je suis envoyé à la cour d'Ecosse par notre monarque, et je réclame de votre bonté un guide sûr pour moi et ma suite. Je n'ai pas revu l'Ecosse depuis que Jacques épousa la cause de ce prétendu prince Warbeck, de ce Flamand imposteur, qui reçut à la potence le prix de sa fourberie. Je faisais partie de l'armée de Surrey lorsqu'il rasa la tour antique d'Ayton.

XIX.

— Vraiment, reprit Heron, les guides ne vous manqueront pas à Norham. Nous avons ici des gens qui se sont avancés jusqu'à Dunbar. Ah! ils pourront vous dire quel est le goût de l'ale des moines de Saint-Bothan. Les coquins ont enlevé le bétail de Lauderdale, pillé les femmes de Greenlaw, et ils leur ont fourni des lumières pour mettre leurs coiffes [1].

XX.

— Grand merci de tels guides, s'écria Marmion : en temps de guerre je ne voudrais pas d'autres gardes que vos maraudeurs; mais je remplis une mission de paix ; je vais m'informer du roi Jacques pourquoi il lève des troupes sur tous les points de son royaume; et, si j'allais escorté de vos pillards, je courrais risque d'inspirer des craintes et des soupçons au roi.

Un héraut me paraît un guide plus convenable, ou un moine pacifique, ou quelque prêtre voyageur, ou même quelque bon pèlerin.

XXI.

Le gouverneur y rêva un moment; puis, ayant passé la main sur son front, il répondit :

— Je voudrais bien vous procurer le guide qu'il vous faut, mais je ne puis guère me priver de mes poursuivans d'armes, les seuls hommes qui puissent porter sans danger mes messages en Ecosse. Quoiqu'un évêque ait

---

(1) Expression ironique des maraudeurs incendiaires. — Ed.

bâti ce fort, les gens d'église nous visitent rarement. Notre chapelain lui-même n'est plus revenu depuis le dernier siège; il ne pouvait se contenter de la ration pour chanter la messe, et il s'est réfugié dans la cathédrale de Durham, afin de prier Dieu pour nous sans courir aucun risque.

Notre vicaire de Norham est, par malheur, trop bien ici pour monter à cheval.

L'abbé de Shoreswood.... celui-là vous dompterait le coursier le plus fougueux de votre troupe, mais il n'y a pas de porte-lance au château qui sache mieux que lui jurer, chercher querelle, et même donner un coup de poignard.

Le frère Jean de Tillmouth serait mieux votre homme : bon vivant à table, bienvenu partout, il connaît tous les châteaux et toutes les villes où l'on boit du bon vin et de la bonne ale, depuis Newcastle jusqu'à Holyrood; mais hélas! le pauvre homme! il ne quitte guère plus l'enceinte du château depuis le jour où sa mauvaise étoile lui fit traverser la Tweed, pour aller apprendre le *Credo* à la dame Alison. Le vieux Bughtrig le surprit avec sa femme; et frère Jean, ennemi des querelles, décampa au plus vite, oubliant froc et capuchon : le rustre jaloux a juré que, s'il revient, il n'aura plus personne à confesser. Je crois le frère peu désireux de le rencontrer; cependant il est possible qu'il se hasarde à sortir sous votre protection.

XXII.

Le jeune Selby, debout près de la table, découpait les mets pour son oncle et son hôte; il prit respectueusement la parole et dit :

— Mon cher oncle, quel malheur ce serait pour nous, s'il arrivait quelque mésaventure au frère Jean! C'est un homme si gai! Il n'est ni jeu ni bon tour qu'il ne sache : qui est plus adroit que lui au trictrac et aux boules? qui chanterait comme lui ces chansons si comiques, lorsque la neige de Noël nous fait trouver le temps si long auprès du foyer, sans que nous puissions ni chasser, ni faire aucune excursion en Ecosse? La vengeance de ce rustre de Bughtrig ne se contenterait pas cette fois de lui retenir son froc. Que frère Jean dorme à son aise au coin de la cheminée! qu'il continue à faire rôtir des pommes sauvages, ou à vider les flacons! il est venu hier au soir à Norham un guide qui vaudra mieux que frère Jean.

—Par ma foi! dit Heron, c'est bien parlé, neveu; voyons, achève.

XXIII.

— Nous avons ici un saint pèlerin qui a visité Jérusalem et qui vient de Rome; il a baisé la pierre du saint sépulcre; il a parcouru tous les saints lieux de la Palestine et de l'Arabie, gravi les montagnes de l'Arménie, où l'on voit encore l'arche de Noé; traversé cette mer Rouge qui s'ouvrit sous la baguette du prophète, et salué dans le désert de Sinaï la montagne sur laquelle la loi fut donnée au milieu des éclairs et de l'orage; il a apporté des coquillages de Saint-Jacques de Compostelle: il a vu le fertile Montserrat, et cette grotte où, fuyant les hommages de toute la jeunesse sicilienne, sainte Rosalie se retira avec Dieu seul.

XXIV.

Ce pèlerin a aussi imploré le pardon de ses péchés dans la chapelle du vaillant saint George de Norwich, dans celle de saint Cuthbert de Durham et de saint Bede; il connaît tous les chemins d'Ecosse, et va visiter les églises du comté de Forth; il mange peu, veille long-temps, et ne boit que de l'eau des ruisseaux ou des lacs. Voilà un bon guide dans les plaines comme dans les montagnes; mais, quand frère Jean a vidé son pot d'ale, il ne sait plus quel chemin il a pris, et ne s'en soucie guère plus que le vent qui souffle et se réchauffe contre son nez [1].

---

(1) Cette plaisanterie triviale de l'auteur a été l'objet d'une critique sévère en Angleterre. — ÉD.

XXV.

— Grand merci, dit lord Marmion ; je ne souffrirai pas que le frère Jean, cet homme vénérable, s'expose pour moi au moindre danger : si le pèlerin veut me servir de guide jusqu'à Holyrood, il aura lieu de se louer de moi autant que de son patron. Ce ne sont ni coquilles ni chapelets que je lui promets, mais de beaux et bons angelots d'or. J'aime d'ailleurs ces saints errans ; ils ont toujours en réserve, pour charmer l'ennui d'une route sur les montagnes, quelque chanson, lai, romance, conte joyeux, bon mot, ou pour le moins une légende menteuse.

XXVI.

—Ah ! noble chevalier, interrompit Selby, et il posa un doigt sur sa bouche d'un air de mystère ; cet homme est bien savant : peut-être même l'est-il plus qu'on ne peut le devenir par de saintes pratiques ; il se parle souvent à lui-même, et recule comme devant un objet visible pour lui seul. Hier au soir nous allâmes écouter à la porte de sa cellule : nous entendîmes des paroles étranges, et cela dura jusqu'au matin, quoiqu'il n'y eût personne avec lui. Parfois il me semblait que d'autres voix répondaient à la sienne. Que vous dirais-je? Je ne vois là rien de bon... et frère Jean prétend qu'il est écrit que jamais une conscience nette et exempte de toute souillure du péché ne peut veiller et prier si long-temps ; car frère Jean lui-même s'endort toujours en disant son chapelet, avant d'avoir récité dix *Ave* et deux *Credo*.

XXVII.

— Fort bien, dit Marmion. Par ma foi ! ce pèlerin sera mon guide, quand Satan et lui seraient d'intelligence. Ainsi, qu'il vous plaise, gentil jouvencel, d'appeler le pèlerin dans cette salle.

Le pèlerin fut appelé et introduit.

Un noir capuchon lui couvrait le visage ; sa robe était de la même couleur, et sur ses larges épaules on voyait les clefs de saint Pierre découpées en drap rouge. Des coquillages ornaient son chapeau; le crucifix qui pendait à son cou venait de Lorrette. Le voyage avait usé ses sandales : il portait le bourdon, la bougette [1], la bourde et la cédule. Le rameau de palmier flétri qu'il tenait à la main indiquait le voyageur de la Terre-Sainte.

XXVIII.

Il n'y avait dans la salle aucun chevalier dont la taille fût plus haute que la sienne, et qui eût une démarche plus noble et plus fière. Il n'attendit point qu'on le priât d'approcher, et il alla se placer vis-à-vis le lord Marmion, comme s'il eût été son égal. Mais il semblait épuisé par la fatigue : son visage était ridé et abattu; et, quand il essayait de sourire, il y avait quelque chose d'égaré et de sombre dans ses yeux. La mère qui lui donna le jour aurait eu peine à le reconnaître, en voyant ses joues pâles et ses cheveux brûlés par le soleil.

Ah! comme les besoins et les privations, les voyages et les chagrins altèrent bientôt le visage de nos amis les plus chers! La terreur peut devancer les années, et blanchir nos cheveux dans une nuit; de pénibles travaux, rendre nos traits austères. La misère éteint le feu des yeux, et la vieillesse n'a point de rides aussi profondes que celles qu'imprime le désespoir. Heureux le mortel exempt de toutes ces peines! ce pauvre pèlerin les avait toutes connues.

XXIX.

Lord Marmion lui demanda s'il voulait être son guide; le pèlerin y consentit. Il fut convenu qu'aux premiers feux du matin on se mettrait en marche pour se rendre à la cour d'Ecosse. — Mais, ajouta le pèlerin, je ne puis rester long-temps en chemin; des vœux solennels m'appellent au rivage de Saint-André, dans la caverne où, du matin au soir, le bienheureux saint Régulus mêlait ses cantiques à la voix mugissante des vagues. Mon pèleri-

---

(1) *The budget*, bourse de cuir. — Ed.

nage ne finira qu'à la miraculeuse source de Saint-Fillan, dont les eaux possèdent la vertu de calmer le délire et de rendre la raison. Fasse la Vierge Marie que je retrouve dans ces saints lieux la paix de mon cœur, ou puisse-t-il cesser de battre à jamais!

Ce fut dans ce moment que le page de sir Heron versa dans une coupe d'argent la libation de minuit, et l'offrit à genoux au lord Marmion, qui but au sommeil de son hôte. La coupe circula de main en main, et le pèlerin seul refusa de l'approcher de ses lèvres, malgré les instances de Selby.

C'était le signal de la fin du repas. On se tut. Les ménestrels cessèrent leurs chants, et bientôt on n'entendit plus dans le château que les pas mesurés de la sentinelle.

XXX.

Marmion se leva avec l'aurore. On alla d'abord à la chapelle; on y entendit une messe dépêchée par le frère Jean, et un bon repas fut offert à Marmion. Bientôt les trompettes sonnèrent le boute-selle. On n'oublia pas le coup de l'étrier. Le baron et son hôte se conduisirent réciproquement en chevaliers courtois; Marmion remercia le gouverneur, qui, de son côté, s'excusa avec modestie. Ce cérémonial se continua jusqu'à ce que Marmion eût vu défiler son cortège, et lui-même partit. Aussitôt les trompettes firent retentir les échos de leurs fanfares; le canon ébranla les remparts, et le rivage d'Ecosse; une épaisse fumée, blanche comme la neige, enveloppa le château et ses vieilles tours, jusqu'à ce que la brise de la Tweed l'eût dissipée et éclairci de nouveau l'horizon.

CHANT SECOND.

Le Couvent.

AU REVEREND JOHN MARRIOT, M. A.

Ashestiel, Ettrick Forest.

Elles sont maintenant désertes et dépouillées ces plaines où s'élevait jadis une forêt antique! ils sont dévastés ces vallons autrefois couverts d'épais taillis, et peuplés de cerfs et de daims! Cette aubépine... qui peut-être voit depuis plus de trois siècles ses rameaux hérissés de piquans; cette aubépine solitaire, que ne peut-elle nous dire tous les changemens du sol qui l'a vue naître, depuis que, modeste rejeton, sa tige, aujourd'hui si robuste, fléchissait au gré de chaque brise! Que ne peut-elle nous dire : — Là le chêne altier couvrait la terre de son ombre gigantesque, plus loin le frêne tapissait le rocher de sa verdure, et dominait le taillis avec ses feuilles étroites et les rouges grappes de ses baies. Alors les pins couronnaient la montagne; le bouleau se balançait dans la plaine; le tremble frémissait au moindre vent, et le saule ombrageait les ruisseaux.—

Il me semble l'entendre dire encore : — Le cerf altier est venu se reposer sous mon ombre, au milieu du jour; j'ai vu le loup plus farouche (et la vallée voisine porte encore son nom) errer autour de moi, la gueule altérée de carnage, et hurlant à la clarté de la lune; le sanglier belliqueux aiguisait ses défenses contre mon écorce, tandis que le daim et le chevreuil bondissaient à travers le taillis. Souvent j'ai vu les monarques d'Ecosse sortir de la tour crénelée de Newark, suivis de mille vassaux; les chasseurs, l'arc tendu, gardaient toutes les issues de la forêt;

les piqueurs parcouraient à pas lents le plus épais du bois; les fauconniers tenaient leurs faucons prêts à prendre l'essor, et les forestiers, en élégant costume vert, conduisaient en lesse le lévrier rapide, pour le lancer sur le gibier que faisait partir le chien couchant. — Soudain la flèche siffle et vole, l'arquebuse lui répond, tandis que la colline répète de rochers en rochers le bruit des chevaux, les aboiemens des chiens, les cris des veneurs et les joyeuses fanfares du cor.

Le souvenir de ces nobles plaisirs survit encore dans nos vallées solitaires, sur les bords de l'Yarrow et dans l'épaisse forêt d'Ettrick, qui fut long-temps l'asile d'un redoutable proscrit. Mais cette cour, qui venait ainsi parcourir les forêts, était moins heureuse que nous dans nos parties de chasse. Plus modestes, nos plaisirs n'ont ni pompe ni éclat; mais notre gaieté, cher Marriot, n'en est pas moins vive. Tu te rappelles mes excellens lévriers : jamais on ne les mit en défaut dans le bois ou sur la colline; jamais chiens n'eurent plus d'ardeur et une bouche plus sûre. Les intervalles qui se passaient entre nos chasses n'étaient jamais tristes, car, pour nous distraire, nous avions toujours en réserve quelque poète de l'antiquité ou des temps gothiques; nous admirions les scènes imposantes que la nature déployait à nos yeux; nous redisions les vers qu'elles rappelaient à notre mémoire; nous ne traversions pas une allée, pas un ruisseau qui n'eût sa légende ou sa ballade. Et maintenant tout est muet... ton château est désert, ô Bowhill!! Le laboureur n'entend plus le fusil du chasseur retentir sur la montagne; on ne le voit plus, ému au souvenir de l'héritage de ses pères, verser à la ronde de joyeuses rasades, et boire *au Chef des collines*. Elles ne sont plus ces fées mortelles qui habitaient les bosquets de l'Yarrow, parcouraient ses avenues et cultivaient ses fleurs; fées aussi belles que les esprits dansant au clair de la lune sur Carterhaugh et aperçus par la superstitieuse Jeannette. On ne voit plus le jeune baron qui animait les bois solitaires de Shériff, et imitait, par son ton et sa démarche mâle, la majesté d'Oberon. Elle est partie cette noble dame dont la beauté était le moindre attrait; et cependant si la reine des sylphides eût voulu montrer à la terre tous ses charmes célestes, elle n'eût pu traverser les airs avec une taille plus légère et des traits plus gracieux. L'oreille insensible de la bonne veuve ne se ranime plus pour épier le bruit de ses pas ; elle ne l'attend plus à l'heure de midi, et ne s'occupe plus à orner sa chaumière pour la recevoir : triste et pensive, elle tourne son rouet bruyant ou prépare le repas de ses orphelins, en bénissant encore la main qui les nourrit.

Le vallon de l'Yair, où les collines plus resserrées laissent à peine un étroit passage à la Tweed qui mugit, bouillonne et s'échappe en torrens écumeux, ce vallon a vu partir son seigneur de noble lignage. Laissé seul sur les rives du fleuve, je regrette de ne plus avoir près de moi ces jeunes compagnons de mes promenades, touchant à peine à la première adolescence, âge heureux où la franchise s'exprime avec un aimable abandon. Serrés à mes côtés, avec quel plaisir ils m'entendaient parler de Wallace, quand je leur montrais du doigt son éminence que j'appelais un lieu sacré [1]! Comme leurs yeux s'enflammaient à mes récits! et moi je souriais en pensant que, malgré la différence des années, mon front avait ressenti quelque étincelle de ce feu qui colorait leurs joues. Heureux enfans! des sentimens si purs ne peuvent long-temps durer : entraînés par le flot rapide de la vie, il ne vous sera pas permis de vous arrêter sur la rive, car le destin vous précipitera loin du bord, et les passions dirigeront la voile et le gouvernail de votre navire. Cependant chérissez toujours le souvenir du ruisseau et de la montagne solitaire : oui, mes amis, un temps viendra sans doute où, domptant vos transports fougueux, vous penserez souvent, et sans remords, je l'espère, à ces jours de bonheur et de liberté que nous avons goûtés ensemble sur le penchant des coteaux.

Lorsque, rêvant à nos amis absens, nous sentons doublement que nous sommes seuls, il y a encore un charme dans nos regrets : ce sentiment flatte le vif désir d'isolement et de repos qu'éprouvent les ames tendres : le tumulte du monde l'empêche de se faire écouter ; mais c'est à un cœur préparé par la solitude, que sa voix douce inspire plus facilement un mélange de résignation et de contentement. Souvent la vue du lac silencieux de Sainte-Marie a réveillé dans mon ame ces pensées : ni joncs ni roseaux n'en souillent le limpide cristal ; la montagne s'arrête

---

(1) Il y a sur une côte de montagne au-dessus de la ferme d'Ashesteil, un fossé appelé la tranchée de Wallace. — ÉD.

tout à coup sur ses bords, et une légère trace de sable argenté marque à peine le lieu où le flot rencontre la terre. Dans le miroir de ces ondes d'un azur brillant viennent se dessiner les larges traits des collines ; vous ne voyez là ni arbres ni buissons, ni taillis, excepté vers cet endroit où, sur une étroite lisière, quelques pins épars se projettent dans le lac. Cette nudité du site produit aussi son effet, et ajoute à la mélancolie de l'ame. On ne voit ni bosquet ni vallon où puisse respirer un être vivant, ni grotte qui puisse recéler quelque berger ou quelque bûcheron solitaire. L'imagination n'a rien à deviner : on ne voit au loin qu'un désert, et le silence vient encore y joindre son influence mystérieuse.... Quoique les rochers de la colline envoient au lac mille ruisseaux, cependant, aux jours d'été, ils coulent si doucement que leur murmure ne sert qu'à endormir l'oreille. Les pas du coursier qui nous porte nous semblent même trop bruyans, tant est profond le calme qui règne en ces lieux.

Rien de vivant ne vient y distraire l'œil, mais je n'oublie pas que l'asile des morts n'est pas éloigné : au milieu des dissensions féodales, un barbare ennemi a détruit la chapelle de *Notre-Dame*; cependant c'est encore sous cette terre sacrée que le paysan va se reposer des fatigues de cette vie. Il demande, avant de mourir, que ses os soient déposés dans le lieu où priaient ses simples ancêtres.

Ah! si l'âge avait apaisé le combat de mes passions; si le destin avait brisé tous les liens qui m'attachent à la vie, qu'il me serait doux, ai-je pensé souvent, de venir habiter ici, et d'y relever la maisonnette du chapelain! elle deviendrait pour moi l'ermitage paisible qui faisait soupirer Milton! Qu'il serait doux de contempler le coucher du soleil derrière le sommet solitaire de Bourhope, et de dire, en voyant expirer ses derniers rayons sur le penchant de la colline ou sur les ondes du lac : — C'est ainsi que le plaisir s'évanouit; jeunesse, talent, beauté, c'est ainsi que vous nous laissez tristes, abandonnés et en cheveux blancs! Qu'il me serait doux d'admirer les ruines de Dryhope et de rêver à la Fleur de l'Yarrow! Que j'aimerais, en entendant le murmure sourd de la montagne, avant-coureur de l'orage, et le sifflement lointain de ses ailes, aller m'asseoir sur le tombeau du magicien, de ce prêtre dont les cendres furent exilées du lieu où reposent les justes. Placé sur ce monument que le soleil n'éclaira jamais (comme le prétend la superstition), je verrais le lac soulever les vagues contre ses rives, et le cygne sauvage monter sur l'aile des vents, déployer au milieu des airs ses larges voiles blanches, et descendre par intervalles pour baigner son sein dans l'onde agitée. Enfin, lorsque mon plaid ne suffirait plus pour me protéger contre la grêle, j'irais dans mon ermitage solitaire, allumer ma lampe, tisonner mon feu, et méditer quelque poëme romantique; bientôt je serais abusé par mes propres idées; le cri lointain du butor viendrait frapper mon oreille comme une voix mystérieuse, et m'annoncer le prêtre magicien réclamant son ancienne demeure. Mon imagination s'occuperait à lui trouver une figure bien étrange et bien farouche; et m'interrompant moi-même, je sourirais en pensant que j'ai eu peur.

Mais surtout il me serait doux de regarder ce genre de vie, adopté seulement pour fuir les caprices de la fortune, comme un grand acte de courage et de dévouement, un immense sacrifice dont il me serait tenu compte; et de penser que chaque heure donnée à ces douces rêveries serait un pas de plus dans le chemin du ciel!

Une pareille solitude déplairait à celui dont le cœur est troublé : il a besoin d'aller oublier ses agitations secrètes au milieu de la guerre des élémens; et mon pèlerin eût préféré quelque demeure plus sauvage et plus triste encore, telle que la sombre montagne de Lochskene. Là les cris perçans de l'aigle retentissent de l'île au rivage; des torrens roulent avec fracas sur les rochers; un brouillard éternel infecte les airs, et étend son voile sombre sur le lac, dont les flots courent en bouillonnant se précipiter dans la profondeur d'un abîme. Une vapeur blanchâtre domine ce gouffre : le torrent mugit comme s'il était condamné à arroser la caverne souterraine de quelque démon, qui, soumis par les charmes d'un enchanteur, ébranle en hurlant le rocher qui pèse sur lui. L'aspect du pèlerin eût été en harmonie avec cette scène de terreur : je crois le voir penché sur l'abîme d'où s'échappe la vague écumeuse qui, semblable à la crinière flottante d'un coursier, arrose la vallée de Moffat, après avoir baigné le tombeau du géant.

O Marriot! toi qui sur les bords de l'Isis [1] as répété les chants de nos bardes, daigne maintenant prêter l'oreille à mes vers : tu vas connaître quel était cet homme de malheur qu'environne le mystère.

I.

La brise qui dissipa les tourbillons de fumée des canons de Norham ne ridait pas seulement la surface diamantée des eaux de la Tweed, mais soufflant aussi sur la mer du nord, elle enflait les voiles d'un léger vaisseau qui, parti du couvent de Withby, se dirigeait vers l'île de Saint-Cuthbert.

Cédant au souffle propice, le navire bondit sur les vagues, et les matelots sourient en voyant la proue sillonner avec rapidité l'écume verdâtre de la mer. Ils se montrent fiers aussi de leurs passagers, et contemplent sur le tillac l'abbesse de Sainte-Hilda dans un siège d'honneur, entourée de cinq jolies nonnes.

II.

C'était un spectacle charmant de voir ces saintes filles, semblables à des oiseaux échappés de leur cage pour la première fois : timides et curieuses en même temps, elles admiraient tout ce qui frappait leurs regards, car tout était nouveau pour elles.

L'une répète ses pieuses oraisons en regardant le hauban et les voiles ; une autre pâlit à chaque lame d'eau qui s'avance, et, dans sa terreur, elle se recommande à tous les saints ; celle-ci pousse un cri aigu à l'aspect du marsouin qui lève au-dessus de l'onde sa tête noire et ronde et ses yeux étincelans ; une quatrième ajuste les plis de son voile qu'avait soulevé le vent de la mer : peut-être elle craint qu'un œil profane n'entrevoie des appas consacrés au ciel : peut-être aussi parce que ce mouvement donne une nouvelle grace aux contours de son bras et à sa jolie taille.

[1] Rivière d'Oxford. — Ed.

Le cœur de chaque nonne, simple et pur, se livre au plaisir que lui cause le voyage; l'abbesse seule et la novice Clara y restent étrangères.

III.

L'abbesse de Sainte-Withby était d'une famille illustre: jeune encore, elle prit le voile et quitta le monde avant de l'avoir connu. Elle était belle, et sans doute elle aurait eu un cœur tendre; mais elle n'avait jamais entendu un amant soupirer pour elle; jamais elle n'avait appris quel était le pouvoir de ses yeux. Elle ne pouvait, dans ses idées, séparer l'amour de la honte et de la vanité. Ses espérances, ses craintes, ses plaisirs, étaient tous concentrés dans les murs du cloître; toute son ambition eût été d'égaler les mérites de sainte Hilda; aussi avait-elle donné ses grands biens pour élever la tour orientale du couvent. C'était à son zèle que la chapelle de la sainte devait l'élégante sculpture dont elle était ornée, ainsi que sa châsse d'ivoire enrichie de pierreries. Le pauvre aussi se louait de sa charité; et le voyageur égaré trouvait un asile dans les murs de Withby.

IV.

Le vêtement de l'abbesse de Sainte-Hilda était noir, et sa règle avait été réformée d'après les statuts sévères des bénédictines; son visage pâle et sa maigreur attestaient ses veilles et son austère pénitence, qui avaient de bonne heure éteint le feu de ses yeux. Mais elle était remplie de douceur; et, quoique vaine de ses prérogatives et de son autorité, elle n'avait rien de sévère, et se faisait aimer de ses sœurs.

Ce voyage attristait son ame: elle était mandée à Lindisfarn avec le vieil abbé de Saint-Cuthbert et la prieure de Tynemouth, pour tenir le chapitre de Saint-Benoît, et décider du sort de deux infortunés accusés d'apostasie.

V.

Je ne dirai rien de sœur Clara, si ce n'est qu'elle était jeune et belle, aimable et tendre comme une novice qui a connu le malheur; elle avait aimé un chevalier qui n'était plus, ou qui du moins avait perdu l'honneur, plus précieux que la vie. Sa famille voulait la forcer à accepter un époux qui ne la recherchait que pour ses biens. Clara, le cœur brisé, avait préféré prendre le voile, et ensevelir ses espérances déçues et sa jeunesse flétrie dans le sombre cloître de Sainte-Hilda.

VI.

Assise à la proue du vaisseau, elle semblait contempler les vagues et les compter dans leur course rapide; mais c'étaient d'autres tableaux qui occupaient sa pensée.

Elle se figurait un vaste désert brûlé par les feux du soleil, où ne murmurent ni la brise ni les vagues. Elle croyait voir une main étrangère recouvrir d'un peu de sable un cadavre que bientôt le chacal viendrait arracher à cette tombe de la solitude.

L'infortunée tourne les yeux vers le ciel; voyez quelle douleur est peinte dans ses regards!

VII.

Tendre, belle et affligée..... tes charmes, ô Clara! auraient touché le cœur le plus barbare.

Les harpistes et les poètes ont chanté que le lion farouche avait oublié sa fureur à la vue d'une vierge faible et timide. Mais les passions de l'homme sont plus cruelles que la rage du lion; et la jalousie, liguée avec l'avarice sordide, ont ourdi une criminelle trame pour perdre Clara. Le poison et le poignard ont menacé sa vie; et les prisonniers de l'île de Saint-Cuthbert furent les complices de ce noir attentat.

VIII.

Cependant le vaisseau côtoyait les montagnes du Northumberland. Les villes, les tours et les châteaux qui se succèdent charment les yeux des nonnes. Elles laissent bientôt derrière elles la prairie de Tynemouth; elles aperçoivent au milieu des arbres la superbe tour de Seaton-Delaval; elles voient les flots de Blythe et du Wansbeck traverser en mugissant une forêt avant de se jeter dans la mer. Elles saluent la tour de Widderington qui a produit de si nobles chevaliers. En passant près l'île des Coquettes, ces saintes filles prièrent le grand saint qui jadis habita ce rivage. Ensuite Warkworth, fier du nom de Percy, fixa leur attention : elles se signèrent dévotement en entendant les échos souterrains du Dunstanborough répéter les mugissemens des flots qui se précipitent dans leurs cavernes. Ta tour aussi, Bamborough, attira leurs regards ; et bientôt après apparut le château régulier du roi Ida, qui, bâti sur le haut d'un rocher, semble menacer l'Océan de ses créneaux et de ses bastions. Ce fut alors que le vaisseau s'éloigna de la côte, et vogua à pleines voiles dans la baie de l'Ile-Sainte.

IX.

La marée, parvenue à sa plus grande hauteur, entourait les domaines de Saint-Cuthbert : le flux et le reflux en font tantôt une île ou un continent. Deux fois chaque jour le pèlerin parvient à pied sec à la chapelle de Saint-Cuthbert, et deux fois les vagues effacent les vestiges de ses pas et de son bourdon.

À mesure que le navire approchait, on voyait s'élever progressivement l'antique monastère, édifice imposant, immense, et construit en pierres d'un rouge foncé, sur les bords de la mer.

X.

L'abbaye de Saint-Cuthbert était un reste de l'architecture saxonne avant que les règles de l'art fussent connues. Ses arcades massives s'élevaient en double rang sur des colonnes énormes et basses. L'architecte avait voulu imiter la voûte d'une allée, par la forme des ailes et le fût des piliers. Le Danois païen avait vu échouer sa rage impie contre ces murailles exposées pendant douze siècles aux orages de la Mer, aux attaques éternelles des vents, et aux pirates non moins terribles ; leur solide épaisseur avait résisté à l'Océan, aux vents et aux hommes du nord. Cependant quelques parties de l'édifice, rebâties dans un style plus moderne, rappelaient le passage des Danois ; le vent de la mer avait aussi rongé les sculptures des piliers, usé les formes de la statue du saint, et effacé les angles saillans des tours : mais l'abbaye restait encore debout, telle qu'un brave vétéran couvert de cicatrices.

XI.

Quand elles se virent près des tours du couvent, les vierges de Sainte-Hilda chantèrent le cantique de leur patronne ; et les murmures des flots et du vent mêlèrent leur harmonie sauvage au son plus doux de leurs voix. Bientôt un chœur religieux, à demi étouffé par le bruit des brisans, répondit aux timides voyageuses. Les moines de Saint-Cuthbert descendirent en procession sur la plage, pour aller à leur rencontre avec la bannière, la croix et les reliques.

Les habitans de l'île, pleins d'allégresse, bravèrent la marée et poussèrent à l'envi le navire au rivage. L'abbesse de Sainte Hilda, remarquable par son voile et sa guimpe, se tenait debout sur le tillac, et prodiguait les bénédictions et les signes de croix.

XII.

Je ne parlerai pas de l'accueil que reçurent les filles de Sainte-Hilda, et du banquet auquel elles furent conviées. Chacune d'elles parcourut le couvent, le cloître, l'église, les galeries, et tous les endroits où elle ne risquait pas de rencontrer un œil profane. Enfin, après avoir contenté leur curiosité, les saintes sœurs se réunirent autour du foyer, lorsque la rosée du soir et le vent froid de la mer les forcèrent de s'y réfugier. Les deux congrégations louèrent tour à tour les mérites de leur saint, texte qui ne peut lasser une nonne ; car l'honneur de son saint, comme on sait, c'est le sien.

XIII.

C'est ainsi que les religieuses de Saint-Withby racontèrent avec un air de triomphe comment trois puissans barons sont soumis à rendre à leur monastère un service de vassaux, pendant que les cors répètent un chant de honte et que les moines crient :

— Déshonneur à votre nom, ô vous qui, pour la perte d'un vil gibier, avez égorgé un prêtre de Sainte-Hilda !

— Voilà ce que sont forcés d'entendre chaque année, au jour de l'Ascension, Herbert, Bruce et Percy, condamnés à travailler au môle de notre rade. — Elles dirent aussi comment une princesse saxonne, la belle Edelfled, vint se réfugier dans leur couvent. Elles parlèrent de la grande vertu de sainte Hilda, qui changea mille serpens en pierres. Elles avaient elles-mêmes trouvé, disaient-elles, des traces de ce miracle dans leur voisinage.

Puis elles dirent encore comment les ailes manquent aux oiseaux de mer quand ils planent sur les tours de Withby, et comment ils descendent pour rendre hommage à la statue de sainte Hilda.

XIV.

Les nonnes de Saint-Cuthbert ne restèrent pas en arrière pour louer leur patron : elles racontèrent combien de fois son corps changea de tombeau, depuis que les moines, chassés par les Danois, avaient erré pendant sept années à travers les marécages et sur les montagnes, avec le précieux dépôt de ses dépouilles mortelles. Ils s'arrêtèrent enfin à Melrose; mais ce lieu, aimé du saint pendant sa vie, ne devait pas posséder ses reliques. Par un prodige étrange, on vit son cercueil de pierre, brillant comme certaines plantes marines, voguer sur les flots jusqu'à l'abbaye de Tilmouth; mais son séjour n'y fut pas long : le saint voyageur, se dirigeant vers le sud, étonna par son passage miraculeux Chester-le-Street et Rippon, avant d'être salué par Wardilaw, avec un mélange de joie et de crainte. Enfin il choisit son noble asile aux lieux où sa vaste cathédrale s'élève sur les bords du Wear. C'est dans l'église gothique de Durham que repose son corps; mais trois prêtres pieux, liés par un serment solennel, partagent seuls l'honneur de savoir le lieu de sa sépulture.

XV.

Qui pourrait raconter tous ses miracles? L'intrépide roi d'Ecosse et son fils, conduisant avec eux les Galwégiens, impétueux comme les vents du nord, les chevaliers de Lodon, couverts de cottes de maille, et les guerriers de Teviotdale, furent mis en fuite par son étendard. Ce fut lui qui, pour venger sa puissance outragée, arma le grand Alfred contre les Danois, et fit prendre la fuite à Guillaume-le-Bâtard, lorsqu'il vint à la tête de ses Normands ravager le Northumberland.

XVI.

Mais les nonnes de Sainte-Hilda auraient bien voulu savoir s'il était vrai que Cuthbert se tînt encore sur un rocher près de Lindisfarn, pour y fabriquer de ses saintes mains les chapelets qui portent son nom. Les pêcheurs de Withby assuraient que l'on y voyait la figure du saint, et qu'on entendait le bruit de son enclume alors que la tempête grondait, ou que la nuit silencieuse répandait ses ombres sur les flots. Mais les nonnes de Lindisfarn rejetaient de tels récits et les traitaient de vaine superstition.

XVII.

Tandis qu'autour du foyer on récitait toutes ces légendes, une scène de désespoir se préparait dans un souterrain secret de l'île, où un tribunal prononçait la peine de mort. Le cachot le plus noir n'a pas un aspect plus lugubre que ce caveau. Il avait été construit par le vieux Colwulf, qui vint y pleurer ses fautes quand il quitta la couronne et la hache des Saxons pour le froc et le rosaire. L'entrée seule glaçait les sens d'horreur: la lumière du jour n'y pénétrait point, l'air ne s'y renouvelait jamais. On l'appelait le caveau de la pénitence. Le prélat Sexhelm l'avait converti en un lieu d'inhumation pour les corps de ceux qui, morts en péché mortel, ne pouvaient être ensevelis dans l'enceinte de l'église. Maintenant c'était un lieu de châtiment.

Si les cris de désespoir des victimes parvenaient jusqu'à l'air supérieur, les passans faisaient un signe de croix, et croyaient entendre les lamentations des damnés.

XVIII.

Il courait seulement dans le monastère une vague tradition sur ce souterrain de la pénitence; mais excepté l'abbé et quelques moines, personne ne savait où il était situé. L'exécuteur et la victime, les yeux couverts d'un bandeau, y arrivaient sans savoir quelle route ils avaient suivie.

La voûte était basse et sombre, les murs latéraux étaient taillés dans le roc; des pierres tumulaires, sculptées grossièrement, à demi couvertes de terre et usées par le temps, formaient le seul pavé de ce souterrain. L'humidité des murs, qui se résolvait en gouttes de pluie, tombait des voûtes sur les tombeaux avec un bruit monotone. Un cresset[1], suspendu à la voûte par une chaîne de fer, semblait lutter contre les ténèbres et les noires vapeurs. Cependant la flamme vacillante donnait assez de clarté pour qu'on pût distinguer le conclave redoutable de ces lieux.

XIX.

Là étaient assemblés les chefs des trois couvens, tous trois de l'ordre de saint Benoît, dont les statuts étaient gravés sur une table de fer. On eût remarqué l'abbesse de Sainte-Hilda, qui resta quelque temps le visage découvert, jusqu'à ce qu'elle abaissa son voile pour cacher les battemens de son cœur et les larmes que la pitié faisait rouler dans ses yeux.

A son air fier, à son noir capuchon, à sa robe flottante, je reconnais la pâle prieure de Tynemouth.

Et ce vieillard dont la nuit de l'âge a déjà éteint les yeux, et dont le front sévère et sillonné de rides est le seul qui ne laisse voir aucune trace de pitié, c'est l'abbé de Saint-Cuthbert, que ses mœurs austères ont fait surnommer le saint de Lindisfarn.

(1) Lampe antique. — Éd.

XX.

Devant ces trois juges étaient deux coupables ; mais quoique condamnés tous deux au même supplice, un seul mérite notre intérêt. Un habit de page déguise son sexe. Le pourpoint et le manteau négligemment noué ne peuvent cacher tous ses charmes. Elle ramène sa toque sur ses yeux ; elle cherche à couvrir le faucon et les armes de Marmion brodés sur son sein.

Mais par l'ordre de la prieure, un exécuteur découvrit la tête de l'accusée, et dénoua le ruban de soie qui tenait prisonnières les boucles de ses longs cheveux. Alors on reconnut Constance de Beverley, sœur professe de Fontevrault, que l'Eglise mettait déjà au nombre des morts pour avoir violé ses vœux et abandonné le cloître.

XXI.

La pâleur empreinte sur ses traits formait un pénible contraste avec l'éclat de ses beaux cheveux. Son maintien assuré, son regard calme, annonçaient une fermeté et une constance à toute épreuve. Immobile, elle était si pâle, que, sans le souffle de sa respiration, sans le léger mouvement de ses yeux et les ondulations de son sein, indices non équivoques de la vie, on aurait pu la prendre pour une de ces statues de cire que l'artiste a revêtues des formes humaines et d'un faux air d'existence.

XXII.

Son complice était une de ces ames sordides qui vendent le crime au poids de l'or, et ne connaissent d'autre frein que la peur, car leur conscience depuis long-temps a cessé de faire entendre sa voix. Ils n'ont d'autre but que la satisfaction de leurs lâches désirs : tels sont les instrumens que l'enfer emploie pour ses forfaits les plus terribles ; car ces ames n'ont aucune vision, aucun spectre pour les épouvanter dans la nuit ; la crainte de la mort peut seule les arrêter.

Ce misérable portait le froc et le capuchon ; il n'avait pas honte de hurler, de se rouler par terre comme un dogue châtié, tandis que Constance attendait son arrêt, muette et sans verser une larme.

XXIII.

Et cependant l'infortunée aurait bien pu pousser des cris. Elle n'avait que trop sujet d'éprouver l'effroi trahi par sa seule pâleur à la vue de deux niches étroites pratiquées dans l'épaisseur du mur. Le malheureux condamné à franchir ce seuil redoutable ne revoyait plus la lumière du jour.

Quelques racines avec un peu de pain et d'eau sont déposées dans ces demeures de la mort. Deux moines revêtus de l'habit de bénédiction, baissant un œil sauvage et hagard, se tiennent immobiles contre les murs. Ils élèvent dans leurs mains une torche ardente dont la lumière, mêlée d'une épaisse fumée, éclaire l'entrée de chaque cellule; auprès d'eux sont amoncelés, pour un cruel usage, du ciment, des pierres taillées, et des outils de maçonnerie.

XXIV.

Ces exécuteurs étaient choisis parmi ces hommes qu'une sombre inimitié sépare du genre humain et que la rage et l'envie ont jetés dans le cloître; il en est encore qui, désespérant de la bonté du ciel, se vouent aux pratiques les plus rigoureuses, espérant par-là effacer les souillures d'un noir forfait; l'Eglise confia toujours le soin de ses vengeances à de tels hommes, soit qu'un penchant naturel les porte à faire le mal, soit que, par une affreuse superstition, en domptant la nature pour se rendre les exécuteurs des vengeances de l'Eglise, ils pensent se rendre agréables à Dieu.

On les descendit dans le souterrain sans qu'ils se doutassent en quel lieu ils se trouvaient.

XXV.

L'abbé aveugle se leva pour prononcer la sentence qui condamnait les accusés à être enterrés vivans; alors la malheureuse Constance, rassemblant ses forces, essaya de parler, et interrompit le juge; des sons inarticulés s'échappèrent de ses lèvres agitées d'un mouvement convulsif. Dans les intervalles de silence qui succédaient à ses gémissemens étouffés, on entendait sous les voûtes un bruit semblable au murmure lointain d'un ruisseau : c'était le mugissement des vagues, car les murailles de ce souterrain étaient si épaisses, qu'à peine y aurait-on distingué le fracas d'une tempête malgré la proximité de la mer.

XXVI.

Constance fit un dernier effort qui refoula son sang prêt à se glacer dans son cœur, son œil se rouvrit, une légère teinte de rose reparut sur ses lèvres, mais faible comme celle dont un orage d'automne laisse parfois l'empreinte passagère sur les sommets de Cheviot. En parlant elle cherchait encore à recueillir ses forces pour le moment terrible qui approchait... Qui n'eût été touché de voir tant de courage dans une femme si belle?

XXVII.

— Je ne veux point implorer ma grace, dit-elle ; je sais bien que je demanderais en vain que ma vie fût prolongée d'une minute. Je ne prétends point non plus réclamer et obtenir vos prières; si la mort lente que je vais souffrir ne suffit pas pour racheter mes fautes, toutes vos messes pourraient-elles davantage? J'ai écouté les séductions d'un traître, j'ai quitté le couvent et le voile, j'ai pendant trois années fait fléchir mon orgueil jusqu'à me confondre sous les habits d'un page parmi les serviteurs de celui que j'aimais; qu'il a bien puni la folie de l'infortunée qui lui avait sacrifié toutes ses espérances dans ce monde et dans l'autre!... Il vit Clara... plus belle et plus riche que Constance, elle lui fit oublier ses sermens; hélas! — Je ne suis pas le premier exemple de la perfidie des hommes; mais si le destin n'avait pas trompé mes désirs, jamais femme trahie n'eût été vengée comme moi.

CHANT SECOND.

XXVIII.

Le roi favorisait les prétentions de son favori; vainement Clara lui préférait un rival. Marmion diffame Wilton et l'accuse d'être un traître; le combat est décidé; on reçoit leurs sermens, on fait les prières d'usage, leurs lances sont en arrêt, le choc commence, et déjà la foule s'écrie :—Victoire à Marmion, le gibet à son rival.

— Dites-moi, vous qui nous prêchez que le ciel se déclare pour le bon droit quand deux chevaliers se combattent en champ clos, où était la justice du ciel quand Wilton, fidèle à son amie et loyal à son roi, trouva la mort ou la honte sous la lance d'un traître? Ces papiers criminels prouveront mieux son innocence.

Alors Constance tira des papiers cachés dans son sein, les jeta sur la table, recueillit encore ses forces pendant un moment de silence, et continua en ces termes :

XXIX.

— Mais l'hymen du déloyal Marmion fut encore retardé, car Clara se réfugia au couvent de Withby pour échapper à ce lien odieux. Le roi Henry, à la nouvelle de sa fuite, s'écria : — Ses refus ne seront pas écoutés : chevalier, Clara sera ton épouse, qu'elle ait prononcé ses vœux ou non.— Une ressource me restait encore; le roi venait d'ordonner le voyage de Marmion en Ecosse. Je restai ici pour me sauver, et Clara avec moi. Le lâche que vous voyez, séduit par mon or, jura qu'il s'introduirait dans le couvent de Withby, et que le poison enverrait bientôt ma rivale dans le ciel. Cet homme infame a mal tenu sa promesse, sa lâcheté nous a perdus tous deux.

XXX.

Si j'ai fait cet aveu, ce n'est point le remords qui m'a fait parler; mais je veux mourir avec la consolation de savoir que jamais une autre femme ne sera l'épouse de Marmion. Je conservais précieusement ces papiers : trompée dans mes autres espérances, je les aurais envoyés au roi Henry; ils livraient à la hache du bourreau la tête de mon perfide amant, quoiqu'il m'en eût coûté la vie.

Maintenant, ministres du trépas, disposez de mon sort : je saurai souffrir... Qu'importe une agonie plus ou moins longue, la mort est toujours là pour la terminer!

XXXI.

Mais, esclaves de la sanguinaire Rome, craignez encore Constance dans la tombe où elle descend vivante. Si un remords tardif réveille Marmion, sa vengeance sera si terrible que vous préféreriez une autre invasion des Danois. Oui, je vous laisse derrière moi un sombre avenir. L'autel s'ébranle, la crosse se brise, la fureur d'un despote vous atteint sur les ailes de la destruction. Ces voûtes si épaisses s'ouvriront aux vents de la mer! Quelque voyageur y trouvera mes os blanchis au milieu des pierres disjointes; et ignorant la cruauté des prêtres, il s'étonnera de trouver ici ces dépouilles de la mort. —

XXXII.

Les regards de Constance étaient fixes, ses traits avaient pris un air menaçant, ses cheveux flottaient sur ses épaules; les boucles qui ombrageaient son front se hérissèrent, sa taille sembla s'élever, l'énergie du désespoir avait donné à sa voix un accent prophétique. Le tribunal s'étonna et frémit, les ministres de la mort contemplaient la victime inspirée avec des regards stupides, et croyaient entendre déjà gronder la tempête qu'elle annonçait. Le plus grand silence régna sous ces voûtes, jusqu'à ce que le vieillard, levant vers le ciel ses yeux privés de la vue, prononça la sentence : — Ma sœur, dit-il, vos misères vont finir; frère coupable, allez en paix.

Les trois juges s'éloignèrent de cet horrible cachot qui servait au jugement et au supplice. Qui pourrait décrire l'exécution de la sentence?

XXXIII.

Les membres du tribunal ont cent marches à remonter. Avant qu'ils aient pu respirer l'air du jour supérieur, ils entendent dans les sombres détours de l'escalier les cris du désespoir et des sanglots étouffés. Ils se hâtent. La terreur presse leurs pas, ils se signent d'une main tremblante, et se séparent le trouble dans le cœur. Ils croient ouïr dans le silence solennel de la nuit le gémissement d'une agonie prolongée. Par leur ordre, la cloche du monastère annonce le départ d'une ame de ce monde; ce glas de mort tinte lentement à travers l'obscurité sur les vagues. — Les rochers du Northumberland en gémirent. L'écho porta le son sinistre de l'airain jusqu'à l'ermitage de Warkworth. L'ermite dit aussitôt son rosaire; le paysan de Banborough releva sa tête assoupie; et, sommeillant encore, il murmura une prière. Le cerf tressaillit sur les monts Cheviot, ouvrit au vent ses larges naseaux, et tourna de toutes parts ses regards tremblans au milieu de la bruyère, en écoutant ces accens lugubres.

CHANT TROISIÈME.

L'Hôtellerie.

A WILLIAM ERSKINE ESQ.

Ashestiel, Ettrick Forest.

Semblable à ces nuages des matinées d'avril, qui, passant sur la prairie, y font tour à tour succéder l'ombre à la lumière, et nous retracent, au milieu des champs, l'image des différentes scènes de cette vie mêlée de joie et de chagrin; semblable à ce ruisseau descendu des montagnes du nord, qui, tantôt impétueux torrent, va bouillonnant dans la plaine, et tantôt, ralentissant le cours de ses flots argentés, paraît dormir dans le vallon; semblable à ces légères brises d'automne dont l'haleine inconstante expire et se ranime soudain, quand l'oreille croit que son murmure a cessé; ma muse romantique plane dans les airs, s'égare, et, fatiguée de ses rêveries, retombe enfin sur la terre. Cependant notre œil se plaît à suivre l'ombre fugitive et les détours irréguliers du ruisseau; notre oreille aime à écouter la brise légère dont les sauvages soupirs se glissent à travers les feuilles d'automne. Inconstans comme les nuages, le ruisseau et le vent d'automne, coulez, oui, coulez librement, ô mes vers!

Ai-je besoin de te dire, cher Erskine, que ma muse se plaît un peu trop peut-être à tromper le lecteur, en passant tour à tour d'un mode doux et léger à un mode plus énergique? Au milieu de ces caprices du poète, un transport plus noble l'inspire quelquefois; alors ton indulgente amitié veut bien excuser toutes ses erreurs; et souvent tu m'as dit : — Si tu veux consacrer tes momens de loisir aux rêveries poétiques, renonce à ton humeur inconstante, et va puiser aux véritables sources. Imite les grands maîtres; contemple avec une noble envie le laurier immortel qui couronne leurs monumens; du fond des tombeaux, leur voix pourra se faire entendre encore au barde timide, et lui donner des leçons. Choisis parmi eux un guide illustre, suis les routes qu'ils ont frayées, et ne va pas, sur les traces des ménestrels des temps barbares, t'égarer dans des sentiers inconnus.

— Crois-tu donc que notre siècle ne saurait pas aussi t'offrir des sujets classiques? Le monument révéré de Brunswick ne peut-il donc t'inspirer quelque noble élégie? Quoi! pas un vers, une larme, un soupir, quand la valeur s'immole pour la liberté. O héros de ces temps glorieux! Lorsque, brillant d'un éclat sublime et bravant à la fois la belliqueuse Autriche, la Russie, la France et l'Europe liguée, l'astre de Brandebourg parut à l'horizon, tu ne voulus pas vivre pour le voir s'éclipser à jamais dans les plaines d'Iéna. Héros infortuné!... Il ne t'était pas donné de changer les arrêts du destin, d'étouffer l'hydre dès sa naissance, de briser la verge destinée à châtier la terre coupable... Héros infortuné! tu n'eus pas le pouvoir de sauver la Prusse, en ce jour où, trop présomptueuse, elle se précipita sur un champ de bataille, armée de la lance, mais oubliant le bouclier! Non, il t'était réservé d'unir en vain la valeur à la prudence : tu auras cru indigne de tes cheveux blancs de supporter cette dernière injure, la plus cruelle de toutes, celle de voir les royaumes partagés, les écussons abattus, et la légitimité prostituée à un usurpateur ; d'être témoin des outrages dont chacun de tes enfans fut abreuvé, et des malheurs que tu n'aurais pu adoucir. Le ciel, dans sa clémence, avait destiné à une vie honorable une mort plus honorable encore. Ah! quand les vicissitudes inévitables des temps auront fait luire sur la Germanie le jour de la vengeance ; quand le désespoir, embrasant tous les cœurs d'un enthousiasme digne d'elle, aura réveillé quelque nouvel Arminius, avant de frapper les premiers coups, il ira, ce vengeur de ses droits, aiguiser son épée sur la tombe de Brunswick.

— Ou célèbre un de ces héros croisés, indomptables dans les fers comme sur la brèche, toujours les mêmes et sur la terre et sur les flots, qu'ils tiennent en main la lance, les rênes ou la rame, pourvu qu'ils courent à ces remparts que le féroce musulman défend contre leurs phalanges invincibles. — Célèbre celui dont la voix, semblable au tonnerre, alla réveiller le silence des mers glaciales, quand le Russe et le vaillant Suédois se firent un jeu de la mort au milieu des flots qui les engloutissaient. Ou bien encore chante ce guerrier qui, sur les rives d'Alexandrie, arracha d'une main mourante les lauriers du vainqueur.

— Fais revivre l'antique gloire de notre théâtre, si tu peux obtenir le sourire de la muse tragique ; rappelle-nous les accords sublimes qui s'échappaient jadis de cette harpe suspendue sur les rives sacrées de l'Avon. Après deux siècles de silence, une enchanteresse hardie, brûlant d'un noble enthousiasme, a osé détacher ce trésor des branches pâles du saule, et faire entendre à ces bosquets solitaires le récit de la haine de Montfort et des amours de Basile : les cygnes de l'Avon, réveillés par ses chants inspirés, ont cru que leur Shakspeare vivait encore [1].

— Ainsi ton amitié abusant ta raison, voudrait, en me prodiguant des louanges qui ne m'appartiennent pas, prescrire à mes loisirs une tâche au-dessus de mes forces. Mais dis-moi, cher Erskine, as-tu jamais étudié cette puissance secrète à qui tout est soumis, et qui plie à son gré notre ame docile, cette puissance dont la source est inconnue, et qu'on ne peut définir? Que ce soit une impulsion qui, naissant au moment où l'homme

[1] Miss Joanna Baillie. — ÉD.

s'éveille à la vie, s'unit à tous nos sentimens et à toutes nos facultés, et devient une portion de nous-même plutôt qu'une dépendance de notre être ; que ce soit, comme on l'appelle à plus juste titre, la force de l'habitude qui se forme dans nos premières années ; cette puissance que tout le monde reconnaît, quelle que soit son origine, gouverne l'ame en reine absolue, et nous retient sous ses lois par d'invisibles chaînes, quand la raison et le goût réclament en vain leurs droits. Jette les yeux à l'orient : demande à ce Belge du ciel brûlant de Batavia pourquoi donc il désire si peu de respirer l'air frais de la montagne ? Satisfait d'élever ses murailles près des ondes dormantes de ses canaux, il te répondra : — Dès ma jeunesse, j'aimais à voir la voile blanche fuir le long de ces arbres. — Interroge ce berger battu par la tempête, qui chasse devant lui son troupeau paresseux, et dont le manteau déchiré et le front sauvage rappellent les montagnes du nord qui l'ont vu naître. Il traverse les riantes prairies de l'Angleterre ; toutes leurs richesses se déploient à ses yeux : hé bien ! demande-lui s'il serait heureux de couler ses jours au sein de l'abondance, dans ces fertiles plaines qu'ornent de riantes charmilles, qu'embellissent des prairies et des forêts, et que couvrent d'élégantes chaumières dispersées çà et là. Non, non, il ne laisserait pas pour ces beaux lieux les arides montagnes du sombre Lochaber ; et les belles prairies de Devon ne lui feraient pas oublier les vieilles cimes du Ben-Nevis et le lac de Garry.

Ainsi, tandis que j'imite les accords sans art qui charmèrent mon enfance, ces accords, tout sauvages qu'ils sont, me rappellent la douceur de mes premières pensées. Les mêmes sensations que j'éprouvais à l'aurore de ma vie échauffent ma verve, et inspirent ses chants d'aujourd'hui. Je vois encore ces rochers qui s'élançaient dans les nues, et cette tour de la montagne, qui charmaient l'éveil de mon imagination. Il n'y avait près de moi ni fleuve majestueux digne d'être chanté par la muse héroïque, ni un de ces bocages où les soupirs des brises d'été invitent aux aveux les plus doux à l'amour ; un humble ruisseau pouvait à peine prétendre à l'hommage de la flûte d'un berger. Cependant un instinct poétique me fut donné par ces vertes montagnes et le ciel azuré ; c'était un site stérile et sauvage où des roches nues semblaient entassées en désordre ; mais çà et là je rencontrais une verte pelouse formée du plus frais gazon. L'enfant solitaire connaissait les grottes où croissait la giroflée jaune et ces endroits où le chèvre-feuille aimait à se suspendre sur les rochers plus bas et sur une vieille muraille. L'ombrage de ces lieux était pour moi le plus doux de tous ceux que le soleil éclaire dans sa course circulaire, et cette tour chancelante me paraissait le plus grand ouvrage de la puissance humaine. J'écoutais le vieux berger me racontant les exploits de ces maraudeurs du sud, qui portaient leurs ravages jusque sur les monts Cheviot ; et, riches de butin, reprenaient la route de leur demeure qu'ils faisaient retentir du tumulte de leurs cris et de leurs joyeux festins. Je croyais entendre encore le son de la trompette sous les arcades brisées du château, et il me semblait apercevoir de hideuses figures, toutes couvertes de cicatrices, à travers les barreaux rouillés des fenêtres. Puis, pendant l'hiver, autour du foyer, les récits, tantôt gais, tantôt tristes, qui abrégeaient les heures, me parlaient des ruses d'amour, des attraits des dames, des charmes des magiciens, des exploits des chevaliers, des victoires de Wallace et de Bruce, et de ces derniers combats où nos clans d'Ecosse, sortis comme un torrent des Highlands, avaient repoussé les rangs des Habits-Rouges. Etendu tout de mon long sur le plancher, je renouvelais ces guerres, en faisant battre mes cailloux contre mes coquilles. Une seconde fois le lion de la Calédonie mettait en déroute les bataillons du sud.

Je pourrais, en cherchant une vaine illusion, peindre toutes ces figures pleines de bonhomie, qui venaient faire cercle autour du foyer du soir. C'était ce vieillard en cheveux blancs qui demeurait dans ce manoir couvert en chaume, sage sans avoir rien appris, simple et bon comme un véritable Ecossais ; son œil, encore vif et perçant, attestait ce qu'il fut dans sa jeunesse, et ses décisions terminaient les différends des voisins, satisfaits d'une justice qu'il ne leur faisait point acheter. C'était notre vénérable ministre, hôte assidu et familier dont les mœurs et la vie étaient à la fois celles du savant et du saint. Hélas ! souvent mes jeux bruyans et mes espiègleries ont interrompu ses discours ; car j'étais un petit mutin volontaire, capricieux, l'enfant gâté d'une bonne aïeule ; mais, tantôt fâcheux, tantôt excitant le sourire, j'étais toujours souffert, aimé et caressé.

Elevé comme je le fus, peux-tu donc exiger de moi l'ouvrage compassé d'un poète classique. Non, Erskine, non; laisse la bruyère sauvage fleurir sur la colline; cultive, si tu veux, tes tulipes, taille tes vignes; mais laisse le chèvre-feuille errer à son gré, et l'églantier croître en liberté. Non, cher ami, non; puisque tu as daigné quelquefois encourager mes chants par tes louanges, que ta critique éclairée a daigné corriger une pensée triviale ou un vers inutile, écoute-moi avec ta bonté accoutumée, et dans le poète épargne l'ami. Permets à mes vers d'errer en liberté, comme la brise, les nuages et les ruisseaux.

I.

Marmion poursuivit son voyage pendant une longue journée. Le pèlerin le conduisit par les montagnes, dans des sentiers qui traversent d'étroites vallées où serpentent des ruisseaux bordés de bouleaux nains. Ils évitaient les routes de la plaine, de peur des maraudeurs de Merse, qui, dans leur soif du pillage, auraient pu mettre obstacle à leur passage. Souvent ils apercevaient le daim qui, de la cime d'un mont, regardait défiler les cavaliers; le coq de bruyère s'échappait de son nid sur ses ailes couleur de jais; le cerf, s'élançant d'une touffe de genêts, n'attendait pas la flèche meurtrière; et lorsqu'ils pénétrèrent dans le sentier pierreux de la montagne, le ptarmigan aux ailes blanches prit soudain la fuite. Depuis long-temps le soleil avait fourni la moitié de sa carrière lorsqu'ils parvinrent aux hauteurs de Lammermoor : de là, se dirigeant vers le nord, ils aperçurent, à l'entrée de la nuit, le hameau et les tours de Gifford.

II.

Personne ne les invita à recevoir l'hospitalité dans le château. Le seigneur de Gifford venait de partir pour le camp du roi d'Ecosse. Restée seule, la prudente châtelaine n'avait garde d'ouvrir son manoir à des inconnus, amis ou ennemis, à une heure si avancée.

En traversant le village, Marmion aperçut une porte ornée d'un flacon et d'un rameau, et il y arrêta son cheval. L'hôtellerie semblait vaste, quoique peu élégante. Un joyeux foyer et un bon repas promettaient d'y bien délasser sa suite.

Les cavaliers sautent en bas de leur selle, le bruit des éperons retentit dans la basse-cour; ils vont attacher leurs chevaux dans l'écurie, demandent du fourrage, du feu et le souper : leurs cris divers se font entendre dans toute la maison. L'hôtelier empressé, mesurant sa peine sur l'écot qu'il espère, semble se multiplier pour être partout.

III.

Bientôt la flamme du foyer permet d'examiner toute l'hôtellerie; dans un coin, aux soliveaux enfumés du plancher, est suspendu le trésor des provisions d'hiver. On y remarque des oies-soland et maints oiseaux de mer desséchés, des jambons de sanglier et des quartiers de venaison savoureux.

L'arche de la cheminée s'avançait en vaste circonférence; des ustensiles de ménage étaient rangés en ordre tout autour, et plus loin, les murs étaient ornés de lances, de boucliers, et de toutes les armes d'usage en Écosse.

Marmion occupa la place d'honneur sous le manteau du foyer, sur un siège en bois de chêne; et il vit bientôt les gens de sa suite vider gaiement les pots de bière brune que l'hôte actif tirait de vieux vaisseaux alignés le long du mur.

IV.

Les guerriers ne sont pas ennemis de la joie, et rient volontiers d'un bon mot. Marmion daignait aussi dire le sien et prendre parfois sa part de gaieté. Jamais homme ne fut plus fier avec les grands; mais, en vrai capitaine, élevé dans les camps, il avait l'art de gagner le cœur farouche des soldats. Ils suivent volontiers un chef tour à tour bouillant et affable, franc et généreux, aimant le vin et les ménestrels, intrépide sur la brèche et galant avec les dames. Un capitaine de cette humeur conduira ses partisans des champs brûlés de l'Inde aux glaces de la Nouvelle-Zemble.

v.

Le pèlerin, appuyé sur son bourdon, se tenait debout en face du chevalier. Son capuchon ne voilait qu'à demi la maigreur de son visage soucieux. Il contemplait Marmion, qui, impatient de ce regard attentif, essaya de lui faire baisser la tête en fronçant le sourcil; mais vainement son regard sévère rencontra celui du pèlerin, qui ne cessa de l'observer.

vi.

Les éclats de rire de la troupe devenaient moins fréquens; car plus les archers et les écuyers remarquaient le visage sombre et la barbe épaisse de leur guide mystérieux, plus ils oubliaient leur gaieté. Bientôt un morne silence régna dans la salle, et ne fut plus interrompu que par les chuchotemens de quelque varlet qui, se penchant à l'oreille de son camarade, lui disait d'une voix basse :

—Sainte Vierge! vit-on jamais un pareil homme? Quelle pâleur! Comme son œil étincelle lorsque la lampe vacillante va éclairer son capuchon! Comme ce regard s'attache sur notre maître! Non vraiment, pour le plus beau cheval de lord Marmion, je ne voudrais pas endurer cet aspect chagrin et sombre.

vii.

Comme pour dissiper la terreur qui avait saisi ses gens à l'aspect de cette figure pâle que les reflets de la flamme vacillante du foyer rendaient encore plus triste, Marmion appelle un de ses écuyers : — Fitz-Eustace, lui dit-il, sais-tu quelque ballade qui nous amuse un moment? Nous commençons à nous endormir.

viii.

—Nous ne pouvons trop nous flatter de charmer votre oreille, seigneur, répondit Eustace, accoutumé comme vous l'êtes à la voix de Constant. Qu'il vous plaise de vous rappeler que notre meilleur ménestrel est resté en arrière; Constant est habile sur la noble harpe des bardes comme sur le luth des amans. Jamais à la Saint-Valentin la grive ne chanta aussi mélodieusement que lui dans le buisson printannier; jamais le rossignol ne ravit comme lui les échos du soir, en chantant ses mélancoliques amours. Je regrette bien, quel qu'en soit le motif, que nous soyons privés de lui, et j'envie ses chants aux vagues, aux rochers ou aux moines, plus ennuyeux encore, de Lindisfarn. Mais je vais vous redire comme je pourrai son rondelet favori.

IX.

La voix de Fitz-Eustace était tendre; il y avait dans l'air qu'il choisit quelque chose de bizarre et de triste. Tels sont certains airs que j'ai entendu répéter à nos montagnards, descendus dans les plaines pour les travaux de la moisson. Tantôt une voix perçante prolonge seule le chant, tantôt un chœur sauvage s'unit à elle. Assis sur la colline, je me suis plu souvent à écouter ces chants, qui me semblaient exprimer les regrets d'un cœur languissant loin de la terre natale. Je pensais alors combien cette même harmonie déchirerait mon cœur sur les champs humides du Susquehannah, dans les forêts du Kentucky, ou sur les bords du lac immense d'Ontario, si j'entendais un exilé malheureux y pleurer ses chères montagnes d'Écosse.

X.

LE CHANT.

Dans quel asile solitaire
Reposera l'amant sincère,
Qui de l'objet de ses amours
Se voit séparé pour toujours?
Ce sera sous le frais ombrage
Où gémit un humble ruisseau,
Que de leur mobile feuillage
Ornent le saule et le bouleau.

LE CHOEUR.

Eleu loro, eleu loro.
Qu'ornent le chêne et le bouleau.

Jamais la voix de la tempête
N'y viendra gronder sur sa tête;
Il n'entendra que les soupirs
De l'onde pure et des zéphirs.
Dans cet asile solitaire,
Loin de l'objet de ses amours,
Reposera l'amant sincère.....
Hélas! ce sera pour toujours.

LE CHOEUR.

Eleu loro, etc.
Hélas! ce sera pour toujours.

XI.

Où reposera l'infidèle
Qui jurait amour éternelle
Pour mieux tromper le cœur aimant
Qui se fiait à son serment?
Je vois la fuite et l'épouvante
Déshonorer ses étendards,
Et j'entends sa voix expirante
Se mêler aux cris des fuyards.

LE CHOEUR.

Eleu loro, etc.
Se mêler aux cris des fuyards.

Le vautour couvre de son aile
Les yeux éteints de l'infidèle,
Et dispute aux loups dévorans
De son corps les lambeaux sanglans.....
De la vertu l'humble prière
N'oserait plaindre son malheur;
Et sur sa tombe solitaire
Sont la honte et le déshonneur.

LE CHOEUR.

Eleu loro, etc.
Et sur sa tombe solitaire
Sont la honte et le déshonneur.

CHANT TROISIÈME.

XII.

Le silence et la tristesse succédèrent à ces accens mélancoliques. Mais Marmion surtout crut que cette romance lui prédisait une disgrace prochaine et une mort honteuse. Il se couvrit le visage de son manteau, et resta quelque temps le front appuyé sur ses mains.

Ah! si on eût pu lire dans son ame ou deviner ses pensées, le plus humble de ses serviteurs n'eût pas voulu de Lutterward et de Fontenay au prix de ses regrets amers.

XIII.

O remords! tes traits aigus se font sentir plus vivement aux cœurs des superbes. Les lâches ont la crainte pour châtiment; c'est toi qui punis les braves. Mais ils sont doués d'une énergie fatale, et savent encore lutter contre la douleur de leurs blessures alors même que leur cœur se flétrit sous tes atteintes cruelles.

En effet, Marmion leva bientôt la tête, et souriant à Fitz-Eustace : — N'est-il pas étrange, dit-il, que ta romance ait rappelé à mon oreille le son lugubre de l'airain qui annonce dans les cloîtres qu'une sœur va rendre le dernier soupir. Dis-moi, que signifie cette espèce de présage ?

Ce fut alors que le pèlerin, qui depuis le matin avait gardé un silence sévère, le rompit pour la première fois :

— La mort d'une personne qui te fut chère, répondit-il à Marion.

XIV.

Marmion, dont l'intrépidité ne se démentit jamais dans le péril, Marmion, dont l'orgueil se fût révolté contre le regard mécontent d'un roi, et dont l'accent d'autorité réduisait au silence le soldat le plus hardi; Marmion resta muet, cédant à une terreur involontaire, et ne trouva aucune réponse, accablé par les paroles du pèlerin et par le remords.

C'est ainsi que lorsque la conscience d'un crime ronge secrètement le cœur, il faut peu de chose pour dompter le courage ; le mot qu'un ignorant prononce au hasard confond le plus sage, et l'esprit d'un vil esclave suffit pour faire baisser les yeux aux princes les plus fiers.

XV.

Le trouble de Marmion n'était pas sans motif. C'était lui qui avait livré Constance, non qu'il crût que la tombe dût se fermer sur sa victime : mais fatigué du désespoir d'une amante négligée qui passait tour à tour des prières aux reproches ; indigné de son attentat sur la vie de Clara, c'était Marmion lui-même qui avait rendu sa fugitive à l'Eglise, ne prévoyant pas le sort qu'on lui préparait ; mais espérant qu'on lui ferait expier ses torts dans un cloître lointain. Pour lui, favori de Henry VIII, il craignait peu les foudres de Rome ; il savait qu'à ce tribunal l'or justifie les criminels. Marmion lui-même avait introduit secrètement les prêtres qui vinrent s'emparer de la victime. Ses gens crurent que leur seigneur laissait son page favori à cause de sa jeunesse : ou si quelqu'un avait conçu des soupçons, il se gardait bien d'en parler. Malheur à l'imprudent vassal qui eût osé se mêler des secrets du maître !

XVI.

Jusqu'à présent sa conscience s'était assoupie. Il pensait que Constance resterait en sûreté dans le cloître ; mais sa romance chérie et l'étrange prophétie du pèlerin furent comme un présage sinistre qui réveilla ses remords, et qui lui rappela maints exemples de la vengeance monacale. Constance trahie et abandonnée se représente à son esprit, belle et tendre comme au jour où, vaincue par ses séductions, elle s'échappa, pour le suivre, du séjour paisible du couvent. Il croit la voir dans tous ses attraits, rougissant de pudeur, muette, hésitant entre le ciel et son cœur, jusqu'à ce que l'amour, triomphant de ses alarmes, lui fit cacher ses terreurs et sa honte dans les bras de Marmion.

XVII.

Hélas! pensait-il, combien Constance est changée depuis que des années de crime et de déguisement ont donné tant d'assurance à ce front jadis si timide, et à ces modestes regards! La pudeur ne colore plus ses joues; elle a perdu sa candeur virginale et toutes les graces de son sexe. Et c'est là mon ouvrage! c'est à moi qu'elle a sacrifié son repos sur la terre et son bonheur dans l'autre vie.

— Plût au ciel! dit-il encore en rembrunissant de plus en plus les couleurs du tableau qu'il avait devant les yeux, plût au ciel que ma main eût respecté cette rose sur sa tige! ou, pourquoi l'objet qu'on aime perd-il si tôt les charmes qui avaient séduit nos cœurs? La paisible solitude du cloître est devenue pour Constance une étroite prison, et son ame altière va se révolter contre ses fers et son étroite cellule. Que les lois monastiques vont lui paraître sévères, et sa pénitence cruelle!... Et c'est moi qui suis le coupable! La voilà abandonnée aux veilles et à la discipline... peut-être même...! Deux fois Marmion se leva, prêt à crier à ses gens de monter à cheval, deux fois le souvenir des ordres de son souverain arrêta ce transport, comme une humide vapeur éteint soudain une flamme naissante; deux fois il chercha à se rassurer, en se répétant à lui-même : — N'ai-je pas ordonné qu'on respectât sa vie en la gardant étroitement! ils n'oseraient, pour toute leur île, arracher une seule boucle de ses cheveux.

XVIII.

Pendant que le repentir et l'amour renaissant déchiraient le cœur de Marmion, comme on voit deux ouragans ravager à la fois le lac Vennachar, l'hôte un peu bavard, qui avait entendu le pèlerin, et qui aimait à placer son mot, prit la parole en ces termes :

— Révérend pèlerin, les gens pieux qui, comme vous, visitent les pays lointains, apprennent souvent l'art de deviner l'avenir, par un mot, par un signe, ou par la connaissance des astres. Mais il y a près d'ici un lieu où un chevalier, qui en vrai paladin mépriserait la peur, pourrait apprendre son sort futur, si toutefois les légendes de nos aïeux n'ont pas abusé le hameau.

Ces paroles excitèrent la curiosité des gens de Marmion; car le vulgaire aime toujours le merveilleux.

Le chevalier accorda froidement à l'hôte la permission de poursuivre; et l'Ecossais commença gaiement son récit.

XIX.
CONTE DE L'HOTE.

—Un grand clerc pourrait vous dire combien d'années se sont écoulées depuis qu'Alexandre (troisième roi de ce nom martial) occupait le trône d'Ecosse, et à quelle époque il vint trouver sir Hugo, alors seigneur de ce village. Le lord de Gifford était brave comme oncques chevalier le fut, et jamais enchanteur n'opéra de charmes plus puissans à l'heure de minuit. Son nom vit encore dans quelques vieilles ballades, qui le désignent sous le titre de fondateur de la caverne des Esprits. Je voudrais bien, lord chevalier, qu'un plus long séjour dans ce hameau vous permît d'aller visiter cette caverne. Elle est vaste, profonde, et située sous les voûtes du château. En voyant la manière dont le roc est taillé, et la forme des arches, on devine facilement que jamais la main d'un homme ne fut employée à cette construction. Tout fut l'ouvrage des enchantemens; et j'ai ouï raconter par mon grand-père que les clameurs effrayantes et le carillon de ces artisans de l'enfer, qui travaillaient sous les ordres du magicien Hugo, ressemblaient à la voix mugissante des vagues qui luttent dans les cavernes de Dunbar.

XX.

Le roi vint trouver le lord Gifford dans son château; il était tourmenté par l'incertitude, car il avait rassemblé ses troupes sur les côtes, ayant appris que les navires des Norwégiens et des Danois agitaient leurs rames à l'embouchure de la Clyde; le redoutable Hacon avait réuni sous ses bannières les guerriers de la Norwège, qui, fiers de leur force gigantesque, menaçaient l'Ecosse et les îles de Bute, d'Arran, de Cuningham et de Kyle.

Lord Gifford entendit du fond de sa caverne le cor d'Alexandre ; il parut à la vue du roi, sans se donner le temps de quitter son étrange et effrayant costume. Son manteau était doublé de peau de renard blanc, sur son front chauvre et ridé s'élevait un bonnet terminé en pointe, tel que les clercs disent qu'en portaient les magiciens de Pharaon ; sur sa chaussure on remarquait des croix et des emblèmes magiques ; le pentacle figurait sur sa poitrine ; sa ceinture, faite de parchemin vierge, ou, comme d'autres le prétendent, avec la peau d'un homme mort, était ornée de signes planétaires en mouvement direct ou rétrograde, en trin-aspect ou en conjonction ; enfin il tenait à la main son épée nue.

XXI.

Ses fréquentes communications avec l'enfer avaient sillonné son visage de rides extraordinaires ; les veilles et le jeûne avaient desséché son corps ; son regard se troublait à la vue de la lumière des cieux, comme peu accoutumé à cette clarté : ses propres serviteurs osaient à peine lever les yeux sur lui dans ce costume, car la tradition raconte qu'il se montrait rarement ainsi à la clarté du soleil.

—Je connais, dit-il d'une voix rauque et cassée, je connais le motif qui amène mon prince en ce lieu ; épargnez-vous la peine de m'en instruire, mais sachez que vous attendez vainement de moi les secrets de l'avenir. Cependant si votre bras est ferme, et que votre cœur soit brave, le courage pourra plus que ma science.

XXII.

— Les démons fiers et chagrins des moyennes régions de l'air, qui voyagent sur les nuages orageux, savent lire l'avenir dans une étoile fixe ou errante, mais ils n'accordent leurs secours qu'à une force supérieure à la leur.

C'est un de ces démons que dernièrement j'ai voulu consulter. Quoique le charme dont j'avais fait usage soit, selon moi, capable d'aller troubler l'enfer jusque dans ses abîmes les plus obscurs, le démon rebelle s'obstina dans son silence. Mais vous, qui ignorez votre privilège, vous qui naquîtes dans cette nuit de honte pour l'enfer, où les tombeaux entr'ouverts et la voix des mourans proclamèrent sa défaite, votre valeur obtiendra ce qui est refusé à ma science.

— Grand merci, répondit notre vaillant roi : je te demande seulement de me mettre en présence de cet adversaire, et je te jure par cette épée, présent de Richard Cœur-de-Lion, que je saurai forcer le démon à m'obéir.

Le magicien remarqua la contenance assurée du roi, et continua de la sorte, charmé de son courage.

— Le sang de Malcolm vient de parler. Vous partirez d'ici à l'heure de minuit; arrivé sur la colline que voilà, vous trouverez une muraille circulaire qui en couronne le sommet; il y a une entrée du côté du sud : arrêtez-vous, sonnez du cor, et le démon paraîtra sous la forme de votre plus cruel ennemi; mettez votre lance en arrêt, piquez votre cheval de l'éperon, fondez sur le fantôme en invoquant saint George; s'il est désarçonné, vous le forcerez à vous instruire de ce que vous désirez savoir; si le cœur venait à vous manquer dans le combat... je ne réponds pas de votre vie.

XXIII.

Dès que la cloche eut sonné minuit, signal de son départ, le roi partit seul, monté sur son cheval et bien armé. Arrivé à l'enceinte déserte de l'ancien camp...—Seigneur chevalier, vous pourrez le voir à main gauche en sortant du village; jadis les Pictes marquèrent la tranchée de leur sang; à l'entour le terrain est noir et aride; mais l'espace intérieur est tapissé d'une fraîche verdure : nos enfans connaissent bien le lieu; c'est là qu'ils cueillent les premières fleurs sauvages du printemps; mais malheur au voyageur égaré qui y pénètre pendant la nuit. La portée d'un trait mesure assez bien la largeur de l'enceinte où, par conséquent, on peut prendre carrière. Quatre brèches y donnent entrée, aux quatre régions du ciel : le roi entra par celle du sud, s'arrêta, et sonna bravement du cor. Alors il vit s'avancer contre lui, du côté du nord, le roi d'Angleterre, qui, dans ce temps-là, combattait en Terre-Sainte, à plus de mille lieues. Ses armes étaient celles de la Grande-Bretagne, le léopard brillait sur son écu, c'était le coursier syrien, c'était la taille d'Edouard. En effet, l'Ecosse a reconnu long-temps après que ce prince était son plus cruel ennemi [1].

XXIV.

Cette apparition fit d'abord tressaillir notre monarque; mais son noble cœur surmonta toute crainte; ils s'élancèrent l'un sur l'autre. Au premier choc, le chevalier fantôme roula dans la poussière avec son cheval; un éclat de sa lance perça la visière d'Alexandre et le blessa légèrement... Alexandre saute à terre, et menaçant le démon vaincu avec son épée, il le force de lui apprendre quelle sera l'issue de sa campagne. Alors il vit les plaines glorieuses de Largs couvertes d'ossemens gigantesques, monument de la défaite des Danois. Il se vit lui-même au plus fort de la mêlée, agitant sa hache d'armes, et renversant de son char l'orgueilleux Hacon, pendant que les noirs corbeaux du Danemark planaient au-dessus de ces rois fantastiques.

On dit aussi que, dans cette nuit mémorable, Alexandre vit plus avant encore dans l'avenir, et qu'il apprit les victoires promises à nos descendans contre les peuples du nord; il vit une ville royale [2] livrée aux flammes; ses palais et ses tours embrasés, éclairant le ciel de la nuit des torches de l'incendie, pendant que les vainqueurs condui-

---

(1) Edouard, surnommé *Longues-Jambes*. Voyez la note. — Ed.

(2) Copenhague. Par pudeur, le poète eût dû taire une expédition honteuse pour sa patrie. — Ed.

saient les vaisseaux en triomphe. Voilà de quoi consulter les clercs érudits; pour nous autres villageois, cela passe la portée de notre intelligence.

XXV.

Satisfait de ces heureux présages, le roi se mit à la tête de ses armées : il combattit et vainquit les Danois; mais tous les ans, quand revenait la nuit de son étrange combat avec l'esprit, le sang coulait de sa blessure, et lui causait une légère douleur; lord Gifford lui disait alors en souriant : —Quelque brave que vous ayez été, vous portez la peine d'avoir tressailli.

Depuis long-temps le roi d'Ecosse dort dans l'église de Dumferline; que Notre-Dame protège son repos! Mais la lice est encore ouverte sur le sommet de la colline, pour tout paladin qui ose se hasarder contre le fantôme. Plusieurs chevaliers se sont présentés, ils ont tous payé cher leur témérité; il n'y a que Wallace et Gilbert Hay, comme le rapporte la légende, qui soient sortis vainqueurs d'un tel combat.

Voilà toute mon histoire. —

XXVI.

Les quaighs [1] étaient profonds et la liqueur forte; les auditeurs de l'aubergiste auraient fait sans doute de longs et savans commentaires; mais Marmion fit un signe, et ses écuyers se retirèrent avec leur maître. Les autres hommes de sa suite, fatigués de la route et de leurs libations d'ale, s'étendent autour du feu; leurs boucliers et leurs carquois leur servent d'oreillers, et bientôt ils s'assoupissent d'un profond sommeil. La flamme mourante des tisons à demi consumés tantôt éclaire le groupe, tantôt le laisse dans l'obscurité.

XXVII.

Fitz-Eustace s'était couché à part sur le foin d'un vaste grenier. Les rayons de la lune tombaient par intervalle

---

(1) Coupes en bois formées de plusieurs douves. — E_D

CHANT TROISIÈME.

sur son manteau vert, dans les plis duquel il s'était enveloppé. Comme on rêve à son âge, il rêvait de la chasse à travers les forêts et sur les bords des ruisseaux ; il rêvait de faucons ou de meutes, de tournois, de bagues, de gants, ou peut-être de l'amour d'une belle, songe plus doux encore !

Quelqu'un s'approche de lui d'un pas prudent et l'éveille. Il regarde, et croit voir un fantôme qui, moitié dans l'obscurité et moitié éclairé par la lune, se tenait debout devant lui ; un panache flottait sur son casque ; Fitz-Eustace frémit et veut mettre la main sur son épée, lorsqu'il reconnaît la voix de son maître.

XXVIII.

— Fitz-Eustace, lève-toi... J'appelle en vain le sommeil. Le conte de ce villageois me poursuit ; des pensées pénibles ont agité mon sang ; l'air de la nuit pourra le calmer... Je monterais volontiers sur mon coursier pour voir ce chevalier merveilleux. Lève-toi, cher Eustace, va seller mon cheval, et surtout prends bien garde de ne réveiller aucun de mes vassaux. Je ne voudrais pas que ces varlets bavards eussent quelque motif de dire, en vidant leurs pots de bière, que j'ai ajouté foi à un semblable conte.

Le seigneur et l'écuyer descendirent à petits pas ; Fitz-Eustace ouvrit la porte de l'écurie, et sella dans l'obscurité le cheval de Marmion, pendant que celui-ci parlait ainsi à voix basse :

XXIX.

— Ne te souvient-il pas, mon bon écuyer, d'avoir entendu dire qu'au moment de ma naissance, le saint George qui ornait la chapelle de mon père se laissa choir de son cheval de marbre, comme fatigué d'être en selle ? Les chapelains flatteurs dirent que ce champion me cédait sa monture. Pour vérifier cet augure, je voudrais bien rencontrer le chevalier fantastique. J'aimerais à le combattre pour le forcer à répondre à une question. Mais vaine pensée! les esprits, s'il en existe, sont une race légère qui chante et danse sur les bords d'une source ou de la mer au bruit des cascades, ou qui court la bague autour d'un vieux chêne.

En finissant ces mots, Marmion monta à cheval et sortit, sans se hâter, de l'hôtellerie.

XXX.

Fitz-Eustace le suivit de loin pendant quelque temps; il prêta l'oreille aux pas de son cheval, jusqu'à ce que, par le bruit toujours plus faible, il jugea que Marmion se dirigeait vers l'enceinte du camp des Pictes.

— Comment se fait-il, pensait Fitz-Eustace, qu'un chevalier qui regarde à peine comme évangile ce que l'Eglise professe, excité par un conte ridicule, monte à cheval au milieu de la nuit, et, couvert de son armure, s'attende presque à rencontrer un esprit armé de toutes pièces?

Fitz-Eustace savait peu combien les passions ébranlent l'ame la plus forte. La crédulité se présente comme un moyen de fixer nos idées incertaines : fatigués de nos doutes, nous l'accueillons comme un guide, bien que ce guide soit aveugle.

XXXI.

Fitz-Eustace s'inquiétait peu de tout cela, mais il attendait patiemment le retour du chevalier, lorsqu'il entendit le bruit du galop d'un cheval qui précipitait sa course vers le village. Ce bruit, d'abord sourd, devint bientôt plus sonore lorsqu'il retentit sur les pierres de la route. Fitz-Eustace reconnut le cheval de Marmion, qui revenait plus vite qu'il n'était parti. Il mit pied à terre avec tant de hâte qu'il faillit tomber, et, jetant les rênes entre les mains de son écuyer, se retira sans mot dire. Mais la clarté de la lune fit voir à Fitz-Eustace que le faucon de son casque était couvert de poussière; les marques que portait le coursier sur son flanc gauche et sur ses genoux, indiquaient qu'il n'avait pas eu le pied ferme. Après avoir réfléchi à ces signes singuliers, Fitz-Eustace essaya d'aller retrouver le repos; mais son sommeil fut court, et agité par des songes de terreur; aussi l'écuyer entendit-il avec plus de plaisir que jamais les premiers chants de l'alouette matinale.

CHANT QUATRIÈME.

Le Camp.

A JAMES SKENE, ESQ.

Ashesteil, Ettrick Forest.

Un ancien ménestrel disait sagement : — Où sont les jours de notre vie qui viennent de s'écouler? — Ce paysan de la forêt des Ardennes [1], que le plaisant Jacques voyait avec un œil jaloux, ne pourrait pas faire un aussi long commentaire que moi sur ce texte trivial. Voici onze ans que nous sommes amis : notre intimité commença sous les drapeaux où nous portions volontairement les armes : et jamais, depuis lors, aucun nuage ne l'a troublée dans les sentiers variés de la vie que nous avons parcourus. Ces onze années se sont envolées rapidement, et ont été se réunir à la masse des siècles. Elles furent remarquables par les alternatives de la joie et de la douleur: tu as vu les climats lointains, les ruines des anciennes cités et les vicissitudes des empires; tandis que moi, dans une sphère plus étroite, je me suis contenté d'observer les mœurs et les hommes de ma patrie. Mais, malgré la variété des désirs, des espérances et des craintes qui se sont succédé pour nous, aujourd'hui tous ces jours, toutes ces semaines, tous ces mois ne nous semblent que le souvenir d'un songe, tant le courant de la vie nous entraîne avec vitesse vers la mer immense de l'éternité.

(1) SHAKSPEARE. *Comme il vous plaira.* — ED.

Il me semble même que c'était hier que je commençai ce poëme qui a quelquefois occupé mes loisirs, et que j'ai si souvent négligé quand des soins plus graves venaient m'interrompre. Il me semble que c'est ce même vent de novembre, dont la voix triste inspira mon premier chant, qui soulève encore les feuilles desséchées sur le rivage de l'Yarrow, agite les bouleaux dépouillés de leur verdure, et soupire comme alors entre leurs branches flétries ; les hauteurs de Black-House et la forêt d'Ettrick sont couronnées des vapeurs de l'hiver ; l'orage qui gronde sur la montagne, et l'inondation de la prairie, nous avertissent de fuir des rives de la Tweed : les flocons de neige voltigent déjà sur l'aile de l'ouragan. Le berger nous avait paru digne d'envie dans la saison de l'été, alors que nous retracions les paysages de la colline et du vallon, toi avec le pinceau et moi avec la plume. Etendu tout le long du jour au milieu de la bruyère, il suivait d'un œil distrait le vol des nuages, ou s'endormait sur son havresac déchiré. Quelquefois aussi sa main oisive guidait un hameçon dans l'onde rare du ruisseau..... Mais la neige qui va tomber pendant la nuit dans la plaine prépare des travaux plus pénibles au berger.

Le soleil s'est couché au milieu d'une vapeur épaisse et rougeâtre, et le laboureur, à peine endormi, entend dans sa chaumière l'orage qui commence à pousser la grêle et la pluie contre les carreaux de sa fenêtre. Le même vent qui force le daim et le renard à se réfugier dans les taillis et sous l'abri des cavernes, appelle le berger à une tâche dangereuse. Il tourne souvent les yeux vers le ciel, et espère en vain que la tempête s'épuisera en pluie bienfaisante. Bientôt l'horizon nébuleux et la terre déjà blanchie par la neige le forcent de se mettre en marche : ses chiens gémissans, et l'œil baissé, quittent à regret le foyer domestique ; le berger siffle et les encourage en repliant son manteau autour de son corps ; il rassemble son troupeau, et le conduit dans les plaines découvertes et sur la pente des montagnes. Là, quoique la tempête soit plus violente, cependant la neige encombre moins les sentiers. Le vent qui souffle sur les rochers convertit les boucles de ses cheveux en glaçons ; il tourne souvent la tête, et aperçoit la clarté de sa lampe qui brille comme une étoile à travers la croisée de sa cabane ; quand il l'a perdue de vue, il se résigne ; et, bravant avec patience les frimas de la nuit, il guide à pas lents son troupeau paresseux. Si son cœur se décourage, si ses membres faiblissent, le froid lui donne la mort : il s'égare, et vient tomber sur le seuil de sa demeure. Le matin luira sur son cadavre glacé et sans vie ; sa veuve entendra, au retour de la pâle aurore, ses enfans orphelins redemander leur père, et trouvera le chien fidèle qui, partageant leur douleur, s'est couché au milieu de la neige sur le sein de son maître, et lèche son visage pour le réveiller.

Qui envie dans cette saison le sort du berger, sa santé robuste, sa paisible chaumière, sa couche de gazon sur la colline, ses chants joyeux sous l'ombrage, adressés aux beaux yeux de sa fraîche Marion ; sa houlette, sa gourde, son chalumeau et tous les attributs de l'Arcadie ?

Hélas ! cher Skene, notre vie n'est-elle pas également soumise à ces vicissitudes ? Nous voyons souvent notre printemps embelli par les jeux et la gaieté, tandis que l'orage nous prépare ses fureurs pour l'hiver de nos jours. Tel le vieux monarque de Troie avait passé l'été de sa vie dans la paix et la gloire ; mais les feux des Grecs et les alarmes de la guerre affligèrent ses cheveux blancs. Heureux donc, puisque chacun doit avoir sa part de plaisir et de peine, heureux les protégés du ciel, dont la coupe contient le mélange des deux liqueurs ; heureux ceux qui trouvent des consolations dans leurs chagrins, et à qui quelques revers apprennent le prix de la modération dans le bonheur. Telle fut ta destinée, mon ami ; tu te vis condamné à mêler le cyprès à la couronne de myrte, lorsqu'à peine tu venais de former les doux nœuds de l'hymen. Le père de ta fiancée avait souri à l'époux choisi par sa fille ; l'amour fut forcé de prendre des habits de deuil et d'essuyer les larmes de la piété filiale. Hélas ! il avait été aussi bon ami que bon père [1]. A peine Forbes, objet de nos regrets, venait de payer son tribut à l'ombre de son ménestrel ; à peine venait-il de terminer l'histoire de son ami, que le cœur de l'historien lui-même fut glacé par la mort. Où trouverons-nous un cœur aussi noble et aussi bienfaisant ? Ses amis et sa famille ne seront pas les seuls à pleurer sur son urne

(1) Voyez la note sur William Forbes de Pitsligo, auteur de la *Vie de Beattie*.
— Éd.

honorée : tous ceux dont il a séché les larmes en verseront de
plus amères en entendant prononcer son nom; la reconnaissance
proclamera enfin des bienfaits ignorés jusqu'ici. Si la charité des
mortels osait prendre les titres du Très-Haut, nous graverions
sur sa tombe qu'il fut le bouclier de la veuve et l'appui de l'orphelin. Quoique cet hommage de ma muse doive réveiller tes
douleurs, elle ne sera pas blâmée de choisir un sujet aussi triste :
elle est sacrée pour moi la plume qui traça cette maxime :

N'OUBLIE JAMAIS L'AMI DE TON PÈRE.

Moi aussi je puis dire que j'ai reçu de lui des bienfaits et des
conseils généreux; moi aussi j'ai un tribut à porter sur sa
tombe........ C'est peu de chose; mais c'est tout ce que je possède.

Pour toi, peut-être ces vers te rappelleront nos promenades
de l'été, ces jours où, tous deux oisifs, et, je l'avoue, peu jaloux de rien faire, nous errions sur les collines, et passant du
grave au doux, et de l'utile à l'agréable, nous tenions des discours aussi variés et aussi peu suivis que les sites qui s'offraient
à nous. Souvent aussi nous trouvions du charme à poursuivre
silencieusement nos travaux paisibles, toi dessinant les formes
fantastiques d'un chêne, et moi lisant avec extase la légende de
cet antique chevalier, surnommé Tyran-le-Blanc. A nos pieds,
deux écuyers fidèles, Pandour et Camp, s'observaient d'un œil
jaloux, et avaient peine à ne pas renouveler d'anciennes querelles. L'alouette gazouillait du haut de son nuage : le ruisseau
murmurait doucement. L'aubépine couronnait nos fronts de ses
guirlandes parfumées. Ariel [1] ne vivait pas plus heureux que
nous sous son ombrage fleuri.

Il est aussi des nuits charmantes dont le souvenir doit nous
être cher. Lorsque l'hiver dépouillait les bosquets de la parure
de leurs feuilles, nous écoutions sans inquiétude, comme je fais
aujourd'hui, le gémissement de la bise. Auprès d'un bon foyer,
autour d'une lampe joyeuse, nous prêtions une oreille attentive
aux romances d'une jeune beauté, et nos railleries faisaient
rougir celui d'entre nous qui reculait devant la flamme azurée

---

(1) L'Ariel de *la Tempête* de Shakspeare — ÉD.

du punch. Nous avions alors des amis qui nous aidaient à rire des menaces de la tempête; cet aimable voyageur qui respire l'air pur des rives du Devon, et dont nous trouvons l'absence si longue; le tendre R***, et un autre encore que je ne puis nommer, car la délicate sensitive ne repousse pas avec plus de crainte une indiscrète main, que lui une louange méritée. Une gaieté franche présidait à nos fêtes; le souci en était exclu, et se dépitait à la porte; non que quelque grave discours ne vînt parfois captiver aussi notre attention, comme, par exemple, sur ce qu'on exige d'un coursier pour être bien fait, sur son jarret, sa croupe ou sa crinière; car, semblables à ce fou de Tom [1], notre principale affaire était de monter à cheval et de faire la guerre au gibier. Tels étaient nos plaisirs dans cet heureux temps, et quoique l'âge mûr nous ait un peu changés, et nous fasse accorder moins d'importance à la chasse et aux ruisseaux, cependant ne perdons pas l'espoir de renouveler ces douces occupations. Cette pensée seule inspire ma muse, et le chevalier Marmion va se mettre en marche.

I.

J'ai dit qu'Eustace entendit avec joie les premiers chants de l'alouette. Réveillé par le coq matinal et les fanfares des cors, les archers de Marmion et ses valets accourent à l'écurie, en sifflant gaiement; mais bientôt on les entend se plaindre de tous côtés du désordre de leurs équipages. Les uns réclament leurs armes perdues, les autres vont chercher querelle à l'hôtelier. — Par les reliques de saint Becket! s'écrie l'un, je crois que quelque fourbe d'Ecossais m'a volé ma lance! Le jeune Blount, second écuyer de Marmion, s'étonne de trouver son cheval couvert de fange et de sueur : il menace le palefrenier, qui jure par tous les saints qu'il l'a étrillé la veille avec soin. Pendant que l'écuyer s'impatiente, le vieux Hubert pousse des cris de surprise et de terreur. — Blount! dit-il, ca-

[1] Voyez la tragédie du *Roi Lear*. — Ép.

marades! au secours! Bevis se meurt sur la litière; comment annoncer à Marmion la perte du coursier qu'il aime tant! Ils voient en effet avec douleur le pauvre Bevis haletant et près d'expirer! Un des vassaux, qui croit avoir deviné le secret de tous ces prodiges, s'écrie tout à coup:
— Comment tous ces malheurs ne nous seraient-ils pas arrivés, avec un guide comme ce maudit pèlerin? il nous eût mieux valu suivre, à travers les broussailles et les marais, la lanterne du moine Rush [1].

II.

Fitz-Eustace, qui devinait seulement la cause de ce désordre, sans trop la comprendre, imposa silence à ses compagnons, car il connaissait l'humeur bizarre de son maître. Il alla le trouver avant de se mettre en route, et le vit plongé dans une sombre rêverie. Il lui raconta ce qui arrivait, mais simplement comme s'il ne se doutait de rien. Lord Marmion l'écouta avec une froide indifférence, sans témoigner la moindre surprise, comme si on ne lui parlait que d'accidens ordinaires en voyage, et il ordonna aux trompettes de sonner le boute-selle.

III.

Le jeune Henry Blount paya la dépense de l'auberge, et, en jetant l'argent sur la table, il dit à l'hôte écossais:
— Maraud, tu mériterais bien de ne pas toucher un shilling: vois-tu dans quel état se trouve mon cheval? des Esprits l'ont fait galoper toute la nuit, et l'ont laissé tout couvert d'écume. J'espère qu'une armée anglaise viendra bientôt conjurer tous les diables de l'Ecosse, et les forcer à coups d'épée de retourner bien vite dans leur asile de l'enfer. Quant à cette maison, je me souviendrai qu'elle en est pleine! — Grand merci, répondit l'hôte, qui regardait en souriant l'argent qu'il recevait; grand merci, messire écuyer, et si vous êtes du nombre de ces Anglais qui doivent venir se livrer aux épées d'Ecosse, je sou-

---

[1] Feu follet. Voyez la note 2. — Éd.

baite que celle qui vous percera soit bien aiguisée et vous épargne une longue agonie. Leur entretien en resta là, car Marmion avait déjà fait donner le signal du départ. Le pèlerin continua de leur montrer la route, et ils voyagèrent toute la matinée.

IV.

Ils traversèrent les bois de Humbie et de Saltoun, dont les sentiers leur offraient un doux tapis de gazon. La route était variée : ici la vue pouvait s'étendre sur des vallons et des collines ; là les arbres, se rapprochant de nouveau, entrelaçaient leurs rameaux en voûtes de verdure.

— Ce bois est charmant, dit Fitz-Eustace, et ressemble à ceux où les chevaliers errans rencontraient leurs grandes aventures. Une gente damoiselle, fugitive éperdue, et les cheveux en désordre, venait soudain chercher un refuge à leurs pieds, et le paladin courtois s'empressait d'aller rompre une lance pour elle. Je vois aussi de ces grottes romantiques, éclairées par un demi-jour mystérieux, comme celles où la belle inconnue témoignait sa reconnaissance au brave défenseur que le ciel lui avait envoyé. — Ainsi parlait Eustace, pour distraire lord Marmion, peut-être aussi pour montrer sa science, car Eustace avait feuilleté près de la croisée du château paternel maints gros volumes de romans imprimés par Caxton ou De Worde. Mais en vain attendit-il une réponse ; Marmion gardait un morne silence.

V.

Tout à coup les échos de la forêt et des collines répètent les sons de plusieurs clairons encore éloignés. Les archers saisissent leurs armes, mais ils reconnaissent bientôt que ces fanfares n'annonçaient rien d'hostile. Prudent toutefois comme on doit l'être dans un pays ennemi, Marmion ordonne à sa troupe de gagner un terrain plus découvert. A quelques stades plus loin, les arbres s'écartaient soudain et formaient comme le rempart d'une petite plaine : Marmion fit ranger ses archers en bataille, et vit bientôt sortir du côté opposé un brillant escadron.

VI.

A la tête marchaient les trompettes qui avaient fait naguère retentir toute la forêt. Ils s'avançaient sur des coursiers fringans, et portaient un manteau écarlate sur leur veste bleue. Chaque clairon était orné d'une bannière avec l'écusson royal d'Ecosse. Les hérauts et les poursuivans, Bute, Islay, Marchmont, Rothsay, venaient ensuite avec leurs cottes d'armes peintes et brillantes d'argent, d'or, d'azur et de gueules; ils formaient le cortège du roi d'armes. Celui-ci tenait à la main le sceptre héraldique, qui avait souvent éteint les plus violentes querelles de la féodalité.

VII.

C'était un homme d'un âge moyen, d'un aspect noble, grave et sage, comme il convient à l'ambassadeur d'un roi. Mais ses regards exprimaient aussi la finesse, la pénétration, et quelque chose de cet esprit satirique qui frondait les vices du siècle, et commençait à miner l'autorité de Rome. Sa toque de cérémonie était couronnée par une aigrette de héron; les housses qui couvraient son blanc palefroi pendaient jusqu'à terre; elles étaient brodées tout autour, et on y admirait les armoiries et devises d'Ecosse: le double trescheur [1], qu'Achaius porta le premier, le chardon, la fleur-de-lis et la noble licorne.

Ces riches armoiries éblouissaient tellement les yeux, qu'on pouvait à peine distinguer le lion blasonné d'où venait le titre du roi d'armes. Une suite convenable à ses fonctions formait son cortège. Ton nom est encore renommé, et tes vers ont encore des charmes, sir David Lindesay du Mont, lord Lion-Roi-d'Armes.

VIII.

Marmion mit pied à terre aussitôt qu'il aperçut l'envoyé du roi Jacques; car le noble baron n'ignorait pas que cette

---

(1) Espèce d'orle ou filet au bord de l'écu. — Ep.

marque de déférence était due à celui que le monarque avait couronné de ses propres mains de l'ancien diadème d'Ecosse, après lui avoir oint le front avec le vin sacré, et avoir confié à son doigt l'anneau emblématique.

Après des félicitations mutuelles, le Roi-Lion exposa son message en ces termes :

— Le roi mon maître avait juré de ne plus former d'alliance avec Henry, et de ne plus permettre qu'aucun député d'Angleterre parût à sa cour; cependant, comme il connaît lord Marmion et qu'il honore sa renommée guerrière, mon souverain aurait cru manquer à la courtoisie s'il avait refusé de le voir. Je suis chargé d'être votre guide et de vous traiter selon votre rang, jusqu'à ce que Sa Majesté désigne le jour où elle daignera admettre en sa présence la fleur de la chevalerie anglaise.

IX.

Quoique contrarié de ce retard, Marmion feignit de s'en consoler. Le pèlerin, son guide mystérieux, voyant qu'il n'était plus nécessaire, voulut vainement prendre congé de lui. L'ordre exprès du roi d'armes était qu'aucun des gens de Marmion ne pût s'écarter. — L'Angleterre, dit tout bas David Lindesay à Marchmont, a bien assez des yeux perfides de Lady Heron pour nous espionner en Ecosse. Mais il donna au chevalier anglais des prétextes spécieux. Les deux troupes réunies suivirent les rives de la Tyne.

X.

Enfin ils arrivent dans ce vallon où le château de Crichtoun s'élève sur les bords de la rivière; c'était là que le Lion-Roi-d'Armes avait préparé un logement digne de Marmion; de là vous entendez murmurer les ondes de la Tyne, qui d'abord s'étend en nappe pour former un lac majestueux, et puis, resserrée dans un lit plus étroit, arrose les racines du sureau et du saule pleureur. Le château est l'ouvrage de plusieurs siècles, comme l'atteste son architecture variée; c'est un vaste et solide monument qui résista aux soldats des Douglas, armés par la haine et la vengeance.

XI.

Crichtoun! aujourd'hui ta cour fangeuse ne reçoit plus que le bœuf paresseux et les troupeaux bêlans; mais le ménestrel aima long-temps à visiter tes tours gothiques et ton donjon en ruines. J'ai souvent pris plaisir à deviner le sens mystérieux des devises sur les armoiries et les écussons rouillés, restes d'une ancienne magnificence, qui parent encore tes antiques murailles. Le temps a respecté la galerie où étaient suspendus jadis les portraits des preux; on admire encore la sculpture de ton superbe escalier, orné de ses rosaces et de ses festons entrelacés. Le portique élégant de ta cour est encore debout, et au-dessus de la corniche les pierres taillées en facettes conservent leurs formes de diamans, mais les troupeaux vont seuls y chercher un abri contre l'orage. On peut encore descendre en frissonnant dans les sombres caveaux où gémissaient jadis les captifs, privés de la lumière du jour. Mais je préfère suivre, du haut de tes créneaux recouverts de gazon, les détours de la Tyne, qui semble fuir à regret le vallon ravissant où serpentent ses ondes.

XII.

Crichtoun était dans toute sa splendeur quand Marmion y fut reçu; mais son entrée s'y fit sans éclat, car il n'y avait dans le château que des femmes, des enfans et des vieillards; les yeux encore humides des larmes qu'elle venait de verser, la noble châtelaine alla d'un air triste à sa rencontre : ce fut son fils, à peine âgé de douze ans, qui tint les rênes de son coursier; car tous les vassaux en état de porter les armes étaient partis le matin même avec leur seigneur, le comte Adam Hepburn, celui qui périt à la bataille de Flodden, à côté de son souverain : sa veuve désolée montera long-temps sur la tour pour tâcher de reconnaître dans le lointain le panache de son époux; elle ne doit plus le voir revenir à la tête de sa vaillante

CHANT QUATRIEME.

troupe. Honneur au comte Hepburn! ce nom fut glorieux jusqu'à ce que l'odieux Bothwell l'eût porté.

XIII.

Marmion demeura deux jours dans ce château, comblé de tous les honneurs dus aux chevaliers et servi comme l'hôte du roi. Ainsi l'avait ordonné le monarque d'Ecosse, qui passait alors en revue toutes ses troupes dans la plaine de Borough-Moor. Peut-être ce prince ne voulait-il pas qu'un ennemi vît son armée, jusqu'à ce que chaque corps fût en état de marcher contre les forces de l'Angleterre.

Cependant Lindesay parvint plusieurs fois à égayer, par son esprit, l'humeur sombre de Marmion, et il apprit, à son tour, à estimer les talens du baron anglais, qui était versé dans tous les arts de la Grèce et de Rome, et dans toutes les sciences de la guerre et de la paix.

XIV.

Ils se promenaient ensemble le soir du second jour sur les remparts du château, et s'entretenaient au clair de la lune sur différens sujets; le roi d'armes, comme par distraction, dit à Marmion qu'il aurait bien pu se dispenser d'entreprendre son voyage, car un messager du ciel avait déjà parlé au roi Jacques pour le dissuader de faire la guerre. Pressé par les questions de Marmion, Lindesay lui raconta cette histoire, que les vieilles chroniques de l'Ecosse nous ont conservée :

XV.

RECIT DE SIR DAVID LINDESAY.

— De tous les beaux palais qui ont été construits par les souverains de l'Ecosse, le plus beau, sans comparaison, c'est celui de Linlithgow. Qu'il est doux, au mois charmant de juin, d'aller y écouter les chants de la linotte et les sifflemens joyeux du merle? le daim sauvage brame dans le taillis, et la poule d'eau plonge dans l'onde limpide du lac. Le cœur le plus triste y partagerait le bonheur qui réjouit alors toute la nature; mais de tous les mois de l'année, c'est le mois de juin qui est le plus odieux au roi Jacques. Vous ne devez pas ignorer que ce fut pendant ce mois qu'arriva la défaite de son père. Malheur aux traîtres qui armèrent l'héritier du trône contre l'auteur de ses jours! La conscience lui fait encore sentir le trait douloureux du remords! Le mois de juin est toujours consacré par le roi à des pratiques aussi austères que celles du carême.

XVI.

Cette année-ci, le roi passait, selon son usage, ce mois fatal à Linlithgow; l'anniversaire de la mort de son père était arrivé; les hymnes des morts retentissaient dans le temple; les cloches faisaient entendre leurs sons lugubres; l'évêque célébrait la messe; le monarque, agenouillé dans la chapelle de Sainte-Catherine, revêtu de la haire et de son ceinturon de fer, versait des larmes de douleur; autour de lui les chevaliers de l'ordre du Chardon étaient placés dans les stalles qui leur sont réservées, avec leurs bannières flottantes. J'étais aussi présent; et, je l'avouerai, étourdi par le bruit continuel des cloches, j'avais les yeux fixés sur les vitraux que le soleil dorait de ses rayons; mais bientôt, témoin de ce qui arriva, je crus rêver..... Un fantôme en tunique bleue avec une ceinture blanche fend la foule d'un pas grave. Son front était chauve, sa tête découverte; une blonde chevelure tombait en boucles sur ses épaules... Ne riez pas de ma crédulité, seigneur Marmion; je vous jure, sur l'honneur, qu'en voyant sa grace paisible, la simple majesté de son visage et sa démarche solennelle, je crus avoir devant les yeux l'image parfaite de cet apôtre qui soutint la Vierge dans son évanouissement, l'image de Jean, le disciple chéri du Christ.

XVII.

Il s'avance jusqu'auprès du roi, s'arrête avec une franchise rustique, ne fait aucun salut au monarque, et, appuyant son bras sur le pupitre, il lui adresse ces paroles d'un ton peu élevé ; mais jamais paroles ne firent comme les siennes frémir tous ceux qui les écoutaient :

— Ma mère céleste, dit-il, m'envoie pour te prévenir de ne point faire la guerre. Un grand malheur t'attend ; mais si tu te refuses à cet avis, défie-toi doublement, roi d'Ecosse, des attraits d'une femme et de ses embûches au milieu des voluptés. Que Dieu daigne veiller sur toi. —

— Le monarque surpris semblait chercher une réponse sans pouvoir en trouver une ; et, lorsqu'il releva la tête pour parler, l'envoyé céleste était déjà loin. Le maréchal d'Ecosse et moi nous avions couru pour l'arrêter à la porte : mais il disparut aussi rapide que le vent de l'orage, et comme un rayon du soleil qui tombe sur une vague et s'évanouit aussitôt. —

XVIII.

Pendant que Lindesay faisait cet étrange récit, la nuit commençait à être si obscure qu'il ne put voir le trouble de Marmion. Après un moment de silence, le baron anglais répondit :

— Je croyais les lois de la nature si fortes, qu'il me semblait impossible que jamais leur cours pût être interrompu ; et il y a trois jours que j'aurais traité votre histoire de mauvaise plaisanterie ; mais depuis que j'ai passé la Tweed, j'ai des raisons pour tenir moins à mon scepticisme, et je suis devenu un peu plus crédule. Marmion s'arrêta, et parut fâché d'en avoir trop dit ; cependant pressé par cette émotion irrésistible qui nous fait un besoin d'épancher notre ame, alors même que nous ne pouvons révéler nos secrets qu'avec douleur, il raconta au roi d'armes la merveilleuse histoire de l'hôtelier villageois ; mais il ne dit pas un mot du pèlerin, de Constance et de Clara ; il n'attribua qu'à un rêve inquiétant les pensées qui avaient troublé son sommeil à Giffort.

XIX.

—Vainement, dit-il, j'essayai de goûter un moment de repos : les mêmes pensées m'assiégeaient sans cesse et portaient dans mon cœur l'agitation d'une fièvre brûlante. Pour échapper à cette espèce de délire, je montai sur mon coursier : la lune brillait; je me rendis à l'ancien camp des Pictes. J'entrai par la porte du sud, et je sonnai du cor; il me sembla en entendre un autre qui me répondait; le son en était si faible, que ce pouvait bien être l'écho lointain du mien.

XX.

— Dans cette idée, je me préparais à revenir sur mes pas; mais soudain un cavalier m'apparaît dans cette enceinte. J'avais peine à en croire mes yeux; et je doute encore s'ils ne m'ont pas trompé... J'ai prouvé mon sang-froid, lord Lion, dans maint combat particulier et dans mainte bataille; oui, j'ose dire que je m'y suis toujours comporté avec le courage qui convient à un noble chevalier; mais, lorsque cet ennemi inattendu sembla sortir tout à coup des entrailles de la terre, je dois dire la vérité... je frissonnai de terreur; et, en mettent ma lance en arrêt, mon bras tremblait tellement que je pus à peine me tenir sur la défensive.

XXI.

— Ai-je besoin de vous dire quelle fut l'issue de notre combat? nous courûmes l'un sur l'autre.... mon cheval s'abattit.... que pouvait-il faire contre un champion de l'enfer?... je roulai sur la lice; le spectre brandissait son glaive nu sur ma tête. Mais voici le plus extraordinaire : je levai les yeux... la vue des gouffres où rugissent les démons ne m'eût pas épouvanté comme le visage que je reconnus... La lune éclairait des traits qui ne me sont que trop familiers : c'étaient ceux d'un chevalier ennemi qui, exilé depuis long-temps dans des climats lointains, y a perdu la vie. Je ne doutais plus qu'il n'eût péri en effet, lorsque levant sa visière il fixa sur moi les regards effrayans d'un fantôme irrité; trois fois il tourna contre mon sein son glaive vengeur, mais il le laissa retomber dans le fourreau lorsque, pour la première fois de ma vie, j'implorai l'intercession de saint George; s'élançant avec légèreté sur un coursier, il sembla disparaître à l'instant même, car la lune fut soudain cachée par un nuage, et les ténèbres de la nuit couvrirent toute la bruyère.... Il serait trop long de vous dire comment je connais si bien ce chevalier que la haine a évoqué de son tombeau; mort ou vivant, il a de puissans motifs pour être mon ennemi. —

XXII.

Sir David du Mont témoigna sa surprise; mais, très-versé dans l'histoire, il se mit à raconter qu'un semblable événement était arrivé autrefois près de Norham, où un fantôme infernal, sous la forme d'un chevalier écossais, avait vaincu Brian Bulmer, et l'avait presque forcé de désavouer son baptême. — Un autre fantôme de ce genre, ajouta-t-il, se voit dans la clairière de Rothiemurcus; il est couvert du plaid, de la targe et de la claymore des Highlands; ses mains sont teintes de sang; on le rencontre encore sous les pins qui ombragent le sombre Tomantoul, Achnaslaid, Dromouchty et Glenmore [1].

Cependant quoi que racontent les légendes à propos de ces démons guerriers, ennemis véritables ou fantômes des montagnes et des plaines, toujours loyal et toujours brave, un vrai fils de la chevalerie doit regarder ces terreurs nocturnes comme de vaines superstitions. Ces esprits malveillans n'ont guère le pouvoir de nous nuire que lorsque, égarés par nos passions, nous méditons un crime ou nous étouffons un remords.

Lord Marmion détourna la tête; deux fois il essaya vainement de raffermir l'accent de sa voix... Enfin, pour toute réponse, il pressa la main de sir David, et leur entretien en resta là. Chacun d'eux alla commander à sa troupe d'être prête au retour de l'aurore, pour se rendre au camp du roi d'Ecosse, car tel était l'ordre de la cour.

XXIII.

Ils prirent de bon matin la route de Dun-Edin. Je pour-

---

(1) Voir une note du ch. III au sujet de ce fantôme merveilleux.

rais décrire toutes les collines et tous les vallons qu'ils parcoururent, tous les ruisseaux qu'ils traversèrent; ils me sont tous familiers; mais, pour éviter de longues digressions, je dirai seulement qu'ils se dirigèrent à travers les bruyères de Braid, et que, traversant la vallée de ce nom, ils franchirent la petite rivière qui l'arrose, et s'arrêtèrent sur la colline de Blackford.

XXIV.

O Blackford, j'ai souvent erré aux jours de mon enfance sur ton sommet inculte, cherchant les nids d'oiseaux parmi les buissons et les touffes du genêt. J'aimais aussi à écouter, mollement étendu, le murmure lointain de la ville, et l'harmonie solennelle des cloches de Saint-Giles, que m'apportait une brise légère. Aujourd'hui mes yeux aperçoivent depuis la colline jusqu'à la plaine les épis dorés de la moisson ondoyante; tout est changé pour moi dans le paysage que je contemple, tout, excepté les rochers, et le ruisseau qui gazouille en fuyant. Hélas! je crois entendre la voix plaintive de mes premières affections, depuis long-temps éteintes.

XXV.

Ces lieux sont bien plus changés encore depuis le jour où Marmion contempla, du haut de la colline de Blackford, les tentes guerrières qui couvraient la plaine de Borough-Moor. Plus de mille pavillons s'étendaient jusqu'à la ville, et formaient une enceinte irrégulière; çà et là quelques chênes, derniers restes de l'ancienne forêt, dominaient par leur cime touffue ce rendez-vous de tous les soldats de l'Ecosse; et, par la teinte de leur feuillage, reposaient l'œil fatigué de la blancheur uniforme du camp.

XXVI.

Depuis la contrée nébuleuse des Hébudes jusqu'aux plaines fertiles de Lodon, depuis la côte rocailleuse de Ross jusqu'aux forêts plus méridionales de Redswire, l'Ecosse avait envoyé tous ses guerriers. Marmion pouvait entendre le bruit sourd de cette multitude, le galop des

CHANT QUATRIEME.

chevaux et leurs hennissemens qui se mêlaient aux fanfares des clairons. Pendant que les Chefs passaient en revue leurs vassaux armés, il pouvait voir la forêt mobile des lances et les éclairs fréquens que renvoyaient les boucliers sur lesquels les rayons du soleil venaient se réfléchir.

XXVII.

Les légers nuages de fumée qui s'élèvent aux premiers rayons du jour, annoncent que les feux allumés par les sentinelles vont bientôt s'éteindre. Maint chariot de bagage roule pesamment sur la plaine, et les bœufs traînent les équipages bruyans de l'artillerie. On remarque surtout les sept sœurs de Borthwick [1] et les couleuvrines que la France avait données à l'Ecosse, funestes présens qui orneront bientôt le triomphe des vainqueurs de Flodden.

XXVIII.

Mille étendards se déployaient dans les airs, différens de forme et de couleurs, verts, cramoisis, rouges ou bleus, ayant chacun leur devise, et ombrageant les pavillons de leurs plis déroulés par la brise [2]. Le plus large et le plus élevé était l'étendard royal; un pin planté dans une pierre massive qui existe encore lui servait de soutien et fléchissait sous le poids de la bannière; déployée par le vent de l'ouest, elle faisait admirer l'écusson de la couronne, au milieu duquel le lion d'Ecosse rampait sur un champ d'or.

XXIX.

Marmion contempla ce beau spectacle avec la noble émotion d'un guerrier... Enfin son cœur s'enflamme, ses yeux étincellent comme dans un jour de bataille, plus terribles que ceux du faucon qui se précipite sur sa proie:
— Lord Lion, vous avez eu bien raison de me dire, s'écria-t-il, que l'on tenterait vainement de dissuader votre

---

(1) C'étaient sept pièces de canon qu'on appelait ainsi; elles avaient été fondues par un nommé Borthwick.

(2) Chacune de ces enseignes féodales désignait les grades différens de ceux qui avaient le droit d'en porter.

roi de la guerre; car, par saint George, si je me voyais à la tête de cette armée, aucun pouvoir infernal ou divin ne pourrait me faire penser à la paix jusqu'à ce qu'un glorieux combat eût terni l'éclat resplendissant de ces armes.

Le barde d'Ecosse qui était d'une humeur moins belliqueuse, lui répondit:—Ce spectacle est beau sans doute;... mais il serait heureux que les princes qui gouvernent un royaume dans la paix et l'opulence, apprissent qu'il est plus digne d'eux de respecter le repos de leurs peuples que de s'exposer à tout perdre en voulant monter trop haut.

XXX.

Marmion ne pouvait abandonner ce site; jamais plus brillante perspective n'avait charmé ses regards. Quand l'œil était rassasié du spectacle de cette magnificence guerrière et du mouvement de la plaine, il pouvait franchir l'espace et contempler la ville, brillante d'une splendeur un peu rembrunie. Les vapeurs qui voltigeaient sur ses noires tourelles étaient colorées par l'aube matinale, d'une teinte rouge semblable à celle des nuages qui recèlent la foudre. Telle était la sombre majesté dont était revêtue la hauteur où le château se montre avec orgueil; tel était l'aspect offert par cette pente escarpée, couverte depuis sa cime aérienne de ces édifices massifs, serrés et d'une prodigieuse élévation, qui forment ma ville romantique. Mais, vers le nord, les rayons du soleil versaient une lumière plus pure sur les monts d'Ochill, et chaque sommet dont ils effleuraient la bruyère, brillait comme une améthyste empourprée. Plus loin, on distinguait les rivages de Fife, de Preston ou Berwick-Law, et au milieu coulait le Firth, dont les îles semblaient flotter sur le sein de l'onde comme des émeraudes enchâssées dans l'or. Fitz-Eustace sentit bondir son cœur; et, comme pour donner un libre essor à son enthousiasme, il enfonça ses éperons dans les flancs de son coursier, et fit une demi-volte en agitant sa bride:—Où est le lâche, s'écria-t-il, qui n'oserait combattre pour une telle patrie ! Lindesay sourit en voyant ce transport, que Marmion ne chercha pas à réprimer par un regard sévère.

XXXI.

Cependant une musique guerrière vint réveiller soudain les échos de la montagne; c'étaient les sons réunis du clairon et du cor, du fifre et du tambour, du psaltérion et des cymbales; en même temps l'airain des cloches invitait les fidèles à prier. Lindesay dit à Marmion : —Cette musique se fait entendre chaque jour, lorsque le roi va assister au saint sacrifice soit à l'église de Sainte-Catherine-de-Sienne, soit à la chapelle de Saint-Roch; ces concerts belliqueux sont pour vous la voix de la gloire, ils ne me rappellent à moi que les plaisirs moins dangereux de la chasse et les fanfares de nos cors dans les bois de Falkland, alors que chaque cavalier se faisait un point d'honneur d'arriver le premier à la défaite du cerf.

XXXII.

—Je ne puis d'ailleurs m'empêcher de gémir, ajouta-t-il, quand je contemple cette reine du nord sur les collines qui lui servent de trône, l'enceinte royale de son palais, son château inexpugnable, ses vastes édifices et ses temples saints ; je ne puis m'empêcher, dis-je, de gémir en pensant que peut-être la fortune nous prépare des désastres funestes, et que ces mêmes cloches annonceront les funérailles de notre prince valeureux, ou appelleront aux armes les citoyens paisibles...—Mais n'allez pas croire, chevalier, malgré ce sinistre pressentiment, que la conquête de l'Ecosse soit assurée ou facile : non sans doute, non... Dieu est le maître de la victoire, il brise la lance et le bouclier des conquérans; vous-même, lord Marmion, vous reconnaîtrez, quand vous attaquerez cette armée de sujets fidèles, vous reconnaîtrez qu'elle est assez redoutable pour faire verser bien des larmes aux veuves d'Albion; jamais guerriers ne furent plus fiers que les nôtres, jamais prince n'égala Jacques en bravoure.

Mais, déjà descendus dans la plaine, Marmion et Lindesay arrivent aux barrières du camp, et y font une halte.

Le ménestrel s'arrête avec eux ; il va monter le ton de sa harpe assez haut pour célébrer dignement le monarque et l'ancienne cour d'Ecosse.

CHANT CINQUIEME.

INTRODUCTION.

A GEORGES ELLIS ESQ.

Edimbourg.

Le sombre décembre abrège le jour et nous ravit les derniers plaisirs de l'automne ; à peine si le soleil daigne laisser tomber sur les neiges un regard indifférent et froid, comme celui qu'accorde un riche protecteur au poète indigent ; les travaux champêtres sont terminés, le fusil repose au-dessus de la cheminée ; suspendus à la muraille, l'épieu, la ligne et la gibecière forment un trophée inutile. Le basset au poil rude et hérissé, le lévrier agile et le chien d'arrêt sont étendus nonchalamment sur le parquet du salon. L'impatient coursier est condamné à rester attaché tout le jour à l'écurie. La neige forme un rempart autour de la maison ; il ne nous reste plus d'autre sentier que celui qui est indispensable pour aller puiser l'eau à la fontaine. Les journaux lus et relus cessent de nous distraire ; le politique chagrin se courrouce contre le retard du courrier, et la ménagère économe se plaint que la neige empêche l'arrivée des chariots. Lorsque la campagne ne m'offre plus que ce triste aspect, je lui dis adieu volontiers; il est doux de changer l'abri désert des forêts pour les livres et les conversations de la ville; j'y retrouve avec un plaisir nouveau les occupations du jour et les soirées au coin du feu.

Ici je n'ai pas lieu de déplorer dans mes vers les ravages du temps, comme je le faisais jadis sur les tours en ruines de Newark, et à Ettrick dépouillé de ses ombrages [2].

Il est vrai que la reine de la Calédonie a aussi essuyé des changemens : jadis fortifiée sur ces sombres collines, bornée et défendue par un rempart, avec des bastions, des tours, un lac et une garnison, elle ne permettait l'entrée de son enceinte que par ses portes bien gardées; au-dessus des arceaux était suspendue une herse armée de fourches de fer : ce temps n'est plus, mais il n'y a que quelques années qu'une porte massive était encore fermée de bonne heure et se laissait suppléer pendant la nuit par un guichet grossier. O toi qui fus comme bardée de fer, Edimbourg! tu es aujourd'hui paisiblement assise sur tes collines, comme une reine dans un asile champêtre; libre et ne connaissant plus de limites, tu étends tes bras jusqu'à la mer, et au lieu du nuage obscur qui planait sans cesse sur tes rochers, tes tours et ton lac, tu réfléchis la brillante lumière du soleil couchant.

Telle cette amazone célébrée par Spencer dans son poëme de la reine des Fées [2], Britomarte, dont la lance magique faisait mordre la poussière à tous les paladins, changea soudain de forme lorsque recevant l'hospitalité dans le château de Malbèque, elle laissa flotter sa robe virginale. Débarrassé des entraves de la cuirasse, son sein battit en liberté; on put contempler son modeste sourire, ses yeux bleus cachés jusque-là par sa visière, et les boucles d'or de sa chevelure tombèrent sur les contours gra-

---

(1) Voyez l'Introduction au chant II.
(2) Livre III, chap. ix.

cieux de ses épaules. Tous ceux qui dans le combat de la nuit avaient admiré sa valeur sans égale, ne furent pas moins surpris de ses appas ; en la voyant on la trouva belle, et en la trouvant belle on l'aima [1]. Sa présence calma tous les transports jaloux et charma quelque temps les soucis de Malbèque ; ce chevalier errant, protecteur des dames, oublia les droits de sa Colombelle, et une passion naguère inconnue conquit le cœur du brusque sir Satyrane. Le volage Paridel, tout hardi qu'il était, n'osa pas la contempler sans respect. Tu charmais et tu domptais à la fois tous les cœurs, incomparable Britomarte !

C'est ainsi, belle cité, que, dépouillée de tes remparts, tu nous parais aussi imposante et plus aimable que dans ton appareil de guerre. Ne crois pas que ton trône, devenu d'un abord facile, ait perdu sa force et sa sécurité ! Aujourd'hui comme toujours, reine du nord, tu peux envoyer tes enfans aux combats. Jamais tes citoyens n'auraient montré plus de zèle si l'airain sonnait l'heure du danger ; tu les verrais accourir pleins de bravoure, et t'entourer du rempart de leur corps. Tous tes enfans élevés pour les combats teindraient de leur sang le sol qui les vit naître, plutôt que de laisser enlever le moindre créneau de ta couronne murale. S'il venait, comme il peut venir, ô Edimbourg ! ce jour d'alarmes, l'hospitalité qui te fut toujours chère fléchirait le ciel en ta faveur ; car les anges eux-mêmes daignaient aux premiers âges du monde encourager les patriarches à cette douce vertu. Les bénédictions du dieu des opprimés accompagneraient tes défenseurs ! cité bienfaisante, refuge des rois malheureux, tu reçus Henry fuyant York son vainqueur, et dernièrement tu as vu avec douleur et respect les débris de la noble race des Bourbons.

Mais trêve à ces pensées... elles me forcent de détour-

---

(1) Vers imité de Spencer :

For every one her liked, and every one her loved.

FAIRY QUEEN, b. III, ch. 9.

ner les yeux et de fuir ces pressentimens trompeurs, ou trop réels, pour les rêveries romantiques des poètes et la clarté douteuse de la tradition qui flotte sans cesse entre le jour et la nuit. J'aime mieux me laisser guider par la lueur incertaine et changeante de son flambeau, et m'entourer de paladins, d'écuyers et de jeunes beautés, que de contempler avec terreur une plaine sanglante, et de voir une armée d'ennemis dans chaque nuage. Qui ne préfère les nuits de juin aux jours de décembre? le clair de lune aux humides brouillards? Et pourrions-nous dire où il y a le plus d'illusions?

Mais qui pourra m'apprendre à tirer de ma harpe ces accords romantiques qui charmaient jadis le roi Henry, surnommé Beauclerc, parce qu'il aimait les ménestrels, et daignait leur sourire? Qui préservera du naufrage de l'oubli ces antiques inspirations de la Muse, ces vers que Marie emprunta aux Bretons, et que Blondel chantait? Ellis! c'est toi qui es né pour réparer les ravages des siècles et prodiguer des soins généreux aux Muses mourantes; tu as su arrêter le bras du Temps et lui arracher sa faux au moment où il allait frapper le dernier coup; tu as osé porter les ciseaux sur ses ailes et briser son sablier; nos anciens bardes te doivent une nouvelle vie. O toi, qui donnes au poëme le plus frivole une morale gaie et sans pédanterie; toi qui embellis le sujet le plus triste par une saillie inattendue, auteur aimable et bon citoyen, également chéri et honoré, accorde au poète une leçon de cet art magique qui séduit à la fois le cœur et l'esprit, qui charme le sage et plaide la cause de la vertu; sois toujours mon ami, mon guide et mon modèle.

Puisses-tu long-temps trouver le même plaisir à initier les ménestrels dans les secrets de leur art.... Mais cesse de nous montrer par ton exemple ce qu'il est plus facile de prêcher que de pratiquer. Qui pourra jamais imiter ta patience dans une longue maladie et dans une guérison cruelle? qui pourra dompter comme toi la douleur avec un froid et mâle courage? C'est assez de nous avoir donné une fois cette leçon; que le ciel te préserve de la répéter.

Ellis, viens m'écouter encore; car tu as toujours aimé les tons variés d'un ménestrel qui, comme ses ancêtres les bardes des frontières, a fait retentir les échos de ses chants sans art jusqu'à ce que les chênes de Windsor et la plaine d'Ascot aient entendu avec surprise les sons de la harpe du nord. Viens m'écouter: fier de ton suffrage, je mépriserai la critique de nos pédans, et imitant l'art antique de retracer sur les vitraux des aventures irrégulières dont néanmoins l'effet est si pittoresque, j'emploierai des couleurs variées pour peindre les combats, les fêtes, les belles, les paladins, les troubadours, et toute la pompe de la chevalerie.

La Cour.

I.

Marmion et sa suite laissent derrière eux les collines de Braid; Lindesay ordonne aux gardes d'ouvrir les barrières du camp; les soldats écossais accourent; ils admirent d'un œil curieux ces étrangers venus d'Albion, et ne peuvent voir sans envie des ennemis aussi bien équipés; la vaste circonférence de leurs arcs, la longueur de leurs flèches, les étonnent; et plusieurs d'entre eux s'imaginent, dans leur simplicité, que ce ne sont que des armes de parade. Hélas! ils se doutaient peu que ces mêmes traits longs d'une verge traverseraient bientôt l'acier de leurs cottes de mailles, et couvriraient comme une grêle d'orage la plaine de Flodden.

II.

De son côté, Marmion ne néglige pas d'observer les différens corps de l'armée ennemie. Il s'étonne qu'un royaume aussi peu considérable que celui d'Ecosse ait pu réunir tant de guerriers sous ses drapeaux. Ici sont des hommes d'armes revêtus d'une pesante cuirasse, semblables à des tours d'airain, montés sur des chevaux flamands, et armés de la hache et de la lance. Là des chevaliers et leurs écuyers forment un escadron plus agile, et exercent leurs coursiers dans la plaine. Ils leur apprennent à faire la passe et le saut, la demi-volte et les courbettes, pour mieux frapper du tranchant de l'épée le casque d'un ennemi. Marmion remarque le corps des bourgeois, qui ne portaient ni visière, ni panache: mais leurs corselets étaient polis et brillans; leurs hauberts et leur hausse-cols étincelaient comme l'argent. Les uns avaient de longues piques et des épées à double garde, les autres maniaient avec adresse une lourde massue, et se mettaient à couvert sous un large bouclier.

III.

Les habitans de la campagne forment aussi un corps de fantassins vêtus d'une jaquette garnie d'acier; chacun d'eux porte sur ses épaules des provisions pour quarante jours, selon les statuts féodaux. Leurs armes sont la hallebarde, la hache ou l'épieu; quelques-uns ont une arbalète, d'autres une dague et une épée. La plupart paraissent sérieux et même tristes, regrettant sans doute de quitter leurs chaumières chéries pour marcher vers une contrée étrangère, ou rêvant à leur charrue et à leurs sillons. Mais leurs yeux n'expriment toutefois aucune lâche terreur; leur colère est plus à redouter que celle de ces guerriers qui, méprisant les périls, sont accourus avec empressement au champ de bataille, et dont la valeur ressemble à la flamme de la paille légère qui éblouit au loin, mais qui s'éteint aussitôt.

IV.

Tels ne sont pas les Ecossais des frontières; nourris dans les périls, ils ont tressailli de joie en entendant résonner le signal des batailles, avec lequel ils sont familiarisés dès le berceau. La paix fut toujours pour eux un repos odieux. Ni la harpe, ni la cornemuse, ne flattent leurs oreilles comme le cri de slogan [1]. Guidant un coursier rapide, armés de la lance et de l'épée, ils laissent aux chevaliers suivis de leurs vassaux la prétention de combattre pour la gloire, et aux citoyens celle de mourir pour conserver leurs privilèges ; pour eux les combats sont un jeu. C'est leur bonheur et leur gloire de consacrer les jours au sommeil et les nuits au pillage, ravageant sans cesse les montagnes, les forêts et les plaines. Charmés de la guerre, ils sont accourus sous les drapeaux du roi, se souciant peu de la victoire, parce qu'ils sont toujours sûrs du butin. Lorsque les hommes de la suite de Marmion traversèrent leurs rangs, ils les regardèrent d'abord d'un œil indifférent et sans surprise, connaissant bien la forme et la portée des arcs des Anglais ; mais lorsqu'ils virent le chevalier lui-même, paré d'armes splendides et de riches broderies, chacun de ces pillards dit tout bas à son compagnon : — Vois-tu quelle opulence ? Ne pourrons-nous pas savoir de quel côté ces Anglais passeront pour retourner chez eux ! Ah ! si nous pouvions rencontrer une si belle proie dans le vallon d'Eusedale ou sur les rives du Liddell ! Ce lion sans griffes qui leur sert de guide pourrait bien aussi se voir dépouillé de sa brillante parure, et la brune Madeleine ferait un tablier superbe de ce pourpoint tacheté.

v.

Marmion remarqua ensuite les descendans des Celtes ; race distincte au milieu de l'Ecosse par le langage et les formes du corps. C'était justement alors que les Chefs rassemblaient leurs tribus ; leurs vêtemens de laine, leurs manteaux bariolés, et qu'une ceinture assujettissait à leur taille, établissaient une bizarre uniformité parmi ces sauvages soldats. Chaque clan se range en bataille au son de

---

[1] Cri de guerre des clans écossais.

ses cornemuses. Les uns ont la chevelure rousse, les autres l'ont d'un brun foncé. Ils regardent Marmion avec l'étonnement des sauvages; leurs jambes sont nues jusqu'aux genoux ; leurs membres trapus, robustes et accoutumés aux intempéries de l'air. Leurs Chefs, d'une taille plus élevée, se distinguent par la plume d'aigle qui décore leur toque élégante. La peau non préparée du chamois leur sert de brodequins. Le plaid pend sur leurs épaules ; une large épée d'une longueur extraordinaire, une dague d'un acier éprouvé, un bouclier garni de clous, un carquois, un arc et des flèches, telles sont leurs armes ; mais ces flèches sont encore courtes, et cet arc bien faible, comparés à l'arc et aux flèches des Anglais.

Les habitans des îles portaient encore l'ancienne massue danoise; ils poussèrent un cri effrayant lorsque Marmion et son guide passèrent auprès d'eux ; leurs clameurs ressemblaient à celles des oiseaux de mer qui s'envolent d'un marais ; à leurs voix discordantes ils mêlèrent la musique bizarre de leurs instrumens guerriers.

VI.

C'est ainsi que Marmion et Lindesay traversèrent le camp du roi d'Ecosse, et arrivèrent enfin à la porte de la ville, que gardait une milice composée de citoyens vigilans, à qui le voisinage des montagnards et des maraudeurs de la frontière inspirait une juste méfiance. L'appareil de la guerre animait tous les quartiers de la cité. A chaque pas on entendait le marteau de l'armurier résonner avec bruit sur l'enclume ; le noir forgeron était occupé à revêtir le pied du coursier d'un fer utile. Plus loin on passait le tranchant de la hache ou de l'épée sur la meule tournante. Des pages et des écuyers parcouraient les rues et les places en portant des lances ou des casques, pendant que les bourgeois, à l'air grave et important, s'entretenaient de chaque seigneur nouvellement venu, discutaient sa généalogie, parlaient de sa gloire et du nombre de ses vassaux.

Le roi d'armes conduisit Marmion dans un hôtel richement meublé, qui dominait toute la ville. C'était là que le chevalier devait se reposer jusqu'à l'entrée de la nuit, heure que le roi avait fixée pour le recevoir dans le palais d'Holyrood.

Cependant Lindesay fit servir à son hôte et à sa suite un splendide repas avec des vins rares et exquis. Quand le soir fut venu, Marmion se para de ses habits de cour et suivit sir David, qui l'introduisit chez le monarque.

VII.

L'antique palais d'Holyrood retentissait des accens de la joie et du plaisir. Le roi Jacques donnait une fête aux seigneurs écossais qu'il avait réunis pour le moment du départ; car ils avaient ordre de se mettre en marche au lever de l'aurore. Le prince aimait la magnificence, les festins, et les chants des ménestrels. Pendant le jour il assistait aux tournois, et la nuit c'était son plaisir d'abréger les heures par la danse, les mascarades et la pompe des banquets. Mais cette fête surpassait toutes celles qu'il avait données jusque-là; c'était la plus brillante..... et la dernière! Les lampes suspendues aux lambris du palais répandaient une vive lumière sur le cercle des courtisans. Ici des ménestrels chantaient en s'accompagnant de la harpe; là les dames faisaient entendre de plus mélodieux accords. Le fou du roi, coiffé d'un bonnet à grandes oreilles, et revêtu d'un habit de toutes couleurs, débitait ses intarissables bons mots. Le jongleur étonnait les curieux par son adresse magique; quelques-uns tentaient la fortune des dés ou se combattaient au jeu royal des échecs; et d'autres, dans une salle à l'écart, courtisaient les dames de leurs pensées, qui n'étaient pas cruelles; car le plus souvent l'amour profite de l'heure d'un départ pour triompher de la froideur et de l'indifférence : il faudrait avoir un cœur de pierre pour voir son amant marcher au combat, pour entendre peut-être son dernier adieu, et ne pas avouer qu'on est attendrie.

VIII.

Le roi traverse cette foule joyeuse pour venir au-devant de lord Marmion; chacun s'écarte avec respect; il était facile de reconnaître Jacques à sa noble taille, quoique par courtoisie il tînt à la main sa toque brodée et surmontée d'un panache; il fit un profond salut au baron anglais. Tout son aspect s'accordait avec son costume pour annoncer un monarque. Son manteau de velours cramoisi était orné d'une fourrure de martre; les riches nuances du satin de son pourpoint éblouissaient tous les yeux; sur son collier était gravé l'antique chardon de la couronne d'Ecosse; sa fidèle épée de Tolède pendait à un brillant baudrier; ses brodequins étaient blancs, et des éperons d'acier et d'or y étaient attachés; un rubis rare formait le nœud de sa toque de velours. Marmion ne se rappelait pas avoir jamais vu un prince dont le maintien fût aussi noble.

IX.

Jacques était d'une taille moyenne, mais bien proportionnée; ses yeux noirs avaient le regard de l'aigle, ses cheveux et sa barbe, de la couleur de l'ébène, étaient bouclés avec grace. Danseur aimable, il savait se montrer ferme sur ses étriers dans la lice d'un tournois; mais Jacques avait surtout ce regard séduisant auquel résiste si rarement le cœur d'une belle; il aimait à voltiger de beauté en beauté, à supplier, à soupirer et à se plaindre; mais toutes ces peines d'amour ne duraient guère : un monarque ne soupire pas long-temps. J'ai dit que le prince aimait les fêtes et les festins; mais au milieu de sa gaieté, on s'étonnait souvent de voir son front se couvrir tout à coup d'un nuage de tristesse, s'il venait à sentir l'impression du ceinturon de fer dont il se ceignait les reins en souvenir du meurtre de son père. — Il n'était pas moins étrange, aussitôt que cet accès passager n'était plus, de le voir plus joyeux que jamais se mêler de nouveau à tous les divertissemens. Tel, quand un objet de terreur frappe sa vue dans le lointain, le coursier tressaille et bondit sur lui-même sans oser avancer, mais dès qu'il sent la pointe aiguë de l'éperon et le mors qui presse sa bouche, il part, et franchit avec une double vitesse les plaines et les collines.

x.

Les courtisans prétendaient que la dame de sir Hugh Heron avait tout pouvoir sur le cœur de Jacques; elle était venue à la cour, servir d'otage à son mari, lorsque celui-ci fut accusé du meurtre du brave Cessford. Sir Hugh avait envoyé son épouse pour obtenir son pardon du roi.

Mais ce n'était pas à cette dame seule que ce prince galant rendait hommage. La reine de France lui avait fait remettre son gant et un anneau de turquoise, pour le prier de rompre une lance en qualité de son amant et de son chevalier, de s'avancer l'espace de trois milles vers le sud, et de déployer ses enseignes sur les terres des Anglais. Jacques n'avait pas hésité à se revêtir de la cotte de mailles pour l'amour de la reine de France : c'est ainsi qu'en admettant dans ses intimes conseils une belle Anglaise, et en se sacrifiant au caprice d'une princesse étrangère, il préparait lui-même sa ruine et celle de son royaume ; cependant ni la belle Anglaise, ni la reine de France ne valaient une seule des larmes que versaient les beaux yeux de Marguerite. Solitaire dans le palais de Lithgow, Marguerite passait ses jours à pleurer.

xi.

Pendant que la reine d'Écosse gémit de la guerre que le prince devait porter dans sa patrie, et des dangers que son époux allait courir, lady Heron se prépare en souriant à charmer la cour par les sons de l'harmonie; son bras élégant s'arrondit autour d'une harpe, ses doigts en parcourent les cordes, son sein se soulève et s'abaisse sous la gaze légère qui en voile les contours ; elle essaie sa voix avant de chanter, adresse au roi un regard tendre et se détourne aussitôt; elle sourit en rougissant, et répète qu'elle ne peut, qu'elle n'ose se faire entendre; enfin elle prélude avec une simplicité étudiée, et chante cette ballade sur un mode doux et léger :

XII.

LOCHINVAR.

CHANT DE LADY HERON.

Beau Lochinvar, fleur de chevalerie,
Qui ne rendit hommage à ta valeur?
Qui n'envia le sort de ton amie?
Qui n'eût voulu te devoir le bonheur?

Il a volé sur son coursier rapide,
Des ennemis il a percé les rangs,
Gravi les monts et franchi les torrens;
Honneur, amour, à l'amant intrépide!

De Netherby le gothique manoir
Frappe sa vue au retour de l'aurore;
Son cœur bondit! C'est son Eléonore
Que le guerrier aujourd'hui vient revoir.

Soumise, hélas! aux volontés d'un père,
Eléonore a formé d'autres nœuds,
Et c'est ce soir qu'un hymen odieux
Doit affliger un amant si sincère.

Mais Lochinvar s'avance avec fierté;
Lâche rival, l'époux de l'infidèle,
Baissant les yeux, à son père irrité
Laisse le soin de venger sa querelle.

— Dans ce château venez-vous en ami,
Dit le vieillard, ou nous porter la guerre?
Le preux répond : — Votre fille a trahi
Tous les sermens qu'elle me fit naguère.

Mais en Ecosse il est mainte beauté
Qui pour époux m'accepterait encore;
Je ne viens point troubler votre gaîté,
Je viens danser avec Eléonore.

Lui dire adieu voilà tout mon désir;
Regrette-t-on une amante légère? —

Elle rougit, elle pousse un soupir ;
Larme d'amour vint mouiller sa paupière.

Sans hésiter Lochinvar prend sa main,
Et puis gaîment il se mêle à la danse.
Chacun tout bas dit : — Gloire au paladin
Qui réunit la grace et la vaillance !

Mais Lochinvar n'a dit qu'un mot tout bas
En regardant la jeune fiancée ;
Eléonore a compris sa pensée :
Il sort, bientôt elle a suivi ses pas.

Ils sont déjà sur le coursier rapide.
Courez, volez, hôtes de ce château :
Ils ont déjà dépassé le coteau !
On ne vit plus cet amant intrépide.

Qui ne rendit hommage à ta valeur,
Beau Lochinvar, fleur de chevalerie ?
Qui n'envia le sort de ton amie ?
Qui n'eût voulu te devoir le bonheur ?

XIII.

Le monarque, penché sur la sirène, marquait la mesure de son chant, et s'approchant de plus en plus, il lui adressa tout bas un compliment flatteur. Les courtisans renchérissaient les uns sur les autres dans leurs éloges ; les dames se regardaient à la dérobée ou se parlaient en détournant la tête. L'enchanteresse adressa à Marmion un regard dans lequel se peignait cet orgueil qui commande les hommages, et en même temps l'expression réelle ou feinte du mépris que lui inspirait sa royale conquête. Ce regard avait quelque chose de familier ; il témoignait que Marmion et elle se connaissaient depuis long-temps. Le roi le remarqua ; il en fut surpris et jaloux. Les princes ne peuvent souffrir de rivaux, même pour un mot, un sourire ou un coup d'œil. Il prit avec un air d'autorité le large parchemin qui contenait les titres et la commission du chevalier anglais.

—Le ravage de nos frontières..., dit-il, le pillage dont

nos paisibles vassaux ont été les victimes ; nos officiers égorgés pendant la paix, la mort du brave Barton... voilà des outrages qui crient vengeance, et nous serions indigne de régner s'ils demeuraient impunis. Nos hérauts ont porté à Henry notre déclaration de guerre et lui ont dit jusqu'où vont pour lui notre mépris et notre haine.

XIV.

Il s'arrêta à ces mots, et s'approcha de Douglas, qui contemplait cette fête d'un œil sévère. C'était ce Douglas, sixième comte d'Angus, qui osa, dans sa jeunesse, défier en champ clos le roi Jacques III, et faire mettre à mort tous ses favoris sur le pont terrible de Lauder. Les princes et leurs ministres ont long-temps tremblé au nom d'Archibald Bell-The-Cat [1]. C'était ce même Douglas qui avait abandonné la plaine obscure de l'Ermitage, dans le Liddesdale, pour fixer sa résidence sur les rochers où s'élèvent les tours de Bothwell et où commence à couler la rivière de ce nom. Avancé en âge, il avait déposé l'armure du guerrier pour les attributs paisibles du citoyen. Cependant il n'avait pas encore perdu toute cette audace qui lui avait fait jadis braver la colère d'un roi et châtier l'orgueil de ses favoris. Ce jour-là même, dans le conseil, Douglas, peu habile dans l'art de flatter son souverain, avait, contre son avis, désapprouvé la guerre.

XV.

Quoique les saillies de ses muscles fussent affaissées, son corps amaigri, mais robuste encore, et d'une stature de géant, semblait une tour en ruine et près de tomber au milieu de cette fête. Ses cheveux et sa barbe blanche contrastaient avec ses sourcils, qui avaient conservé leur couleur noire. Quand le monarque fut auprès de Douglas, il ajouta ces paroles amères :

—Lord Marmion, puisque d'après ces lettres de Henry, vous devez rester en Ecosse tant qu'il y aura encore la

---

[1] Attache-le-grelot-au-chat. Voyez la note.

moindre espérance d'un traité, il serait peu courtois de vous dire, Retournez à Lindisfarn : attendez donc que mon héraut soit de retour. Demeurez à Tantallon, ce sera le grand Douglas qui sera votre hôte ; c'est un seigneur qui ressemble peu à ses ancêtres ; il porte leur devise sur la lame de son épée, et leurs bannières sur ses tours ; mais il aime mieux contredire son souverain que de combattre les ennemis de son pays. — Et maintenant que je m'en souviens, par saint Étienne ! on m'a envoyé ce matin une prise qu'a faite une galère de Dunbar ; c'est une compagnie de religieuses, véritables prémices de la guerre. Je veux que ces saintes filles, chevalier, retournent dans leur cloître sous vos auspices ; et pendant qu'elles demeureront au château de Douglas, elles pourront y prier pour l'ame de Cochrane [1]. En prononçant le nom de ce favori immolé jadis à la vengeance du comte Angus, le monarque sentit le trait aigu du remords, et son front se couvrit d'un nuage de dépit et de honte.

XVI.

Douglas ne put rien répondre ; son cœur battait avec tant de violence qu'il était sur le point de se briser. Il détourna la tête, et une larme brûlante descendit sur ses joues. Le roi, attendri de sa douleur, lui prit la main :— Par l'ame de Bruce, dit-il, pardonne-moi, Angus, ces propos irréfléchis, car je puis dire de toi ce qu'il disait jadis des anciens Douglas : Jamais roi n'eut des sujets plus francs, plus courageux, plus tendres et plus fidèles [2]. Pardonne-moi, Angus, je te le demande encore.

Pendant que Jacques pressait sa main, les larmes du vieillard coulèrent par torrens. Marmion voulut profiter

---

(1) Voyez la note explicative.
(2)   O Dowglas! Dowglas!
        Tendir and trew.
                The Houlate
O Douglas! Douglas!
Bon et fidèle.
            La Chouette.

de ce moment, et dit tout bas au monarque : —Sire, que ces larmes servent à vous détourner d'une guerre douteuse. Un enfant pleure de la piqûre d'une ronce, une jeune fille parce que son serin prend la fuite, et un jeune amant quand une femme le trahit ; mais de grands malheurs menacent un royaume où les vieux guerriers versent des larmes. Quel présage peut être plus sinistre que d'en voir répandre aux nobles yeux d'un Douglas?

XVII.

Piqué qu'un étranger fût témoin de l'inconstance de son caractère et voulût s'en prévaloir, Jacques répondit fièrement ; —Pleurera et rira qui voudra! Je pars demain matin pour le sud ; et si l'envoyé de Henry demeure longtemps dans le château de Tantallon, notre première entrevue pourrait bien être dans son domaine de Tamworth. Le fier Marmion sentit toute la forfanterie de cette réponse ; et reprit avec sang-froid : —Mon humble château serait trop honoré de recevoir le roi Jacques ; mais on trouve à Nottingham de bons archers ; les habitans du comté d'York ne sont pas d'un caractère très-pacifique ; les piquiers du Northumberland ont l'humeur un peu sauvage et rude ; les chemins des collines de Derby sont hérissés de rochers ; les gués de l'Ouse et de la Tyne sont profonds. Plus d'une bannière sera déchirée ; plus d'un chevalier mordra la poussière, plus d'un carquois sera vidé avant que le roi d'Ecosse traverse le Trent... Arrêtez-vous donc, sire, quand il en est temps encore.

Le monarque détourna la tête d'un air indifférent ; et, s'adressant à ces officiers, leur cria : — Chevaliers, à la danse ! à la danse ! — Jacques lui-même, déposant son manteau et son épée, donna la main à lady Heron ; et les ménestrels répétèrent par son ordre le chant guerrier :— Toques-Bleues, marchons aux frontières [1] !

XVIII.

Eloignons-nous de cette fête pour savoir ce qui arrivait

---

(1) *Blue bonnets over the border*.

aux nonnes de Sainte-Hilda, dont la galère avait été prise par un navire écossais.

Bientôt le roi leur fit dire de se préparer à retourner en Angleterre sous l'escorte honorable du lord Marmion. L'abbesse répéta pieusement son rosaire, et ne sut à quel saint s'adresser; car, en pensant à Constance, elle craignait la colère du chevalier qui devait leur servir de guide. Qu'on juge de ce qui se passa dans le cœur de Clara! c'était l'épée de ce terrible ennemi qui avait versé le sang de Wilton. Sans le savoir, le roi Jacques donnait pour protecteur à ces vierges timides l'homme du monde qu'elles devaient le plus redouter; mais quelles réclamations pouvaient-elles faire parvenir jusqu'au trône? Comment des nonnes prisonnières pouvaient-elles faire écouter leur histoire au commencement d'une campagne? Elles désespéraient donc d'éviter l'escorte dangereuse qui devait les accompagner à Withby.

XIX.

Le logement qui leur fut destiné par le roi communiquait à celui de Marmion; c'est ce qui fit que le pèlerin fut remarqué par l'abbesse : elle l'avertit par une lettre qu'elle avait à lui révéler un secret qui intéressait l'Eglise et le salut d'une ame pécheresse. Elle lui recommandait le plus grand mystère, et lui indiquait un balcon ouvert sur la rue, commun aux deux maisons. Ce balcon pouvait facilement être pendant la nuit un lieu de rendez-vous.

XX.

La sainte dame et le pèlerin s'y rencontrèrent secrètement aussitôt que la nuit fut venue. La lune se cachait par intervalles derrière les nuages, et le plus grand silence régnait dans la ville.

Dans ces mêmes rues qui naguère retentissaient du bruit des armes et de la voix des guerriers, on aurait pu entendre une pierre tomber, une abeille bourdonner, et un hibou battre de l'aile sur la flèche élevée du clocher de Saint-Gilles. De ces antiques édifices dont les fronteaux gothiques allaient chercher les astres des cieux, les uns étaient enveloppés des ombres, et les autres réfléchissaient les rayons argentés de la lune, qui se jouaient sur leurs vitraux. C'était la seule lumière qu'on voyait, excepté celle de quelques torches que des seigneurs de la cour faisaient porter devant eux en se retirant dans leurs hôtels. Pour révéler son secret au pèlerin, l'abbesse semblait avoir choisi à dessein l'heure la plus solennelle.

XXI.

— Saint pèlerin, dit-elle en commençant, (car il doit être un saint celui dont les pieds ont foulé la terre où se trouve le tombeau du Rédempteur) au nom de l'Eglise, épouse chérie du Christ, daignez prêter une oreille attentive à mes paroles, et ne vous effrayez pas si je suis forcée de vous entretenir d'un amour mondain : l'amour n'est que vanité pour ceux qui ne vivent que de l'espérance du ciel...
Wilton et lord Marmion recherchaient l'alliance de Clara, de la noble famille de Gloster. (Il serait peu digne de la prieure de Withby d'ajouter que je suis de cette même famille.) Lord Marmion, dans un accès de jalousie, dénonça Wilton comme un traître, l'accusant d'avoir eu des intelligences avec Martin Swart[1] lorsque ce général vint soutenir le parti de Simnel. La seule lâcheté, soutenait-il, avait empêché Wilton de se déclarer à la bataille de Stokefield; et il jeta son gant pour le défier. L'affaire fut portée, selon l'usage, au tribunal du roi. Wilton avoua franchement qu'il avait connu Swart dans le comté de Gueldres, et qu'il avait existé entre eux une correspondance de pure courtoisie; il offrit même de l'envoyer chercher à son château. Mais, lorsque son messager revint avec ses lettres, quelle fut la fureur de Wilton en y trouvant mêlés des papiers qui appelaient les étrangers en Angleterre et prouvaient qu'il avait trahi la cause de Henry! il voulut racheter son honneur le fer à la main

---

[1] Général allemand qui commandait les auxiliaires envoyés par la duchesse de Bourgogne pour soutenir Lambert Simnel. Il fut défait et tué à Stokefield.

dans un champ clos... mais qui oserait juger les voies secrètes de la Providence? Peut-être Wilton oublia-t-il quelque formalité de rigueur; peut-être ne fut-il pas assez ardent dans sa foi et dans ses prières... car comment expliquer la défaite de l'innocence et le triomphe du coupable dans la sainte ordalie?

XXII.

Vainement l'écuyer de Wilton, que son maître regardait comme un traître digne du dernier supplice, avoua-t-il dans son repentir, que, pendant qu'il portait cette fatale correspondance, une jeune fille étrangère l'avait enivré : on n'ajouta aucune croyance à ces aveux, qui ne persuadèrent que Clara. Plutôt que de devenir l'épouse de Marmion, elle préféra se cloîtrer dans le couvent de Sainte-Hilda, faire don à notre congrégation de tous ses biens, et y consacrer sa virginité au Seigneur. C'est un motif terrestre qui l'a guidée; mais elle a été heureuse de suivre, du moins, le sentier du ciel. Jamais cœur plus pur ne dit adieu au monde; jamais vierge plus belle ne vint dans notre saint asile depuis la princesse saxonne Edelfled. Nous devons excuser un tendre regret que lui cause encore parfois la perte de son amant; elle aime à nourrir sa douleur et murmure au pied de la croix..... Son héritage est situé sur les rives de la Tame; de riches moissons en couvrent les sillons, la génisse y bondit dans de gras pâturages, et ses forêts sont peuplées de gibier. Quel affront pour sainte Hilda! et de quel péché mortel, moi, son humble prieure, je me rendrais coupable si je laissais dépouiller son temple, et si je consentais que le perfide Marmion s'emparât sous mes yeux d'un semblable trésor! Cependant notre monarque a juré que Clara serait arrachée du cloître; et peut-être déjà Marmion est porteur de l'ordre de Sa Majesté.

XXIII.

Vous voyez devant vous une fille du Seigneur, prisonnière sans défense, et abandonnée au génie du mal. Je réclame votre assistance au nom de tous vos pas dans les saints lieux que vous avez parcourus, au nom des martyrs, des serviteurs de Dieu, au nom de tous les anges et de l'Eglise du Christ ! Sachez donc que lorsque Wilton fut trahi, celle qui avait falsifié les lettres, d'accord avec son écuyer, oui, sachez que cette femme criminelle..... je ne puis le dire sans horreur et sans honte... c'était une religieuse déjà coupable du parjure... séduite par Marmion : peut-être vous étonnerez-vous que l'amante de ce chevalier fût complice d'un crime qui devait faire passer l'homme qu'elle aimait dans les bras d'une autre; mais elle espérait par-là obtenir un ascendant illimité sur celui qui verrait son honneur entre ses mains : voilà pourquoi elle avait gardé secrètement les preuves du complot et des instructions écrites et signées de la main de Marmion. C'est ainsi que sainte Hilda a daigné se servir de la trahison d'une pécheresse pour conserver la gloire de sa maison et assurer le bonheur immortel de Clara.

XXIV.

Il serait trop long et inutile de vous dire comment ces papiers sont tombés entre mes mains; ils ne peuvent y rester. Que sainte Hilda daigne veiller sur sa prieure fidèle ! qui sait tous les outrages auxquels nous sommes exposées avec un guide tel que Marmion ! O vierge bienheureuse, si jamais je quitte ta paisible retraite pour voyager par terre ou par mer, puissé-je être condamnée à une cruelle pénitence !... Ecoutez ma prière, saint pèlerin, je confie ces papiers à vos soins, parce qu'on n'osera pas vous arrêter; vous les remettrez avec prudence au cardinal Wolsey, afin qu'il les montre au roi; et, pour prix de ce service, nous ferons dire pour vous une messe dans la chapelle de Withby, les prêtres y chanteront de saints cantiques à votre intention. Mais qu'avez-vous ? parlez.

En recevant le dépôt des mains de l'abbesse, le pèlerin frémit et parut vivement ému; il allait répondre quand on entendit un son aigre comme les accens lointains d'un clairon qui expirent avec la brise qui les apporte. — Que saint Withold nous protège, s'écria l'abbesse effrayée ! que vois-je autour de la croix de la cité ? que veulent dire ces fantômes qui apparaissent sur la tour ? ils semblent agiter des écussons et faire flotter des bannières ! —

XXV.

La croix d'Edimbourg était une colonne de marbre qui s'élevait sur une tour octogone. (Il est rasé aujourd'hui ce monument du haut duquel on proclamait les édits du monarque et les lois d'Ecosse au son glorieux des clairons : que la tombe accable comme un plomb pesant la tête de celui qui l'a détruit ! je prononce contre lui la malédiction des ménestrels.) Ce fut sur cette tour antique que l'on vit une apparition surnaturelle. Des spectres, qu'on ne distinguait qu'obscurément, semblaient se montrer et s'évanouir aussitôt, se parler, s'appeler du geste, avancer et fuir. On croyait deviner que c'étaient des hérauts et des poursuivans d'armes qui se préparaient à faire une proclamation à son de trompe et dans tout l'appareil usité. Mais toutes ces figures se dessinaient vaguement dans les ténèbres, semblables aux fantômes que l'imagination croit voir dans les nuages colorés, par la lune, d'une flamme passagère. Enfin, du milieu de cette troupe fantastique il s'élève une voix qui fait entendre cet appel terrible :

XXVI.

— Princes, prélats, monarques et chevaliers dont je vais prononcer les noms, prêtez l'oreille ! Sujets de celui qui m'envoie, je vous somme de comparaître tous devant son tribunal, je vous cite au nom des crimes dont vos cœurs se sont souillés ; je vous cite au nom de la volupté, de la colère, de l'orgueil, de la crainte, et de toutes les passions qui vous ont dominés ; je vous cite par le silence de la tombe et les derniers soupirs du moribond ! vous êtes sommés de comparaître dans quarante jours devant le trône de votre maître.

On entendit alors proclamer une longue suite de noms :

le premier, ce fut le tien, malheureux Jacques! et puis ceux de tous tes chevaliers : Crawford, Glencairn, Montrose, Argyle, Ross, Bothwell, Forbes, Lennox, Lyle... Mais pourquoi nommerais-je tous les nobles guerriers des îles des Highlands et de la basse Ecosse qui périrent plus tard à la bataille de Flodden? Cette voix solennelle cita aussi Marmion, seigneur de Fontenay et de Lutterwald; et enfin le dernier de tous Wilton, jadis seigneur d'Aberley. Ce fut alors qu'une autre voix répondit : — Je proteste contre cette sommation fatale et défie le maître des enfers; j'en appelle au Dieu du ciel qui brise les chaînes du pécheur! — A ces mots la vision s'évanouit comme un songe. Après avoir poussé un cri effrayant, l'abbesse tomba la face contre terre, et se mit à répéter tout bas son chapelet; ses nonnes accoururent et la trouvèrent seule sur le balcon : dans son trouble elle n'avait pas vu disparaître le pèlerin.

XXVII.

Changeons de théâtre.

L'armée se met en marche, les rues d'Edimbourg sont désertes, on n'y voit plus que l'enfant vacillant encore, la beauté inquiète, le vieillard à cheveux blancs, et les mères tremblantes qui vont implorer le ciel dans des chapelles et faire des vœux pour les objets de leurs affections. Qu'est devenu le pèlerin? où sont l'abbesse, Marmion et Clara? Confiés à la garde du noble Douglas, ils sont conduits par lui au château de Tantallon : lord Marmion marchait à sa droite, et le pèlerin faisait toujours partie de sa suite, car le comte Angus exigeait, comme Lindesay, qu'aucun des gens du baron anglais ne s'écartât sur la route. Mais on remarquait un grand changement dans ce pèlerin mystérieux : il parlait librement de la guerre et des exploits qu'un seul chevalier pouvait faire lorsqu'il combattait pour sa terre natale; puis il levait souvent la tête comme s'il méditait une action extraordinaire. Il soignait lui-même son cheval, le lançait soudain dans les sentiers, et rejetant en arrière son noir capuchon, il semblait l'exciter à franchir une barrière et l'arrêtait aussitôt. Le vieil Hubert disait que jamais cavalier, excepté Marmion, n'avait été aussi ferme sur sa selle.

XXVIII.

A une demi-heure de marche venaient l'abbesse de Sainte-Hilda et toutes ses nonnes, sous une escorte commandée par Fitz-Eustace. Marmion n'avait point demandé à entretenir Clara, de peur d'augmenter ses soupçons et sa haine ; il croyait d'ailleurs plus prudent d'attendre qu'elle fût séparée des autres religieuses ; il espérait qu'alors l'ascendant de sa famille et les ordres de Henry surmonteraient ses refus. Marmion ne brûlait point de cette flamme qui ne vit que de soupirs et de tendres regards ; il aimait plus que Clara elle-même les vastes domaines qui formaient sa dot ; et d'ailleurs depuis que, pour écarter Wilton et venger son orgueil humilié, plutôt que dans l'accès d'une aveugle jalousie, il s'était souillé par une trahison, l'objet qui lui avait fait violer les lois de l'honneur lui était parfois presque odieux ; s'il avait jamais aimé, c'était celle qui était descendue vivante dans les sombres caveaux de Saint-Cuthbert.

XXIX.

Lorsque Eustace aperçut la ville de Berwick et le law pyramidal qui la commande, il fit faire halte à sa troupe devant une antique abbaye dont les tours dominaient le rocher de Bass, l'île de Lambie et la plaine des flots. Au son d'une cloche on vit sortir la prieure respectable du couvent, qui pria l'abbesse de Sainte-Hilda de demeurer avec elle jusqu'à ce que Douglas eût préparé un navire pour la transporter au cloître de Withby. L'abbesse de Sainte-Hilda remercia la nonne écossaise de cette offre obligeante, et j'épargnerai au lecteur les discours pieux et courtois de ces deux filles du Seigneur ; toutes nos voya-

(1) *Law*, nom qu'on donne en Ecosse aux monts isolés et de forme conique.—ÉD.

geuses descendirent avec joie de leurs coursiers. Mais lorsque Clara voulut faire comme les autres, Fitz-Eustace lui dit : — Je suis désespéré, belle Clara, de vous séparer de vos saintes compagnes ; mais je dois obéir aux ordres que j'ai reçus. Marmion et Douglas m'ont chargé de vous emmener avec moi ; lord Marmion a montré au comte une lettre de son souverain qui l'autorise à vous conduire sans retard auprès de votre cousin le lord Fitz-Clare.

XXX.

L'abbesse surprise se récria hautement ; l'infortunée Clara pâlit, et son sang se glaça comme si elle avait entendu lire son arrêt de mort. — Rassurez-vous, ma fille, dit l'abbesse, ils n'oseront pas vous arracher de mes bras et vous forcer à suivre une troupe armée.

— Sainte prieure, reprit Fitz-Eustace, la belle Clara sera confiée à lady Angus pendant notre séjour en Ecosse ; et, quand nous partirons pour l'Angleterre, il nous sera facile de nous procurer des femmes pour servir selon son rang l'héritière de Gloster. Mon noble seigneur rejetterait bien loin la pensée d'offenser l'aimable Clara par la moindre parole ou le moindre regard ; il sera pour elle un fidèle guide, et ne lui demandera même pas la plus légère des faveurs qu'on accorde à un étranger, jusqu'à ce qu'il l'ait remise à son cousin.

Eustace rougit avec grace en prononçant ces paroles ; sa bonne foi était peinte sur son visage et rassura un peu Clara ; mais l'abbesse fit entendre tout haut ses plaintes contre Henry et Douglas, et leur prodigua les reproches et les menaces : elle s'adressait à tous les martyrs et à tous les prophètes, et elle invitait la prieure écossaise à s'unir à elle pour maudire lord Marmion. Mais la grave prieure de l'ordre de Cîteaux lui répondit : — Nous devons obéir au roi et au comte Douglas ; cessez de vous désoler ; il ne peut y avoir de danger pour Clara dans le château de Tantallon.

XXXI.

L'abbesse, voyant qu'elle ne gagnait rien par ses invectives, reprit sa dignité habituelle, car elle en avait beaucoup; elle ajusta son voile, et levant la tête elle dit à Eustace d'un ton solennel : — Va dire à ton maître injuste et déloyal qu'il lise les annales de sa maison; il y verra comment un de ses ancêtres expulsa les moines de Coventry, et quelle fut sa punition... son cheval s'abattit sous lui et trahit son orgueil, un bras plébéien lui ôta la vie à la vue de ses propres vassaux. Que Dieu soit juge entre Marmion et moi : ton maître est un grand seigneur, et je ne suis qu'une pauvre recluse; mais souvent nous voyons dans l'Ecriture comment un aussi faible ennemi que moi écrase un oppresseur. Le dieu qui inspira Judith, Jaël et Déborah... Ici l'impatient Blount interrompit l'abbesse : — Fitz-Eustace, dit-il, que le feu saint Antoine t'arde! resteras-tu tout le jour la toque à la main pour entendre prêcher cette sainte vestale? prenons garde qu'un plus long retard ne nous attire un autre sermon du lord Marmion. Allons, camarade, mets le pied à l'étrier, et que madame prenne patience.

XXXII.

— Hé bien ! dit Clara, soumettons-nous à la force, mais que ce chevalier barbare n'espère pas venir à bout de ses desseins ; il peut me ravir mes biens et ma vie, mais je serais criminelle si je consentais à être l'épouse de Marmion. Si c'est la volonté du roi que je ne puisse trouver aucun asile sans y être poursuivie par un homicide que les anges de l'enfer n'épouvanteraient pas, il me restera encore un dernier refuge où les rois ont peu de pouvoir... une victime m'y a déjà précédée. — Ma sainte mère en Jésus-Christ, donnez-moi votre bénédiction et souvenez-vous de votre pauvre Clara !

L'abbesse ne put retenir ses larmes et ses sanglots en lui donnant mille bénédictions; toutes les nonnes pleurèrent comme elle. Le sensible Eustace fut obligé de s'essuyer les yeux ; et Blount, moins compatissant, fut presque attendri. L'écuyer prit la bride du palefroi de Clara, et essaya vainement de la distraire par ses soins empressés.

XXXIII.

Mais ils avaient à peine parcouru un espace de trois milles, que le vaste château de Tantallon s'offrit à leurs yeux sur la hauteur. C'était un vaste édifice qu'on regardait comme un fort imprenable ; de trois côtés les flots de l'Océan entouraient la montagne, et le quatrième était défendu par des remparts solides et par un double fossé : il fallait passer sur un pont étroit avant de parvenir aux portes de fer de la cour principale ; c'était un espace carré dans lequel des corps de logis élégans et vastes, et des tourelles de toutes les dimensions, projetaient les formes irrégulières de leurs ombres ; ici était le donjon ; là une tour dont les créneaux se perdaient dans les nuages, et d'où la sentinelle pouvait souvent voir la tempête se former au loin sur les flots.

XXXIV.

C'est là que Marmion séjourna quelque temps avec sa suite, recevant un aimable accueil du comte Douglas. Chaque jour de nouveaux courriers ou les signaux de la flamme leur apprenaient les divers succès de la guerre. Ils surent d'abord que Jacques s'était emparé de Wark, d'Etall, de Ford, et plus tard du château de Norham. Marmion en ressentit une peine visible, et Douglas espérait que son prince ferait la conquête de tout le Northumberland ; mais on ajoutait tout bas au récit de ces premiers avantages, que, laissant fondre son armée, le roi passait les jours dans les fêtes avec l'artificieuse épouse de Hugh Heron. Je laisse aux chroniques toutes ces anecdotes ; je ne veux célébrer que la bataille de Flodden, et non faire une histoire.

On apprit enfin à Tantallon que l'armée d'Ecosse avait assis son camp sur cette haute colline qui domine fièrement la plaine de Millfied ; et que le brave Surrey, ayant rassemblé de nombreuses troupes dans les provinces anglaises, marchait contre les ennemis, et campait à Wooler.

Semblable à un coursier qui entend de loin le son guerrier de la trompette, lord Marmion commença à perdre patience. — Il ne me convient guère, disait-il, de me cacher dans un château comme une vierge timide, lorsqu'il se prépare une bataille : il faut que j'y assiste ; ce serait une honte si elle se donnait sans Marmion. Il me semble, d'ailleurs, sans savoir pourquoi, que le Douglas me traite avec moins de courtoisie. C'en est fait, je vais lui dire adieu.

Marmion ordonna à ses gens de se tenir prêts à partir au lever de l'aurore.

CHANT SIXIÈME.

La Bataille.

A RICHARD HEBER, ESQ.

Mertoun-House, la veille de Noël.

Allons, qu'on garnisse le foyer..... Le vent est froid, mais laissons-le souffler tout à son aise, et passons joyeusement la veille de Noël. On a pensé dans tous les siècles que le renouvellement de l'année devait être consacré aux festins et à la joie. Les Danois eux-mêmes, aux jours du paganisme, célébraient l'Iole, en versant l'hydromel à grands flots ; ils fixaient leurs vaisseaux à la rive, et tout l'équipage prenait part à la fête.

Réunis sous l'étroite hutte en bois de pin dont leurs haches et leurs boucliers ornaient les murs, ils dévoraient une viande encore saignante, et l'arrosaient de bière noire. Au milieu des débris du banquet, ils écoutaient avec un féroce plaisir les chants d'un scalde vantant les délices d'un jour de bataille; soudain ces hideux convives se levaient, saisis d'un délire frénétique; leurs cheveux roux flottaient épars sur leurs épaules, et leurs danses sauvages autour du foyer rappelaient les barbares plaisirs du palais d'Odin.

Il était aussi en honneur chez les premiers chrétiens nos ancêtres, ce jour où l'année, achevant sa course, ramenait la Noël hospitalière : des rites religieux et domestiques sanctifiaient la veille de la fête; la nuit de Noël, toutes les cloches se faisaient entendre; c'était la seule nuit de toute l'année qui vît le prêtre en étole élever le calice des saints mystères; la jeune fille se parait de ses plus beaux vêtemens; la salle du festin était décorée d'une verdure consacrée, et l'on allait solennellement cueillir le gui dans les bois; la salle du baron s'ouvrait toute grande au vassal, au tenancier, au serf, à tous. Le pouvoir mettait de côté sa baguette de commandement, et l'étiquette dépouillait son orgueil. L'héritier, avec des rosettes aux souliers, pouvait dans cette soirée choisir pour sa danseuse la simple fille du village; et le lord, sans déroger, prenait part au jeu vulgaire de *Post and pair*. Dans les transports d'une gaieté franche, tous bénissaient d'une commune voix l'heureuse nuit qui avait apporté à la chaumière comme au palais la bonne nouvelle du salut.

Le feu, qu'alimentaient des troncs de bois sec, s'élevait avec un murmure sourd dans la vaste cheminée; la large table de chêne qui, lavée ce jour-là avec grand soin, avait repris tout son éclat, ne portait aucune marque pour distinguer la place du seigneur de celle de l'écuyer. Bientôt on la couvrait d'énormes quartiers de viande, servis par des valets vêtus de bleu; au milieu s'élevait une hure de sanglier couronnée de buis et de romarin; le veneur racontait comment le monstre était tombé : il disait combien de chiens il avait percés de ses défenses, et ses derniers efforts avant d'expirer. La liqueur circulait dans de larges pots garnis de rubans; sur la table fumait le succulent aloyau [1], es-

---

(1) *Sir-Loin.*

corté du *plumb-porridge* et du gâteau de Noël. Dans cette fête solennelle, la vieille Ecosse ne manquait jamais de se faire honneur de ses oies savoureuses. Puis les masques entraient dans la salle en chantant les noëls : si le concert n'était pas mélodieux, au moins il parlait au cœur et inspirait la joie. On pourrait peut-être trouver dans ces fêtes quelques traces des anciens mystères. Une chemise blanche suffisait pour se déguiser, la suie qui barbouillait les joues tenait lieu de masque, et cependant sous quel riche travestissement vit-on jamais des cœurs plus heureux? L'Angleterre était bien la joyeuse Angleterre, quand le vieux Noël ramenait ses jeux. C'était Noël qui perçait le tonneau de la meilleure bière. C'était Noël qui racontait le conte le plus gai. Une bonne gambade de Noël entretenait le contentement dans le cœur du pauvre pendant la moitié de l'année.

On retrouve encore dans nos pays du nord quelques vestiges de ce bon vieux temps; le titre de parent y est encore respecté, même à ces degrés éloignés où peut-être il n'est plus qu'un vain nom pour les peuples du sud; car, dit un de nos proverbes, le sang est plus chaud que l'eau [1]. Je n'oublierai jamais la description de ces fêtes de Noël, où mon bisaïeul, avec sa barbe grise, ses cheveux blonds et sa démarche vénérable, venait partager les réjouissances de ce saint temps. Ce jour-là il consentait à rougir son eau d'un peu de vin, et son zèle pieux ne s'effarouchait pas d'une honnête gaieté. Qu'il était loin de se douter alors que quelque jour il figurerait dans mes chants! Ce vénérable vieillard n'avait d'autre titre à la célébrité qu'une loyauté qui lui avait coûté cher. Resté fidèle à la race bannie de nos rois, il perdit ses terres..... mais il conserva sa barbe.

Dans la demeure chérie que j'habite, une réception amicale s'unit à une aimable liberté; la cordialité en chasse la contrainte; on se soucie peu du vent et de l'orage, et le temps s'envole sur les ailes des plaisirs et de la gaieté : Oui, la retraite de Mertoun est belle, même en ce moment où il n'est plus une feuille qui orne les branches. La Tweed se plaît à serpenter au milieu de ce vallon, dont elle ne s'éloigne qu'avec regret; elle réfléchit tous ses sites dans le miroir de son onde, et semble l'embrasser

---

(1) *Blood is warmer than water.* Proverbe qui sert à justifier nos préventions de famille.

avec amour. À nous aussi cette demeure est bien chère; comme la Tweed, nous ne la quittons qu'à regret.

Qu'il est juste, cher Heber, de penser à toi la veille de cette joyeuse fête! que de momens délicieux elle nous rappelle! Combien de fois n'avons-nous pas écouté ensemble la cloche de minuit! Suspends, cher Heber, suspends un moment tes graves occupations; laisse en paix ces volumes classiques que nous ont légués les Grecs et les Latins : certainement personne ne les possède mieux que toi; et sans doute ces anciens, comme disait Ned Bluff, étaient de fort aimables gens dans leur temps; mais tout change avec les siècles, et la veille de Noël il faut des contes de fées ou de chevalerie..... Profane! quoi! abandonner les grandes créations des anciens, leur prose sublime et leur divine poésie, pour suivre dans le royaume de la féerie quelque spectre ou quelque magicien?..... Non cher, cher Heber; mais avant de critiquer, écoute ma défense : pourquoi Leyden, hélas! ne peut-il plus me prêter le secours de son vaste savoir!

Je pourrais te dire que dans le royaume des morts.... Ulysse rencontra l'ombre d'Alcide; le fantôme de Polydore apparut à Énée sur les rivages de Thrace; quant à des prodiges, nous voyons dans Tite-Live le *locutus bos* à chaque page, et ce bœuf parle aussi gravement que s'il criait le prix des fonds publics, ou que s'il tenait à Rome la place d'un membre du conseil-commun.

Toutes les nations ont eu leurs présages favoris et leurs traditions populaires. Regarde le paysan de Cambria..... Vois avec quel soin il évite Glendowerdy et l'arbre des Esprits! Interroge ce montagnard dont la claymore conquit la victoire sur les bords de Maida; il pâlira tout à coup si tu lui demandes le vendredi matin quelque histoire de revenant : il craindrait de s'exposer à la vengeance du roi des fées, qui, ce jour-là, quitte sa verte demeure, et, invisible à tous les yeux, se promène au milieu des enfans des hommes.

As-tu jamais, cher ami, passé sous la tour de Franchemont, qui semble suspendue comme l'aire de l'aigle sur la rivière et le hameau ; les paysans racontent que ses voûtes profondes recèlent un riche trésor, fruit des rapines et de la tyrannie du dernier seigneur de Franchemont. Le coffre-fort auquel il est confié est fermé par d'énormes verrous; près de là est assis un vencur sentinelle vigilante, avec son cor suspendu à son épaule, et son couteau de chasse attaché à sa ceinture. A ses pieds sont couchés ses limiers fidèles. Si ce n'était son œil sombre, dont aucun homme ne peut soutenir le regard amer, on le prendrait pour un chasseur qui a plus d'une fois sonné du cor et lancé sa meute sur le gibier. Dans le même donjon est un vieux prêtre magicien qui fait tous ses efforts pour chasser le fantôme ennemi et s'emparer de ses richesses. Il s'est écoulé cent ans depuis qu'a commencé cette lutte, et ils en sont encore l'un et l'autre au même point. Souvent les paroles mystérieuses du nécromancien font tressaillir et hurler le démon obstiné, souvent elles ont brisé les barres de fer et les cadenas qui défendent le précieux dépôt ; mais à peine ouvert, le coffre magique se referme aussitôt sur lui-même : cette lutte doit durer jusqu'au jour du jugement, à moins que le magicien ne parvienne à prononcer le mot qui produisit le charme quand le comte de Franchemont ferma la cassette enchantée : déjà cent ans se sont écoulés, et à peine a-t-il pu dire trois lettres.

Ces superstitions si universellement répandues doivent faire excuser tout ce que dit le vieux Piscottie : c'est à l'un de ses contes que je dois l'idée de ce messager céleste qui vient dans l'église de Lithgow avertir le roi d'Ecosse ; c'est lui qui rapporte aussi la citation de l'enfer. Pardonne-moi le conte du moine de Durham et son fantôme armé de pied en cap. Daigne excuser aussi le grave Fordun, qui raconte l'histoire de la caverne de Gifford.

Mais pourquoi te citer tous ces auteurs, à toi qui dans un instant peux consulter tant de trésors de science amassés par tes soins, à toi qui pourrais en citer cent fois davantage ? Tes richesses ne sont pas comme celles de ces gens, non moins avares de leurs livres que Franchemont de ses trésors, et qui, dans l'espace de cent ans, n'auraient pas même prononcé trois lettres : ils trouvent dans leurs ouvrages le même plaisir que la pie dans la perle qu'elle a cachée ; tes livres, ouverts comme ton cœur, offrent à tous et les secrets et les plaisirs de la science. Cependant, de tous ceux qui en font usage, qui pourrait en jouir comme toi ? Mais silence ! j'entends le son lointain du tambour ; le jour de la bataille de Flodden est arrivé. Adieu, cher Heber, longue vie, bonne santé, et abondante moisson littéraire.

CHANT SIXIÈME.

I.

On était à la veille de grands événemens; il courait chaque jour des bruits différens sur la situation des deux armées. La froideur de Douglas inquiétait le fier Marmion, semblable à l'impatient coursier qui respire de loin le combat; il n'y avait plus d'espoir qu'avant le jour décisif le héraut de Jacques revînt de Therouenne, où le roi d'Angleterre avait été se joindre à ses alliés.

La triste Clara partageait les actes pieux de l'épouse d'Angus, car la bonne comtesse, sans jamais oublier la pompe de son rang, ne cessait de prier le ciel et tous les saints pour ses fils. Elle allait et venait de la chapelle à son oratoire. Cette vie grave et sérieuse était peu faite pour distraire Clara; cependant, comme Marmion ne la persécutait pas de sa présence dans les intervalles de ses dévotions, elle supportait patiemment l'ennui de ses longues prières; mais les heures qu'elle passait dans la solitude étaient celles qui adoucissaient surtout les blessures de son cœur.

II.

J'ai dit que le rocher de Tantallon s'élevait à pic sur les bords de l'Océan.

Du côté des flots, un rempart repoussait les attaques de la tempête; on y remarquait surtout une tourelle carrée dont la porte gothique était ornée d'un bouclier de pierre, avec les armoiries de Douglas grossièrement sculptées, le cœur sanglant en champ, et les trois mulets au chef[1]. Il y avait dans cette tour un escalier étroit conduisant à la balustrade d'un parapet qui s'étendait en demi-cercle autour du château. Suspendu sur les vagues mugissantes, et irrégulier dans sa construction, ce parapet offrait tantôt un circuit étroit, et tantôt une large plateforme; c'était ici un bastion et là une demi-lune. Du côté

---

(1) Les Douglas avaient pour armoiries le cœur sanglant, qui rappelait celui de Robert Bruce, qu'un de leurs ancêtres avait été chargé de porter à la Terre-Sainte, et les trois mulets (poissons) au chef de l'écu. — Ed.

de la terre, des portes de fer et des fortifications défendaient l'approche de la citadelle; mais il n'en était nul besoin du côté de la mer, où les flots et les écueils auraient défié les assaillans les plus hardis. Un profond silence régnait sur ce parapet.

III.

Aussi Clara s'y rendait-elle souvent pour y rêver à ses malheurs et écouter les cris de la mouette. Semblable à un spectre de nuit, elle s'avançait sur la balustrade et contemplait tristement la plaine soulevée des flots. Le rocher et l'Océan lui rappelaient le cloître de Withby, paisible demeure qu'elle ne devait plus revoir, car elle avait déposé, par les ordres de Douglas, la guimpe, le voile et la robe des bénédictines. Il n'était pas bien, avait dit le comte, de porter hors du monastère les vêtemens d'une novice.

Les boucles de sa blonde chevelure flottaient de nouveau sur la neige de son front; un riche manteau, orné de broderies, descendait jusqu'à ses pieds, en franges d'or. De tous ses saints ornemens, elle n'avait conservé qu'une croix en rubis, et souvent ses yeux s'attachaient sur son bréviaire, recouvert d'un brillant velours. C'eût été une apparition faite pour inspirer la crainte, que de rencontrer dans ce lieu solitaire, aux pâles rayons de l'aurore, ou dans les ombres du crépuscule, une femme parée avec tant de magnificence, son livre à la main, la croix suspendue à son collier, et la tristesse peinte dans tous ses traits. Un soir Fitz-Eustace errait près de là avec son arc, pour exercer son adresse sur la mouette et le corbeau; il reconnut Clara immobile et silencieuse; et, surpris de son aspect extraordinaire, il jura par la vierge Marie qu'on aurait pu la prendre pour une fée trahie par l'amour, ou pour une reine enchantée, car jamais femme n'avait eu des appas si séduisans.

IV.

Un soir elle aperçut, à la clarté de la lune, la voile loin-

taine d'un navire qui glissait rapidement sur les flots. —
Hélas! dit-elle en soupirant, ce vaisseau transporte peut-
être la sainte prieure dans ce cloître regretté où sa règle
paisible sait concilier la charité avec le devoir. Heureuse
demeure, où la piété éclaire le cœur d'une lumière céleste,
et où les saintes sœurs, ravies en extase, contemplent dans
de mystérieuses visions notre divine patronne planant sur
un rayon de gloire, et souriant à celles qui la prient. Ah!
pourquoi n'a-t-il pas été donné à mes yeux moins purs
de voir cette sainte protectrice! Serait-ce parce que mon
cœur, flétri par des regrets coupables, ne pouvait plus ni
s'enflammer, ni s'attendrir? ou toutes mes affections se
seraient-elles éteintes avec celui qui en fut le premier
objet? Cependant, sainte prieure, je n'étais point ingrate
pour vos bontés; vous me trouviez toujours docile à
vos ordres; ah! quel changement aujourd'hui! Clara est
devenue la victime des caprices et de l'orgueil d'un tyran! Mais, avant peu, Marmion apprendra que Clare,
comte de Gloster, a transmis à sa fille, orpheline et sans
appui, sa constance dans l'infortune et sa haine pour l'oppression. Le rejeton d'un tel arbre peut se briser; mais
plier... jamais!...

V.

— Mais que vois-je?... Pourquoi cette armure dans ce
lieu?

En effet, elle distingue à quelque distance un bouclier,
un casque et une cuirasse qui avait été percée par le fer
d'une lance.

— Hélas, dit-elle, tu fus une faible défense contre le
glaive du vainqueur, armure teinte encore de sang!.....
C'est ainsi, ô Wilton!..... que, ni l'acier de ta cuirasse,
ni ta vertu pure comme le diamant, ne suffirent pas pour
protéger ton noble cœur au jour de tes disgraces.

Elle lève les yeux avec douleur..... Wilton lui-même
est devant Clara..... Hélas! elle aurait pu croire que ce
n'était que son ombre, dépouillé comme il le lui parut de

toutes les graces de la jeunesse. Une joie inconnue depuis long-temps et la suprise donnaient d'ailleurs quelque chose d'étrange à son regard. N'attendez pas de moi, nobles dames qui me lisez, n'attendez pas que je puisse vous décrire cette scène de reconnaissance ; quel peintre habile oserait retracer les couleurs de l'arc-en-ciel, s'il n'était donné à son pinceau de se servir de couleurs célestes ? Il est encore plus difficile au poète de vous décrire toutes les sensations d'un amour qui passe du désespoir aux transports du bonheur!.... La surprise, la pitié, la douleur, la joie, et l'espérance qui nous offre l'avenir sous un jour si riant, se succèdent tour à tour dans les cœurs des deux amans, et cèdent enfin la victoire à l'amour. Je dirai en peu de mots le récit de Wilton, qu'il ne commença qu'après de nombreux soupirs, qu'après mille questions affectueuses, et des réponses non moins tendres.

VI.

HISTOIRE DE WILTON.

— Oublions ce jour fatal où je fus renversé sans mouvement dans la lice. On me transporta je ne sais en quel lieu, car j'avais perdu l'usage de tous mes sens ; et, quand je revins à moi, je me trouvai sur un lit de veille dans la demeure de mon vieux aumônier. Te souvient-il, ma Clara, comme tu rougissais lorsque ce vieil Austin, qui vit naître notre amour dans les premiers jeux de l'enfance, disait en souriant que toi et moi nous serions un jour un couple heureux?.... Mes vassaux, mes amis, mes parens, avaient fui un traître déshonoré : Austin lui seul soutint ma tête brûlante et me prodigua les soins les plus tendres dans le délire de la fièvre que me causèrent mes blessures ; mais sa bienveillante amitié me fut bien plus nécessaire encore lorsque je ne repris l'usage de mes sens que pour tomber dans le désespoir. J'arrachais l'appareil de mes blessures, et je me précipitais avec fureur contre la terre chaque fois que j'entendais le nom de Clara. Enfin je recouvrai le calme de mon ame, graces aux soins généreux d'Austin, et je résolus de fuir ma patrie, déguisé sous les habits d'un pèlerin. Je parcourus mainte contrée, faisant un mystère de mon nom et de mon histoire; confondu avec les derniers des hommes, Wilton n'était plus un chevalier fier de sa naissance. Austin, qui m'accompagnait, s'alarmait souvent pour ma raison, lorsqu'il me voyait, assis sur une roche solitaire, méditer une sombre vengeance et nourrir la soif du sang dans un cœur ulcéré. Une maladie vint enfin terminer les jours de cet ami fidèle. Il me prévint que le Dieu du ciel allait l'appeler à lui, et il me fit promettre comme une grace, sur son lit de mort, d'écouter la pitié, si jamais mon ennemi tombait sous mon glaive. Je lui jurai d'épargner sa vie pour l'amour d'Austin.

VII.

Poursuivi sans cesse, comme Caïn, par une inquiétude fatale, je continuai ma vie errante, et je vins bientôt en Ecosse, dont tous les chemins m'étaient connus. Divers bruits avaient couru sur ma destinée : les uns racontaient que j'étais mort des suites de mes blessures, les autres dans mon pèlerinage; personne ne se souciait de dire vrai ou non sur un homme privé de son honneur. Aucun mortel n'eût pu deviner Wilton sous son capuchon de pèlerin; car, moi-même, lorsque j'ai déposé ma robe noire et coupé ma longue barbe, je me suis à peine reconnu dans la glace. Un hasard bizarre m'a donné pour guide à un chevalier..... je ne le nommerai pas... La vengeance appartient à Dieu seul; mais, quand je pense à tous mes outrages, un feu dévorant circule dans mes veines! Je n'oublierai jamais le soir où nos regards se rencontrèrent dans une hôtellerie d'Ecosse : j'ignore quelle était sa pensée; mais j'avoue que l'enfer inspirait à mon cœur les projets d'une cruelle vengeance.

VIII.

Une parole prophétique, qui échappa je ne sais comment à mes lèvres, amena un conte de village : l'ame du traître en fut agitée : il sortit tout armé pendant la nuit. Je me procurai la cuirasse et les armes d'un de ses vassaux ; et m'échappant par une autre porte, je fus le joindre sur la plaine de Gifford ; nous en vînmes aux mains : il fut terrassé. Je levai le fer pour lui donner la mort..... Il put en cet instant me reconnaître : je n'avais plus de capuchon, et la visière de mon casque était haute... Mon épée allait satisfaire ma haine... lorsque le souvenir d'Austin arrêta mon bras ; je laissai mon ennemi étendu sur la poussière !..... Vertueux vieillard, même du fond de la tombe, tu as sauvé ton maître ! Si j'avais obéi à la voix de mes ressentimens, l'abbesse de Withby ne m'eût pas confié ces papiers qui doivent effacer la tache faite à ma gloire et rendre l'honneur à Wilton. Sans doute que l'abbesse t'apprit, ô ma Clara, l'étrange apparition qui vint interrompre notre entretien secret..... Peut-être était-ce une voix de l'enfer qui retentit ainsi au milieu des ténèbres ; peut-être aussi cet événement fut préparé par quelque ami de la paix, qui eût voulu détourner son prince d'une résolution funeste. Surpris par cette vision inattendue, et m'entendant nommer parmi les autres guerriers de l'Angleterre et de l'Ecosse, j'en appelai au Dieu du ciel.

IX.

Depuis que nous sommes venus dans le château de Tantallon, j'ai trouvé l'instant favorable pour me découvrir et confier mon histoire au comte d'Angus, à qui ma maison n'est pas inconnue. Il est convaincu de mon innocence, et sa vaillante épée doit ce soir même me rendre le titre de chevalier. Ces armes que tu vois sont celles que portait Douglas au combat d'Otterburne lorsqu'il força Harry Hotspur à lui céder la victoire. Il a daigné m'en faire don ; et, avant le retour de l'aurore un ouvrier habile les aura remises en état. Le comte n'a plus dans son château que d'antiques armures, et de vieux coursiers dans son écurie; sa garnison ne se compose que de femmes, de prêtres et de vieillards; tous ses vassaux ont couru par son ordre à la plaine de Twisell [1]. D'après les statuts de la chevalerie, je veille ici les armes jusqu'à minuit : c'est l'heure où je recevrai de nouveau l'accolade; et au point du jour j'irai rejoindre Surrey dans son camp.

X.

Nous nous y retrouverons, ma chère Clara; c'est le projet de ton oppresseur de t'y conduire; Douglas respecte trop les ordres de son roi, même en faveur d'un chevalier déloyal, pour te réclamer; mais Surrey, qui est allié de ta famille, rendra justice à Wilton. Mes longs voyages ont doublé mes forces; j'espère qu'un second combat.....

— Wilton, interrompit Clara, faudra-t-il donc risquer encore un bonheur que nous retrouvons à peine? Le sort des armes nous a déjà trahis. N'est-il donc pas quelque obscure vallée où, pauvres et contens, nous puissions bâtir une chaumière à l'ombre d'un chêne protecteur? Wilton ne serait plus qu'un simple berger, mais Clara l'aiderait dans ses travaux champêtres..... La rougeur qui couvre ton front..... je le devine..... dit assez que Clara elle-même ne pourrait rendre la paix à ton cœur, tant que ton nom resterait souillé par une lâche calomnie..... Va donc combattre..... c'est Clara qui te le commande : Clara sait ce qu'éprouve l'ame d'un guerrier, et partage sa douleur et sa honte. Oui, digne des héros de sa race, elle aura le courage de t'attacher les éperons, de t'armer de l'épée et de te dire : — Marche à la gloire!

XI.

Les rayons de la lune semblaient dormir sur les rochers et les vagues. Sa lumière argentée pénétrait à travers les embrasures et les meurtrières de Tantallon; mais

---

[1] C'est là que campait le roi Jacques avant la bataille de Flodden.

la lune versait surtout une clarté pure dans l'enceinte de la chapelle, par ses croisées en ogives. Deux vieux guerriers de la suite de Douglas et deux prêtres à cheveux blancs y tenaient à la main une torche dont la flamme mêlée d'une fumée obscure n'eût pas suffi pour éclairer les colonnes sculptées de la nef. On voyait près de l'autel un noble seigneur du sang des Douglas, paré d'une mitre brillante et d'un rochet blanc ; mais son regard doux et pensif n'avait rien de cet orgueil si naturel aux prélats. Gawain était plus fier d'avoir fait connaître la Muse de Virgile à l'Ecosse encore barbare, que de s'entendre appeler évêque de Dunkeld. A côté de ce prélat était Angus : il avait dépouillé sa simarre en fourrure et son chaperon noir ; un casque couvrait son pâle visage, sa haute stature était revêtue d'une cotte de mailles ; il appuyait sa main sillonnée des rides de l'âge sur cette redoutable épée qui jadis éclaircissait les rangs ennemis, comme la cognée émonde les rameaux d'une jeune forêt. A l'aspect de ce vieillard avec son armure antique, sa grande taille, sa pâleur et son regard glacé, on eût cru voir un de ses aïeux sorti tout armé des caveaux de la chapelle pour répondre à l'ange du jugement.

XII.

Wilton fléchit le genou devant l'autel, Clara lui attache les éperons. Quelle dut être sa pensée, lorsque celle qu'il aimait lui noua son baudrier ! Quelle dut être la pâleur de Clara, lorsqu'elle fixa au côté de son amant une épée qui, éprouvée à l'heure du danger, l'avait déjà trahi !

Douglas lui donne l'accolade.

— Au nom de saint Michel et de saint André, lui dit-il, je te fais chevalier ; lève-toi, sir Ralph, fils de Wilton ; tu peux combattre désormais pour Dieu, ton roi et ta dame.

Quand Wilton se releva, l'évêque Gawain lui dit :

— Oublie tous tes malheurs, chevalier, et toutes tes

disgraces; car celui qui donne la véritable gloire peut te récompenser doublement.

Wilton soupira : — En quelque lieu que je rencontre un Douglas, dit-il, je promets de voir en lui un frère !

— Non, non, reprit Angus, tu dois te rendre au camp de Surrey, tu ne peux attendre plus long-temps pour réparer tes outrages. J'ai deux fils à l'armée d'Ecosse ; si tu les rencontres dans la mêlée, n'hésite pas de les combattre, défie-les avec bravoure, et que la honte soit le partage de celui qui pâlira le premier.

XIII.

L'aurore se levait lorsque Marmion rassembla sa suite pour se rendre au camp de Surrey. Il avait un sauf-conduit signé du roi, et Douglas lui donna un guide. Le vieux comte voulut aider lui-même Clara à monter sur sa haquenée, en lui disant à demi-voix : — Laissez partir le faucon, sa proie est déjà loin. — Les gens de Marmion défilèrent, mais le chevalier s'arrêta pour faire ses adieux.

—Je pourrais peut-être me plaindre, dit-il à Douglas, d'avoir reçu un accueil un peu froid dans le château de Tantallon ; c'était cependant l'ordre de votre roi qui m'avait fait venir y demander l'hospitalité. Cependant, noble comte, quittons-nous bons amis, et daignez recevoir ma main.

Mais Douglas, s'entourant des plis de son manteau, resta les bras croisés et répondit à Marmion :

—Mon château et mes domaines seront toujours ouverts à quiconque y viendra de la part du roi, quoique mon hôte soit indigne d'être le pair du comte Angus. Mes châteaux appartiennent à mon souverain, depuis le faîte des créneaux jusqu'aux fondations ; mais ma main n'appartient qu'à moi, et jamais elle ne pressera, en signe d'amitié, celle d'un chevalier tel que Marmion.

XIV.

Le front basané de Marmion rougit de colère et tout son corps frissonna.

—Est-ce à moi, répondit-il, à moi que ce discours s'adresse? si je ne respectais tes cheveux blancs, la main de Marmion eût tombé comme la foudre sur la tête de Douglas; mais apprends, vieillard orgueilleux, que le chevalier qui porte les messages de l'Angleterre peut hardiment se dire ton égal, serait-il au dernier rang dans sa patrie; je dois te dire encore, fier Douglas, malgré tes froids dédains, en présence de tes vassaux et dans ta demeure.... Oui, je le dirai; et je ris de vos gestes menaçans, vassaux d'Angus.... Oui, je te défie, et si tu oses soutenir que je ne suis pas l'égal de tous les barons d'Ecosse, je te dirai que tu en as menti.

Le feu de la colère ranima les traits pâles du vieux comte. Il répondit avec hauteur à Marmion :

— Oses-tu braver le lion dans sa tanière et le Douglas dans son château? Espères-tu en sortir sain et sauf? Non, non, par sainte Brigitte de Bothwell! non..... Qu'on relève le pont-levis, qu'on laisse tomber la herse.

Lord Marmion tourna bride et enfonça l'éperon dans les flancs de son coursier, qui s'élança comme un trait rapide sous l'arceau de la porte. La herse tomba avec bruit et rasa le panache du chevalier.

XV.

Semblable à l'hirondelle qui effleure la surface unie d'un lac, le coursier dépassa le pont au moment où il allait être levé. Marmion, ayant atteint ses gens, s'arrêta, et menaçant de son gantelet les tours de Tantallon, il fit entendre un terrible défi...

—A cheval, s'écria Douglas, à cheval, et qu'on le poursuive! Mais bientôt il calma sa fureur :—Il est venu comme ambassadeur d'un monarque, pensa-t-il, quelque indigne qu'il soit de ce titre! Un faussaire! par saint Jude! jamais chevalier fut-il coupable d'un tel forfait? Aussi ai-je été prévenu contre lui dès que le roi m'a eu vanté sa science.

—Loué soit saint Bothan : jamais aucun de mes fils ne saura écrire, excepté Gawain; ainsi je l'ai juré, je le jure encore, dût mon fils l'évêque s'en fâcher. Que la Vierge calme mon humeur impatiente! La vieillesse elle-même ne peut glacer le sang des Douglas! Je me suis vu prêt à immoler ce perfide à ma vengeance... Quel dommage! ajouta-t-il, ce chevalier est plein de bravoure, et jamais personne ne mania un coursier comme Marmion. C'est un guerrier accompli.

Douglas, à ces mots, se retira lentement dans la forteresse.

XVI.

Marmion continua sa route, et ses ressentimens n'étaient pas apaisés lorsqu'il arriva sur les hauteurs de Stanrig-Moor. Ce fut là qu'il observa pour la première fois que le pèlerin n'était plus avec lui. — Pèlerin ou non, dit le jeune Blount, il est parti au point du jour, et Dieu sait dans quel équipage.

— Et dans quel équipage? demanda Marmion vivement.

— Milord, reprit Blount, je ne puis guère deviner ce mystère; mais toute la nuit j'ai entendu près de ma chambre le bruit d'une enclume et des marteaux. A peine le jour se levait, que, regardant par une meurtrière, j'ai vu sortir du donjon le vieux Bell-The-Cat [1] enveloppé dans une robe fourrée comme quelqu'un qui craint l'air piquant du matin; mais sous cette robe j'ai reconnu une cotte de mailles rouillée qu'Archibald a conquise jadis dans un combat contre les Turcs et les Sarrasins. Dès la veille, cette armure avait disparu du trophée d'armes dont elle faisait partie, ce qui m'avait semblé de très-mauvais augure. J'ai vu ensuite les vassaux du comte conduire le vieux Cheviot tout sellé et bridé : c'est le meilleur cheval de son écurie, quoique un peu vieux. Le shériff Sholto disait que le comte avait beaucoup prié le Maître [2] de s'en

---

(1) Voyez la note 7 du chant v.
(2) Le fils aîné d'une grande famille portait le titre de *master*, maître. Ici il s'agit du Maître d'Angus.

servir pour le jour de la bataille; mais qu'il avait préféré...

— Tais-toi, Henry, avec tes discours de chevaux, dit Marmion impatient; mais toi, Eustace, qui as la tête un peu plus sage, dis-moi ce qu'a vu ce fou de Blount?

XVII.

— En deux mots, milord, dit Eustace, nous avons vu (car j'étais avec Henry), nous avons vu le pèlerin monter sur le cheval favori du comte et le faire galoper loin du château. Il était recouvert d'une armure étincelante et ressemblait beaucoup à ce chevalier que vous vainquîtes dans les lices de Cotswold. Lord Angus lui souhaitait un bon voyage. — Fitz-Eustace n'avait pas fini son explication, qu'une clarté soudaine vint luire à l'esprit de Marmion.

— Insensé que j'étais, dit-il tout bas, ce n'était point un fantôme, mais mon ennemi lui-même qui m'apparut à Gifford. Ai-je bien pu commettre une erreur si grossière? Si j'avais eu tout mon courage, mon premier coup eût fait mordre la poussière à Wilton, et il ne serait plus venu m'offrir son odieuse présence... Que faire?... Il a confié son histoire à Douglas, qui l'a cru sans doute... voilà le motif de sa froideur et de ses dédains. Surrey osera-t-il aussi écouter une vaine accusation contre moi? Non, je l'espère : j'ai déjà prouvé mon bon droit... mais il sera prudent d'éviter les questions de Clara et d'arracher Constance de son monastère... A quoi entraîne une première fausseté!... Quoi! ce pèlerin... je ne m'étonne plus si je me suis senti accablé par son regard. J'aurais dû me rappeler qu'il n'était qu'un seul homme qui pût faire baisser les yeux à Marmion.

XVIII.

Agité par ces pensées, il fit hâter le pas à sa troupe, et arriva à l'approche de la nuit sur les rives de la Tweed, où il s'arrêta devant le couvent de Lennel.

Il ne reste plus qu'une arche en ruine de ce monastère; mais ne regrettez pas que le temps l'ait démoli : non loin de là est un toit hospitalier habité par un respectable pèlerin qui vaut à lui seul tous les Bernardins du monde.

Cependant l'abbé de Lennel accueillit honorablement Clara, lord Marmion et sa suite. Le lendemain matin le chevalier monta sur la tour pour contempler de loin l'armée écossaise campée dans la plaine de Flodden. Les pavillons blancs qui couvraient la terre ressemblaient à ces neiges d'hiver amoncelées au pied des collines. Marmion crut apercevoir un mouvement dans les lignes de l'ennemi. Il lui parut que les soldats écossais se préparaient à une action décisive; car l'aurore réfléchissait ses rayons sur la forêt de leurs lances : tantôt leur front se rétrécissait, tantôt il s'étendait; et à leurs diverses évolutions, le chevalier anglais reconnut qu'ils épiaient un ennemi qui traversait la plaine.

XIX.

En effet l'armée anglaise quittait le bois de Barmore qu'elle avait occupé la veille, et se dirigeait vers le pont de Twisell. — La voilà qui plonge dans le défilé, passe sous le prolongement du rocher et sous les remparts du château : chaque bataillon paraît et disparaît peu à peu derrière la colline, les chênes et les taillis. Chaque bannière se déploie tour à tour sur la rive orientale du fleuve : ils se répandent dans la vallée qu'arrose le Till, et leurs rangs se succèdent sur les arches gothiques du pont, pour gagner la colline de la rive opposée. Les échos de tes rochers, ô Twisell, retentissent du son guerrier du clairon ; maint capitaine illustre par son rang et sa naissance se désaltère à l'onde pure de Sainte-Hélène. Ce taillis d'aubépine, que nous voyons aujourd'hui couronné des guirlandes du printemps, vit la hache sacrifier ses troncs les plus robustes pour ouvrir un passage aux colonnes anglaises.

XX.

Mais pourquoi l'Ecosse reste-t-elle immobile sur la cime aérienne de ta colline, sombre Flodden, pendant que l'Angleterre se presse dans le défilé? Qui retient donc l'ame bouillante de Jacques? Pourquoi ce chevalier des belles, inactif sur son coursier, laisse-t-il Surrey conduire impunément ses phalanges entre son camp et la rive méridionale de la Tweed? Que fais-tu, monarque de la Calédonie, de ton épée de chevalier errant? O Douglas, où est ton génie? Brave Randolphe, où est ton activité? Que n'avons-nous à notre tête, pour une heure seulement, le grand Wallace ou le roi Bruce! Que ne peuvent-ils ordonner la bataille et crier : *Saint-André et nos droits !* Ce jour eût été témoin d'un tout autre événement, le destin eût arraché une page de son livre fatal, et Flodden eût été un autre Bannock-Burne.

L'heure précieuse est déjà loin ; l'armée anglaise a gagné la plaine ; ses phalanges se déploient en cercle autour de la colline de Flodden.

XXI.

Marmion n'avait pas encore aperçu les drapeaux de Surrey, que Fitz-Eustace s'écria :—J'entends un tambour anglais; je vois des escadrons qui gravissent l'espace contenu entre la Tweed et la colline. Voilà les fantassins, les cavaliers et l'artillerie : advienne ce qu'il pourra... C'est lord Surrey lui-même que je reconnais sur le Till!.... Voilà de nouvelles troupes... encore... Avec quel ordre elles sortent du bois, les bannières déployées!... comme leurs armes sont brillantes! Saint George ne peut-il revenir de l'autre monde pour voir les étendards glorieux de sa belle Angleterre?

— Finis tes acclamations, dit Blount; tu ferais mieux d'écouter les ordres de milord.

Marmion, l'œil étincelant, disait :—Que tous mes gens se mettent en marche ; traversons la rivière ; allons joindre Surrey. Si le roi Jacques accepte la bataille (il l'acceptera ou il y sera forcé), que lady Clara demeure derrière nos lignes pendant l'action.

CHANT SIXIEME.

XXII.

Marmion lui-même mit le pied à l'étrier en disant à peine adieu au saint abbé; encore moins daigna-t-il écouter la prière qu'il lui fit de laisser Clara dans le couvent. Il dirigea sa troupe du côté de la Tweed, en se disant à lui-même : — Le faucon qui tient la colombe entre ses serres la céderait-il pour plaire à l'épervier? Ce bon abbé doit avoir peur de lord Angus... Il est plus sûr pour moi d'emmener Clara.

A la vue de la Tweed, le chevalier s'élança bravement dans le gué du Leat, voulant forcer par son exemple ses écuyers et ses vassaux à le suivre sans hésiter, et il franchit dans un instant l'onde écumeuse. Eustace soutint Clara sur son palefroi, que le vieux Hubert guidait par la bride. Vainement la force du courant tendait à les entraîner; ils parvinrent sur la rive méridionale du fleuve; les autres archers de Marmion les suivirent de loin comme ils purent. Chacun d'eux tenait son arc élevé sur sa tête, précaution qui n'était pas inutile; il fallait que les cordes fussent préservées de l'humidité, pour lancer ce même jour des traits rapides. Marmion s'arrêta un moment pour laisser prendre haleine à son coursier et faire aligner ses soldats. Il marcha ensuite vers l'armée de Surrey; et, lorsqu'il se vit près de l'arrière-garde, il s'arrêta au pied d'une croix de pierre qui s'élevait solitaire sur une colline d'où l'on dominait la plaine.

XXIII.

L'œil pouvait suivre tous les mouvemens des deux armées ennemies, qui se préparaient à la bataille. Leurs lignes s'étendaient du sud à l'ouest. Déjà elles se saluaient par la voix tonnante du bronze, non par ce roulement continuel qui fatigue l'écho dans nos guerres modernes, mais par des salves qui se succédaient lentement.

Parvenu sur la colline, Marmion fit faire une halte : — Aimable Clara, dit-il avec douceur, demeurez près de cette croix, vous pourrez y être témoin de la bataille :

daignez ne pas oublier Marmion dans vos prières!.... Je prévois que je ne puis compter sur votre sympathie... mais n'importe, je ne m'en occuperai pas moins de votre sûreté... Blount et Eustace, je vous confie sa garde, et je laisse avec vous dix archers de ma suite. Si vous voyez que la fortune abandonne les drapeaux de l'Angleterre, hâtez-vous de fuir vers Berwick; mais si nous sommes vainqueurs, je viendrai, beauté cruelle, déposer mes lauriers à vos pieds!

Il n'attendit pas la réponse de Clara, et ne voulut pas remarquer la douleur qui était peinte dans les traits de cette belle captive, ni le mécontentement que trahissaient les yeux des deux écuyers; mais, enfonçant ses éperons dans les flancs de son cheval, il descendit à toute bride dans la plaine et alla saluer Surrey.

XXIV.

—Voilà le vaillant Marmion, s'écria le général de Henry; c'est lui-même, toujours fidèle à la voix du danger... Je ne vous témoignerai ma joie qu'en peu de mots, chevalier; vous savez que les instans sont précieux... Ecoutez donc mon plan de bataille : Moi-même je commande le centre; le brave Stanley est à la tête de notre aile gauche; mes fils commandent l'avant-garde avec Brian Tunstall, le chevalier sans tache; lord Dacre avec sa cavalerie légère est chargé du corps de réserve, prêt à porter ses secours partout où ils seront nécessaires. Quant à vous, noble baron, je ne doute pas que de tous les postes celui de l'avant-garde ne soit celui que vous préférez; l'Amiral, Edmond et Tunstall partageront volontiers leur commandement avec vous; déjà vos vassaux vous ont précédé sous les ordres de Burgh, votre fidèle lieutenant.

—Je remercie le noble Surrey, répondit lord Marmion; et, sans autre compliment, il partit comme l'éclair. A son approche il entendit s'écrier de tous côtés : Marmion, Marmion! Ce nom retentit jusqu'aux bataillons écossais, qu'il fit tressaillir.

CHANT SIXIÈME.

XXV.

Blount et Fitz-Eustace demeurèrent avec Clara. Les rayons du soleil couchant doraient la colline, car le jour était déjà avancé. Ces cris de guerre parvinrent aux oreilles des deux écuyers, qui pouvaient distinguer de loin leurs compagnons. Eustace dit tristement à Blount :

— Indigne commission que de rester témoin des exploits de ce jour ! Il n'est plus d'espoir pour nous de mériter les éperons dorés... Mais regarde... Les Ecossais ont mis le feu à leurs tentes ! — Au moment où il parlait, une épaisse fumée s'étendit depuis la pente de la colline de Flodden jusqu'aux rives du Till. Les soldats de la Calédonie s'avançaient enveloppés de ces ombres nuages. Aucune acclamation guerrière, aucun chant des ménestrels n'annonçaient leur marche ; le bruit de leurs pas, et parfois une fanfare du clairon, disent seuls aux Anglais que le roi Jacques vient à leur rencontre : mais ils ne peuvent entendre et voir leurs ennemis que lorsqu'ils sont à la portée du trait. Les lances et les épées se croisent, des tourbillons de poussière se mêlent aux noires vapeurs de l'incendie, un cri effrayant frappe l'écho ; il semble, pendant que deux nations combattent dans la plaine, que les airs sont le théâtre de la guerre des démons. Ce cri est en même temps la voix de la mort, de l'épouvante, du carnage, de la victoire et du désespoir ! Fitz-Eustace et Blount fixent sur les deux armées des regards inquiets : leurs yeux ne peuvent rien distinguer dans l'obscurité profonde qui les environne.

XXVI.

Enfin le vent frais du soir dissipa le nuage, et ils virent d'abord la forêt des lances que faisaient briller les derniers feux du jour. Les étendards se déroulèrent au milieu de la fumée, semblables aux ailes blanches de la mouette pendant l'orage. Ils remarquèrent les rangs mêlés des combattans, qui, tels que les vagues, se brisaient les uns contre les autres ; les panaches des chevaliers flottaient comme l'écume sur le sein agité de l'Océan. Mais les deux écuyers de Marmion ne pouvaient encore rien distinguer ; le carnage régnait dans la plaine ; des éclats de lances et d'épées volaient çà et là ; les flèches de l'Angleterre tombaient comme une grêle sur les guerriers d'Ecosse. Des bataillons chargeaient, reculaient, rechargeaient encore en ordre ou en désordre. Mais bientôt ils reconnurent au milieu de la mêlée le faucon de Marmion, la blanche bannière de Tunstall, et le fier lion d'Edmond Howard. Ces étendards répandaient au loin la terreur, quoiqu'ils eussent à combattre les vaillans Gordons, les clans sauvages de nos frontières, Home et Huntley.

XXVII.

Cependant, du côté de l'aile gauche, Stanley mettait en déroute les corps commandés par Lennox et Argyle ; c'est en vain que les montagnards de l'Ecosse occidentale fondent sur les lances, jetant leurs boucliers de côté pour frapper à deux mains de leurs épées. Mais la fortune perfide sourit un moment à l'aile droite de l'armée écossaise. La bannière sans tache de Brian tombe dans la poussière, le lion d'Howard tombe avec elle ; il ne reste plus que le faucon de Marmion pour soutenir les siens dans ce moment de danger. Le slogan de nos frontières s'élève jusqu'aux cieux ! — Home et Gordon ! s'écrie-t-on de toutes parts. — La mêlée devient de plus en plus sanglante ; avançant, reculant tour à tour, tantôt la bannière fléchit, tantôt elle se relève plus fière : comme on voit le mât d'un navire, battu par la tempête, s'abaisser et se redresser de nouveau lorsque déjà ses voiles et ses cordages sont déchirés. Blount s'indigne à cette vue : — Par le Dieu tout-puissant ! s'écrie-t-il, et par tous les saints ! je jure que notre bannière ne sera pas perdue tant que je vivrai ! Tu peux prier ici avec lady Clara, Fitz-Eustace ; pour moi je vais à l'ennemi.

Et il se précipite dans la plaine, suivi des dix archers. Le brave écuyer s'ouvrit d'abord un large passage dans les rangs écossais; la bannière se relève.... Mais bientôt l'ennemi reprend courage, le sang coule à grands flots, et l'étendard de Marmion est soudain abattu, tel qu'un pin que la hache a frappé dans ses racines.

Alors Eustace monte à cheval. Cependant il hésite encore, quittant à regret la malheureuse Clara, lorsque tout à coup, rapide comme la flèche, le coursier de lord Marmion passe auprès de lui. Ses yeux sont sanglans, ses naseaux ouverts, ses rênes flottantes, sa selle et ses housses souillées de carnage. Eustace éperdu n'adresse qu'un regard à Clara pour lui dire qu'il sera bientôt de retour, et il se précipite dans la mêlée.

XXVIII.

Ne me demandez pas ce qu'éprouve Clara, laissée seule dans cette heure de terreur. Peut-être sa raison s'égare; peut-être un courage surnaturel la soutient et l'élève au-dessus d'elle-même.... L'avant-garde anglaise est en déroute..... Clara, occupée d'une seule pensée, s'écrie : — Wilton est-il à ce poste périlleux......? Ils fuient ou ne combattent plus que pour trouver la mort...... Où est Wilton ?

En ce moment elle voit gravir la colline à deux cavaliers couverts de sang qui portent dans leurs bras un chevalier blessé. Sa main tient encore le tronçon de son épée; il a été trouvé sous les pieds des chevaux; son bouclier est froissé, son casque dépouillé de son panache et du faucon qui l'ornait.... Est-ce bien là l'orgueilleux Marmion.....? Le jeune Blount délace son armure, et, contemplant son front pâle et défait, s'écrie : — Par saint George! il n'est plus! Cette lance maudite a tranché les jours de notre seigneur : que Marmion repose en paix!

—Silence, Blount, cesse tes clameurs, dit Eustace, il ouvre les yeux.

XXIX.

Débarrassé de son casque, Marmion sent la douce impression de l'air, et porte autour de lui des yeux hagards :

— Où est Henry Blount? demande-t-il; où est Fitz-Eustace? que faites-vous ici, cœurs timides? allez reconquérir ma bannière, allez faire entendre à l'ennemi le nom terrible de Marmion!..... Hélas! avec moi finit ma race; ce nom ne retentira plus sur les champs de bataille!..... Que ma dernière pensée soit consacrée à l'Angleterre! Portez mon anneau à lord Dacre : dites-lui de conduire ici ses escadrons! Toi, Fitz-Eustace, cours trouver Surrey, apprends-lui que Tunstall, étendu sans vie dans la plaine, rougit de son sang le bouclier sans tache. Edmond n'est plus..... et moi..... je me meurs, il ne reste plus que l'Amiral. Que Stanley fonde sur le centre des Ecossais avec les guerriers de Chester et de Lancastre.... sinon la victoire et l'Angleterre sont perdues.... Hé bien! faut-il vous le répéter?.... Partez sans retard, laissez ici Marmion mourir seul. — Ils obéirent.

Clara s'éloigna un moment; mais la douleur arracha bientôt à Marmion un gémissement étouffé. — N'y a-t-il donc personne, dit-il d'une voix mourante, n'y a-t-il personne de tous ceux qui ont été nourris dans mes foyers, qui daigne m'apporter quelques gouttes d'eau pour étancher la soif qui me dévore!

XXX.

O toi qu'aux jours de notre fortune il est si difficile d'émouvoir, capricieuse, indécise et changeante comme l'ombre que jette sur l'onde le feuillage tremblant du saule, ô femme, tu deviens un ange bienveillant aussitôt que l'affliction vient flétrir nos fronts humiliés.

A peine le chevalier eut proféré ces paroles plaintives, que Clara, prenant son casque, courut au ruisseau voisin. Sa haine, ses outrages et sa terreur sont oubliés; elle n'écoute plus que la voix de sa douleur, elle ne voit plus que le chevalier mourant.

Elle se baisse sur la rive du ruisseau, et recule soudain saisie d'horreur.... Des flots de sang s'étaient mêlés à ses flots azurés. Où peut-elle aller?..... elle aperçoit une petite fontaine où une onde diamantée retombait dans un bassin de pierre; au-dessus on lisait cette inscription à demi effacée :

APPROCHE, PÈLERIN FATIGUÉ,
DÉSALTÈRE-TOI DANS CETTE ONDE PURE,
ET PRIE POUR L'AME
DE
SIBYLLE GREY,
QUI FIT ÉLEVER CETTE CROIX
ET CREUSER LE BASSIN
DE CETTE FONTAINE.

Clara remplit le casque, revient en courant au lieu où elle avait laissé Marmion, et y trouve avec plaisir et surprise un moine qui soutenait sur ses deux genoux la tête du chevalier. C'était un pieux solitaire que le zèle conduisait au milieu des combats pour consoler les mourans et bénir les morts.

XXXI.

Lord Marmion se ranima en sentant la fraîcheur de l'eau sur ses lèvres; et comme Clara se baissait pour lui humecter le front : — Est-ce la main de Clara, dit-il, ou celle de la malheureuse Constance dont je sens la douce impression? Puis, ému par le souvenir de ses torts, il répondit au moine : — Ne me parlez pas de repentir et de prières : je dois penser à la seule Constance; je n'ai que quelques instans, daignez, bonne Clara, écouter mes dernières paroles.

— Hélas, dit Clara, ne vous occupez plus que de votre ame; vous revenez trop tard à Constance, elle périt à l'île Sainte.

Lord Marmion tressaille à ces mots, et se relève comme s'il ne sentait plus ses blessures; cependant ce mouvement convulsif fait couler de son sein des torrens de sang. — Elle n'est plus! il n'était donc que trop vrai! s'écrie-t-il..... ce noir présage ne m'avait pas trompé. Je ne demanderais au démon chargé de sa vengeance, que de m'accorder un seul jour; l'incendie du monastère, et les cris des prêtres égorgés sur leurs autels, lui paieraient ce court retard; mais hélas!..... ma vue se trouble.... Maudite soit la lance écossaise qui m'a percé le sein; et doublement maudit mon bras trop faible pour parer le coup de la mort! Voilà le juste prix de ma trahison.

Il retombe privé de ses sens et soutenu par le moine tremblant.

XXXII.

Clara s'efforce, mais en vain, d'étancher sa blessure; le prêtre répète toutes les saintes oraisons de l'Eglise; Marmion s'écrie qu'il n'entend que la voix d'une femme qui répète sans cesse :

> Je vois la fuite et l'épouvante
> Déshonorer ses étendards,
> Et j'entends sa voix expirante
> Se mêler aux cris des fuyards.

— Eloigne-toi, spectre fatal, dit le moine; ne viens point troubler les derniers momens du pécheur! Regarde, mon fils, regarde ce signe de la grace divine; pense à la foi et à l'espérance.... J'ai souvent prié au lit de la mort, j'ai vu souvent les ames des pécheurs quitter ce monde de misère; mais je n'ai jamais vu d'agonie aussi cruelle!

Le tumulte de la bataille, qui avait cessé un moment, redouble tout à coup; le cri de *Stanley* parvient aux oreilles de Marmion; une lumière passagère éclaircit ses traits et brille dans ses yeux à demi éteints; sa main mourante agite au-dessus de sa tête le tronçon de son épée, et il s'écrie :—Victoire! courage, Chester! courage, Stanley!

Ce furent les derniers accens de Marmion.

XXXIII.

Cependant l'approche des ombres de la nuit ne ralentit pas la fureur des combattans; les guerriers écossais se serrent en désespérés autour de leur prince. Où sont donc maintenant ces phalanges victorieuses? où sont Huntley et Home? Que ne peuvent-ils entendre ce clairon sonore répété par les échos de Fontarabie, qui retentit à l'oreille de Charlemagne lorsque la vallée de Roncevaux vit succomber le brave Roland, Olivier et tous ses plus fameux paladins? Ce clairon avertirait les clans de la Calédonie de renoncer au pillage pour décider une seconde fois en leur faveur la fortune chancelante. L'étendard royal flotte encore dans la plaine de Flodden, et les preux, orgueil de notre patrie, meurent pour le défendre.

Vains regrets! laissant le carnage sur leurs traces, les soldats de notre aile gauche s'écartent du côté de la croix de Sibylle.

— Fuyons, dit le moine à Clara, fuyons. Il la place sur son palefroi et la conduit sur les rives de la Tweed, dans la chapelle de Tilmouth: là ils passèrent toute la nuit en prières; et au lever de l'aurore Clara vit arriver son cousin le lord Fitz-Clare.

XXXIV.

Mais au moment où ils venaient de quitter la hauteur, la mêlée était devenue plus sanglante. Les Anglais avaient soudain fait pleuvoir sur leurs ennemis une nouvelle grêle de leurs flèches, et leur cavalerie, après plusieurs charges désespérées, était sur le point de rompre le cercle que les Ecossais formaient autour de leur roi. Malgré les flèches qui pleuvent de toutes parts, malgré les cavaliers qui fondent sur eux comme des tourbillons, les défenseurs de Jacques offrent toujours une forêt impénétrable de lances, et si un des leurs tombe, il est soudain remplacé par un compagnon jaloux de venger sa mort; aucun ne songe à une lâche fuite; chaque soldat de l'immortelle phalange est fier et jaloux de l'honneur de la patrie; le vassal combat comme le seigneur, l'écuyer comme le chevalier; enfin la nuit couvre de son voile sombre leur petit nombre et leur roi blessé. Ce fut alors que le sage Surrey fit sonner la retraite. Ses bataillons fatigués se retirent du combat, semblables à ces vagues qui roulent dans le sein azuré de l'Océan après avoir balayé une plage déserte.

Les Ecossais connaissent enfin toutes leurs pertes ; leur roi, leurs Chefs, leurs plus braves guerriers, ont disparu du champ de bataille, comme on voit la neige se fondre insensiblement dans la plaine aussitôt que le vent du midi souffle et fait enfler les torrens. Les échos de la Tweed furent frappés toute la nuit du choc continuel des vagues ; elles semblaient vouloir repousser ces bataillons en désordre qui, fuyant vers la terre d'Ecosse, furent apprendre au loin la malheureuse issue de la bataille et donner le signal du deuil de la patrie ; les traditions, les légendes, les ballades et les harpes de nos bardes, éterniseront cette fatale journée ; long-temps encore le père redira à son fils la bataille et le carnage de Flodden, où l'Ecosse vit briser sa lance et son bouclier.

XXXV.

Le jour luit sur le penchant de la colline... c'est là, fière Calédonie, que sont étendus ces braves Chefs, ces chevaliers et ces barons qui furent ton orgueil..... Ceux qui leur survivent sont déjà loin.

Cesse de regarder avec doute ce cadavre mutilé et défiguré ; ne tourne point tes yeux menaçans vers ce château qui commande les frontières du nord, et ne nourris pas la vaine espérance de voir revenir un jour dans sa terre natale le royal pèlerin errant dans les climats étrangers '. Il fut témoin des revers qu'avait préparés son imprudence ; fatigué de la vie, il combattit avec désespoir dans les rangs de ses preux et tomba sur la plaine de Flodden : cette main vaillante qui tient encore après le trépas sa fidèle épée t'indique assez le monarque d'Ecosse. Mais qu'il est changé depuis cette nuit de fête...

Je me hâte de détourner les yeux et je poursuis mon histoire.

---

(1) Allusion aux incertitudes sur le sort de Jacques après la bataille de Flodden.

CHANT SIXIEME.

XXXVI.

Je touche à la fin.

Par les soins de Fitz-Eustace, un cadavre meurtri et criblé de blessures fut transporté dans la cathédrale superbe de Lichfield. Ce fut là que, sous l'aile du sud, un mausolée enrichi de sculptures gothiques porta long-temps l'image de lord Marmion. (Aujourd'hui vous en chercheriez vainement les traces, il fut détruit lorsque le fanatique Brook prit d'assaut cette belle cathédrale. Loués soient Dieu et le bon saint Chad, le sacrilège reçut un digne prix de son impiété!)

C'était là qu'on voyait jadis le brave Marmion, les mains levées vers le ciel et les pieds appuyés sur un limier; de riches écussons, des marbres et des niches ciselées, offraient ses armoiries et le souvenir de ses exploits.

Hélas! en dépit de ces magnifiques sculptures et des oraisons prononcées par les prêtres, le chevalier Marmion n'était point en ce lieu!

Un berger des forêts d'Ettrick avait suivi son seigneur à la bataille de Flodden; c'était une de ces fleurs que les harpes plaintives de l'Ecosse pleurent encore comme arrachées de bonne heure à leur tige natale: blessé à mort, ce berger aperçut la croix de Sibylle, s'y traîna, et il y rendit son dernier soupir à côté du noble Marmion.

Les pillards dépouillèrent les morts et les mutilèrent; c'est ainsi que le cadavre de l'humble berger fut pris pour celui de l'orgueilleux baron et occupa son monument.

XXXVII.

Il serait plus difficile de désigner la place où fut creusée la tombe ignorée de Marmion. On l'ensevelit au lieu même où gisait son corps sans vie; mais toutes les marques en ont disparu. La main destructrice du temps a renversé la simple croix de Sibylle Grey, et brisé sa fontaine de pierre: cependant la source jaillit encore de la petite colline et y forme un faible ruisseau. L'étranger s'y arrête souvent pour parcourir d'un œil curieux la mémorable plaine de Flodden. Les jeunes bergers y vont chercher le jonc et le glaïeul, s'étendent à l'abri du noisetier, et y tressent leurs guirlandes sans se douter qu'ils sont assis sur le tombeau qui a reçu les dépouilles mortelles du vaillant Marmion.

O vous qui rencontrez cette humble colline, observez-y un religieux silence et rentrez dans vos cœurs.

Si jamais, égarés par une tentation perfide, vous avez quitté le bon sentier pour le mauvais, ah! craignez de prononcer un jugement présomptueux sur la tombe modeste de Marmion ; contentez-vous de dire :

— Il mourut en brave chevalier l'épée à la main, pour défendre les droits de l'Angleterre.

XXXVIII.

Je n'écris pas pour ces esprits lourds qui ne pourraient raconter sans moi que, dans la fatale mêlée de Flodden, Wilton fut le plus intrépide des chevaliers anglais ; que, lorsque le courageux Surrey eut son cheval tué sous lui, ce fut Wilton qui lui donna le sien ; qu'enfin ce fut Wilton surtout qui, avec son épée, éclaircit les rangs des Ecossais opiniâtres... Quoique Hollinshed et Hall n'en fassent aucune mention, Wilton fut l'ame de la bataille. Après la victoire, il justifia sa fidélité ; ses fiefs et son rang lui furent rendus, et il orna le vieux bouclier de ses pères des devises nouvelles conquises par lui dans la plaine de Flodden.

Je ne chante pas non plus pour la simple et jeune fille, qui a besoin qu'on lui dise en termes précis que le roi et la famille de la belle Clara consentirent à couronner sa constance. Faut-il donc que je lui raconte la fête nuptiale pour qu'elle s'en fasse un tableau ? Dirai-je que le cardinal Wolsey donna la bénédiction aux deux amans, que More, Sands et Denny firent les bons mots de la noce, que le roi Henry tira les rideaux du lit, que Catherine détacha la jarretière de sa propre main ! Pendant long-temps, depuis cet hyménée, c'était dire assez à deux jeunes époux, que de leur souhaiter l'amour de Wilton et de Clara.

ENVOI AU LECTEUR.

Pourquoi prolonger un récit déjà terminé? Pourquoi chanter encore sur ma harpe, si ce n'est pour dire adieu aux lecteurs bienveillans qui ont bien accueilli le ménestrel?

O vous, graves politiques, si vous avez daigné lire ces fruits de mon loisir, je vous souhaite une tête ferme, des mains pures, un génie perçant et le cœur patriote... de Pitt. Héros, recevez une guirlande sur vos fronts, et que ce soit la main de celle que vous préférez qui la pose.

Que puis-je souhaiter aux dames aimables, si ce n'est un chevalier fidèle; et aux amans sincères, si ce n'est une tendre amie? Sages studieux, puissiez-vous trouver des trésors de science; et vous, vieillards, un doux coussin pour reposer votre tête en cheveux blancs.

Pour toi, bon écolier, si mes vers ont occupé l'heure de tes récréations, je te souhaite un travail facile et d'agréables vacances; à tout le monde enfin je souhaite une bonne nuit, d'heureux songes et un doux sommeil.

NOTES.

CHANT PREMIER.

NOTE 1. — Introduction, page 193, ligne 25. — *La pieuse recherche du Saint-Gréal.*

Un jour qu'Arthur faisait un grand festin avec tous les chevaliers de la Table Ronde, le Saint-Gréal, vase dans lequel le Christ avait fait la cène, et qui était resté long-temps caché aux regards des hommes, en punition des crimes de la terre, lui apparut tout à coup, ainsi qu'à tous ceux dont il était environné. A la suite de cette vision, ils firent tous le vœu solennel d'aller chercher le Saint-Gréal. Mais, hélas! il ne devait être trouvé que par un chevalier accompli, et qui fût pur de tout commerce charnel. Ainsi l'intrigue que le sir Lancelot avait avec la dame Genièvre ou Ganore, rendit inutiles toutes ses nobles perfections; il ne rencontra que désastres et malheurs dans la longue et pieuse recherche qu'il entreprit, etc. etc.

NOTE 2. — Paragraphe I. — *Norham.*

Les ruines du château de Norham (anciennement appelé Ubbandfond) sont situées sur la rive méridionale de la Tweed, à six milles environ au-delà de Berwick, et dans un lieu où cette rivière sépare l'Ecosse de l'Angleterre.

NOTE 3. — Paragraphe I. — *Le donjon.*

Il n'est peut-être pas inutile de rappeler à mes lecteurs qu'à proprement parler on entend par donjon la partie la plus forte d'un ancien château. C'était une tour haute et carrée formée par quatre murs d'une épaisseur effrayante, et située au milieu des fortifications, dont elle était ordinairement isolée. C'était là que, lorsque les ouvrages extérieurs avaient été emportés, la garnison se retirait pour tenter un dernier effort. Le donjon contenait la grande salle, les salles de cérémonie et la prison du château. C'est cette dernière circonstance qui a fait donner au mot *dongeon* la signification qu'il a maintenant. Ducange (au mot donjon) conjecture, non sans quelque vraisemblance, que ce mot vient de ce que ces espèces de prisons étaient bâties autrefois sur les collines, qui, dans la langue celtique, s'appellent *dun*. Borlase suppose que ces tours ont été ainsi appelées à cause de l'obscurité qui régnait dans leurs appartemens, ce qui fit qu'on leur donna le nom de prison : c'est faire dériver l'ancien mot de l'application qui en a été faite dans les temps modernes.

NOTE 4. — Paragraphe XI.

Lord Marmion, qui joue le principal rôle dans ce roman, est un personnage tout d'imagination : cependant il a existé autrefois une famille de Marmion, seigneurs de Fontenay en Normandie, qui jouissait d'une haute considération. Robert de Marmion, seigneur de Fontenay, l'un des seigneurs les plus distingués qui suivirent Guillaume-le-Conquérant, reçut en récompense le château et la ville de Tamworth, et en outre la Seigneurie de scrivelbaye, dans le Lincolnshire.

NOTE 5. — Paragraphe XVIII. — *Warbeck.*

L'histoire de Perkin Warbeck ou Richard d'York, est assez connue. En 1496, il fut reçu en Ecosse avec les plus grands honneurs, et Jacques IV, après lui avoir donné en mariage lady Catherine Gordon, une de ses parentes, fit la guerre à l'Angleterre pour appuyer ses prétentions. Voulant tirer vengeance de l'invasion qui avait été faite en Angleterre, Surrey s'avança dans le Berwickshire à la tête d'une armée considérable ; mais il fit retraite après avoir pris le petit fort d'Ayton.

NOTE 6. — Paragraphe XXI. — *L'abbé de Shoreswood.*

Ce prêtre était sans doute un peu cousin de Welsh, vicaire de Saint-Thomas d'Exeter, qui, en 1549, commandait les insurgés de Cornish, et eut le malheur d'être pendu au clocher de son église.

NOTE 7. — Paragraphe XXVII. — *Le pèlerin fut appelé.*

L'expression *palmer* (porte-palme), par opposition au mot *pilgrim* (pèlerin), signifie un homme qui ne s'occupait qu'à visiter les lieux honorés des reliques des saints, passant toute sa vie à voyager, et vivant de la charité des fidèles. Les *pèlerins* revenaient chez eux, et reprenaient leurs anciennes occupations, lorsqu'ils avaient une fois fait leurs dévotions au lieu qui faisait l'objet principal de leur pèlerinage; mais les *porte-palmes* semblent avoir été les *quæstionarii* dont il est mention dans les anciens canons d'Ecosse.

CHANT II.

NOTE 1.—Introduction, page 209, ligne 2 en remontant. — *Le lac silencieux de Sainte-Marie.*

Cette belle pièce d'eau forme le réservoir dans lequel l'Yarrow prend sa source. Non loin de là est un lac plus petit, appelé *le Loch of the lowes*, et environné de montagnes de tous côtés. A l'extrémité inférieure du lac se trouvent les ruines de la tour de Dryhope, berceau de Marie Scott, fille de Philippe Scott de Dryhope, et connue sous le nom de Fleur de l'Yarrow; elle fut mariée à Walter Scott de Harden, qui fut aussi célèbre par ses rapines que sa femme le fut par sa beauté.

NOTE 2. — Paragraphe XIII.

La tradition populaire de cette singulière servitude, probablement exagérée, est rapportée en ces termes dans *un véritable récit*, imprimé et publié à Withby: « Dans la cinquième année du règne de Henri II, après la conquête de l'Angleterre par Guillaume, duc de Normandie, le seigneur d'Uglebarnby, alors appelé Guillaume de Bruce, le seigneur de Smeaton, nommé Ralph de Percy, et un gentilhomme nommé Allatson, se donnèrent rendez-vous pour la chasse au sanglier, dans une forêt ou désert appartenant à l'abbé de Withby; le nom de ce lieu était Eskdale-Side, et celui de l'abbé Sedman. Au jour fixé, ils vinrent au rendez-vous, armés d'épieux et suivis de leurs meutes. Ayant aperçu un énorme sanglier, ils lancèrent leurs chiens, qui le poursuivirent jusqu'auprès de la chapelle de l'ermitage d'Eskdale-Side, où était un moine de Withby, qui y vivait en anachorète. Le sanglier, poursuivi vivement et accablé de fatigue, entra dans la chapelle, se coucha par terre, et expira. L'ermite ferma la porte et resta dans la chapelle, occupé de ses prières et de ses méditations. Tandis que les chiens étaient à attendre au dehors, les jeunes seigneurs, poursuivant le cours de leur chasse, arrivèrent à l'ermitage, guidés par les aboiements de leurs limiers; ils appelèrent l'ermite, qui ouvrit sa porte, et vint se présenter à eux. Les chasseurs ayant vu le sanglier mort dans la chapelle, entrèrent en fureur; ils se portèrent à des violences envers l'ermite, le maltraitèrent avec leurs épieux: l'ermite en mourut, après avoir fait commuer la peine de mort à laquelle ses meurtriers furent condamnés, en cette espèce de vasselage dont leur postérité ne s'affranchit que difficilement. »

NOTE 3. — Paragraphe XIII. — *La belle Edelfled.*

Elle était fille du roi Oswy, qui pour remercier le ciel de la grande victoire qu'il lui fit remporter, en 655, contre Penda, roi païen de Mercie, voua Edelfled, à peine âgée d'un an, au service du Seigneur, dans le monastère de Withby, dont sainte Hilda était alors abbesse. Dans la suite, elle orna avec beaucoup de magnificence le lieu où elle avait été élevée.

NOTE 4. — Paragraphe XIII.

Ces deux miracles sont rapportés par tous les anciens auteurs qui ont eu occasion de parler de Withby ou de sainte Hilda. On trouve encore au milieu des rochers des restes de ces serpens qui infestaient le couvent, et qui, à la prière de l'abbesse, furent non-seulement exterminés, mais encore pétrifiés. Les naturalistes protestans les nomment *ammonitæ*.

L'autre miracle est rapporté en ces termes par Camdem : « Voici une autre preuve de la toute-puissance de la sainte : les oies sauvages qui, dans l'hiver, fuient par bandes vers le sud, pour y chercher des rivières ou des lacs qui ne soient pas gelés, s'abaissent soudain à terre lorsqu'elles passent sur certains endroits des environs. »

NOTE 5. — Paragraphe XV.

Tout le monde sait que lorsque David Ier et son fils Henry envahirent le Northumberland, en 1136, les Anglais marchèrent contre eux sous la bannière de saint Cuthbert, et ce fut à sa vertu divine que l'on attribua la grande victoire qu'ils remportèrent à la sanglante bataille de Northallerton, ou Cuton-Moor. Mais dans le fait, les vainqueurs ne durent leurs succès qu'à la jalousie des différentes peuplades qui composaient l'armée de David, qui était une réunion de Galwégiens, des habitans de Strath-Clyde, d'hommes de Teviotdale et du Lothian, avec beaucoup de soldats normands et allemands, qui tous avaient embrassé sa cause. (Voyez Chalmers' *Caledonia*, page 622.)

CHANT III.

NOTE 1. — Paragraphe XIII

Le tintement d'oreille est regardé par les Ecossais comme le présage de la mort d'un ami.

NOTE 2. — Paragraphe XX.

En 1263, Hacon, roi de Norwège, vint dans le détroit de la Clyde avec un formidable armement, et fit une descente à Largs, dans le Ayrshire. Alexandre III fut à sa rencontre, et le défit le 2 octobre. Hacon se retira aux Orcades, où il mourut quelque temps après la disgrace qu'avaient essuyée ses armes. Il existe encore près du champ de bataille un grand nombre de tombeaux; plusieurs d'entre eux ayant été ouverts, on les a trouvés, comme d'ordinaire, remplis d'ossemens et d'urnes funéraires.

NOTE 3. — Paragraphe XX. — *Un pentacle*, etc.

Le pentacle est une pièce de linge fin, pliée de manière à présenter cinq coins, pour correspondre aux cinq sens, et couverte de caractères mystérieux. Les magiciens déploient le pentacle vers les démons qu'ils évoquent, lorsqu'ils sont rebelles et obstinés et qu'ils refusent de se soumettre aux rites et cérémonies magiques.

NOTE 4. — Paragraphe XXII.

C'est un article de foi parmi le peuple, que ceux qui sont nés le jour de Noël, ou le vendredi saint, peuvent voir les esprits, et même leur commander. Les Espagnols attribuent les regards égarés de leur Philippe II aux désagréables visions auxquelles ce privilège l'avait soumis.

NOTE 5. — Paragraphe XXV.

J'ai puisé les détails du combat entre Alexandre III et le fantôme chevalier dans

Gervais de Tilbury, maréchal du royaume d'Arles. (*Otia imperial. op. script. rer. Brunswick*, vol. 1, p. 797.)

CHANT IV.

NOTE 1. — Paragraphe XIV. — *Apparition de saint Jean.*

Cette histoire est rapportée par Piscottie avec une simplicité vraiment caractéristique.

NOTE 2. — Paragraphe XV.

La révolte qui eut lieu contre Jacques III fut signalée par une circonstance bien cruelle pour lui, la présence de son fils dans l'armée ennemie. Lorsque le roi vit sa propre bannière déployée contre lui-même, et son fils uni avec ses ennemis, il perdit le peu de courage qu'il avait, se sauva du champ de bataille, tomba de son cheval, qui se cabra à la vue d'une cruche d'eau que portait une femme; et il fut tué, on ne sait pas bien par qui.

Jacques IV, après la bataille, passa à Stirling; et entendant les moines de la chapelle royale déplorer la mort de son père, leur fondateur, il fut saisi d'un profond remords qu'il manifesta par une austère pénitence.

NOTE 3. — Paragraphe XXVIII.

Voyez dans Patten (*de l'Expédition de Sommerset*), la description curieuse d'un camp écossais après la bataille de Pinkey.

NOTE 4. — Paragraphe XXVIII.

Selon Boëtius et Buchanan, *le double trescheur autour du bouclier, contrefleurdelisé ou lampassé et armé d'azur*, fut adopté pour la première fois par Achaïus, roi d'Écosse, contemporain de Charlemagne.

CHANT V.

NOTE 1. — Introduction, page 266, ligne 30. — *Henry fuyant*, etc.

Henry VI, après la désastreuse bataille de Towton, se sauva en Écosse avec la reine, son fils et les princes de sa famille. Dans les notes des éditions précédentes, j'avais mis en doute si Henry VI vint à Édimbourg, quoique la reine y fût venue certainement : M. Pinkerton penchait à croire qu'il était resté à Kirkendbright; mais mon noble ami lord Napier m'a montré une concession d'une rente de cinquante marcs d'argent, faite par Henry à l'un de ses ancêtres, John Napier, signée par le roi lui-même à Édimbourg le 28 août, dans la trente-neuvième année de son règne, qui correspond à l'an de grace 1461. Douglas, avec sa négligence ordinaire, date cette concession de 1368; mais cette erreur ayant été corrigée dans la copie sur les manuscrits de Macfarlane, pag. 119 et 120, il ne peut plus rester de doute à ce sujet. John Napier était fils et héritier d'Alexandre Napier, et prévôt d'Édimbourg; l'accueil hospitalier que trouva l'infortuné monarque valut à l'Ecosse les éloges de Molinet, poète contemporain; il dit en parlant des Anglais :

> Ung nouveau roy creerent
> Par despiteux vouloir :
> Le vieil en debouterent
> Et son legitime hoir :
> Qui fayrif alla prendre
> D'Escosse le garand
> De tout le mendre
> Et le plus tollerant.
>
> *Collection des Aventures.*

NOTE 2. — Introduction, page 268, ligne 3. — *M. Ellis.*

M. Ellis, dans l'introduction qui précède son ouvrage intitulé *Specimens of romance*, a prouvé par les témoignages réunis de La Ravaillère, de Tressan, et principalement de l'abbé de La Rue, que c'est à la cour de nos rois anglo-normands, et non à celle des rois de France, qu'est née la *littérature romane*. Marie pilla les originaux armoriques, et traduisit en français-normand ou langue romane les douze curieuses ballades dont M. Ellis nous a donné un précis dans l'appendix qui suit son introduction.

NOTE 3. — Paragraphe I.

Ce n'est point une exagération poétique; il y a encore en Angleterre quelques comtés renommés par leurs archers, où l'on se sert de flèches de la longueur d'une verge.

Il existe en Écosse, au rapport d'Asham, un proverbe qui dit que chaque archer anglais porte dans son carquois vingt-quatre Ecossais, par allusion à ses flèches, qui sont inévitables.

NOTE 4. — Paragraphe VI.

Dans toutes les négociations un présent de vins était un préliminaire indispensable. Sir John Falstaf n'était pas le seul qui eût besoin d'une telle introduction.

NOTE 5. — Paragraphe IX.

Peu de lecteurs ont besoin que je leur rappelle le ceinturon ou baudrier auquel Jacques ajoutait régulièrement le poids de quelques onces tous les ans. Piscottie fonde l'opinion qu'il a que le roi Jacques ne périt pas à la bataille de Flodden, sur ce que les Anglais n'ont jamais pu montrer ce baudrier de fer à aucun Ecossais. La personne et le caractère du roi Jacques sont ici tracés d'après nos meilleurs historiens. Ses dispositions romanesques, qui lui faisaient pousser le goût du plaisir jusqu'à la licence, étaient mêlées d'une teinte d'enthousiasme religieux. Ces inclinations formaient quelquefois d'assez singuliers contrastes. Il avait coutume pendant ses accès de dévotion, de prendre l'habit des franciscains, et de suivre les règles de l'ordre : lorsqu'il avait ainsi fait pénitence pendant quelque temps dans le couvent de Stirling, il allait se replonger dans les plaisirs. Probablement aussi que, par l'effet d'une inconséquence qui n'est pas sans exemple, il riait dans un temps des pratiques superstitieuses auxquelles il s'assujettissait dans un autre.

NOTE 6. — Paragraphe X.

La connaissance du roi Jacques avec lady Heron de Ford ne commença qu'à l'époque où il marcha sur l'Angleterre. Nos historiens imputent à l'aveugle passion du roi les délais qui amenèrent la perte de la bataille de Flodden. L'auteur de la généalogie de la famille de Heron s'efforce, et son zèle est louable, de justifier Ford de ce scandale;

cependant il est certain qu'elle interposa sa médiation entre Jacques et Surrey. (Voyez l'*Histoire* de Pinkerton, et les autorités qu'il rapporte, vol. 2, p. 99.)

NOTE 7. — Paragraphe XVI.

Angus était déjà vieux lorsque la guerre contre l'Angleterre fut décidée : il ne cessa de la désapprouver ; et le matin de la bataille de Flodden, il remontra avec tant de liberté combien il était impolitique de livrer bataille, que le roi lui dit avec un ton de mépris et d'indignation, que s'il avait peur il était libre de s'en retourner. Cet affront insupportable arracha des larmes à ce vieux guerrier; il se retira, laissant son fils George d'Angus et sir William de Glenbervie pour commander ses troupes. Ils furent tous deux tués dans la bataille, ainsi que deux cents gentilshommes du nom de Douglas. Le comte, désespéré des malheurs de sa maison et de son pays, se retira dans une maison de religieux, où il mourut environ un an après la bataille de Flodden.

NOTE 8. — Paragraphe XXIX.

Le couvent dont on veut ici parler est une fondation de l'ordre de Cîteaux ; au nord de Berwick on en voit encore quelques vestiges. Il fut fondé par Duncan, comte de Fife, en 1216.

NOTE 9. — Paragraphe XXXI.

Ceci se rapporte à une catastrophe qui arriva réellement à un Robert de Marmion, sous le règne du roi Étienne. Guillaume de Newbury, qui en parle, lui donne quelques traits du caractère de mon héros : — *Homo bellicosus, ferociâ et astutiâ ferè nullo suo tempore impar.* Ce baron ayant chassé les moines de l'église de Coventry, ne tarda pas, selon eux, à éprouver les effets de la vengeance divine. Ayant entrepris une guerre contre le comte de Chester, Marmion chargeait à la tête de ses troupes un corps de l'armée du comte; son cheval s'abattit, le cavalier se cassa la jambe en tombant, et il eut la tête coupée par un soldat avant qu'on pût le secourir. Toute cette histoire est rapportée par Guillaume de Newbury.

CHANT VI.

NOTE 1. — Introduction, page 291. — *La messe de minuit.*

Dans les pays catholiques romains, on ne dit jamais la messe dans la nuit, excepté la veille de Noël. Chacune des folies avec lesquelles on célébrait jadis cette fête pourrait faire le sujet d'une note longue et curieuse.

NOTE 2. — Introduction, page 292. — *Allégorie des mascarades.*

Il paraît certain que les masques d'Angleterre, qui, comme l'usage existe encore dans le Northumberland, avaient coutume d'aller porter dans toutes les maisons voisines le soc de la charrue, oisif dans cette saison, et les *guisards* d'Écosse, qui ne sont pas encore totalement tombés en désuétude, nous offrent une image imparfaite des anciens mystères. Ces mystères sont aussi l'origine du théâtre anglais. En Écosse (*me ipso teste*) nous avions l'habitude, avec les enfans de mon âge, de prendre les rôles des apôtres, ou du moins ceux de Pierre, de Paul, et de Judas Iscuriote. Le premier avait les clefs, le second portait une épée, et le troisième un sac dans lequel on déposait les pièces d'argent que nous récoltions dans le voisinage. L'un de nous faisait aussi un champion en récitant quelque vieille ballade; un autre était... « *Alexandre, roi de Macédoine, qui conquit le monde entier, excepté l'Écosse; et qui, lorsqu'il vint pour l'attaquer, sentit sa valeur se refroidir en voyant une nation si courageuse et si fière.* » Ces vers, et plusieurs autres, étaient récités par routine et sans suite; nous avions aussi, je crois, un saint George.

NOTE 3. — Introduction, page 292. — *Sur la famille de Walter Scott.*

M. Scott de Harden, mon ami et mon parent éloigné, possède l'original d'une invitation en vers adressée par son aïeul au mien : c'est de ce morceau que sont imités quelques vers de cette introduction. Ils sont datés, comme mon épître, de Mertoun-House, qu'habite la famille de Harden.

NOTE 4. — Paragraphe XI.

Le fameux Gawain Douglas, évêque de Dunkeld, fils d'Archibald *Bell-the-Cat*, comte d'Angus. Il est l'auteur d'une traduction de l'Énéide en vers écossais, et de plusieurs autres poésies d'un grand mérite : à cette époque il n'avait pas encore obtenu la mitre.

NOTE 5. — Paragraphe XV.

De peur que le lecteur ne partage l'étonnement du comte, et ne regarde ce crime comme contraire aux mœurs du temps, je dois lui rappeler les falsifications sans nombre qu'avec l'assistance d'une femme Robert d'Artois employa pour gagner son procès contre la comtesse Mathilde. Convaincu de faux, Robert fut obligé de fuir en Angleterre; et ce fut la cause éloignée des guerres mémorables d'Édouard III en France. John Handing fut aussi employé par Édouard IV à forger des documens qui pussent établir les prétentions de souveraineté des rois anglais sur l'Écosse.

NOTE 6. — Paragraphe XXIV.

Sir Brian Tunstal, appelé dans la langue romantique du temps *Tunstall le chevalier sans reproche,* fut du petit nombre des chevaliers anglais tués à la bataille de Flodden.

NOTE 7. — Paragraphe XXXVI.

L'assaut de la cathédrale de Lichfield, qui avait été fortifiée par le roi, eut lieu dans la guerre civile. Lord Brook, qui commandait les assaillans avec sir John Gill, fut atteint par une balle de mousquet qui traversa la visière de son casque : les royalistes remarquèrent qu'il avait été tué par un coup parti de la cathédrale de Saint-Chad, le jour de Saint-Chad, et qu'il avait été blessé à l'œil, lui qui avait dit qu'il espérait voir les ruines de toutes les cathédrales d'Angleterre. La belle église dont il est ici question souffrit considérablement en cette occasion et en plusieurs autres; la tour principale fut détruite par le feu des assiégeans.

LA
DAME DU LAC.

La scène de ce poëme est placée principalement au voisinage du lac Katrine, dans les Highlands de l'Ecosse occidentale, comté de Perth. Le temps de l'action comprend six jours, et chaque jour est le sujet d'un chant.

CHANT PREMIER.

La Chasse.

Harpe du Nord, toi qui fus long-temps négligée sur l'ormeau magique dont l'ombrage protège la source de Saint-Fillan! la brise faisait encore vibrer parfois tes cordes harmonieuses, lorsque le lierre jaloux est venu les entourer de ses festons de verdure... Harpe des ménestrels! qui réveillera tes accords enchanteurs? resteras-tu longtemps muette au milieu du frémissement du feuillage et du murmure des ruisseaux? ne feras-tu donc plus sourire le guerrier et pleurer la jeune fille?

Aux temps antiques de la Calédonie, tu mêlais toujours aux chants de fête tes sons mélodieux, alors que la romance d'un amour malheureux, ou l'hymne de la gloire, attendrissait les cœurs les plus farouches, et donnait du courage aux plus timides ! Quand le ménestrel se taisait, tu faisais entendre tes accords inspirateurs, et tu captivais l'attention des jeunes beautés et des fils de la vaillance ; car tu célébrais aussi les charmes de la châtelaine et les exploits de la chevalerie !

Réveille-toi, harpe du Nord ! quelque inhabile que soit la main qui ose errer sur tes cordes magiques ; réveille-toi, quoique je puisse à peine te rendre le faible écho de tes concerts des anciens temps ! Je ne saurai tirer de toi que des sons sans art, périssables et indignes de tes nobles accords ; mais qu'ils fassent palpiter un moment le cœur de celle qui m'écoute, ce ne sera pas en vain que tu m'auras inspiré !..... Harpe du Nord, enchanteresse, réveille-toi !

I.

Le cerf s'était désaltéré le soir dans le ruisseau de Monan, près de l'image tremblante de la lune ; il s'était réfugié, pour y passer la nuit, dans l'épaisseur des coudriers solitaires de Glenartney : mais à peine le soleil venait-il d'allumer son flambeau sur la crête du Benvoirlich, que les aboiemens de la meute, les cors et le galop des coursiers retentirent dans le lointain.

II.

Comme un chef qui entend crier la sentinelle : — Aux armes, voilà l'ennemi ! — le monarque agile des forêts s'élance de sa couche de bruyère ; mais avant de commencer sa course rapide, il secoue la rosée de ses flancs, et, semblable au guerrier dont la tête superbe est armée d'un cimier, il lève fièrement le front, et agite le bois rameux qui le couronne. Ses yeux plongent un moment dans la vallée ; ses naseaux interrogent la brise, et il écoute le bruit plus rapproché de la chasse : puis soudain, voyant paraître les premiers limiers de la meute, il franchit d'un bond le taillis, et, traversant l'espace en liberté, va chercher les bruyères sauvages d'Uam-Var.

III.

La meute l'aperçoit, et redouble ses aboiemens, que répètent les échos du vallon et des cavernes : la montagne répond au bruit confus de mille sons divers ; la voix de cent limiers ardens, les pas précipités de cent coursiers, les joyeuses fanfares des cors et les cris des chasseurs, fatiguent incessamment les échos du Benvoirlich. Le daim fuit à l'approche de ce tumulte ; la chevrette se tapit sous la feuillée ; le faucon jette un regard surpris du haut de son aire, jusqu'à ce que ses yeux perçans aient perdu la trace du tourbillon qui balaie la vallée. Le bruit s'affaiblit de plus en plus ; à la voix mourante des échos succède un vaste silence qui règne au loin sur la haute montagne et dans la forêt solitaire.

IV.

Cette guerre champêtre trouble, mais avec moins de fracas, les sommets d'Uam-Var, et la caverne où la tradition raconte qu'un géant fit jadis sa demeure ; car, avant que cette montagne escarpée fût gravie, le soleil était parvenu au milieu de son cours journalier, et plus d'un hardi chasseur avait été forcé de s'arrêter pour laisser respirer son coursier haletant : à peine une moitié de la meute avait suivi les traces du cerf, tant l'accès difficile de ces hauteurs avait amorti l'ardeur impétueuse de ses ennemis.

V.

Le noble cerf se reposait sur la cime méridionale de la montagne, au pied de laquelle s'étendaient au loin les beaux domaines variés de Menteith ; ses yeux parcouraient avec inquiétude les eaux, les prairies, les bruyères et les marécages, cherchant un dernier refuge, et indécis entre Loch-Ard et Aberfoyle. Mais plus près de lui est un taillis de saules, dont le feuillage se balance sur le lac Achray, et se marie aux rameaux bleuâtres des pins qui couronnent les rochers du Ben-Venu : l'espoir lui donne une vigueur nouvelle ; il glisse sur la bruyère d'un pied dédaigneux, vole vers l'ouest dans sa fuite rapide, et laisse loin derrière lui la meute harassée.

VI.

Il serait trop long de dire quels furent les coursiers qui renoncèrent quand la chasse se précipita à travers Cambus-More, et les cavaliers qui tordirent leurs rênes de rage à l'aspect des escarpemens du Benledi; quels furent ceux qui se ralentirent sur la bruyère de Bochastle, et n'osèrent traverser les eaux débordées du Teith; car deux fois, ce jour-là, le cerf intrépide passa hardiment d'une rive à l'autre. Il n'y eut guère que quelques traîneurs qui, le suivant de loin, atteignirent le lac de Vennachar; et lorsque le pont de Turk fut dépassé, le chef des chasseurs se trouva seul.

VII.

Il est seul; mais, dans son infatigable ardeur, il ne cesse de presser son cheval du fouet et de l'éperon : épuisé de lassitude, couvert d'écume, souillé de noire poussière, le cerf est devant lui, près de perdre haleine dans ses derniers efforts. Deux noirs limiers de la race de saint Hubert, fameux par leur courage et leur vitesse sans égale, le serrent de près, et sont sur le point de l'atteindre; à peine si la portée d'un trait les sépare du fugitif qu'ils poursuivent sur l'extrême rive du lac, entre le précipice et les broussailles touffues.

VIII.

Le chasseur, remarquant la hauteur de la montagne et l'étroite lisière qui borde le lac, espère que le cerf va être réduit aux abois devant cet énorme rempart; triomphant déjà de sa proie, mesurant de l'œil le bois qui orne son front, il recueille tout son souffle pour sonner la *mort*, et tire son couteau de chasse pour porter le dernier coup à l'animal abattu : mais, au moment où il fond sur lui comme la foudre, et le bras levé.... le cerf rusé évite le choc; — tournant du côté apposé du rocher, il s'élance dans une ravine profonde, et, disparaissant aux yeux du chasseur, va se réfugier dans le défilé étroit des Trosachs : là, blotti dans un taillis épais qui laisse tomber sur sa tête les gouttes de la rosée et ses fleurs sauvages, il entend les limiers déçus frapper de leurs aboiemens les rochers, qui répondent seuls à leur voix menaçante.

IX.

Le chasseur suit ses chiens, et les encourage pour leur faire retrouver leur proie. Mais tout à coup son noble coursier s'abat dans le vallon ; le chasseur impatient veut en vain l'exciter du geste, de l'éperon et des rênes : tous ses travaux sont finis ; le pauvre animal est tombé pour ne plus se relever ! Emu par la pitié et ses regrets, le chasseur se lamente ainsi sur son coursier expirant :

— Je ne pensais guère, quand pour la première fois je guidais ta fougue naissante sur les rives de la Seine ; je ne pensais guère, ô mon incomparable coursier ! que tes membres agiles serviraient de pâture à l'aigle des montagnes d'Ecosse ! Maudite soit la chasse ! maudit soit le jour qui me prive de toi, ô mon coursier chéri !

X.

Il sonne du cor pour rappeler ses chiens d'une vaine poursuite : les chiens reviennent d'un pas ralenti et inégal ; ils se pressent à ses pieds, traînant la queue et baissant l'oreille. Pendant que les derniers sons du cor se prolongent dans la ravine, le hibou tressaille et se réveille ; l'aigle répond par ses cris ; les échos se renvoient tous ces sons, qui ressemblent bientôt à la voix lointaine d'un ouragan.

Le chasseur se retire pour rejoindre ses compagnons ; mais il tourne souvent la tête, tant les sentiers qu'il parcourt lui paraissent étranges ! tant l'aspect bizarre de ces lieux excite sa surprise !

XI.

Le soleil couchant déroulait ses vagues de pourpre au-dessus de cet obscur vallon, et inondait de sa lumière chaque pic de la montagne ; mais aucun rayon ne pouvait percer la profondeur ténébreuse des ravines. Un double sentier serpentait autour de mainte roche pyramidale, dont le sommet sillonné par la foudre s'élançait jusqu'aux nues, et de mainte masse isolée, remparts naturels de ces passages, semblables à cette tour ambitieuse élevée par l'orgueil dans la plaine de Shinar. Les rochers étaient taillés les uns en forme de tourelles, de dômes ou de créneaux; les autres, créations plus fantastiques encore, rappelaient les coupoles ou les minarets, les pagodes et les mosquées de l'architecture orientale. Ces édifices, construits par la nature, avaient aussi leurs ornemens et leurs nobles bannières; on voyait leurs âpres sommets déployer, sur les précipices, les vertes guirlandes de l'aubépine étincelant de rosée, et la douce haleine du soir faisait flotter le feuillage varié de mille arbustes grimpans.

XII.

La nature a prodigué à ces lieux toutes les plantes des montagnes : ici l'églantier embaume l'air; là s'entremêlent le coudrier et l'aubépine; la pâle primevère et la violette azurée trouvent un abri dans les fentes du roc; la morelle et la gantelée, emblèmes de l'orgueil et du châtiment, groupent leurs sombres couleurs avec les teintes qu'offrent les rochers battus de la tempête; le bouleau et le tremble mélancolique balancent leurs rameaux à chaque souffle du vent; plus haut, le frêne et le chêne robustes ont fixé leurs racines dans les anfractuosités de la montagne; son extrême sommet nourrit encore le pin au tronc déchiré, dont les rameaux se projettent entre les saillies rapprochées des rochers. Enfin, au-dessus de ces pics éblouissans de blancheur, et à travers le feuillage mobile, l'œil découvre à peine l'azur délicieux d'un beau ciel : l'effet merveilleux de ce tableau semble le produit d'un songe magique.

XIII.

Le chasseur voit briller plus loin, au milieu du taillis, le cours d'une eau paisible, dont le lit étroit peut à peine recevoir la canne sauvage et sa famille; cette onde se perd un moment sous l'ombrage épais, mais elle reparaît bientôt plus abondante, et réfléchit dans son cristal d'azur des rochers immenses et les collines boisées. S'étendant peu à peu sur un plus vaste espace, elle se divise pour aller entourer d'une ceinture humide deux monticules couronnés d'arbustes, qui, détachés du reste de la forêt, semblent sortir de l'onde comme les tours d'un château au milieu de ses fossés. Les flots, qui grossissent de proche en proche, interceptent toute communication avec la montagne, et forment deux petites îles isolées.

XIV.

Mais aucun sentier ne s'offre au chasseur, à moins qu'il ne gravisse d'un pas prudent les saillies anguleuses d'un précipice; les racines du genêt lui servent d'échelle, et les rameaux des noisetiers lui prêtent leur secours; il parvient ainsi sur l'extrême pointe d'un rocher, et de là il découvre le lac Katrine qui se déploie comme une vaste nappe d'or aux rayons du soleil couchant. Tout l'espace que le lac couvre de ses ondes se développe à ses regards avec ses promontoires, ses baies, ses îles, qu'une teinte de pourpre fait distinguer au milieu des flots d'une lumière plus vive, et ses montagnes, qui apparaissent comme des géans gardiens d'une terre enchantée. L'immense Ben-Venu s'élève du côté du sud, et projette sur le lac, en masses confuses, ses rocs et ses inégalités sauvages, semblables aux débris d'un antique univers. Une sombre forêt croît sur ses flancs dégradés, et couronne sa tête chenue d'un feuillage ondoyant, tandis que, vers le nord, Ben-An lève dans les airs son front dépouillé.

XV.

L'étranger jette, du haut du promontoire, des regards étonnés et ravis. — Que ces lieux, dit-il, seraient dignes de la magnificence d'un prince ou de l'orgueil de l'Eglise! Que j'aimerais à voir sur cet âpre sommet la tour d'un châtelain, dans ce riant vallon la demeure d'une douce beauté, et plus loin, au milieu de cette prairie, les tourelles d'un vieux monastère! Comme le cor résonnerait gaiement sur les ondes de ce lac, pour accuser la lenteur de l'aurore! Qu'il serait doux d'écouter chaque soir le luth d'un amant dans le silence de ces paisibles bocages; et puis, quand la lune baignerait son front dans cette onde argentée, combien serait solennel le bourdonnement lointain de la cloche des matines, dont la voix religieuse irait dans cette petite île réveiller un vieil ermite, qui compterait à chaque coup de cloche un grain de son rosaire!..... Le cor, le luth et la cloche appelleraient le voyageur à un accueil bienveillant sous un toit hospitalier.

XVI.

Alors sans doute il serait charmant de s'égarer ici; mais maudite soit la vitesse du cerf!... A présent, comme le pauvre ermite que je me figurais tout à l'heure, il faudra bien se contenter pour cette nuit de ce que m'offrira ce taillis épais : quelque banc de mousse va être ma couche, un vieux chêne mon seul abri. Patience encore; la chasse et la guerre ne nous laissent guère le choix d'un asile : une belle nuit passée dans un bois ajoute à la gaieté du lendemain; mais les hôtes de ces déserts sont probablement de ces gens qu'il vaut mieux éviter que chercher. Tomber entre les mains des maraudeurs de ces montagnes, ce serait pire que de perdre le cerf et son cheval..... Me voilà seul;... le son de mon cor attirera peut-être auprès de moi quelqu'un de nos chasseurs... S'il allait appeler le danger?... Allons, n'importe; ce n'est pas la première fois que mon épée aura été tirée du fourreau.

XVII.

Mais à peine son cor a retenti, que, tournant les yeux vers un vieux chêne, dont le tronc oblique était fixé au rocher de la petite île, il voit un léger esquif qui s'en détache, et qui s'élance dans la baie : il est conduit par une jeune femme; il trace un cercle gracieux autour du promontoire, et soulève une vague presque insensible, qui

CHANT PREMIER.

vient humecter les rameaux pendans du saule, et caresser avec un doux murmure un lit de cailloux aussi blancs que la neige. L'esquif touchait cette rive argentée au moment où le chasseur changea de place, et il se tint caché au milieu de la bruyère, pour observer cette Dame du Lac.

La jeune fille s'arrête, comme si elle espérait entendre encore le son lointain : telle qu'une statue, chef-d'œuvre d'un sculpteur de la Grèce, elle reste immobile, la tête levée, l'œil fixe et l'oreille attentive; ses cheveux flottent sur son épaule; ses lèvres sont légèrement entr'ouvertes... On l'aurait prise pour la naïade protectrice de ce rivage.

XVIII.

Non, jamais le ciseau grec ne créa une Nymphe, une Naïade, ou une Grace d'une taille plus élégante, d'un aspect plus ravissant! L'ardeur du soleil avait légèrement bruni ses joues, l'exercice de l'aviron, qui était un jeu pour elle, les avait teintes d'un brillant incarnat, et découvrait aussi les mouvemens plus rapides de son sein d'albâtre; aucune leçon de l'art des Graces n'avait accoutumé ses pas à une mesure réglée, mais jamais démarche ne fut plus facile, jamais pied plus léger ne foula la rosée sur la bruyère fleurie : on en retrouvait à peine la trace sur le gazon. On reconnaissait dans son langage l'accent des montagnes; mais le son de sa voix était si doux et si séduisant, qu'on respirait à peine en l'écoutant parler.

XIX.

Tout annonçait en elle la fille d'un Chef; son snood de satin, son plaid de soie et son agrafe d'or. Rarement on vit un snood se perdre au milieu d'une aussi abondante chevelure, dont les noires boucles le disputaient à la couleur des ailes du corbeau; rarement un plaid arrangé avec un soin modeste couvrit un sein aussi beau;

---

(1) Ruban que portent les vierges écossaises. — Le *plaid*, le manteau de tartan.
— É<small>D</small>.

jamais agrafe n'en assujettit les plis sur un cœur plus tendre.

Il suffisait d'observer le regard d'Hélène pour y deviner toute sa bonté et ses vertus. Le cristal azuré du lac Katrine ne réfléchit pas plus purement la verdure de ses bords, que les yeux ingénus d'Hélène n'exprimaient son innocence. On y distinguait tour à tour les transports de sa joie, sa bienveillance pour l'infortune, l'amour filial, la suppliante prière d'une douce piété, ou la noble indignation qu'inspire aux enfans du Nord le récit d'un outrage. Un seul sentiment était dissimulé par elle avec une fierté virginale, sans rien perdre de sa pureté...... Ai-je besoin de le nommer?

XX.

Impatiente du silence qui a succédé aux sons du cor, Hélène élève la voix. — Mon père!.... s'écrie-t-elle; et les rochers d'alentour semblent se plaire à prolonger la douceur de ses accens. Elle écoute; point de réponse. — Malcolm, serait-ce toi? ajouta-t-elle: mais ce nom fut prononcé d'une voix si timide, qu'il ne put être saisi par l'écho.

— Je suis un étranger, dit le chasseur en quittant l'ombrage des noisetiers parmi lesquels il s'était caché. La jeune fille, alarmée, éloigna son léger esquif du rivage par un mouvement rapide de l'aviron; et, quand elle se vit à une certaine distance, elle croisa plus étroitement le plaid qui cachait son sein. Tel le cygne effrayé recule à l'approche d'un ennemi, et hérisse les plumes de ses ailes.

Hélène, se voyant en sûreté, s'arrêta, cherchant à calmer sa surprise et son émotion, et considérant l'étranger, dont l'aspect et le visage n'étaient point de ceux qui font fuir les jeunes filles.

XXI.

Les années avaient légèrement imprimé sur ses traits la noble gravité de l'âge mûr, mais sans éteindre encore le feu et la franchise de la jeunesse. On y voyait le charme d'une humeur enjouée, l'activité d'une ame toujours prête à entreprendre, et l'audace qui exécute : il était facile de deviner que ses yeux vifs devaient être également prompts à s'enflammer pour l'amour, ou à brûler du feu plus terrible de la colère.

Ses membres robustes étaient faits pour les jeux du courage et les périls de la guerre ; quoiqu'il fût vêtu en simple chasseur, et sans autre arme que son épée, tout son aspect annonçait une ame haute et une fierté martiale, comme s'il eût porté le casque d'un baron et une brillante armure.

Au-dessus de la nécessité où il se trouvait de demander l'hospitalité, il parla, avec une aisance naturelle et la plus aimable courtoisie, de l'accident qui l'avait amené dans ces lieux ; cependant le ton flatteur de sa voix et son geste modeste semblaient plutôt accoutumés à donner des ordres qu'à supplier.

XXII.

La jeune fille regarda un moment l'étranger ; et rassurée enfin, elle lui répondit que les châteaux des montagnards étaient toujours ouverts aux voyageurs égarés. — Ne croyez pas, ajouta-t-elle, que vous arriviez dans cette île solitaire sans y être attendu ; ce matin même, avant que la rosée cessât d'humecter la verdure, une couche a été préparée pour vous. La cime pourprée de cette montagne nous a fourni le ptarmigan et le coq de bruyère. Nous avons tendu nos filets sur le lac, afin que vous trouviez ici votre repas du soir.

— J'atteste le ciel, aimable insulaire, reprit l'étranger, que vous êtes dans l'erreur ; je n'ai aucun droit à ce bon accueil, destiné à l'hôte que vous attendez : le hasard seul m'a conduit dans cette solitude ; j'ai perdu ma route, mon coursier et mes compagnons ; voilà, je vous assure, la première fois que je respire l'air de ces montagnes. En voyant les bords pittoresques de ce lac et la beauté qui me parle, je suis tenté de me croire avec une fée dans le pays des enchantemens.

XXIII.

— Je crois sans peine, reprit la jeune fille en ramenant son esquif vers le rivage, je crois sans peine que vos pas n'avaient jamais foulé jusqu'à ce jour les rivages du lac Katrine; mais hier soir le vieil Allan-Bane prédit votre arrivée; c'est un barde à cheveux blancs, dont l'œil prophétique eut une révélation de l'avenir. Il a vu votre coursier gris-pommelé tomber sans vie sous les bouleaux; il nous a dépeint avec exactitude votre taille et vos traits, votre costume de chasseur en drap vert de Lincoln, ce cor de chasse orné de glands de soie, la riche poignée et la lame recourbée de votre glaive, votre toque surmontée d'une plume de héron, et vos deux limiers si noirs et si farouches. C'est lui qui a commandé que tout fût prêt pour recevoir un hôte de noble race; mais je n'ajoutais guère foi à sa prophétie, et j'avais cru que c'était le cor de mon père, dont l'écho du lac m'apportait le son.

XXIV.

L'étranger sourit. — Puisque je viens en chevalier errant, annoncé par un véridique prophète, et destiné sans doute à quelque entreprise hardie, il n'est point de dangers que je ne brave avec joie pour un seul regard de ces beaux yeux; permettez-moi, en attendant, de diriger moi-même sur le lac votre barque enchantée.

La jeune fille dissimula un sourire malicieux en voyant l'étranger entreprendre un exercice inaccoutumé, car c'était pour la première fois sans doute que sa noble main saisissait l'aviron; cependant il l'agita d'un bras vigoureux, et la nacelle glissa rapidement sur l'onde. Les deux limiers suivent à la nage, tenant la tête haute, et se plaignent en aboyant. La rame ne troubla pas long-temps le cristal azuré du lac; déjà l'esquif touche aux rochers de l'île; il est amarré au rivage.

XXV.

L'étranger porta ses yeux autour de lui sans pouvoir reconnaître aucun chemin, ni rien qui indiquât que ces lieux fussent habités, tant le taillis était touffu : mais la vierge des montagnes lui montra un sentier secret, dont il fallait gravir les détours sinueux à travers le feuillage; il aboutissait à une étroite prairie, que le bouleau et le saule pleureur entouraient de leurs rameaux inclinés; c'était là qu'un Chef avait construit une demeure rustique pour lui servir d'asile aux heures du danger.

XXVI.

C'était un bâtiment assez vaste, mais d'une architecture et d'une distribution bizarres, pour lequel l'artiste avait employé tous les matériaux qui s'étaient trouvés sous sa main. Dépouillés de leurs branches et de leur écorce, grossièrement équarris par la hache, le chêne robuste et le frêne s'élevaient en hautes murailles. Des feuilles, de la mousse, et l'argile, avaient été mêlées ensemble pour interdire tout accès au souffle des vents. De jeunes pins entre-croisés servaient de soliveaux, et supportaient la toiture, formée de touffes de bruyère flétrie et de roseaux desséchés. Du côté de l'ouest, et vis-à-vis de la pelouse, on voyait un portique soutenu par des colonnes naturelles; c'étaient les troncs verts des ifs de la montagne, auxquels la main d'Hélène avait entrelacé le lierre, la vigne d'Ida, la clématite, cette fleur chérie qui porte le beau nom de berceau des vierges, et toutes les plantes dont la tige vigoureuse pouvait supporter l'air vif et pénétrant du loch Katrine.

Elle s'arrêta un instant sous ce péristyle, et dit gaiement à l'étranger.

— Recommandez-vous au ciel et à votre dame avant d'entrer dans le château enchanté.

XXVII.

— Aimable guide, je vous suis; vous êtes ma providence, ma confiance et mon espoir, répondit-il.

Il franchit le seuil, et le bruit d'un acier menaçant frappe soudain son oreille. Son front brille de la flamme du courage; mais il rougit bientôt de cette vaine alarme en apercevant sur le plancher la cause du bruit qu'il venait d'entendre; c'était une épée nue qui s'était échappée de son fourreau suspendu négligemment sur un bois de cerf; car des trophées de guerre ou de chasse décoraient toutes les murailles : ici un bouclier, un cor, une hache d'armes, un épieu, des épées [1], des arcs et des faisceaux de flèches étaient mêlés aux défenses du sanglier : d'un autre côté, la tête d'un loup semblait encore grincer des dents comme lorsqu'il fut percé du coup mortel; et la fourrure rayée d'un chat-pard ornait la tête de l'élan, ou s'étendait comme un manteau sur les cornes d'un bison.

Des bannières usées, et conservant les traces noirâtres du sang, des peaux tigrées de daims formaient, avec la dépouille de la loutre et du marsouin, la tapisserie extraordinaire de cette salle rustique.

XXVIII.

L'étranger promenait çà et là des regards surpris; il releva ensuite l'arme qui était tombée. Peu de bras auraient eu la force de la manier. — Je n'ai connu qu'un mortel, dit-il en l'examinant, qui fût capable de se servir d'une telle épée dans les batailles.

Hélène soupira, puis elle prit la parole en souriant :

— Vous voyez, dit-elle, l'épée du chevalier gardien de cette demeure; ce fer est aussi léger pour sa main qu'une baguette de coudrier dans la mienne. La haute stature de mon père serait digne des jours de Ferragus et d'Ascabart; mais en l'absence du géant, ce château n'est habité que par des femmes et des serviteurs chargés d'années.

XXIX.

La maîtresse du château survint; c'était une dame d'un âge mûr, mais non dépourvue de graces : sa démarche

---

[1] *Broad-sword*, l'épée écossaise, une espèce de claymore. — Éd.

aisée, son port majestueux auraient été remarqués dans la cour d'un roi. La jeune Hélène la reçut comme une mère, mais avec plus d'égards peut-être qu'on n'en accorde à ceux qui nous sont unis par les liens du sang. Elle accueillit son hôte avec bienveillance et avec toutes les attentions qu'exigent les lois de l'hospitalité, mais sans lui demander ni son nom ni sa naissance. Tel était alors le respect pour un hôte, qu'un ennemi juré pouvait venir s'asseoir au banquet du Chef, objet de sa haine, et s'en retourner après la fête, sans qu'il lui fût adressé une seule question.

Enfin, l'étranger déclara lui-même son rang.

Il était James Fitz-James, chevalier de Snowdoun, seigneur d'un héritage peu fertile, que ses braves aïeux avaient eu bien de la peine à conserver par l'épée d'âge en âge. Il en avait coûté la vie à son père, et lui-même était souvent forcé par les décrets du ciel à défendre ses droits le fer à la main. Il avait suivi ce matin lord Moray à la chasse; trop ardent à poursuivre un cerf agile qu'il n'avait pu atteindre, il avait devancé ses compagnons, et vu mourir son coursier. Il se présentait comme un voyageur égaré.

XXX.

Le chevalier de Snowdoun aurait bien voulu demander à son tour le nom et le rang du père d'Hélène.

Le maintien de la plus âgée des deux dames disait assez qu'elle avait fréquenté les villes et les cours : quant à Hélène, quoiqu'il y eût dans son air un peu plus de cette simple grace qui n'appartient qu'aux filles des champs, ses paroles, ses gestes, les traits de son visage, tout annonçait en elle une noble origine; il est rare de rencontrer, dans un rang moins élevé, ses traits, ses manières, et une ame comme la sienne.

Lady Marguerite écoutait dans un grave silence toutes les insinuations adroites de Fitz-James, ou Hélène, par une plaisanterie innocente, éludait toutes ses questions.

— Nous sommes des fées, disait-elle, qui habitons les vallées et les montagnes, loin des villes et des châteaux ; nous présidons au cours des ondes, nous dirigeons les tempêtes, ou nous jetons des charmes sur des chevaliers errans. Tandis que d'invisibles ménestrels pincent leurs harpes, voici les vers magiques que nous chantons.

Elle fit alors entendre ces paroles, et une harpe inaperçue remplissait par ses accords les intervalles de son chant :

XXXI.

CHANT D'HÉLÈNE.

Noble guerrier, dépose ici tes armes ;
Viens te livrer aux douceurs du repos ;
Ne songe plus aux combats, aux alarmes,
A la victoire, aux lauriers des héros.
D'un enchanteur la main mystérieuse
A préparé ta couche en ce château :
Le jour a fui ; sa harpe harmonieuse
Va t'assoupir par un charme nouveau.

Noble guerrier, dépose ici tes armes ;
Viens te livrer aux douceurs du repos ;
Ne songe plus aux combats, aux alarmes,
A la victoire, aux lauriers des héros.

Tu n'entendras ni le cri du carnage,
Ni des coursiers les fiers hennissemens,
Ni les vaincus expirant avec rage,
Ni les clairons des guerriers triomphans ;
Mais aussitôt qu'un nouveau jour colore
De pourpre et d'or les coteaux et les cieux,
L'oiseau s'éveille, et, saluant l'aurore,
Redit aux bois ses concerts amoureux.

Tu n'entendras ni le cri du carnage,
Ni des coursiers les fiers hennissemens,
Ni les vaincus expirant avec rage,
Ni les clairons des guerriers triomphans.

CHANT PREMIER.

XXXII.

Hélène s'arrête, et puis continue en rougissant. Les douces modulations de sa voix prolongent la mélodie de ses chants jusqu'à ce que l'inspiration fasse couler de ses lèvres les mots cadencés par le rhythme.

Suite du chant d'Hélène.

Noble chasseur, dans ce séjour oublie
Que tes limiers accusent ton sommeil ;
De nos accens la magique harmonie,
Au lieu du cor, charmera ton réveil.
Laisse le cerf dormir dans son asile ;
Ne songe plus aux hôtes des forêts ;
Que le trépas de ton coursier agile
Cesse en ces lieux d'exciter tes regrets.

Noble chasseur, dans ce séjour oublie
Que tes limiers accusent ton sommeil ;
De nos accens la magique harmonie,
Au lieu du cor, charmera ton réveil.

XXXIII.

Les dames se retirent ; le chevalier reste seul....... Les bruyères de la montagne composent la couche qui lui est destinée. Avant lui, maint chasseur y avait reposé ses membres fatigués, et rêvé de ses exploits dans les forêts : mais c'est en vain que ces bruyères sauvages répandent le parfum des montagnes autour de l'étranger : le charme d'Hélène n'avait pu calmer par le baume du sommeil la fièvre de son cœur agité ; des rêves interrompus ne cessent de lui offrir l'image de ses périls et de ses regrets ; tantôt il croit revoir son coursier qui s'abat dans le ravin ; tantôt c'est la nacelle qui s'abîme sous les flots du lac. — Il se trouve à la tête d'une armée en déroute ; son étendard est renversé, son honneur est perdu ; puis tout à coup (puisse le ciel éloigner de ma couche ce fantôme, le plus odieux des enfans de la nuit !) le souvenir de sa jeunesse vient se présenter à son imagination; il se rappelle les pièges tendus à sa confiance et à sa franchise; il échange de nouveau son cœur avec des amis qui l'ont trompé depuis longtemps: il les reconnaît tous les uns après les autres; les indifférens, les traîtres, et ceux qui ne sont plus; leurs mains serrent les siennes, leurs fronts respirent la gaieté comme s'ils n'avaient jamais été désunis. A cet aspect un doute affreux le désespère...... Est-il abusé par ses sens? leur mort ou leur perfidie fut-elle un rêve? est-ce l'illusion ou la réalité qui le poursuit?

XXXIV.

Enfin il se figure qu'il s'égare dans un bosquet avec Hélène, et lui parle d'amour: Hélène l'écoute en soupirant et la rougeur sur le visage; il la presse avec éloquence, il espère l'attendrir. Hélène laisse aller sa main: il veut la saisir; c'est un gantelet de fer qu'il rencontre. Le fantôme a changé de sexe: un cimier brille sur sa tête; sa haute stature s'est développée progressivement: son front est farouche, ses yeux lancent l'éclair de la menace; malgré les rides qui sillonnent ses traits, malgré son air sombre et terrible, il ressemble encore à Hélène.

Le chevalier s'éveille en sursaut, et la vision de la nuit fait palpiter son cœur d'effroi. Les tisons mourans du foyer jetaient encore par intervalle des lueurs rougeâtres et sinistres qui ne découvraient qu'obscurément les bizarres trophées de ce château. L'étranger fixe ses regards sur la pesante épée dont la chute l'avait fait tressaillir la veille. Mille pensées contraires se succèdent dans son ame. Pour calmer cette agitation cruelle, il se lève, et va contempler les pures clartés de la lune.

XXXV.

Le genêt, la rose sauvage et l'églantier exhalaient à l'entour leurs riches parfums; les bouleaux répandaient leurs larmes embaumées, et le saule laissait pencher ses rameaux immobiles.

Les rayons argentés de l'astre des nuits se jouaient sur

le sein paisible de l'onde avec un doux frémissement.....
Quel cœur aurait pu résister au calme si doux de cette
heure silencieuse! Le chevalier de Snowdoun en éprouva
l'influence, et se dit à lui-même :

— Pourquoi retrouvé-je à chaque pas quelque souvenir
de cette race exilée! Ne puis-je rencontrer une fille des
montagnes qu'elle n'ait le regard des Douglas! Toutes les
épées que je vois me sembleront-elles toujours n'être faites
que pour le bras de ce Chef odieux! Douglas viendra-t-il
donc toujours me poursuivre dans mes songes!..... Je ne
veux plus rêver...... Une volonté ferme n'est même pas
domptée dans le sommeil! Adressons mes prières au ciel,
endormons-nous, et ne rêvons plus.

Le chevalier répéta dévotement son rosaire, confiant
à Dieu ses soucis et ses peines; puis il goûta un sommeil
profond, jusqu'au moment où le coq de bruyère fit entendre son cri aigu, et annonça que l'aube matinale blanchissait la cime du Ben-Venu.

CHANT SECOND.

L'Île.

I.

Au point du jour, le coq de bruyère polit le noir plumage de ses ailes; c'est le retour du matin qui fait répéter
à la linotte ses chants les plus doux; tous les enfans de la
nature sentent, avec le jour nouveau, les sources de la
vie se ranimer en eux; et, pendant que l'esquif qui porte
l'étranger glisse en s'éloignant de l'île, l'influence propice

de l'aurore inspire un vieux ménestrel. Allan-Bane, aux cheveux blancs, on entendit sur le lac tes vers harmonieux, mariés aux accords de ta harpe :

II.

CHANT DU BARDE.

L'écume jaillit, étincelle,
Et disparaît sous l'aviron ;
En vain l'œil cherche le sillon
Que creusait l'agile nacelle :
Tel est, dans le cœur des heureux,
D'un bienfait la trace éphémère.
Adieu donc, étranger ; tu vas, loin de ces lieux,
Perdre le souvenir de l'île solitaire.

Que les honneurs et les richesses
Te cherchent à la cour des rois ;
Que chacun vante tes prouesses
A la guerre et dans les tournois ;
Qu'un ami digne de ton cœur,
Qu'une belle tendre et sincère
Aux dons de la fortune ajoutent le bonheur
Loin des bords oubliés de l'île solitaire.

III.

Mais si, banni de sa patrie,
Sous le plaid de nos montagnards,
Un fils de la Calédonie
Venait s'offrir à tes regards,
Qu'il trouve en toi le cœur d'un frère,
Et que ta main sèche ses pleurs ;
Daigne te souvenir, pour calmer ses douleurs,
De l'hospitalité de l'île solitaire.

Un jour, toi-même, ton étoile
Viendra peut-être à te trahir,
Tu verras l'inconstant Zéphir
Aux aquilons livrer ta voile :
Alors fuiront tous tes flatteurs ;
Mais sur une rive étrangère
Si l'exil te condamne à porter tes malheurs,
L'amitié t'attendra dans l'île solitaire.

IV.

Au moment où ces derniers accords expiraient sur l'onde, la nacelle atteignit la plage opposée. Avant de poursuivre sa route, l'étranger jeta un regard d'adieu sur l'île, où il put facilement reconnaître le barde appuyé contre un arbre miné et blanchi comme lui par le temps. Livré à ses méditations poétiques, il levait son front vénérable vers le ciel, comme pour demander au soleil une étincelle de sa flamme divine. Sa main, posée sur les cordes de sa harpe, semblait attendre le rayon inspirateur. Il était immobile comme celui à qui le juge va lire la sentence qui le condamne : on eût dit que la brise n'osait soulever une seule boucle de sa blanche chevelure, et il semblait que la vie venait de l'abandonner avec le dernier son de sa harpe.

V.

Près de lui, Hélène, le sourire sur les lèvres, était assise sur une roche tapissée de mousse. Quel objet excite son sourire? Est-ce le cygne majestueux qui glisse en fuyant sur le lac, tandis que son épagneul aboie de la rive, et n'ose poursuivre cette noble proie? Jeune fille qui le savez, dites-moi pourquoi les joues d'Hélène se colorent d'un incarnat plus vif!... — Peut-être souriait-elle en voyant le chevalier s'éloigner à regret, lui dire adieu de la main, s'arrêter et se retourner sans cesse. Beautés aimables, avant de condamner avec rigueur l'héroïne de mes vers, nommez-moi celle qui dédaignerait de suivre avec des yeux satisfaits une semblable conquête.

VI.

Tant que l'étranger s'arrêta sur le rivage, Hélène feignit de ne pas le remarquer : mais, quand il s'éloigna à travers la clairière, elle fit un geste d'adieu ; et le chevalier répéta souvent dans la suite que le prix d'un tournoi, décerné par une dame brillante d'attraits et de parure, n'avait jamais autant ému son cœur que ce simple adieu muet.

Guidé par un fidèle montagnard et accompagné de ses

deux limiers, Fitz-James suit à pas lents les détours des hauteurs : la jeune fille l'épie encore de loin d'un air distrait ; mais, quand elle eut perdu de vue la figure noble de son hôte, sa conscience lui adressa un reproche secret.

— Et ton Malcolm, vaine et ingrate Hélène!.... se dit-elle ; —Malcolm n'aurait pas écouté comme toi, en rêvant, les doux accens de la langue du sud! Malcolm n'aurait jamais attaché ses regards sur d'autres pas que les tiens!

— Sors de ta rêverie, Allan-Bane! s'écria Hélène en s'adressant au vieux ménestrel, auprès de qui elle était assise ; sors de ta rêverie! Je vais donner à ta harpe le sujet d'un chant héroïque, et l'enflammer par un noble nom ; célèbre la gloire des Græme!

A peine ces mots étaient-ils échappés de ses lèvres, que la timide Hélène rougit de pudeur ; car le jeune Malcolm Græme était regardé comme le héros de son clan dans tous les châteaux de l'Ecosse.

VII.

Le ménestrel fit vibrer les cordes de sa harpe.... Trois fois des préludes guerriers retentirent sur les bords du lac ; trois fois cette harmonie martiale se perdit en tristes murmures.

Le vieillard croisa ses mains flétries, et dit à Hélène :

— Vainement, ô noble fille des héros! vainement tu m'ordonnes de célébrer ce clan généreux, toi qui fus toujours obéie par ton vieux barde! Hélas! une main plus puissante que la mienne a accordé ma harpe et commandé ses sons! Je touche les cordes des chants de gloire ; elles répondent par des accens de douleur et de deuil. La marche triomphante des vainqueurs se perd dans l'hymne lugubre des funérailles! Oh! si du moins ce son prophétique n'annonçait que ma fin prochaine ; si, comme le disaient les bardes mes ancêtres, cette harpe, qui résonna jadis sous les mains de saint Modan, a la vertu de prédire la destinée de son maître, j'accepte sans regret l'augure fatal au seul ménestrel.

CHANT SECOND.

VIII.

—Mais, hélas, chère Hélène, ce fut ainsi qu'elle gémit la veille de la mort de ta pieuse mère : tels furent les sons qu'elle rendit lorsque, cherchant à répéter un lai d'amour ou de victoire, je fus épouvanté moi-même de l'entendre troubler la fête et soupirer tristement malgré moi dans le château de Bothwell, avant que les Douglas, proscrits et condamnés, fussent bannis de leur terre natale. Ah ! si quelque malheur plus cruel doit encore frapper la maison de mon seigneur, ou si ces accords plaintifs menacent la belle Hélène d'une affliction nouvelle, harpe funeste, aucun barde n'osera plus demander à tes cordes des accens de triomphe ou d'allégresse. Après un dernier chant de douleur en harmonie avec mon désespoir, tu couvriras de tes fragmens dispersés le tombeau de ton maître !

IX.

Hélène répondit, pour le consoler :

—Vénérable ami ! calme ces craintes de l'âge. Tu connais tous les chants que la harpe ou la cornemuse répètent depuis la Tweed jusqu'à la Spey : faut-il donc être surpris si parfois des sons inattendus se confondent dans ta mémoire, et mêlent l'hymne funèbre aux airs du triomphe ?

Nous n'avons guère maintenant de motif de crainte ; nous vivons ici obscurs, mais en sûreté. Mon père, grand de sa seule vertu, renonçant à ses domaines, à ses honneurs et à son rang, n'a pas plus à redouter des coups de la fortune, que ce chêne du courroux des autans. Les orages peuvent dépouiller ses rameaux de leur feuillage, mais non ébranler son tronc.

Pour moi.... Elle s'arrêta à ces mots, et ses regards se fixèrent sur une campanète bleue qu'elle cueillit en ajoutant :

Pour moi dont la mémoire me retrace à peine l'image d'un temps plus heureux, je puis bien choisir pour emblème cette simple fleur, amie de la solitude. Elle reçoit la pluie du ciel aussi-bien que la rose, fière d'habiter le jardin des rois; et quand je la place dans mes cheveux, ô Allan! le ménestrel est obligé de jurer qu'il ne vit jamais couronne si belle!

Elle sourit, et orna ses noirs cheveux de ce diadème des champs.

X.

Son sourire, son doux langage et sa grace dissipèrent la mélancolie du vieux barde. Allan-Bane la contemple avec le regard pieux de ces anachorètes qui voient venir à eux un ange pour les consoler. Les regrets de son cœur fier et tendre firent enfin couler ses larmes, et il répondit :

— O la plus aimable et la plus tendre des filles! tu connais peu quels rangs et quels honneurs tu as perdus! Que ne puis-je vivre pour te voir orner la cour d'Ecosse, où t'appelait ta naissance! pour y voir mon élève chérie attirer tous les yeux par la légèreté de ses pas, faire soupirer les cœurs de tous les braves, et inspirer tous les ménestrels jaloux de célébrer la dame *du cœur sanglant* [1]!

XI.

— Voilà sans doute de beaux rêves! s'écria la jeune fille (avec un ton léger, mais en laissant échapper un soupir): cependant la mousse qui tapisse cette roche vaut pour moi un trône et un dais splendide; je ne foulerais pas avec plus de gaieté les tapis de la cour que ce gazon émaillé de fleurs; mon oreille serait moins ravie d'écouter les accords du ménestrel royal que les tiens; et, quant aux amans d'une noble extraction qui fléchiraient le genou devant mes charmes, toi-même, barde flatteur, tu avoueras que le farouche Roderic me rend ici un humble hommage. Le fléau des Saxons, l'orgueil du clan d'Alpine, la terreur des rives du lac Lomond, retarderait, à ma prière, une expédition dans le comté de Lennox... pendant un jour entier.

---

(1) Armoiries des Douglas. Voyez *Marmion*. — ÉD.

XII.

Le vieux barde reprit soudain un air grave :

—Tu as mal choisi, dit-il à Hélène, le sujet de ton innocent badinage. Qui peut, dans les solitudes de l'ouest, sourire en nommant Roderic? Je le vis immoler de sa main un chevalier dans Holy-Rood; je le vis retirer du corps de sa victime sa dague sanglante : les pâles courtisans s'écartèrent pour laisser passer l'impitoyable homicide; et depuis, quoique proscrit, il a su conserver fièrement ses domaines des montagnes. Quel autre que lui eût osé donner —maudit soit le jour qui m'arrache cet odieux aveu! — quel autre que lui eût osé donner asile à Douglas, à Douglas désavoué par tous ses nobles pairs comme un cerf poursuivi et blessé?

Hélas! ce chef de maraudeurs a pu seul risquer de nous protéger; et maintenant que tes jeunes appas se sont épanouis, il voit sa récompense dans le don de ta main : en peu de temps les dispenses nécessaires peuvent être apportées de Rome, et venir à l'appui de sa demande. Alors, quoique exilé, ton père, en vrai Douglas, inspirerait de nouveau le respect et la crainte à ses ennemis : mais, quoique Roderic t'aime assez pour se laisser guider par toi avec un fil de soie, et pour sacrifier ses terribles volontés à tes désirs, cependant, ma fille chérie, garde-toi d'en parler légèrement; ta main touche la crinière d'un lion.

XIII.

—Allan, reprit Hélène, et l'ame de son père brilla dans ses yeux, je sais tout ce que je dois à la famille de Roderic; lady Marguerite a eu pour moi tous les soins d'une mère, depuis que la fille de sa sœur est devenue orpheline dans ces déserts. J'ai contracté une dette plus sacrée encore envers le brave Chef, son fils, qui protège mon père contre la vengeance du roi d'Ecosse : si je pouvais m'acquitter avec mon sang, je le donnerais volontiers à Roderic. Oui, Allan, il peut demander mon sang et ma vie,...

mais non ma main. Plutôt que d'épouser l'homme qu'elle ne peut aimer, Hélène Douglas préférerait s'ensevelir dans le cloître de Saint-Maronnan, ou même aller au-delà des mers, errer sans asile et implorer la froide charité des hommes dans ces lieux où jamais ne fut prononcé un mot écossais, où jamais le nom de Douglas ne fut entendu.

XIV.

—Tu balances ta tête blanchie, ami fidèle; tes regards ne me disent en faveur de Roderic rien que je n'avoue. Oui, Roderic est vaillant; mais il est terrible comme la vague menaçante de Bracklinn; il est généreux,... excepté quand un transport de vengeance ou de jalousie embrase son cœur. Je conviens qu'il est fidèle à ses amis comme sa claymore l'est à son courage; mais ce même fer serait plus susceptible de pitié pour un ennemi que le cœur de Roderic.

Il est libéral quand il s'agit d'abandonner à son clan le butin qu'il rapporte à travers les lacs et les ravines, après avoir laissé des monceaux de cendres rougies de sang dans les plaines où s'élevait un riant hameau.

J'honore la main qui combattit pour mon père, comme doit l'honorer la fille de Douglas; mais pourrais-je la serrer dans la mienne quand elle s'offre à moi toute fumante du sang des malheureux cultivateurs égorgés dans leurs chaumières? Non! Plus les qualités de Roderic répandent d'éclat, plus elles font ressortir ses passions et son orgueil; elles sont comme l'éclair dans une nuit obscure.

Encore enfant (à cet âge l'instinct nous fait distinguer nos ennemis de nos amis), je frémissais à l'aspect de son front farouche, de son plaid ondoyant et de son noir panache. Pourrais-je aujourd'hui souffrir son air hautain et superbe? Mais si c'est sérieusement que tu attribues à Roderic la prétention de devenir mon époux, j'éprouve un sentiment de douleur, je dirais même de crainte si ce mot était connu des Douglas...

Laissons là un entretien odieux : que penses-tu, Allan,

de l'étranger auquel nous avons donné l'hospitalité?

XV.

—Ce que j'en pense?... Maudit soit l'instant qui amena cet inconnu dans notre île! L'épée de ton père, fabriquée jadis par un art magique pour Archibald Tineman, alors qu'apaisant d'anciennes haines il réunit les lances des frontières aux arcs d'Hotspur, l'épée de ton père, en sortant d'elle-même du fourreau, n'a-t-elle pas annoncé l'approche d'un secret ennemi? Si un espion de la cour s'était introduit ici, que n'aurions-nous pas à craindre pour Douglas et pour cette île, qu'on regardait autrefois comme le dernier et le plus sûr retranchement du clan d'Alpine!

Mais cet étranger ne serait-il ni un ennemi, ni un espion,... que dira le jaloux Roderic?... Je n'approuve pas ton geste de dédain.... Rappelle-toi la terrible querelle qui s'éleva entre Malcolm Grœme et Roderic quand tu ouvris le bal avec ce jeune Chef, aux fêtes du mois de mai : quoique ton père ait rétabli la concorde, le cœur de Roderic nourrit encore le feu mal éteint de ses ressentimens. Prends donc garde...

Mais, écoutons : quel son frappe mon oreille? Je ne puis distinguer ni le soupir de la brise mourante, ni le murmure plaintif des bouleaux, ni le frémissement des trembles; aucun souffle ne ride le lac; la blanche barbe de la filage [1] est immobile : cependant, par la vertu de mon art, j'ai cru entendre... écoutons! Je reconnais les cornemuses guerrières qui font retentir au loin le pibroc des montagnards.

XVI.

Le barde et Hélène aperçurent à l'extrémité du lac quatre points obscurs, qui, s'accroissant par degrés, parurent enfin quatre navires avec leurs agrès et leur équipage : ils descendaient de Glengyle et voguaient à pleines voiles vers l'île solitaire.

(1) C'est le *filago montana* de Linnée, l'herbe à coton. — ED.

Ils passèrent la pointe de Brianchoil, et en prenant l'avantage du vent ils déployèrent au soleil le pin dessiné sur la bannière du fier Roderic.

A mesure qu'ils s'approchent on voit étinceler les lances, les piques et les haches d'armes. Déjà on distingue les tartans, les plaids et les panaches ondoyans.

Les matelots s'inclinent et se redressent chaque fois que la rame frappe les flots, qui gémissent sous leurs efforts, étincellent, et s'élèvent en vapeur. Les ménestrels sont sur le tillac; les riches banderoles qui ornent le bourdon de leurs cornemuses descendent jusque sur le sein de l'onde pendant qu'ils font résonner sur le lac l'antique chant des montagnes.

XVII.

Le pibroc retentit de plus en plus : d'abord les sons, adoucis par l'éloignement et arrêtés par les inégalités du cap et de la baie arrivaient au rivage de l'île, dépouillés de toute intonation trop rude. Mais bientôt on peut facilement reconnaître les sons aigres et perçans de la marche guerrière qui appelle aux combats le clan d'Alpine. Ce sont des notes rapides comme les pas précipités de mille guerriers qui accourent au rendez-vous, et ébranlent la terre par leur course rapide. A un prélude plus léger qui exprime ensuite leur marche joyeuse, succèdent le signal du combat, les clameurs confuses, le cliquetis des armes et le choc des boucliers. Après un repos dont le silence a quelque chose de triste, la musique retrace une nouvelle mêlée, la charge impétueuse, le cri de ralliement, la retraite changée en déroute, et la voix de la victoire qui proclame le clan d'Alpine.

Ces sons bizarres se terminaient par un murmure plaintif et prolongé qui aux clairons de la gloire faisait succéder l'hymne funèbre pour ceux qui n'étaient plus.

XVIII.

Les cornemuses avaient cessé de se faire entendre; mais le lac et les coteaux répétaient une nouvelle harmonie; un chœur de voix remplaçait les accords des instrumens guerriers; cent vassaux de Roderic célébraient les louanges de leur Chef. Chaque rameur, incliné sur son aviron, lui imprimait un mouvement cadencé, semblable au bruissement des arbres quand la brise d'hiver se glisse dans leurs rameaux dépouillés de feuilles.

Allan distingua le premier le chant entonné par le chœur, dont bientôt Hélène put aussi saisir les accens guerriers.

XIX.

LE CHANT DU CLAN D'ALPINE.

Honneur au Chef vaillant que conduit la victoire!
Honneur au noble pin que forme son cimier!
Qu'il fleurisse à jamais dans notre clan guerrier,
Et soit pour nos neveux l'étendard de la gloire.

De ta rosée, ô ciel! féconde ses rameaux,
Et des sucs de la terre enrichis sa racine;
Qu'il donne chaque jour des rejetons nouveaux :
Célébrons à l'envi Roderic, fils d'Alpine.

Ce n'est point un rameau qu'on voit dans les campagnes
Croître avec le printemps, et l'hiver se flétrir;
Mais c'est quand les frimas règnent sur nos montagnes
Que l'on voit notre clan sous son ombre accourir.

Au milieu des rochers il fixe sa racine,
Bravant avec orgueil le courroux des autans,
Il s'affermit encor sous leurs coups impuissans;
Bredalbane et Menteith, chantez le fils d'Alpine.

XX.

Dans Glen-Fruin retentit notre pibroc sonore;
Bannochar y répond par des gémissemens;
Lomond a vu périr ses fils les plus vaillans;
Dans Glen-Luss et Ross-Dhu la flamme fume encore.

Long-temps on entendra les veuves des Saxons
Pleurer notre passage à Lennox, à Levine;
L'épouvante long-temps parcourra ces vallons
Au seul nom glorieux de Roderic Alpine.

Ramez, vassaux, ramez pour le Chef de nos clans
Et pour le noble pin qui lui sert de bannière ;
Que la rose en bouton de l'île solitaire
Consente à couronner ses rameaux triomphans.

Qu'un jeune rejeton, près du lac de Katrine,
Puisse sortir enfin de ce pin glorieux,
Et sous son ombre un jour réunir nos neveux !
Qu'ils disent comme nous : Honneur au fils d'Alpine.

XXI.

Lady Marguerite accourut sur le rivage avec le joyeux cortège de ses femmes. Leurs cheveux flottaient au gré des vents ; elles élevaient leurs bras aussi blancs que la neige en répétant avec acclamation le nom du Chef. Cependant, inspirée par une prévenance ingénieuse, la mère de Roderic invitait Hélène à venir sur la plage pour recevoir son parent victorieux.

— Hâte-toi, ma fille, disait-elle ; hâte-toi ! Tu portes le nom de Douglas, et tu hésites à venir poser la couronne sur le front d'un vainqueur !

La jeune fille obéissait à regret, et en ralentissant ses pas, à la voix de lady Marguerite, lorsqu'un cor retentit dans le lointain..... Elle s'arrête et se retourne aussitôt.

— Ecoute, Allan-Bane ! s'écrie-t-elle ; j'ai entendu le signal de mon père ; c'est à nous qu'il appartient de guider l'esquif, et d'aller recevoir Douglas.

Elle a dit, et, rapide comme un rayon du soleil, elle a volé vers sa légère nacelle. Pendant que Roderic cherche parmi les femmes de sa mère celle que son cœur préfère, Hélène a déjà laissé l'île derrière elle, et son esquif aborde dans la baie.

XXII.

Il est des sentimens éprouvés par les mortels, qui appartiennent au ciel plus qu'à la terre ; et s'il y a des larmes si pures que les anges n'en versent pas de plus précieuses, ce sont les larmes qu'un tendre père répand sur une fille digne de son amour : quand Douglas pressa tendrement contre son cœur sa chère Hélène, telles furent les saintes larmes qui tombèrent sur le front de la jeune fille, quoique ce fût un guerrier qui pleurât.

Hélène s'étonne de sentir expirer sur ses lèvres les expressions de la tendresse filiale; et dans son émotion, elle ne remarque pas que la crainte (indice d'un amour sincère) tient à l'écart un aimable étranger... Non, elle ne le remarque point, jusqu'à ce que Douglas l'ait nommé... C'était pourtant Malcolm Græme.

XXIII.

Allan considérait avec une attention inquiète le débarquement de Roderic; il fixait un moment sur son maître un regard douloureux, et soudain sa main s'empressait d'essuyer sa paupière humide. Douglas frappa doucement sur l'épaule de Malcolm, et lui dit avec bonté : — Mon jeune ami, ne devines-tu rien dans les yeux de mon fidèle barde?.... Je vais te dire quel souvenir l'attendrit..... Il se rappelle le jour où il me précédait en célébrant ma gloire sous les arceaux de Bothwell, et dirigeant le chœur de cent ménestrels. La bannière de Percy, conquise dans une bataille sanglante, brillait devant moi, et vingt chevaliers, dont le dernier pouvait prétendre à un rang aussi élevé que celui du Chef d'Alpine, ornaient mon triomphe.

— Crois-moi pourtant, Malcolm; j'étais moins fier de toute cette pompe, de ma victoire sur le croissant humilié, des chevaliers et des lords qui formaient mon cortège, des hymnes sacrés de Blantyre et des chants flatteurs des bardes de Bothwell; j'étais moins fier, dis-je, de tous ces honneurs que je le suis des larmes de ce vieillard fidèle, et de la tendresse de cette fille bien-aimée; l'accueil que je reçois est plus sincère et plus doux pour Douglas que tout ce que la fortune m'a jamais offert de plus brillant. Pardonne, ami, l'orgueil d'un père; j'oublie avec Hélène tout ce que j'ai perdu.

XXIV.

Délicieuse louange! La timide Hélène rougit, semblable à la rose printanière qu'embellissent les gouttes de la rosée..... C'est Douglas qui parle, et Malcolm qui écoute. Pour cacher son émotion et sa joie timide, elle s'occupe tour à tour des chiens et du faucon. Sa main caressante appelle les limiers, qui s'approchent d'elle en rampant et d'un air soumis: sa voix connue fait voler à elle le faucon, qui se pose sur la main qu'il chérit, replie ses noires ailes, baisse ses yeux brillans, et ne songe point à fuir, quoique sans chaperon.

On eût cru voir dans la fille de Douglas la déesse qui présidait jadis aux forêts. Si la tendre partialité d'un père vantait trop les vertus et la beauté d'Hélène, l'œil d'un amant les exagérait encore davantage; car chacun de ses furtifs regards exprimait l'enthousiasme de son ame.

XXV.

Malcolm Grœme était d'une taille élancée, mais bien prise et robuste. Jamais le plaid et le tartan ne couvrirent des membres plus gracieux. Ses cheveux dorés se bouclaient élégamment autour de sa toque bleue; son œil d'aigle distinguait le ptarmigan sur la neige; chasseur habile, il connaissait tous les défilés qui conduisent aux montagnes et aux lacs de Menteith et de Lennox. Vainement le chevreuil bondit et s'élance quand Malcolm a tendu son arc retentissant; il l'atteindrait presque à la course, même quand la peur lui donnerait des ailes. Malcolm gravit hardiment le pic escarpé de Ben-Lomond sans perdre haleine. Tous les traits de son visage sont en harmonie avec son ame ardente, franche et généreuse. Trop heureux avant de voir Hélène, son cœur ignorait les soucis de l'amour, et battait en liberté dans son sein.

Mais les amis du jeune homme, qui connaissaient sa haine pour l'oppression, et son zèle pour la vérité, les bardes qui voyaient ses nobles regards s'enflammer au récit des anciens faits d'armes, disaient tous que, lorsque

Malcolm serait parvenu à l'âge viril, la gloire de Roderic n'occuperait plus seule la renommée dans les montagnes, et pâlirait devant celle de l'héritier des Grœme.

XXVI.

Cependant la nacelle retourne vers l'île, et Hélène dit à Douglas : — Pourquoi allez-vous, ô mon père! chasser si loin? Pourquoi vous absenter si long-temps? et pourquoi?... Ses yeux, tournés du côté de Malcolm, dirent le reste.

— Ma fille, répondit Douglas, la chasse, pour laquelle j'ai tant d'ardeur, est pour moi l'image de l'art plus noble de la guerre; si j'étais privé de ce passe-temps des braves, que resterait-il à Douglas?...

— J'ai rencontré le jeune Malcolm dans les bois de Glenfinlas, où je m'étais égaré. J'avoue que je courais un vrai danger, car tous les alentours étaient remplis de chasseurs et de cavaliers... Ce jeune homme, quoique sous la tutèle du roi, a risqué sa vie et ses biens pour m'offrir son secours. Il a guidé mes pas, et m'a fait éviter les gens qui s'étaient mis à ma poursuite. J'espère qu'oubliant une ancienne querelle, Roderic lui fera un bon accueil pour l'amour de Douglas. Malcolm gagnera ensuite le vallon de Strath-Endrick, et cessera de courir aucun risque pour moi.

XXVII.

Sir Roderic, qui s'avançait à leur rencontre, rougit de colère à la vue de Malcolm Grœme; mais, dans ses actions et ses paroles, il respecta religieusement les droits de l'hospitalité.

Toute la matinée se passa en jeux et en entretiens paisibles; mais il arriva sur le midi un courrier pressé qui parla secrètement au chevalier, dont l'air sombre annonça qu'il recevait de fâcheuses nouvelles. De profondes pensées semblaient tourmenter son esprit. Ce ne fut cependant qu'après le banquet du soir qu'il réunit autour du foyer sa mère, Douglas, Hélène et Malcolm : tantôt il promenait ses regards autour de lui, et tantôt il les fixait sur la terre, comme un homme qui étudie la manière la plus convenable de commencer un triste récit. Il mania long-temps, comme par distraction, la poignée de sa dague; et puis, prenant soudain un air fier, il dit :

XXVIII.

— Je vais parler en peu de mots; le temps presse, et d'ailleurs les phrases préparées répugnent à ma franchise naturelle... Ecoutez-moi tous, vous d'abord mon cousin et mon père, si Douglas du moins permet à Roderic de lui donner ce nom... ma respectable mère, et vous, Hélène... Pourquoi détournez-vous la vue? ô mon aimable cousine!... Toi aussi, Græme, en qui j'espère bientôt reconnaître un ami ou un ennemi généreux, quand l'âge t'aura donné tes domaines et le commandement de tes vassaux! Prêtez-moi tous votre attention. — L'orgueil vindicatif du roi se vante d'avoir dompté nos frontières, où des Chefs, qui étaient allés joindre leur prince à la chasse avec leurs meutes et leurs faucons, tombèrent eux-mêmes dans un piège funeste, et d'autres, qui avaient préparé un banquet et croyaient recevoir un hôte royal, furent indignement pendus aux portes de leurs châteaux. Leur sang crie vengeance dans les prairies de Meggat, parmi les fougères de l'Yarrow, sur les rives de la Tweed, dans les lieux qu'arrose l'onde solitaire de l'Ettrick, et sur les bords du Teviot; tous ces vallons, où des clans guerriers guidaient leurs chevaux, ne sont plus que d'arides déserts. Le tyran de l'Ecosse, si connu par ses perfidies et ses vengeances, vient dans ces lieux : c'est le même dessein qui l'amène; il a choisi de nouveau le prétexte de la chasse : que le sort des guerriers de la frontière nous fasse juger de la grace que peuvent espérer de lui les Chefs des montagnes! Bien plus, on t'a reconnu, ô Douglas! dans la forêt de Glenfinlas : j'en suis informé par un espion sûr, et je te demande ton avis dans cette situation critique.

CHANT SECOND.

XXIX.

Hélène et lady Marguerite, saisies d'effroi, cherchèrent à se rassurer mutuellement dans les regards l'une de l'autre, et puis elles tournèrent leurs yeux effarés, Hélène vers son père, lady Marguerite vers son fils. Le visage de Græme changea plusieurs fois de couleur; mais on voyait bien que ce n'était que pour Hélène qu'il concevait des craintes. Triste, mais sans paraître abattu, Douglas donna son avis en ces termes :

— Brave Roderic! l'orage gronde, mais il peut passer après une vaine menace. Cependant je ne puis me résoudre à demeurer ici une heure de plus pour attirer la foudre sur ta demeure; car tu n'ignores pas que c'est surtout ma tête blanchie par l'âge que cherche la colère du roi. Pour toi, qui peux mettre à la disposition de ton souverain une troupe de vaillans guerriers, ton hommage et ta soumission doivent détourner les ressentimens du monarque.

Malheureux débris de la maison de Douglas, Hélène et moi nous irons chercher un refuge dans quelque grotte sauvage, et là, comme le cerf échappé à la meute, nous attendrons que les chasseurs aient cessé de battre les montagnes et les clairières.

XXX.

— Non, non, je le jure sur l'honneur, s'écria Roderic, il n'en sera point ainsi, grace au ciel et à ma fidèle épée! non, jamais!... Que je voie à jamais flétrir ce pin qui fut le cimier de mes ancêtres, si je souffre que la postérité des Douglas s'éloigne de son ombre à l'heure des dangers. Ecoute ma proposition un peu brusque peut-être : accorde-moi ta fille pour épouse et les conseils de ton expérience pour appui; assez d'amis et d'alliés viendront se ranger autour de Roderic et de Douglas réunis. Un même intérêt, une même défiance nous associeront tous les Chefs de l'ouest. Quand les cornemuses sonores annonceront mon hymen, les échos des rives du Forth répéteront un son d'alarmes, les gardes de Stirling tressailleront ; et quand j'allumerai le flambeau nuptial, l'incendie de mille villages troublera de ses sinistres lueurs le sommeil du roi Jacques. Mais non : Hélène, vous avez tort de pâlir, et vous, ma mère, d'exprimer ainsi votre effroi. Dans mon ardeur belliqueuse, j'en ai dit plus que je ne pensais..... quel besoin aurons-nous de faire des excursions dans les plaines, ou de livrer des batailles, quand le sage Douglas pourra réunir par un lien d'amitié tous les clans de nos montagnes pour garder nos passages et forcer le roi, déçu dans son espoir de conquête, à retourner avec honte à Edimbourg.

XXXI.

Il est des hommes qui, à l'heure du sommeil, ont gravi le sommet d'une tour suspendue sur l'Océan; là, bercés par le murmure monotone des vagues mugissantes, ils achèvent tranquillement leur rêve dangereux. Mais quand le retour du jour les réveille, quand un de ces hommes endormis ouvre enfin ses yeux frappés des premiers rayons de l'aurore, et les plonge dans l'abîme sans fond ouvert sous ses pas, quand il entend l'éternel murmure des flots, et que le rempart étroit sur lequel il repose lui semble si peu solide qu'il le voit se balancer comme le fragile tissu de l'araignée qu'agite le vent, ne sent-il pas dans le délire de ses sens le désir désespéré de se précipiter dans l'onde, et d'aller au-devant de la mort dont sa peur le menace? telle Hélène, troublée par l'abîme qui s'ouvre tout à coup autour d'elle, égarée par ses craintes, dont son père est surtout l'objet, Hélène résiste à peine à la pensée désespérée de sauver Douglas par le sacrifice de sa main.

XXXII.

Malcolm devine dans le regard effaré d'Hélène et dans le mouvement convulsif de ses lèvres cette incertitude fatale; il se lève pour prendre la parole, mais, avant qu'il eût encore pu rien dire, Douglas avait remarqué la lutte pénible qui déchirait le cœur de sa fille, comme si la vie y eût été aux prises avec la mort. Tout son sang en effet avait un moment coloré ses joues, qui presque aussitôt furent couvertes d'une pâleur mortelle. — Roderic, s'écria le vieillard, ma fille ne peut être ton épouse. Cette soudaine rougeur n'est pas celle qui fait sourire les amans, cette pâleur n'exprime point les craintes d'une pudeur timide. Cet hymen est impossible. Pardonne-lui son refus, noble Chef, et ne hasarde plus rien pour notre sûreté. Douglas ne lèvera jamais une lance rebelle contre son roi : ce fut moi qui instruisis sa jeune main à guider les rênes d'un coursier et à manier une épée. Je crois voir mon prince encore enfant ; Hélène ne me rendait ni plus fier ni plus heureux ; je l'aime encore malgré les outrages dont il m'accabla dans le premier mouvement d'une colère irréfléchie, et trompé par de perfides délateurs. O Roderic ! demande ton pardon ; il te sera facile de l'obtenir en séparant ta cause de la mienne.

XXXIII.

Deux fois le Chef parcourut la salle à grands pas ; son front farouche où le dépit le disputait à la colère, et les plis flottans de son tartan, le faisaient apparaître, à la sombre lueur des torches, comme le démon malfaisant de la nuit qui étend ses noires ailes sur le pèlerin égaré ; mais l'amour dédaigné perçait surtout le cœur de Roderic de ses traits envenimés. Rodéric saisit la main de Douglas. Ses yeux, qui jusque-là ignoraient les larmes, en versèrent pour la première fois de bien amères ; les angoisses d'un espoir trahi luttaient dans son sein avec son orgueil qui ne pouvait étouffer entièrement ses sanglots convulsifs, trahis par le silence qui régnait autour de lui.

Hélène ne put supporter le désespoir du fils et les regards de la mère ; elle se leva pour s'éloigner, Græme se préparait à suivre ses pas et à la soutenir.

XXXIV.

Soudain Roderic quitte Douglas... Comme on voit la flamme s'élancer à travers de noires vapeurs et changer leurs tourbillons en une vaste mer de feu, de même la jalousie de Roderic éclata tout à coup, et dissipa le sombre abattement de son désespoir.

Sa terrible main saisit l'agrafe qui fixait le plaid de Malcolm sur son sein.

— Arrête! s'écria-t-il d'une voix menaçante; arrête, jeune homme : ne te souvient-il donc plus de la leçon que tu reçus de moi? Rends graces à ce toit hospitalier, à Douglas et à sa fille, si je retarde encore ma vengeance.

Grœme s'élance sur Roderic avec la promptitude du lévrier qui atteint sa proie. — Je le jure par mon nom, dit-il, ce Chef barbare ne devra la vie qu'à son glaive.

Leurs mains cherchent à saisir la dague ou l'épée; un combat à mort allait terminer cette scène de fureur; mais Douglas, dont la force et la stature étaient celles d'un géant, se jeta entre les deux rivaux : — Arrêtez! dit-il; le premier qui frappe se déclare mon ennemi! Insensés! ne rougissez-vous pas de cette violence frénétique? Quoi donc! Douglas est-il tombé si bas, que sa fille soit le prix d'un combat aussi déshonorant?

Confus l'un et l'autre, ils lâchent prise, mais à regret, se regardant d'un air farouche, le pied en avant et l'épée à demi tirée du fourreau.

XXXV.

Avant que le fer eût brillé, lady Marguerite avait saisi le manteau de Roderic, et Malcolm avait entendu la voix d'Hélène semblable au cri plaintif d'un songe funeste.

Enfin Roderic laisse retomber son épée dans le fourreau, et déguise sa rage par des mots pleins d'ironie.

— Que Malcolm demeure ici jusqu'au matin; ce serait être inhumain que d'exposer son teint délicat à l'air froid de la nuit : il pourra demain aller dire à Jacques Stuart que Roderic saura défendre ce lac et ces montagnes, mais qu'il n'ira pas grossir, avec les hommes libres de son clan, le pompeux cortège d'un prince dont il se croit l'égal. Si le monarque veut connaître par lui-même le clan d'Alpine, Malcolm lui dira quelles sont nos forces et les passages qui mènent ici... Malise! approche...

C'était l'écuyer, qui accourut à l'ordre de son Chef.

— Malise, continua Roderic, donne un sauf-conduit à Grœme.

Le jeune Malcolm répondit avec une calme assurance.

— Ne crains rien pour ton asile secret.

Les lieux qu'un ange daigna embellir de sa présence sont sacrés, quoique des bandits en fassent leur séjour. Réserve ton insultante courtoisie pour ceux qui ont peur d'être tes ennemis. Les sentiers des montagnes seront aussi sûrs pour moi pendant la nuit qu'en plein jour, quand Roderic lui-même et ses plus braves vassaux voudraient s'opposer à mon passage.

Brave Douglas!.... aimable Hélène! je ne vous dis pas adieu; il n'est pas sur la terre de retraite assez retirée pour que nous ne puissions nous y revoir un jour..... Toi aussi, Chef du clan d'Alpine, je saurai te retrouver.

Il dit, et s'éloigne de cette demeure rustique.

XXXVI.

Le vieux Allan le suivit jusque sur la plage (tel fut l'ordre de Douglas). Le vieux barde lui apprit que le farouche Roderic venait de jurer que, dès le lever de l'aurore, la croix de feu parcourrait les vallons, les ravins et les bruyères de la contrée; Grœme serait menacé des plus grands périls s'il rencontrait ceux qui devaient se réunir à ce signal. Il serait plus sûr pour lui de débarquer à l'extrémité la plus haute du lac; Allan s'offrit de le conduire lui-même dans l'esquif.

Les vents emportèrent ses conseils; Malcolm inattentif roulait les plis nombreux de son plaid autour de ses armes, et se dépouillait de ses vêtemens pour traverser le lac à la nage.

XXXVII.

Puis s'adressant tout à coup au ménestrel : — Adieu, modèle de la fidélité des temps antiques, dit-il en lui pressant la main avec amitié; adieu. Oh! que ne puis-je disposer d'un asile!... Mon souverain a la tutelle de mes domaines; un oncle commande mes vassaux : pour résister à ses ennemis et pour aider ses amis, le pauvre Malcolm n'a que son courage et son épée. Cependant, s'il est un seul Grœme fidèle qui aime encore le Chef de son nom, Douglas cessera bientôt d'errer dans les montagnes; et avant que cet orgueilleux bandit ose..... Dis à Roderic que je ne lui dois rien, pas même un esquif pour me transporter loin de son île.

Il se précipite à ces mots dans le lac, tient sa tête élevée au-dessus de l'onde, et s'éloigne fièrement. Allan le suit des yeux dans le trajet.

L'habile nageur, guidé par la clarté de la lune, fend les flots avec la rapidité du cormoran. Arrivé sur l'autre plage, il annonce par un cri qu'il est en sûreté; le ménestrel entend sa voix lointaine, et retourne moins triste vers Douglas.

CHANT TROISIÈME.

La Croix de feu.

I.

Le Temps ne s'arrête jamais dans son vol rapide. La génération passée, qui berça notre enfance sur ses genoux et amusa notre crédule jeunesse par les antiques légendes et les merveilleux récits de ses aventures, est aujourd'hui effacée de la vie. Dépouillés de leurs forces, et semblables aux débris d'un naufrage, quelques vieillards encore attendent sur les bords de la sombre mer de l'éternité que le reflux de ses vagues les entraîne loin de notre vue. Le Temps ne s'arrête jamais dans son vol rapide.

Cependant il en est qui vivent encore et se rappellent cette époque où le son du cor d'un Chef des montagnes était un signal reconnu dans les campagnes et les forêts, sur les rochers arides, au fond des vallons et au milieu des bruyères du désert. Les clans fidèles venaient en foule se ranger autour de lui ; chaque famille déployait sa bannière, la cornemuse guerrière appelait aux armes, et la croix de feu circulait au loin comme un météore.

II.

Les doux reflets de l'aube matinale colorent de pourpre l'azur du loch Katrine ; la brise amoureuse de l'ouest caresse de ses ailes le sein paisible de l'onde, et glisse légèrement à travers le feuillage de la rive ; un doux frémissement agite à peine le lac, tel qu'une vierge qui dissimule en tremblant le plaisir qui l'émeut ; les ombres des monts n'étendent plus sur son cristal limpide qu'un voile douteux dont les mobiles et brillans réseaux ressemblent aux vagues espérances et aux désirs de l'imagination ; le nénuphar ouvre le calice argenté de ses fleurs ; la biche se réveille et conduit son faon dans la plaine étincelante des perles de la rosée ; les vapeurs diaphanes abandonnent les flancs des montagnes ; le torrent précipite ses flots écumeux ; invisible dans son essor, l'alouette réjouit les airs de ses chants ; le merle et la grive tachetée saluent l'aurore dans les buissons touffus, et le ramier leur répond en roucoulant ses airs de mélancolie et d'amour.

III.

Nulle pensée de repos et de paix ne peut dissiper l'orage qui gronde dans le sein de Roderic ; armé de sa claymore, il parcourt d'un pas précipité le rivage de l'île ; il regarde le ciel et porte sa main impatiente sur la garde de son glaive. Cependant ses vassaux disposaient à la hâte, sous l'abri d'un rocher, la cérémonie qui allait se célébrer, et dont les apprêts étaient entremêlés de rits mystérieux et lugubres.

L'ancien usage voulait qu'avant de faire partir la croix de feu, on n'oubliât aucun des sombres préludes de cette solennité. La foule respectueuse reculait souvent avec effroi en rencontrant le regard courroucé de Roderic, semblable à celui de l'aigle des montagnes, quand ce tyran des airs fond des hauteurs du Ben-Venu, déploie ses noires ailes, étend son ombre redoutée sur le lac, et fait taire le peuple timide des oiseaux.

IV.

On voit s'élever un amas de branches flétries de genévrier et d'arbustes sauvages, mêlés aux débris d'un chêne récemment brisé par la foudre. Brian l'Ermite, les pieds nus, avec son froc et son capuchon, se tient debout près de ce bûcher. Sa barbe horrible et ses cheveux mêlés rendent plus sombre son visage où se peint le désespoir; ses jambes et ses bras nus portent les hideuses cicatrices d'une pénitence fanatique. Le danger qui menaçait son clan avait tiré ce sauvage anachorète de la solitude où il vivait parmi les arides rochers du Benharow. Son aspect n'était point celui d'un prêtre chrétien, mais plutôt d'un druide impitoyable, sorti de la nuit des tombeaux, et capable de voir un sacrifice humain d'un œil serein. Il mêlait, disait-on, plusieurs mots profanes du paganisme aux prières que murmurait sa bouche. La sainte croyance qu'il professait ne donnait qu'un caractère plus imposant et plus terrible à ses malédictions.

Le simple villageois n'allait point implorer les prières de cet ermite, le pèlerin évitait sa grotte, et le chasseur, qui en reconnaissait les alentours, rappelait soudain ses limiers; ou, si l'habitant des montagnes le rencontrait dans quelque vallon ou ravin solitaire, il implorait la pitié du ciel et se signait avec un sentiment de terreur qui ressemblait à la dévotion.

V.

D'étranges bruits couraient sur la naissance de Brian. — Sa mère veillait pendant la nuit près d'une bergerie construite dans une vallée affreuse, où étaient entassés çà et là des ossemens, restes oubliés d'une ancienne bataille et blanchis par la pluie et le souffle des vents. Le cœur d'un guerrier lui-même eût frémi à la vue de ce monument de la guerre. Ici les racines du gazon enchaînaient une main qui, jadis armée du glaive, forçait les rangs d'un bataillon bardé de fer; le mulot, hôte faible et craintif, avait placé son gîte sous ces os dont l'ample circonférence protégeait naguère comme un bouclier un cœur qui ignorait la crainte. Là ce reptile qui déroule si lentement ses anneaux avait laissé son écume visqueuse sur de fragiles ossemens qui défiaient les années; plus loin on voyait aussi le crâne d'un ancien Chef encore couronné d'une verte guirlande, car le liseron s'était plu à remplacer le cimier et le panache par ses campanules purpurines.

C'était dans ce sombre lieu que la mère de Brian avait passé une nuit, enveloppée dans les plis de sa mante: elle assura qu'aucun berger ne s'était approché d'elle, que la main d'aucun chasseur n'avait dénoué son snood; et pourtant depuis lors Alix ne porta plus le ruban des jeunes vierges pour fixer les tresses de sa chevelure; sa pudique gaieté s'était évanouie; sa ceinture virginale devint trop étroite; elle évita depuis cette funeste nuit les temples et les solennités religieuses; renfermant son secret dans son ame, elle l'emporta avec elle dans la tombe, et mourut en devenant mère.

VI.

Dès sa plus tendre enfance, Brian vécut solitaire au milieu de ses jeunes compagnons, toujours rêveur et chagrin, ennemi de la joie et de la sympathie, et semblant confirmer par son caractère la fable de sa naissance mystérieuse.

Il passait des nuits entières au clair de la lune, confiant sa mélancolie aux bois et aux ondes, jusqu'à ce que dans son délire, ajoutant foi lui-même à tout ce que la crédulité superstitieuse racontait de son origine, il en vint à chercher son père fantastique dans les sombres vapeurs et les météores. Vainement les cloîtres lui ouvrirent leurs charitables asiles pour adoucir sa bizarre destinée; vainement les livres de la science lui communiquèrent leurs trésors; il n'y trouva que de nouveaux alimens pour nourrir la fièvre de son imagination, et il lut avec avidité tout ce qui avait rapport à la magie, aux secrets cabalistiques et aux enchantemens : ses sombres méditations augmentèrent son orgueil sans rassasier sa curiosité. Enfin, l'ame en délire, et le cœur déchiré par de mystérieuses horreurs, il alla cacher son désespoir dans la grotte obscure du Benharow, et renonça aux habitations des hommes.

VII.

Le désert lui offrit d'étranges visions, qui eussent été dignes de l'enfant d'un spectre. Aux lieux où les torrens luttent contre de noirs rochers, il contemplait les flots écumeux, jusqu'à ce que ses yeux éblouis vissent apparaître le démon des eaux. Pour lui le brouillard des montagnes prenait la forme d'une magicienne nocturne ou d'un hideux fantôme; le vent sauvage de la nuit apportait à son oreille les voix plaintives de la tombe; les champs de bruyère devenaient des théâtres de futurs combats, où la mort moissonnait les rangs des guerriers. C'est ainsi que ce prophète solitaire, séparé de tout le genre humain, se créa un monde imaginaire. Un reste de sympathie le tenait encore lié aux mortels. Sa mère, seul parent qu'il pouvait réclamer, appartenait à l'antique clan d'Alpine.

Depuis peu, il avait entendu, dans ses songes surnaturels, le cri prophétique de la fatale Ben-Shie [1]; au vent de la nuit s'étaient mêlés les pas retentissans de nombreux coursiers, qui semblaient charger l'ennemi sur les rochers de Benharow, inaccessibles aux mortels. La foudre avait frappé un vieux pin; tout présageait malheur à la race d'Alpine. Brian ceignit ses reins, et vint déclarer tous ces augures menaçans.

Tel est l'homme qui se dispose à faire entendre ses prières ou ses malédictions, selon les ordres que donnera le Chef de sa tribu.

VIII.

Tout est prêt. On apporte de la montagne un bouc, patriarche du troupeau; on le dépose devant la flamme pétillante du bûcher; le fer de Roderic lui entr'ouvre le sein. La victime mourante voit d'un œil résigné les flots de son sang qui rougissent sa barbe épaisse et son corps velu, jusqu'à ce que les ombres de la mort viennent obscurcir ses prunelles flétries. Le prêtre, en murmurant une prière, forme avec soin une croix d'une coudée de longueur, dimension consacrée par l'usage. On avait choisi les rameaux d'un if qui, dans l'île d'Inch-Cailliach, étendait son ombre sur les tombeaux du clan d'Alpine, et qui, répondant aux soupirs des brises du lac Lomond, berçait de son frémissement monotone l'éternel sommeil de maint Chef enseveli.

Brian éleva cette croix d'une main décharnée; il promena ses yeux hagards autour de lui, et pénétra d'une émotion étrange tous ceux qui l'entendirent prononcer ces anathèmes :

IX.

— Malheur à l'homme de notre clan qui, voyant ce symbole formé de l'if funéraire, oubliera que ces rameaux eurent leurs racines dans ces lieux où le ciel fait tomber

---

(1) Mauvais génie d'Ecosse. — ED.

sa rosée sur les tombeaux des fils d'Alpine! Traître à son Chef, il ne mêlera point sa poussière à celle des guerriers de sa race; mais, rejeté loin de ses pères et de sa famille, il entendra tout le clan le maudire et appeler le malheur sur sa tête.

Ici Brian s'arrêta. Ses derniers mots furent répétés par les vassaux de Roderic, qui, faisant un pas en avant et jetant des regards terribles, agitèrent leurs épées dans l'air, et choquèrent rudement leurs boucliers. Leurs clameurs confuses s'élevèrent d'abord comme un murmure lent et prolongé; puis, semblables au cours d'un torrent qui se précipite en courroux vers la mer, et brise contre le rivage tous ses flots réunis, elles éclatèrent avec fracas:
—Malheur au traître! malheur!

La tête chauve du Ben-An fut frappée de ces accens; le loup sortit avec joie de sa retraite, et l'aigle poussa un cri de triomphe en reconnaissant le cri de guerre du clan d'Alpine.

x.

Quand le silence régna de nouveau sur le lac et dans la forêt, le moine continua ses exorcismes. Pendant qu'il approchait du feu les extrémités de la croix, sa voix sourde avait un son qui inspirait la terreur: le peu de mots qu'on entendit ressemblaient plutôt au blasphème qu'à la prière, quoiqu'il y eût mêlé le saint nom de la Divinité; mais, quand il agita sur la foule la croix allumée, il s'écria:

— Maudit soit le misérable qui refuse de s'armer de la lance à l'aspect de ce signal redouté! De même que le feu dévore ce symbole, un pareil sort l'attend dans sa demeure, asile de la lâcheté! Les tourbillons de l'incendie y proclameront la vengeance du clan d'Alpine, tandis que les jeunes filles et leurs mères appelleront sur sa tête la misère et la honte, l'infamie et la douleur!

Alors retentirent les aigres clameurs des femmes, semblables aux sifflemens des autours sur les montagnes: leurs imprécations s'unissaient aux bégaiemens de l'enfance, qui cherchait aussi à maudire la trahison; elles disaient :

— Que la maison du lâche s'écroule, et soit consumée par les flammes! Maudite soit la plus humble chaumière qui servira d'abri à la tête proscrite que nous vouons à l'infamie et au désespoir!

— L'écho gémit, ô Coir-Uriskin! dans ta caverne habitée par des fantômes! Un cri lugubre fut entendu dans ce sombre ravin où les bouleaux balancent leur feuillage sur Beala-nam-Bo!

XI.

Le prêtre observe de nouveau un silence profond : son souffle a peine à s'échapper de sa poitrine oppressée; ses dents se heurtent; sa main se ferme avec un mouvement convulsif, et ses yeux étincellent. Il médite une malédiction plus terrible encore contre celui qui désobéirait au signal qui l'appelle au secours de son Chef; il éteint dans le sang les branches enflammées de la croix; il élève une dernière fois ce signal, et sa voix sépulcrale prononce ces paroles :

— Quand cette croix parcourra de main en main les domaines du fils d'Alpine, pour appeler ses vassaux aux armes, que l'oreille qui feindra de ne pas entendre soit frappée de surdité! que le pied qui refusera d'accourir demeure à jamais immobile! que les corbeaux déchirent les yeux indifférens! que les loups dévorent le cœur du lâche! comme ce sang immonde rougit la terre, que son sang abreuve ses foyers! que le flambeau de sa vie s'éteigne comme cette flamme! que lui seul il implore en vain la grace dont ce symbole est le gage pour tous les hommes.

Il a dit. Aucun écho ne répéta le murmure approbateur qui répondit à cette imprécation.

XII.

Alors l'impatient Roderic prit le symbole de la main de Brian :

— Pars, Malise, pars! dit-il en remettant la croix à son

brave écuyer : la prairie de Lanric est le lieu du rendez-vous. Le temps presse ;... pars, Malise, pars !

Semblable à l'agile francolin qui fuit la serre cruelle des autours, une nacelle sillonne le lac Katrine. L'écuyer se tient à la proue ; les rameurs font des efforts si rapides, que l'écume soulevée par le premier coup de l'aviron bouillonnait encore sur le sable de l'île lorsqu'ils atteignirent le rivage opposé : mais la nacelle en était encore à douze pieds de distance, que déjà le messager des combats avait franchi légèrement l'espace qui le séparait de la plage.

XIII.

— Vol, Malise, vole ! Jamais la peau fauve du daim ne fut attaché à un pied plus agile [1]. Vole, Malise, vole ! Jamais un plus pressant motif ne doubla ta force et ton activité. Gravis sans reprendre haleine la montagne escarpée ; descends de sa crête aérienne comme le torrent impétueux ; traverse d'un pas prudent les fondrières et le sol mouvant des marais ; franchis le ruisseau comme le chevreuil bondissant ; glisse-toi dans la fougère comme le chien du chasseur. La montagne est haute ; mais ne recule pas à la vue de sa pente rapide. Ton front est brûlant, tes lèvres sont desséchées par la soif ; mais ne t'arrête pas auprès de la source. Héraut des combats et de la mort, achève ton message ! Ce ne sont point les traces d'un cerf blessé que tu suis ; ce n'est point la jeune fille que tu veux atteindre dans le bocage ; tu ne disputes point à tes rivaux le prix de la course : mais le danger, la mort et la gloire t'ont choisi pour leur messager. Vole, Malise, vole !

XIV.

A la vue du symbole fatal, les habitans des chaumières et des hameaux courent aux armes ; les ravins sinueux, les coteaux boisés, envoient leurs valeureux guerriers. Le messager passait sans s'arrêter ; il montrait le signal, nom-

---

(1) Voyez la note 7.

mait le lieu du rendez-vous, et, s'éloignant avec la vitesse du vent, laissait derrière lui la surprise et les clameurs. Le pêcheur quittait le sable du rivage; le noir forgeron s'armait de l'épée; l'heureux moissonneur abandonnait sa faucille; dans les guérets le soc de la charrue restait oisif au milieu du sillon; les troupeaux erraient sans gardien; le chasseur cessait de poursuivre le cerf aux abois, et le fauconnier rendait la liberté à son faucon. Docile au signal d'alarme, chaque vassal du fils d'Alpine se préparait aux combats; le tumulte et l'épouvante parcouraient le rivage d'Achray.

Lac délicieux! hélas! l'écho de tes rives n'était pas fait pour répéter des sons de terreur! L'image des rochers et des bois se réfléchit avec un calme si pur dans ton paisible cristal!... Les gracieux accords de l'alouette elle-même du haut de son nuage ont quelque chose de trop bruyant, peut-être, pour la douce mélancolie de tes sites.

XV.

Vole, Malise, vole! — Le lac est déjà derrière lui : les cabanes de Duncraggan se montrent enfin, et semblent des rochers tapissés de mousse, à demi aperçus et à demi cachés dans la verdure des taillis! c'est là que tu vas pouvoir goûter le repos et laisser au Chef de ces domaines le soin de faire circuler le signal des dangers. Tel qu'un épervier qui fond sur sa proie, l'écuyer de Roderic s'élance dans le vallon; il approche : quels lamentables accens frappent son oreille! Ce sont les chants plaintifs des funérailles, les gémissemens des femmes! Un brave chasseur ne sera plus la terreur des forêts! un guerrier valeureux ne cueillera plus les palmes de la gloire! Qui pourra le remplacer auprès de Roderic dans le noble exercice de la chasse et dans la mêlée des batailles? Le château est tendu de noir, les rayons du jour en sont bannis, et remplacés par la lueur des torches lugubres; Duncan est déposé dans le cercueil que sa veuve mouille de ses larmes : son fils aîné se tient tristement auprès d'elle; le plus jeune pleure sans savoir pourquoi. Les vierges du hameau et leurs mères prononcent le coronach des funérailles.

XVI.

LE CORONACH.

Il n'est plus l'honneur des montagnes !
A l'heure du danger nous l'avons vu périr,
Comme on voit l'onde se tarir
Quand le soleil d'été va brûler nos campagnes !

Mais une bienfaisante pluie
Soudain fait rejaillir la source du coteau :
Duncan va descendre au tombeau ;
A nos cœurs pour toujours l'espérance est ravie !

La faucille du laboureur
Epargne les moissons qui sont vertes encore :
Hélas ! la voix de la douleur
Gémit sur le guerrier qui tombe à son aurore !

Le souffle des froids aquilons
Dépouille la forêt des feuilles jaunissantes :
La fleur qu'aujourd'hui nous pleurons,
Jeune encore, brillait de couleurs éclatantes !

Agile chasseur des coteaux,
Ta prudence savait préparer la victoire,
Ton bras nous guidait à la gloire :
Duncan, tu vas dormir du sommeil des tombeaux !

Tel que la vapeur des montagnes,
Tel que le flot qu'on voit des monts jaillir soudain,
Et fuir au loin dans les campagnes,
Le héros, parmi nous, n'a vécu qu'un matin !

XVII.

Voyez Stumah [1], qui près du cercueil contemple d'un œil surpris le corps de son maître ! Pauvre Stumah, qui au moindre geste de Duncan s'élançait plus rapide que l'éclair ! Mais il relève la tête, et dresse ses oreilles comme

---

(1) Nom de chien qui répond à notre *Fidèle*. — Ed.

s'il entendait les pas d'un étranger. Ce n'est point la marche ralentie d'un ami qui vient pleurer sur le guerrier qui n'est plus, mais l'approche précipitée de la terreur. Chacun attend d'un air effaré : l'écuyer de Roderic entre dans la salle, et, s'arrêtant près du cercueil sans faire attention à la pompe funèbre qui s'offre à ses regards, il élève la croix rougie dans le sang, et s'écrie :

— Le rendez-vous est à la prairie de Lanrick ; qu'on se hâte de faire parcourir tous les domaines du clan à ce symbole redouté.

XVIII.

Angus, l'héritier de Duncan, s'élance et saisit la croix fatale. Le jeune homme s'empressa d'attacher à son côté la dague et la claymore de son père ; mais quand il aperçut sa mère qui l'observait avec une douleur muette, il se précipita dans ses bras, et déposa sur ses lèvres le baiser de ses adieux.

— Hélas ! dit-elle avec un sanglot, tu m'abandonnes !
— Mais non ; pars, montre-toi le fils de Duncan.

Angus jeta un dernier regard sur le cercueil, essuya une larme, poussa un profond soupir comme pour reprendre haleine, et agita avec un geste de fierté le panache de sa toque : alors, tel qu'un jeune coursier de noble race qui obtient pour la première fois la liberté d'essayer son ardeur et sa vitesse, il s'échappe, et vole à travers la bruyère, armé de la croix de feu.

Sa triste mère retint ses larmes jusqu'à ce qu'elle eût cessé d'entendre le bruit lointain de ses pas ; et, voyant les yeux de l'écuyer laisser tomber les larmes d'une sympathie que son cœur ne connaissait guère, elle lui dit :

— Cousin, il a terminé sa carrière celui qui aurait dû porter ton message !..... Le chêne est tombé..... un seul de ses rejetons est aujourd'hui le dernier appui de Duncraggan ; mais j'espère que le Dieu de l'orphelin protégera mon fils.

— Et vous, braves vassaux qui, fidèles dans le danger,

tiriez vos glaives de leurs fourreaux au premier signe de Duncan, courez aux armes! soyez les défenseurs de l'héritier de votre Chef! laissez aux femmes et aux enfans le soin de pleurer le héros.

A ces mots le choc des armes et les clameurs belliqueuses retentissent dans la salle funèbre : tous les vassaux détachent des murailles les claymores et les boucliers : un feu passager ranime les yeux abattus de la veuve, comme si ce tumulte cher au héros allait réveiller Duncan dans son cercueil! Mais ce courage emprunté s'évanouit bientôt; la douleur réclama ses droits, et les larmes coulèrent encore.

XIX.

Benledi reconnut la croix de feu : elle brilla comme l'éclair sur le sommet de Strath-ire, et parcourut les vallons et les collines. Le jeune Angus ne prend pas un seul instant de repos; il laisse sécher par la brise des montagnes la larme qui vient mouiller sa paupière. Il voit enfin rouler les ondes naissantes du Teith, qui baignent la base d'un coteau boisé, dont la verdure s'étend jusque sur le sable de la rive : c'est là que s'élève la chapelle de Sainte-Brigite. Le fleuve était gonflé par la crue de ses eaux; le pont était éloigné : mais Angus n'hésite pas, quoique les sombres flots bondissent et achèvent d'éblouir ses yeux déjà troublés par la douleur; il se précipite à travers le torrent qui écume et rugit; sa main droite élève la croix; sa main gauche a saisi sa hache d'armes pour guider et raffermir ses pas. Deux fois il chancelle.... l'écume jaillit au loin, le torrent gronde avec une violence nouvelle..... Si Angus tombe..... c'en est fait de l'orphelin de Duncraggan! Mais sa main serre la croix des combats avec plus de force, comme s'il était au moment de périr. Il parvient à la rive opposée, et gravit le sentier qui conduit à la chapelle.

XX.

Un joyeux cortège s'était rendu à la chapelle de Sainte-

Brigite. Marie de Tombea s'unissait au jeune Norman, héritier d'Armandave. Les amis et les parens de l'heureux couple passaient sous les arceaux gothiques, et allaient se remettre en marche après la cérémonie nuptiale. Les vieillards, en habits de fête, souriaient au souvenir de leurs premiers plaisirs : les compagnons de l'époux cherchaient à exciter la gaieté des jeunes filles, qui feignaient de ne pas les écouter ; les enfans faisaient entendre leurs bruyantes clameurs, et les ménestrels célébraient à l'envi les attraits de la nouvelle épouse, dont l'œil était baissé avec modestie. Ses joues vermeilles rappelaient l'incarnat de la rose sur laquelle étincelle une larme de l'aurore. Elle s'avance d'un pas timide, et sa main tremblante tient les plis de son voile, dont le tissu a la blancheur de la neige.

Le fiancé marche à côté d'elle en la contemplant avec un air de triomphe, et l'heureuse mère lui parle à l'oreille avec le sourire de la joie.

XXI.

Quel est celui que le cortège rencontre sur le seuil du temple?..... Le messager de la terreur et du trépas. Il balbutie avec l'accent de la précipitation ; ses yeux nagent dans la douleur. Encore humide des flots du torrent, souillé par la poussière, respirant à peine, il présente le signal des batailles, et répète les paroles de Malise :

— Le rendez-vous est dans la prairie de Lanrick ; hâte-toi, Norman, de porter ce signal.

Quoi donc! faut-il qu'il abandonne la main qu'un saint nœud vient d'unir à la sienne, pour s'armer de la fatale croix et de l'épée! faut-il que ce jour qui a commencé sous de si heureux auspices, et qui promettait des plaisirs si doux à son déclin, sépare, avant le coucher du soleil, un époux de celle dont il vient de recevoir la foi! Cruelle destinée!..... il le faut! La cause du clan d'Alpine, la gloire de Roderic, son terrible signal ne souffrent aucun délai, il faut partir,—Norman ; obéis sans hésiter.

XXII.

Norman se dépouille lentement de son plaid, et fixe d'un regard attendri son aimable fiancée, jusqu'à ce qu'il aperçoive les larmes qui coulent de ses beaux yeux : hélas! ils expriment une douleur qu'il doit renoncer à adoucir. N'osant pas risquer un second regard, il part en suivant le cours de l'onde et sans tourner la tête, jusqu'à ce qu'il ait atteint le lac de Lubnaig.

Quelle pensée afflige le cœur de Norman? C'est le douloureux sentiment de l'espérance différée, et le cruel souvenir de ses vaines visions du matin. A l'impatience de l'amour se mêle en lui la noble soif de la gloire; il éprouve cette joie tumultueuse des montagnards lorsqu'ils courent à leurs lances; il brûle d'un zèle généreux pour son clan et son Chef; il se figure son retour prochain, et son triomphe lorsque après avoir combattu avec valeur, et portant sur son cimier les honneurs de la guerre, il pourra serrer sa Marie sur son sein. Exalté par ces idées, il franchit les ruisseaux et les bruyères, rapide comme l'étincelle qui jaillit du caillou; son enthousiasme martial et son amour inspirent à la fois ses chants.

XXIII.

LE CHANT DU JEUNE NORMAN.

Mon lit ce soir sera l'humble bruyère,
Et mes rideaux le feuillage des bois :
Belle Marie, aux accords de ta voix
Va succéder une chanson guerrière.

Peut-être encor qu'un plus profond sommeil
M'attend demain sur la plaine sanglante:
On entendra gémir ta voix touchante;
Mais ton amant n'aura plus de réveil!

Je n'ose plus me retracer l'image
De la douleur qu'exprimait tes beaux yeux;
Je n'ose plus rêver à tes adieux;
Ce souvenir énerve mon courage!

Mais quand l'honneur appelle nos guerriers,
Regret d'amour à sa voix doit se taire :
Oui, je le sens, ma valeur sera fière
De mériter Marie et des lauriers!

S'il faut payer ces lauriers de ma vie,
Si ton ami succombe au champ d'honneur,
Un souvenir consolera son cœur;
En expirant il nommera Marie!

Mais si, vainqueur, je viens à tes genoux
Goûter les fruits que promet la victoire,
Tes chants d'amour à l'hymne de la gloire
Ajouteront un charme bien plus doux!

XXIV.

La voix terrible de la guerre retentit d'écho en écho dans tes plaines, ô Balquidder! Tel est, moins rapide peut-être, l'incendie qui s'étend au loin pendant la nuit, dévorant sur son passage les bruyères de tes ravines et de tes vallons, enveloppant d'un voile de pourpre tes âpres rochers, et rougissant les sombres lacs qu'ils dominent!

Le signal belliqueux réveille les sombres échos du loch Voil : il trouble le silence du loch Doine, et alarme jusqu'à leur source les flots marécageux de Balvaig.

Norman continua sa course en descendant vers le sud dans la vallée de Strath-Gartney, jusqu'à ce que tous ceux qui pouvaient réclamer le nom d'Alpine eussent pris les armes, depuis le vieillard en cheveux blancs, dont la faible main tremblait en fixant le glaive à son côté, jusqu'au jeune homme dont la flèche et l'arc faisaient à peine fuir le corbeau.

Chaque vallon isolé envoya ses soldats, qui se réunirent au rendez-vous, et formèrent une masse d'hommes prêts à combattre, semblables à ces torrens des montagnes dont les flots confondus se répandent en grossissant leur murmure, et deviennent un fleuve puissant. Tous ces vassaux de Roderic, élevés dans l'art des batailles depuis le berceau, ne respectaient d'autres liens que ceux de leur clan, d'autre serment que celui qu'ils avaient prononcé par le bras de leur Chef, d'autres lois que les ordres du fils d'Alpine.

XXV.

Ce jour-là Roderic avait parcouru les confins de Ben-Venu, et il avait envoyé ses espions pour observer les frontières de Menteith. Tous revinrent lui apprendre que rien n'annonçait la rupture de la trève : tout était paisible dans les domaines de Grœme et de Bruce ; aucun cavalier ne se montrait dans Rednock ; nulle bannière ne flottait sur les crénaux de Cardross ; aucun signal sur les tours de Duchray ne faisait fuir par la clarté de sa flamme les hérons du loch Con ; tout paraissait paisible.

Savez-vous pourquoi le Chef va visiter avec un œil si inquiet la frontière de l'ouest avant de se rendre au lieu du rendez-vous ?

Un objet plein de charmes était caché dans une sombre gorge de Ben-Venu. Ce matin même Douglas, fidèle à sa promesse, était parti de l'île et avait été chercher un refuge dans une grotte solitaire.

Plus d'un vieux barde a célébré Coir-Nan-Uriskin dans la langue celtique ; les Saxons donnèrent un nom plus doux à cette grotte, et l'appelèrent la caverne des Esprits.

XXVI.

Jamais les pas d'un exilé ne foulèrent une retraite plus sauvage. La caverne s'ouvrait dans les flancs de la montagne, comme la blessure faite au sein d'un géant. Ses bords avaient arrêté dans leur chute plusieurs débris de rochers qu'un antique tremblement de terre avait arrachés du sommet stérile de Ben-Venu : entassés comme des ruines éparses que le hasard a réunies, ils formaient, par leurs saillies anguleuses, l'ouverture de la grotte. Le chêne et le bouleau, entrecroisant leurs ombres épaisses, interceptaient les rayons du soleil ; mais quelquefois un rayon égaré brillait soudain à travers ce sombre crépuscule, comme le regard rapide qu'un prophète inspiré jette dans les ténébreuses profondeurs de l'avenir.

Aucun bruit ne troublait le silence solennel de ces lieux, excepté le murmure timide d'une source solitaire; mais, quand les vents bouleversaient les ondes du lac, un tumulte sinistre qui s'élevait tout à coup annonçait l'éternelle lutte des vagues contre leurs digues; des rochers, suspendus sur la caverne, semblaient la menacer sans cesse de leur chute. C'était un repaire pour les loups ou pour la famille du chat-pard. Telle fut cependant la retraite où Douglas et sa fille vinrent chercher un refuge.

La superstition, avec l'accent de l'effroi, arrêtait tous ceux qui auraient osé y porter leurs pas; car, disait-elle, c'était le rendez-vous des fées et des urisks [1] de la montagne, qui venaient y célébrer leurs danses mystérieuses au clair de la lune, et qui auraient frappé de mort l'indiscret qui les eût épiés et surpris.

XXVII.

Les ombres plus épaisses du soir flottaient sur les ondes majestueuses du loch Katrine lorsque Roderic, accompagné de quelques-uns des siens, repassa les hauteurs de Ben-Venu. Il se dirige du côté de la caverne des Esprits, à travers les arides sentiers de Bealanam-Bo : ses zélés vassaux le devancent pour mettre la nacelle à flot, car le Chef avait le projet de traverser le lac pour visiter les défilés d'Achray et y poster ses soldats. Roderic semble s'éloigner à regret; il est rêveur et reste en arrière de sa suite : un seul page, contre sa coutume, chargé de porter son épée, marche à côté de son seigneur; le reste de ses compagnons a franchi les taillis, et l'attend sur les bords du loch Katrine. C'était un beau spectacle de les voir d'une hauteur voisine, aux dernières clartés du soleil couchant! Chacun de ces guerriers, choisis parmi l'élite du clan, était remarquable par sa force et sa stature; on les reconnaissait tous de loin à leur démarche fière, à leur air martial. La brise du soir fait onduler leurs panaches et flotter

---

(1) Lutin des montagnes d'Ecosse. — Ed.

leurs tartans; leurs boucliers étincellent, ils forment auprès du bateau un groupe guerrier en harmonie avec un tel rivage.

XXVIII.

Le Chef ne peut s'arracher de ces lieux si voisins de l'antre obscur où Douglas s'est retiré; il est dans le sentier qui y conduit. Le même jour, au lever de l'aurore, Roderic avait juré avec orgueil d'oublier son amour dans le tumulte des combats, et de renoncer à Hélène; mais l'homme qui voudrait arrêter un fleuve avec une digue de sable, ou enchaîner un incendie avec des liens, entreprendrait une tâche plus facile que s'il jurait de dompter l'amour.

Le soir trouve Roderic errant autour du trésor qu'il a perdu, comme une ombre privée du repos de la tombe : son cœur trop fier se refuse la douceur de voir une dernière fois celle qu'il aime; mais il cherche encore avec une tendre inquiétude à saisir les accens de sa voix, et maudit dans sa pensée la brise qui, jalouse de son bonheur, agite les arbres de la grotte. Mais silence!... Quels accords se mêlent au bruissement du feuillage? C'est la harpe d'Allan-Bane qui prélude avec un murmure solennel, et accompagne un hymne religieux. Quelle est cette douce voix qui se marie à l'instrument harmonieux? c'est la voix d'Hélène ou celle d'un ange.

XXIX.

HYMNE A LA VIERGE.

Ave, Maria!

Reine du ciel, salut! Vierge propice,
J'élève à toi la voix de ma douleur!
Des affligés divine protectrice,
Tu sais charmer les maux cuisans du cœur :
C'est vainement qu'on proscrit l'innocence;
Elle te doit sa douce confiance.

Vierge angélique, écoute-moi;
D'une vierge timide exauce la prière.

CHANT TROISIEME.

Mère d'un Dieu, c'est pour un père
Qu'une fille éplorée ose espérer en toi.

Ave, Maria!

Ave, Maria!

Ce dur rocher, dans sa grotte sauvage,
Seul de Douglas reçoit les pas errans :
Daigne sourire à mon pieux hommage.....
Les palais d'or seront moins éclatans.
A l'air infect de la caverne obscure
Déjà succède une vapeur plus pure.

Vierge céleste, écoute-moi ;
D'une vierge timide exauce la prière :
Mère d'un Dieu, c'est pour un père
Qu'une fille éplorée ose espérer en toi.

Ave, Maria!

Ave, Maria!

Ce sombre lieu fut la retraite affreuse
Des noirs démons de la terre et des airs :
Sois avec nous, Vierge mystérieuse.....
Ils vont tous fuir dans le fond des enfers !
Oui, dans mon cœur je sens que ta présence
A réveillé la céleste espérance !

Vierge angélique, écoute-moi ;
D'une vierge timide exauce la prière :
Mère d'un Dieu, c'est pour un père
Qu'une fille éplorée ose espérer en toi.

Ave, Maria!

XXX.

Les derniers accords de l'hymme expiraient sur la harpe... Le chef du clan d'Alpine, dans l'attitude immobile de l'attention, et appuyé sur sa pesante épée, semblait écouter encore. Le page lui fit remarquer deux fois par un geste timide que le jour était à son déclin.

Alors s'enveloppant dans son manteau. — Voilà la dernière fois, oui, la dernière ! répéta-t-il, que Roderic entend la voix de cet ange.

Cette pensée était déchirante... Il descendit vers le rivage, d'un pas précipité, s'élança dans le bateau avec un air farouche. Déjà le lac est traversé : Roderic presse sa marche du côté de l'occident, et les derniers rayons du jour allaient disparaître lorsqu'il arriva sur les hauteurs de Lanrick, d'où il découvrit l'armée du clan d'Alpine, dont les rangs s'étendaient dans la prairie.

XXXI.

L'aspect de ces guerriers offrait un tableau varié : les uns étaient assis ou debout ; les autres se promenaient à pas lents : mais la plupart, enveloppés dans leurs manteaux, dormaient étendus sur le sol, et pouvaient à peine être distingués des touffes de bruyère, tant les couleurs de leurs tartans se confondaient avec les nuances de la verdure ; çà et là seulement la lame d'une épée, ou le fer d'une lance, jetait une lumière soudaine, semblable à l'éclat passager qui trahit la luciole sous l'ombrage ; mais dès que le panache flottant du Chef fut reconnu dans les ténèbres, les bruyantes clameurs d'un enthousiasme martial ébranlèrent la base de la montagne : trois fois elles s'élevèrent au loin dans la plaine de Bochastle, et trois fois l'écho du lac et des rochers y répondit, jusqu'à ce qu'enfin le silence régna de nouveau avec la nuit.

CHANT QUATRIÈME.

La Prophétie.

I.

— La rose a plus d'éclat lorsqu'elle vient d'éclore, et l'espérance brille surtout quand elle naît au milieu des craintes ; la rose est bien plus suave si elle est encore humide de la rosée du matin ; l'Amour a plus d'attraits quand il verse des larmes : beau rosier sauvage, que l'imagination embellit encore, je couronne ma tête de tes fleurs, emblème de l'espérance et de l'amour.

Ainsi parlait le jeune Norman, héritier d'Armandave, à l'heure où le soleil se levait sur les ondes du Vennachar.

II.

Le souvenir de sa bien-aimée inspirait le nouvel époux, qui soupirait en murmurant le nom de Marie. Pendant qu'il dépouillait le rosier de ses fleurs, il avait à ses pieds son arc et sa hache : car il avait été placé en sentinelle entre le lac et le bois. Mais silence! les pas d'un guerrier qui s'approche retentissent sur le rocher : Norman saisit ses armes à la hâte.

— Arrête, ou tu péris! dit-il... Quoi! c'est toi! ajoute-t-il aussitôt en reconnaissant Malise; te voilà bientôt de retour de Doune! ton empressement et ton regard m'annoncent que tu apportes des nouvelles de l'ennemi.

En effet, pendant que le clan se rassemblait sous les drapeaux du Chef, Malise était allé remplir un message secret.

— Où repose Roderic? demanda l'écuyer.

— Il s'est endormi à l'écart dans cette ravine, répondit Norman : je vais te guider vers sa couche solitaire.

Il appelle à ces mots un de ses compagnons étendu auprès de lui, et le réveille avec le bois de son arc.

— Debout! debout! Glentarkin, dit-il; nous allons trouver le Chef; fais une garde vigilante dans ce passage jusqu'à mon retour.

III.

Pendant qu'ils marchaient tous deux ensemble : — Hé bien! demanda Norman, quelles nouvelles de l'ennemi?

— J'ai entendu plus d'un rapport contradictoire, répondit Malise : tout ce qu'il y a de certain, c'est qu'une troupe de guerriers, arrivée à Doune depuis deux jours, a reçu l'ordre de se tenir prête à partir. En attendant, le roi Jacques célèbre une fête avec ses courtisans dans le château de Stirling. De sombres nuages s'amoncèlent, et gronderont bientôt sur nos vallées. Accoutumé aux orages, le guerrier trouve contre eux un rempart suffisant dans son manteau : mais toi, Norman, quel abri prépareras-tu à ton aimable fiancée?

— Quoi donc, Malise! tu ignores que le prévoyant Roderic a voulu que toutes les femmes du clan se réfugiassent dans l'île solitaire du lac Katrine, avec les enfans et les vieillards inhabiles à porter les armes. Aucun esquif, aucune chaloupe ne voguera sur les lacs ; mais tous les navires seront amenés au rivage de l'île pour assurer la sécurité des gages de notre amour.

IV.

— Heureuse prévoyance! notre Chef se montre le père de son clan.

Mais pourquoi donc Roderic a-t-il choisi pour se reposer un lieu si éloigné de ses compagnons fidèles? — La nuit dernière, Brian a interrogé un de ces terribles oracles dont on ne doit chercher les mystères que dans les extrêmes périls, c'est le Taghairm [1], qui découvrait à nos pères les événemens heureux ou malheureux de la guerre. Le taureau blanc de Duncraggan a été immolé...

MALISE.

— Je me souviens de ce noble animal ; c'était le plus beau de tous ceux que nous enlevâmes dans l'expédition de Gallangad ; son poil avait la blancheur de la neige, et ses cornes étaient noires et polies comme l'ébène ; son œil étincelait comme la flamme ; il était si farouche et si indomptable qu'il retardait notre retraite, et qu'il fit trembler nos plus hardis montagnards au défilé de Beal'maha. Mais ce sentier était hérissé de cailloux aigus, et nos gens le harcelèrent si souvent du fer de leurs lances, que lorsque nous fûmes arrivés au passage de Dennan, un enfant aurait pu le frapper sans en recevoir une égratignure.

(1) Voyez la note sur cette superstition écossaise.

CHANT QUATRIEME.

V.

NORMAN.

— Ce taureau a été immolé ; sa dépouille sanglante est étendue près de la cascade dont les flots tumultueux se précipitent avec fracas sur ce noir rocher, fameux dans nos traditions, et que sa vaste circonférence a fait surnommer le bouclier du héros. Couché sur un écueil de la rive, près du lieu où le torrent mugit et tombe, le magicien Brian sommeille au milieu du bruit continuel de son murmure ; et, pénétré de l'humide vapeur qui s'élève à l'entour, c'est là qu'il attend un songe prophétique..... Non loin de la cascade repose aussi notre Chef !...... Mais silence ! je vois l'ermite se glisser à pas lents à travers le brouillard et les buissons : il a gravi ce roc élevé ; il s'arrête pour contempler nos soldats endormis... Dis-moi, Malise, ne semble-t-il pas un fantôme qui plane sur un camp égorgé, ou bien un corbeau qui, du haut d'un chêne frappé de la foudre, observe des chasseurs se partageant un daim, et demande, avec un croassement sinistre, sa part de la curée.

— N'en dis pas davantage, interrompit Malise ; pour tout autre que pour moi, tes paroles seraient d'un mauvais augure ; mais l'épée de Roderic, voilà, selon moi, l'oracle et la défense du clan d'Alpine, plutôt qu'aucun de ces présages du ciel et de l'enfer, que ce moine, enfant des spectres, pourrait nous révéler...

— Mais le Chef est venu le rejoindre : regarde ; ils descendent ensemble du rocher.

VII.

Ce fut le long du sentier que l'ermite fit au chef du clan d'Alpine ces solennelles révélations :

— Roderic, c'est une épreuve terrible pour un homme doué d'une vie mortelle, dont les organes sensibles peuvent frissonner du froid convulsif de la fièvre, dont les yeux peuvent rester immobiles d'horreur, et les cheveux se hérisser sur son front; c'est une épreuve terrible de voir déchirer le rideau qui nous cache l'avenir! Voilà cependant ce que j'ai osé braver pour mon Chef, comme l'attestent encore le frisson qui m'agite, mon sang glacé dans mes veines, le trouble de mes yeux et les angoisses qui bouleversent mon ame!...

Ces apparitions qui m'ont assailli dans ma couche sanglante ne peuvent être décrites par les paroles d'un mortel; pour survivre à ce que j'ai vu, il faut devoir la naissance aux vivans et aux morts, et se sentir doué d'une vie indépendante des lois de la nature. Enfin la réponse prophétique s'est fait connaître par les caractères d'une vivante flamme : elle n'a pas retenti à mon oreille, ni parlé à mes yeux; mais elle s'est gravée dans mon ame :

LA VICTOIRE EST A CELUI DES DEUX PARTIS
QUI LE PREMIER
FERA COULER LE SANG.

VII.

— Brian, dit Roderic, je te sais gré de ton zèle et de ta fidélité; ton augure est heureux pour nous! Jamais le clan d'Alpine n'attendit l'ennemi : toujours nos glaives ont frappé les premiers coups; mais il est une victime plus sûre qui s'est offerte d'elle-même à notre fer vengeur : un espion est venu ce matin observer notre camp : il n'y aura plus de retour pour lui dans sa terre natale; mes vassaux gardent tous les défilés, à l'est, au sud et au couchant. Murdoch, choisi pour son guide, a reçu l'ordre secret d'égarer ses pas jusqu'à ce qu'il puisse le précipiter dans quelque ravine profonde.

Mais qui vient à nous? C'est Malise... Hé bien! quelles nouvelles de l'ennemi?

VIII.

— Deux orgueilleux barons, répondit Malise, ont arboré leurs bannières à Doune. Autour d'eux étincellent les lances et les glaives de nombreux vassaux; j'ai reconnu l'étoile d'argent de Moray, et le pal noir du comte de Mar.

— Par l'ame d'Alpine, dit Roderic, ces nouvelles me réjouissent; j'aime à combattre des ennemis dignes de moi... Quand se mettront-ils en marche?

— Demain ils viennent nous défier au combat. — Ils trouveront des glaives prêts à les recevoir !

Mais, dis-moi, n'as-tu rien appris des clans alliés d'Earne? Soutenus par eux, nous pourrions attendre l'ennemi sur les revers du Benledi... Tes yeux me disent qu'il ne t'est parvenu aucun rapport fidèle ; c'est bien ! Les guerriers du clan d'Alpine défendront les défilés des Trosachs; nous combattrons dans les gorges du loch Katrine, à la vue de nos mères et de nos filles, chacun de nous pour ses foyers domestiques, le père pour son enfant, le fils pour son père, l'amant pour sa maîtresse... Mais est-ce l'air vif de la brise qui fait couler cette larme de mes yeux, ou serait-elle un triste présage de terreur et de doute? Non, non ! La lance saxonne ébranlera plus tôt le Benledi sur sa base, que le doute et la terreur ne pénétreront dans le cœur de Roderic! Il est impénétrable comme mon fidèle bouclier. Que chacun demeure à son poste ; mes ordres sont donnés.

Le pibroc résonne, les rangs se forment, les claymores étincellent, les bannières se déploient; tout se meut au seul regard du Chef.

— Eloignons-nous du tumulte de la guerre, et retournons à la caverne de Coir-Uriskin.

IX.

Où est Douglas? — Il est parti... Hélène, assise sur un rocher près de la grotte, gémit tristement, et semble à peine écouter le vieux barde, qui cherche à la consoler par de flatteuses paroles.

— Ma fille, disait Allan-Bane, tu peux m'en croire, Douglas reviendra; il reviendra plus heureux. Il était temps qu'il allât chercher plus loin un asile contre les dangers de la guerre, quand l'essaim belliqueux des guerriers d'Alpine est intimidé par l'approche de l'orage. La nuit dernière j'ai vu les navires de Roderic flotter long-temps à la lueur des torches, et fendre avec rapidité l'onde paisible, tels que ces éclairs lancés par les feux étincelans du nord. J'ai remarqué ce matin tous ces bâtimens, amarrés en rangs pressés dans la baie de l'île solitaire, comme une famille d'oiseaux aquatiques tapis dans un marais, quand le vautour plane dans les cieux. Si cette race farouche n'ose pas braver le péril sur la terre ferme, ton noble père ne doit-il pas avoir la prévoyance de te préparer un refuge assuré?

X.

HÉLÈNE.

Non, Allan-Bane, non, un prétexte semblable ne peut endormir mes craintes. Douglas m'a donné sa bénédiction en prononçant ses adieux avec un accent tendre et solennel; la larme qui est venue mouiller sa paupière n'a pu le détourner de sa résolution inaltérable. Je ne suis qu'une femme; mais mon ame, toute faible qu'elle est, peut retracer l'image de la sienne, comme le lac dont la plus légère brise trouble la sérénité, mais qui réfléchit dans son cristal le rocher inébranlable.

Douglas apprend que la guerre va tout embraser; il se croit la cause de tous les malheurs qui menacent l'Écosse. Il a rougi, Allan, quand tu nous as raconté ce songe mensonger qui t'a fait voir Malcom Græme chargé de fers attachés par moi-même à ses bras. Penses-tu que ce triste augure a effrayé Douglas? Non, Allan; mais son ame généreuse s'est alarmée pour ce vaillant jeune homme, et pour Roderic lui-même, cet ami si fidèle.... Je dois lui rendre cette justice: ils sont tous deux dans le péril, et pour notre cause. Douglas n'a pu résister à cette cruelle pensée... Je devine le sens de ses paroles solennelles: — Si nous ne devons plus nous revoir sur la terre, ce sera dans le ciel. — Pourquoi m'aurait-il recommandé, si le soir ne nous ramène pas mon père, d'aller au temple de Cambus-Kennetts et de m'y faire connaître? Hélas! il se rend au pied du trône d'Ecosse, pour y racheter la liberté de ses amis au prix de la sienne... Il va faire ce que j'aurais fait moi-même si le ciel avait donné à Douglas un fils au lieu d'une fille.

XI.

ALLAN.

— Non, ma chère Hélène, non; ton père a voulu dire que, si quelque événement imprévu retarde son retour, ce temple révéré sera le lieu où nous pourrons le rejoindre. Sois persuadée que Douglas est en sûreté; quant à Malcolm Grœme.... (que le ciel bénisse son nom glorieux!) mon songe peut être vrai, sans prédire rien de funeste; mes révélations prophétiques m'ont-elles jamais abusé? Souviens-toi de l'étranger de l'île solitaire et des accords mélancoliques de ma harpe, qui nous annoncèrent cette fatale guerre : mes présages de malheur se sont vérifiés; dois-tu douter de ceux qui nous promettent une meilleure fortune? Que n'avons-nous déjà quitté cette grotte sinistre! Le malheur habite toujours les lieux qu'ont fréquentés les fées malfaisantes..... Je me rappelle une histoire miraculeuse qui en est la preuve... Chère Hélène, bannis cet air de tristesse! Ma harpe avait autrefois la vertu de charmer tes chagrins.

— Allan, tu le veux; je t'écoute : mais puis-je arrêter mes larmes involontaires?

Le ménestrel préluda sur sa harpe, et commença sa ballade; mais le cœur d'Hélène était distrait par d'autres pensées.

XII.

LA BALLADE.

ALICE-BRAND.

Quoi de plus doux que d'errer dans la verte forêt,

quand la grive et le merle font entendre leur ramage, quand l'agile chevreuil fuit comme un trait pour échapper aux limiers; quand le cor des chasseurs retentit au loin sous le feuillage?

— O Alix! j'ai abandonné pour toi ma terre natale; nous sommes forcés d'habiter les coteaux et les bois, comme font les proscrits!

O Alix! si dans la nuit fatale de notre fuite j'ai tué ton vaillant frère, ce fut pour l'amour de ta brillante chevelure et de tes yeux bleus.

Il faut maintenant que cette main, habituée à saisir le glaive, abatte le hêtre des bois, compose notre humble couche de son feuillage, et forme de ses branches une barrière pour la grotte qui nous sert d'asile!

Il faut que ta douce main, qui ne touchait que les cordes de la harpe, dépouille la bête fauve pour faire un manteau qui nous défende du froid?

— O Richard! si mon frère a péri, je ne puis en accuser qu'une destinée fatale. Le combat eut lieu pendant les ténèbres; le hasard seul dirigea contre son sein le fer de ta lance.

Si je ne puis plus me parer d'une riche robe, ni toi d'un manteau d'écarlate, nous préférerons la couleur fauve et le vert des forêts, dont le doux éclat flatte davantage la vue.

Cher Richard! si notre sort est cruel, si tu as perdu ta terre natale, ah! du moins Alix conserve son Richard, et Richard son Alix!

XIII.

SUITE DE LA BALLADE.

— Qu'il est doux, qu'il est doux d'habiter sous l'ombrage des bois! chantait gaiement la jeune Alix. La hache du lord Richard résonne sur les rameaux du hêtre et du chêne antique. —

Le roi des Esprits éleva la voix dans la grotte de la colline; ses paroles sinistres ressemblaient au gémissement de la bise sous les portiques d'une église en ruines.

— Quelle est cette hache qui ose abattre les hêtres et les chênes dont les troncs consacrés forment l'enceinte où nous célébrons nos rites au clair de la lune?

Qui vient ici chasser le daim que chérit la reine des fées? Qui est assez audacieux pour porter la couleur des verts royaumes de la féerie?

Pars, Urgan, pars, cours vers ce mortel; car tu fus jadis arrosé de l'onde baptismale : le signe de la croix ne peut te faire fuir; tu n'as rien à craindre des mots mystérieux.

Appelle sur la tête du téméraire la malédiction qui flétrit le cœur, et qui défend au sommeil de fermer les paupières de celui qui l'entend prononcer! qu'il soit réduit à invoquer la mort, et que la mort soit sourde à ses vœux !—

XIV.

SUITE DE LA BALLADE.

Qu'il est doux, qu'il est doux d'habiter sous l'ombrage des bois, quoique les oiseaux gardent le silence! Alix prépare le foyer du soir; son amant apporte le bois de la forêt.

Urgan paraît : ce nain hideux se place devant lord Richard. Le chevalier fait le signe de la croix, et se recommande à la protection du ciel.

— Je ne crains point ce signe redoutable, lui dit le fantôme menaçant; je ne le crains point quand il est fait par une main sanglante!

Mais Alix, remplie de courage, lui répond sans hésiter : — Si le sang souilla sa main, c'est le sang des bêtes fauves !

— Non, non, femme intrépide, dit l'esprit : le sang qui rougit cette main profane, c'est le sang de ta race! le sang d'Ethert-Brand!—

Alors Alix s'avance, et fait aussi le signe du salut : —

Si le sang rougit la main de Richard, dit-elle, ma main est sans tache!

Je te conjure, fantôme de l'enfer, au nom de celui que redoutent les démons, de nous apprendre d'où tu viens, et quel motif t'amène ici. —

XV.

CONCLUSION DE LA BALLADE.

Il est doux, il est doux d'habiter le royaume de la féerie, d'écouter les concerts des oiseaux enchantés, d'assister aux jeux brillans des esprits qui forment la cour de notre monarque et l'escortent à cheval!

Rien n'est resplendissant comme le pays des fées; mais ce n'est qu'un faux éclat semblable à l'impuissant rayon que le soleil de décembre laisse tomber sur les neiges et les glaces.

—Notre forme, capricieuse et inconstante comme cette lumière des jours d'hiver, fait de nous tour à tour un chevalier, une dame et un nain hideux.

Ce fut pendant une de ces nuits où le roi des fées jouit de la toute-puissance, que je succombai dans un combat criminel. J'étais encore entre la vie et la mort; je me sentis transporter au triste pays des enchantemens.

Mais si une femme courageuse osait tracer trois fois le signe de la croix sur mon front, je pourrais reprendre ma première forme, et redevenir un mortel comme vous. —

Alix ose le faire une première fois et puis une seconde: Alix avait une ame remplie de courage. Le front du nain se rembrunit; la caverne devient de plus en plus obscure.

Alix répète une troisième fois le signe mystérieux, et voit apparaître aussitôt le plus beau chevalier de l'Ecosse: c'était son frère, c'était Ethert-Brand!

Il est doux d'habiter sous le vert feuillage des bois quand la grive et le merle unissent leurs joyeux ramages; mais il est plus doux encore d'entendre toutes les cloches de l'antique Dunfermline annoncer la fête de l'hymen. —

XVI.

Le ménestrel cessait de chanter, lorsqu'un étranger se présenta dans la grotte sauvage : sa démarche guerrière, son noble aspect, son habit de chasseur en drap vert de Lincoln, son regard d'aigle, tout en lui rappelle à Hélène le chevalier de Snowdoun. C'était James Fitz-James lui-même !

Hélène parut livrée à l'illusion d'un songe, et dans sa surprise elle put à peine retenir un cri.

— O étranger ! quel hasard funeste vous amène ici dans cette heure de péril ?

— Hélène peut-elle appeler funeste le hasard qui me procure le bonheur de la revoir ! Fidèle à sa promesse, mon ancien guide s'est trouvé ce matin au rendez-vous que je lui avais donné ; et il a conduit mes pas dans l'heureux sentier qui mène à cette grotte.

— Heureux sentier ! dit Hélène !..... Quoi donc ! il ne vous a rien dit de la guerre, de la bataille qui doit se livrer, des gardes qui occupent tous les passages !

— Non, sur ma foi ! et je n'ai rien vu qui pût me le faire soupçonner.

— Cours, Allan ; va trouver ce guide. Je distingue là-bas son tartan..... Arrache-lui l'aveu de son dessein, et conjure-le de ne point trahir l'étranger qui se fie à lui. Quelle est donc la pensée qui t'a inspiré, homme imprudent ? Ni l'amour ni la crainte n'auraient jamais pu engager le dernier des vassaux de Roderic à te conduire ici sans que son Chef en fût d'abord informé !

XVII.

— Aimable Hélène, dit le chevalier, ma vie doit m'être chère puisqu'elle mérite ta sollicitude : toutefois la vie n'est pour moi qu'un vain souffle quand l'amour ou l'honneur sont mis en balance avec elle. Que je profite donc du hasard qui nous réunit pour te déclarer avec franchise mon espoir et mes intentions. Je viens pour t'arracher d'un désert où jamais n'a brillé une fleur aussi belle; je veux t'entraîner loin de ces lieux, théâtre de guerre et de carnage. Mes chevaux m'attendent près de Bochastle; ils nous auront bientôt conduits jusqu'aux portes de Stirling. Je te déposerai dans un asile délicieux; je veillerai sur toi comme sur une fleur précieuse!...

— Arrête, chevalier! interrompit Hélène; ce serait un artifice coupable de dire que je ne devine pas ton espoir: ma vanité a écouté une première fois tes louanges avec trop de complaisance; cet appât fatal t'a fait braver les périls et la mort. Comment, hélas! réparer les malheurs que ma vanité a causés!... Une seule ressource me reste... je veux tout avouer;... oui, je veux forcer mon cœur à se punir lui-même; sa légèreté a failli me perdre! que la honte de cet aveu m'obtienne ton pardon!... Mais d'abord sache que mon père est proscrit, exilé, déclaré traître à son roi. Le prix du sang est sur sa tête; ce serait s'exposer à l'infamie que de m'accepter pour épouse... Tu ne te rends pas à ces motifs?.... Hé bien! apprends toute la vérité! Fitz-James, il est un noble jeune homme,... s'il vit encore,... qui s'est exposé à tout pour moi et pour les miens... Te voilà maître du secret de mon cœur; pardonne-lui: sois généreux, et pars.

XVIII.

Fitz-James connaissait toutes les ruses qui séduisent le cœur volage d'une jeune beauté, mais il sentit bientôt qu'ici toutes les ruses seraient inutiles: les yeux d'Hélène ne laissèrent échapper aucun de ces regards qui démentent un premier refus; elle témoigna toute la confiance d'un cœur innocent; quoique le vermillon de la pudeur colorât ses joues, elle déclara son amour avec le douloureux soupir du désespoir, comme si, privée de son cher Malcolm, elle eût gémi sur sa tombe.

Fitz-James perdit toute espérance; Hélène ne lui inspira que l'intérêt d'une douce sympathie. Il offrit de l'accompagner comme un frère accompagne sa sœur.

— Oh! que tu connais peu, dit Hélène, le cœur de Roderic! il est plus sûr pour nous de nous éloigner séparément! Hâte-toi de rejoindre Allan, et qu'il t'apprenne si ton guide n'est pas un traître.

Fitz-James porta la main à son front pour cacher le trouble de son ame; il fit deux pas pour partir, et puis, comme si une pensée nouvelle avait éclairé son esprit, il s'arrête, se retourne, et s'approche d'Hélène.

XIX.

— Un mot encore, lui dit-il, et je te dis adieu; daigne accepter un gage d'amitié... La fortune a voulu que ce glaive ait sauvé dans un combat la vie du roi d'Ecosse. Le monarque reconnaissant me remit cette bague, en me disant de la rapporter quand bon me semblerait, pour réclamer hardiment la récompense que je voudrais exiger. Hélène, je ne suis point un chevalier courtisan, mais un de ces guerriers qui vivent de la lance et de l'épée, qui n'ont que leur casque et leur bouclier pour tout château, et le champ de bataille pour domaine. Que puis-je demander à un prince, moi qui ne me soucie ni des richesses ni des titres pompeux? Hélène, prête-moi ta main; accepte cette bague : tous les gardes et les officiers du prince la connaissent. Va trouver le roi sans plus tarder; ce signe te fera sûrement parvenir jusqu'à lui. Expose-lui la faveur que tu désires; quelle qu'elle soit, il te l'accordera pour racheter le gage que j'ai reçu de lui.

Fitz-James mit cet anneau au doigt d'Hélène, s'arrêta, déposa un baiser sur sa main, et partit.

Le vieux ménestrel resta immobile de surprise en le voyant s'éloigner avec tant de promptitude.

Le chevalier retrouva son guide, il descendit avec lui le revers escarpé de la montagne, et traversa le ruisseau qui réunit les lacs de Katrine et d'Achray.

XX.

Tout était silencieux dans l'étroite vallée des Trosachs;

les rayons du soleil étaient immobiles sur les collines; tout à coup le guide poussa un cri aigu.

— Murdoch, dit Fitz-James, serait-ce un signal?

Murdoch répondit en balbutiant : — Je voulais effrayer par mes cris ce corbeau qui dévore une proie.

Le chevalier regarde, et reconnaît que c'est son noble coursier qui est devenu la pâture des corbeaux.

— Hélas! mon coursier chéri, dit-il, il eût mieux valu pour toi, et pour moi peut-être, que nous n'eussions jamais vu les Trosachs... Murdoch, passe le premier,..... mais en silence; au premier cri, tu es mort.

Se méfiant l'un de l'autre, ils continuent leur route, muets tous deux et tous deux sur leurs gardes.

XXI.

Le sentier serpente autour d'un précipice... Soudain une femme, dont tous les traits sont altérés par les feux du soleil et les injures des tempêtes, se montre sur un rocher au-dessus du passage; elle est couverte de haillons en désordre, elle promène autour d'elle des yeux égarés, considère tour à tour les bois, le rocher et les cieux, semble ne rien remarquer, et tout observer cependant.

Son front était couronné d'une guirlande de genêt; sa main agitait avec un mouvement bizarre une touffe de ces plumes noires que les aigles abandonnent sur la cime des rochers. Elle avait été elle-même chercher ces dépouilles du roi des airs sur les cimes escarpées où les chèvres pouvaient à peine parvenir.

Elle découvrit d'abord le plaid montagnard, et jeta un cri aigu qui réveilla tous les échos d'alentour; mais quand elle reconnut le costume des plaines, elle fit un rire insensé, se tordit les mains, pleura, et puis se mit à chanter...

Elle chanta... Sa voix peut-être dans des jours plus heureux se serait mariée aux accords de la harpe et du luth;

maintenant, quoique ses modulations fussent moins pures et plus rudes, ses accens avaient encore une douceur et une mélodie étranges.

XXII.

LA ROMANCE DE BLANCHE.

— Dors, disent-ils, pauvre étrangère !
Invoque un ange tutélaire
Pour rendre le calme à tes sens.....
— Puis-je ici fermer ma paupière
Ou prononcer une prière
Dans la langue de mes tyrans !

Dans le vallon qui m'a vu naître
Le doux sommeil viendrait peut-être
Verser sur mon front ses pavots;
Aux lieux où le Devan murmure
Ma voix, du Dieu de la nature,
Obtiendrait l'éternel repos.

Je me souviens du jour de fête
Où ma nourrice sur ma tête
Mit un voile mystérieux,
Et me dit : Jeune fiancée,
Allons au temple; l'hyménée
Va combler enfin tous tes vœux.

Hélas! fatale confiance!
Un sourire de l'espérance
M'a coûté des pleurs bien amers!
Tout mon bonheur n'était qu'un rêve:
Un cri de mort soudain s'élève;
Je me réveille dans les fers.

XXIII.

— Quelle est cette femme? demanda Fitz-James; que signifie sa romance? que fait-elle sur ces hauteurs? Son manteau flottant ressemble aux ailes étendues du héron solitaire qui plane à l'approche du crépuscule sur une source enchantée.

— C'est Blanche de Devan, répondit Murdoch; c'est

une captive de la plaine dont la raison est égarée : elle fut enlevée dans une des excursions de Roderic, le jour même où elle allait recevoir la main d'un époux. Son fiancé voulut opposer une vaine résistance, et tomba percé par le glaive de l'invincible chef du clan d'Alpine sur les bords du Devan....

Je m'étonne de la voir en liberté; mais elle échappe souvent à sa gardienne..... Allons, retire-toi, pauvre folle.

Et il la menaçait du bois de son arc.

— Si tu oses la toucher, s'écria Fitz-James, je te précipite du haut de ces rochers!

— Je te remercie, chevalier généreux, dit la folle en venant se placer auprès de Fitz-James.

— Vois les ailes que je prépare pour chercher mon bien-aimé à travers les airs. Je ne prêterai point à ce barbare vassal une seule de ces plumes pour adoucir sa chute... Non! ses membres en lambeaux couvriront les rochers; les loups viendront s'en repaître; son plaid odieux, arrêté par les ronces et les buissons, flottera dans l'air, et sera le signal qui rassemblera ces animaux dévorans autour de leur proie.

XXIV.

— Assez, pauvre fille; calme-toi, lui dit le chevalier.

— Oh! que ton regard a de bienveillance! répondit-elle; je veux reconnaître ta généreuse pitié. Mes yeux se sont flétris en versant des larmes; mais ils aiment encore la couleur verte de Lincoln; mon oreille est devenue insensible, mais elle aime encore le langage des basses terres. Mon William était aussi un chasseur : William avait su captiver mon amour; son manteau était, comme le tien, couleur du vert feuillage. Les chants de ma patrie étaient si doux dans sa bouche!..... Ce n'est point ce que je veux dire; mais tu peux bien me deviner.

Après ces mots, sa voix, fréquemment entrecoupée, tour à tour lente et rapide dans ses modulations, fit entendre un chant improvisé. Ses yeux fixaient avec effroi le vassal de Roderic, regardaient ensuite le chevalier, et plongeaient soudain dans la ravine.

XXV.

La chasse commence;
Le cor a trois fois
Sonné dans les bois,
Et le cerf s'élance.

Il lève le front,
Fier de son courage,
Et, quittant l'ombrage,
Descend au vallon.

Errant dans la plaine,
Dédaignant de fuir,
Il entend gémir
Près d'une fontaine.

Il a vu soudain
Chevrette timide,
Dont un trait perfide
A percé le sein.

— Fuyez, lui dit-elle,
Fuyez le trépas;
Ne méprisez pas
Un avis fidèle.

Les chasseurs cruels
Préparent leur piège;
(Le ciel vous protège!)
Leurs dards sont mortels.

Ce discours l'éclaire,
Il voit le danger;
Et d'un pied léger
Fuit dans la bruyère.

XXVI.

L'ame de Fitz-James n'était occupée que de sa passion quand il daigna à peine écouter l'avis que la crainte avait inspiré à Hélène; mais le cri qu'avait jeté Murdoch éveilla ses soupçons, et la chanson de Blanche acheva de lui prouver qu'il était trahi. Ce n'est point un cerf qui découvre un piège; c'est un lion qui aperçoit le chasseur.

Le chevalier tire son glaive du fourreau.

— Confesse-moi ta perfidie, ou meurs! crie-t-il à son guide.

Le montagnard fuit avec vitesse; mais, en fuyant, il bande son arc : la flèche vole, rase seulement le cimier de Fitz-James, et va percer le cœur flétri de Blanche.

Murdoch, il s'agit de prouver ton agilité; jamais fils d'Alpine n'en eut un tel besoin. La rage dans le cœur, rapide comme le vent, le chevalier vengeur est sur tes pas!... Hâte-toi; il y va de la mort ou de la vie! Etendus dans la bruyère, tes compagnons, en embuscade, ne sont pas loin : si tu peux les atteindre, tu es sauvé... Mais non, tu ne dois plus les revoir; le terrible Saxon te serre de près; le coup mortel te frappe sans résistance, comme la foudre qui renverse le pin sur la poussière!

Fitz-James eut besoin des efforts réunis de ses pieds et de ses mains pour retirer son épée de la blessure qu'elle avait faite. Penché sur sa victime comme l'aigle sur sa proie, il sourit avec une joie farouche en la voyant expirer; il retourne ensuite au lieu où la pauvre Blanche était baignée dans son sang.

XXVII.

Elle était assise sous un bouleau, le coude appuyé sur ses genoux; elle avait arraché la flèche fatale, et la contemplait avec un faible sourire. A ses pieds étaient sa guirlande de genêt et ses plumes noires, souillées par le sang de sa blessure. Le chevalier voulut l'étancher.

— Etranger, dit-elle, tu prends un soin superflu; l'heure de ma mort m'a fait retrouver ma raison égarée depuis si long-temps : à mesure que ma vie s'éteint, mes visions fantastiques s'évanouissent. Je meurs abreuvée d'outrages et de malheurs; mais quelque chose dans tes regards me dit que tu es né pour me venger... Vois-tu cette tresse?... J'ai toujours conservé cette tresse de cheveux blonds dans

CHANT QUATRIEME.

mes dangers, ma démence et mon désespoir. Ces cheveux eurent jadis la couleur d'or des tiens; mais le sang et mes larmes en ont terni tout l'éclat..... Je ne dirai point quand ils me furent remis, à quel front ils appartinrent..... Ma raison m'abandonnerait encore..... Mais qu'ils servent de panache à ton noble cimier, jusqu'à ce que les rayons du soleil et le souffle des vents aient effacé la tache qui les souille; alors tu me les rapporteras... Hélas!... je sens que je suis encore dans le délire!... O mon Dieu! permets à ma raison de m'éclairer de ses dernières clartés... Par ton titre glorieux de chevalier, par ta vie conservée aux dépens de la mienne, promets-moi, quand tu verras un guerrier cruel qui se dit avec orgueil le chef du clan d'Alpine, et tu le reconnaîtras à son noir panache, à sa main sanglante, à son front farouche, promets-moi de redoubler de courage et de force pour venger les outrages de la pauvre Blanche de Devan!... On a juré ta mort; tous les passages sont gardés... Evite ce sentier.... O ciel!.... Adieu.

XXVIII.

Le brave Fitz-James avait un cœur sensible, et ses yeux répandaient facilement des larmes à l'aspect de l'infortune: ce fut avec une émotion confuse de douleur et de rage qu'il vit expirer la pauvre Blanche.

— Que Dieu m'abandonne aux jours de mes dangers, dit-il, si j'oublie de demander vengeance à ce Chef barbare!

Il réunit une tresse des cheveux de Blanche à ceux de son amant, les trempa dans le sang, et les plaça sur le côté de sa toque:

— Je jure, s'écria-t-il, par le nom de celui dont la parole est la vérité, de ne jamais porter d'autre marque de la faveur des dames, jusqu'à ce que j'aie teint ce triste gage dans le sang de Roderic!... Mais écoutons... Que veulent dire ces clameurs lointaines? La chasse commence; mais ils apprendront que le cerf aux abois est encore un ennemi dangereux.

Le chemin qu'il connaît lui est fermé par les montagnards qui le gardent; il faut que Fitz-James erre à travers les rochers et les taillis; les torrens et les précipices qu'il trouve sur son passage le forcent souvent de revenir sur ses pas et de changer de sentier.

A la fin, découragé, harassé de fatigue, épuisé par le besoin, il s'étendit sous les vieux arbres d'un bocage, et se crut au terme de ses périls et de ses travaux.

— De toutes mes imprudentes aventures, cet exploit sera la dernière : ai-je pu être assez insensé pour ne pas prévoir que cette ruche de frelons montagnards réunirait tous ses essaims aussitôt qu'elle saurait que les troupes du roi étaient rassemblées à Doune?..... Tous les vassaux de Roderic me poursuivent comme des limiers... Ecoutons leurs cris et le signal de leurs sifflets... Si je m'avance plus loin dans ces déserts, je me livre moi-même à mes ennemis : restons couché ici jusqu'au crépuscule; alors je poursuivrai ma route dans les ténèbres.

XXIX.

Les ombres du soir s'abaissent lentement sur les bois dont elles enveloppent le feuillage d'une teinte plus sombre; le hibou s'éveille; le renard glapit dans la forêt; la pâle lueur du crépuscule suffit pour guider les pas errans de Fitz-James, sans trahir de loin sa marche aux yeux vigilans de ses ennemis.

Il s'éloigne avec prudence, et, prêtant une oreille attentive, gravit les rochers, et se glisse dans les broussailles.

L'impression glacée de l'air de la nuit n'était point tempérée dans ces montagnes par le solstice d'été; chaque souffle de la bise engourdissait les membres humides du chevalier.

Seul, courant à chaque pas un danger nouveau, mourant de faim et de froid, il marcha long-temps dans des sentiers inconnus, semés de précipices et embarrassés de ronces, jusqu'à ce qu'au détour d'un vaste rocher il se trouva vis-à-vis d'un feu de garde.

XXX.

Auprès de la flamme rouge des tisons se réchauffait un montagnard entouré de son plaid, il se leva tout à coup, l'épée à la main, en s'écriant :

— Saxon, quel est ton nom et ton dessein? Arrête!

— Je suis un étranger.

— Que demandes-tu?

— Quelques heures de sommeil et un guide, du feu et du pain : ma vie est en péril; j'ai perdu ma route; la bise a glacé tout mon corps.

— Es-tu ami de Roderic?

— Non.

— Oserais-tu te déclarer son ennemi?

— Je l'ose... Oui, je suis l'ennemi de Roderic et de tous les meurtriers qu'il appelle au secours de son perfide bras!

— Tu parles avec arrogance!... Mais, quoique les bêtes fauves obtiennent un privilège de chasse, quoique nous donnions au cerf un espace réglé par des lois, avant de lancer nos meutes ou de bander notre arc, qui trouva jamais à redire à la manière dont le perfide renard est attiré dans le piège? C'est ainsi que de traîtres espions... Mais sans doute qu'ils en ont menti ceux qui prétendent que tu es un espion secret?

— Ils en ont menti, je le jure. Que je puisse me reposer jusqu'à demain matin; que Roderic se présente alors avec les deux plus braves guerriers de son clan : je graverai mon démenti sur leurs cimiers.

— Si la clarté du feu ne me trompe, tu portes le baudrier et les éperons de la chevalerie?

— Que ces mêmes insignes t'annoncent toujours l'ennemi mortel de tout oppresseur orgueilleux!

— C'est assez; assieds-toi, et partage la couche et le repas d'un soldat.

XXXI.

Le montagnard lui servit un repas frugal, composé de la chair durcie du chevreuil, selon l'usage de la contrée; il garnit le feu de bois sec, invita le Saxon à partager son manteau, le traita avec tous les égards dus à un hôte, et, reprenant son entretien, lui dit :

— Etranger, je suis du clan de Roderic et son fidèle parent; toute parole outrageante pour son honneur exige de moi une prompte vengeance : de plus,... on assure que de ta destinée dépend un augure important. Il ne tient qu'à moi de sonner de mon cor; tu serais accablé par de nombreux ennemis : il ne tient qu'à moi de te défier ici, le fer à la main, sans égard pour l'épuisement de tes forces; mais ni l'intérêt de mon clan ni celui de mon Chef ne me feront départir des lois de l'honneur. T'attaquer dans l'état où tu te trouves serait une honte : l'étranger porte un titre sacré; il ne doit jamais solliciter en vain un guide et du repos, des alimens et une place auprès du foyer. Repose-toi donc ici jusqu'à la pointe du jour : moi-même je te guiderai à travers les rochers, les bois et les guerriers qui te cherchent, jusqu'à la dernière limite du clan d'Alpine; mais, arrivé au gué de Coilantogle, tu n'auras plus d'autre défenseur que ton épée.

— J'accepte ton offre généreuse avec la noble franchise qui te l'inspire.

— Hé bien, dors! J'entends le cri du butor; c'est le chant sauvage qui appelle le sommeil sur le lac.

Il dit, répand près du feu la bruyère odorante, étend son manteau, et les deux ennemis se couchent à côté l'un de l'autre comme deux frères. Ils dormirent jusqu'à l'instant où le premier rayon de l'aurore teignit de pourpre la montagne et le lac.

CHANT CINQUIEME.

Le Combat.

I.

Belle comme le premier rayon de l'aube matinale lorsque, aperçu soudain par le voyageur égaré, il brille sur le front obscur de la nuit, argente les flots écumeux du torrent, et éclaire le sentier effrayant de la montagne ; belle comme ce rayon le plus beau de tous, l'étoile étincelante de la franchise martiale et de la courtoisie chevaleresque prête de la grace aux horreurs des batailles, ennoblit le péril, et resplendit au milieu des noirs orages qui accompagnent le génie de la guerre.

II.

Ce premier rayon si beau et si doux étincelait à travers le rideau des noisetiers, quand, réveillés par sa rouge clarté, les deux guerriers abandonnent leur couche rustique, lèvent les yeux vers la voûte du ciel, murmurent tout bas les prières du matin, et raniment le feu pour préparer un repas frugal.

Ce repas terminé, le Gaël [1] drapa autour de lui avec grace les plis de son plaid bariolé, et, fidèle à sa promesse, servit de guide au Saxon dans les sentiers des bois et des montagnes.

La route était sauvage et embarrassée... Tantôt ils suivent un sentier tortueux sur les bords escarpés d'un précipice qui domine les riches plaines où serpentent les flots du Forth et du Teith, et plus loin tous les vallons qui se

---

[1] Le montagnard écossais prend le nom de *Gaël* ou *Gaul*, et donne aux habitans des basses terres celui de *Sassenach* ou *Saxon*. — Ed.

succèdent jusqu'aux lieux où les tours de Stirling se confondent avec les nuages ; tantôt ils se trouvent engagés dans le feuillage épais d'un taillis, et leur vue s'étend à peine à la longueur d'une lance. Ici le sentier est d'un abord si difficile, que leurs pieds ont besoin du secours de leurs mains ; là les arbustes sont entrelacés si étroitement, que, se séparant tout à coup, les rameaux de l'églantier font tomber sur eux une pluie de rosée, de cette rosée diamantée si pure et si brillante, qu'elle ne le cède qu'aux larmes d'une vierge,

III.

Enfin ils arrivèrent dans ce lieu sauvage où la montagne s'abaisse tout à coup comme sur un vaste précipice. Ici c'est Vennachar qui déploie ses flots d'argent ; là c'est le Benledi qui s'élève en amphithéâtre. Le sentier profond se continue dans ses détours sous les saillies menaçantes des rochers ; c'est une position que cent guerriers pourraient long-temps défendre contre une armée entière : quelques touffes rares de jeunes bouleaux et de chênes nains composent l'étroit manteau de la montagne. Entre des rochers s'élèvent çà et là des troncs desséchés ; de distance en distance brillent la verdure des genêts et la noire bruyère qui rivalise en hauteur avec les arbrisseaux du taillis.

Mais là où le lac laissait dormir ses vagues paisibles, l'osier bordait de son feuillage humide le sol fangeux de la rive et le revers du coteau ; souvent une partie du sentier et la montagne étaient dégradées par le passage des torrens d'hiver, qui y accumulent leurs débris de gravier, de granit et de sable. La route était si pénible que le guide ralentit son pas dans les gorges du défilé, et demanda à Fitz-James quel motif étrange avait pu l'amener dans ces déserts, où peu d'étrangers osaient se hasarder sans un sauf-conduit de Roderic.

IV.

—Brave Gaël, répondit Fitz-James, mon sauf-conduit,

dont la vertu fut éprouvée dans le péril, est toujours à côté de moi, suspendu à mon baudrier. Je l'avoue, ajouta-t-il, je ne prévoyais pas que je dusse en faire usage quand je me suis égaré dans ces lieux, il y a trois jours, en chassant le cerf ; tout me parut aussi calme que le brouillard qui dort sur cette colline. Ton redoutable Chef était loin, et ne devait pas de si tôt revenir de son expédition : tel fut du moins le rapport du montagnard qui me servit de guide, et sans doute le lâche me trompait.

— Mais pourquoi te risquer une seconde fois dans nos montagnes ?

— Tu es un guerrier, et tu demandes pourquoi ! Notre volonté indépendante est-elle soumise à ces lois machinales qui régissent le vulgaire ? Je cherchais à charmer l'ennui d'un temps de paix ; la plus légère cause suffit alors pour entraîner bien loin les pas libres d'un chevalier ; un faucon qui a pris la fuite, un limier qu'il a perdu, le doux regard d'une fille des montagnes, ou, si un passage est cité comme dangereux, le danger seul n'est-il pas un appât suffisant ?

v.

— Je ne te presserai pas davantage sur tes secrets ; cependant je dois te demander si, avant de revenir parmi nous, tu n'avais pas entendu parler des soldats que le comte de Mar levait contre le clan d'Alpine.

— Non, sur mon honneur !... Je savais seulement que des troupes avaient pris les armes pour protéger la chasse du roi Jacques ; mais je ne doute pas que dès qu'elles apprendront les projets hostiles des montagnards, elles ne déploient aussitôt leurs bannières, qui sans cette agression seraient restées paisiblement suspendues à Doune.

— Hé bien ! qu'on les déploie en liberté ! nous aurions regret si leurs tissus de soie étaient rongés des vers. Qu'on les déploie ! on verra flotter fièrement le pin qui orne la noble bannière d'Alpine !

Mais, dis-moi, puisque tu n'es parvenu dans ces montagnes que parce que tu t'es égaré en chassant ; puisque tu ne songeais qu'à la paix, par quel motif as-tu osé te déclarer l'ennemi mortel du fils d'Alpine?

—Guerrier, hier matin encore je ne connaissais Roderic-Dhu que comme un proscrit, et le chef d'un clan rebelle qui, en présence du régent et de sa cour, frappa jadis un chevalier d'un poignard perfide. Ce trait seul ne doit-il pas suffire pour éloigner de lui tout cœur fidèle et loyal?

VI.

Courroucé de ce reproche outrageant, le montagnard fronça le sourcil, s'arrêta un moment, et répondit enfin avec un air farouche :

—Sais-tu pourquoi Roderic tira sa dague contre ce chevalier? sais-tu quelle injure fit tomber sa vengeance sur son ennemi? Peu importait au chef du clan d'Alpine de se trouver dans les bruyères de nos montagnes, ou au milieu du palais d'Holy-Rood ; Roderic saurait se faire justice même dans la cour céleste!

— Son outrage n'en était pas moins un crime.... Il est vrai de dire qu'alors le pouvoir ne savait pas se faire respecter, pendant qu'Albany tenait d'une main faible le sceptre qu'il ne devait pas porter, et que le jeune roi, prisonnier dans la tour de Stirling, était privé de sa couronne et des égards dus à sa naissance. Mais comment justifier la vie de bandit que mène ton Chef, arrachant un vil butin dans des guerres sans motifs, dépouillant le malheureux cultivateur de ses troupeaux et de la moisson arrosée de ses sueurs?... Il me semble qu'une ame noble comme la tienne devrait dédaigner ces dépouilles indignes de la valeur.

VII.

Le Gaël l'écoutait d'un air menaçant, et lui répondit avec le sourire du dédain :

—Saxon, j'ai remarqué que du sommet de cette montagne tu promenais tes yeux ravis sur les riches moissons, les verts pâturages, les coteaux et les bois qui s'étendent du sud à l'est : ces plaines fertiles, ces gracieux vallons étaient jadis l'apanage des fils de Gaul; l'étranger vint le fer à la main arracher à nos pères leur terre natale! En quels lieux est aujourd'hui notre demeure! Regarde ces rochers entassés sur d'autres rochers! regarde ces bois incultes! Si nous demandions aux montagnes, que foulent nos pas, le bœuf laborieux ou l'épi doré des moissons, si nous demandions à ces roches arides des pâturages et des troupeaux, la montagne pourrait nous répondre :

— Comme vos aïeux vous avez le bouclier et les claymores; je vous donne un asile dans mon sein; c'est de vos glaives qu'il faut obtenir le reste.... Crois-tu donc qu'enfermés dans cette forteresse du nord, nous ne ferons pas des sorties pour reconquérir nos dépouilles sur nos ravisseurs, et arracher la proie qui nous fut dérobée! Ah! sur mon ame, tant que le Saxon réunira dans la plaine une seule gerbe, tant que de ses dix mille troupeaux un seul errera sur les bords du fleuve, le Gaël, héritier de la plaine et du fleuve, ira réclamer sa part à main armée! Quel est le Chef de nos montagnes qui avouerait que nos excursions dans les basses terres ne sont pas de justes représailles?..... Crois-moi, cherche d'autres torts à Roderic!

VIII.

Fitz-James répondit :

— Si j'en cherchais, penses-tu qu'il me serait difficile d'en trouver? Comment excuser la perfidie qui a voulu m'égarer et me faire tomber dans une embuscade?

— C'était le prix que méritait ton audacieuse imprévoyance? Si tu avais franchement déclaré ton dessein en disant : — Je viens chercher mon limier ou mon faucon; ou, Je suis appelé par l'amour d'une des filles de votre clan,—tu aurais pu librement parcourir nos montagnes; mais tout étranger qui se cache est un ennemi secret!... Toutefois, serais-tu un espion, tu n'aurais jamais été condamné sans être entendu, si un augure ne t'avait dévoué au trépas.

—J'y consens. Je m'abstiendrai de toute autre accusation pour ne point te courroucer; je dirai seulement qu'un serment m'oblige de me mesurer un jour avec ton Chef orgueilleux. Deux fois j'ai visité le clan d'Alpine sans projet hostile; mais si je reviens ce ne sera plus qu'avec le glaive hors du fourreau et les bannières déployées, comme un ennemi qui défie l'objet de sa haine! Non, jamais chevalier brûlant d'amour n'attendit l'heure du rendez-vous avec autant d'impatience que j'attends le moment où je me verrai en face de ton Chef rebelle à la tête de tous ses vassaux!

IX.

— Hé bien! que tes vœux soient satisfaits, dit le Gaël; et le son perçant de son sifflet fut répété d'écho en écho comme le cri du courlis. Au même instant, au milieu des taillis et de la bruyère, à droite, à gauche, et de tous les côtés, apparaissent des toques, des lances, et des arcs tendus. Des fentes des rochers surgit le fer des piques; les javelots sortent des broussailles; les joncs, les rameaux des saules semblent changés en haches et en épées; chaque touffe de genêt enfante un guerrier couvert de son plaid et prêt à combattre. Le signal a soudain réuni cinq cents hommes, comme si la montagne s'était entr'ouverte pour rejeter de son sein une armée souterraine.

Tous ces guerriers, attendant les ordres et le nouveau signal de leur Chef, demeurent immobiles et silencieux.

Semblables à ces rochers ébranlés dont les masses pendantes menacent sans cesse de s'écrouler, et que la faible main d'un enfant suffirait pour précipiter dans les profondeurs du défilé, les vassaux de Roderic, le glaive à la main et un pied en avant, sont prêts à s'élancer du revers de la montagne.

Le guide de Fitz-James jette un regard plein de fierté sur les flancs de Benledi, couverts de ses compagnons; et puis, s'adressant d'un air farouche au chevalier saxon, il lui dit :

— Hé bien! qu'as-tu à répondre? Voilà les fidèles guerriers du clan d'Alpine, et reconnais en moi Roderic lui-même!

X.

Fitz-James était brave... Surpris de ce spectacle inattendu, il sentit son cœur se glacer soudain, mais retrouvant aussitôt son courage, et fixant à son tour sur le Chef des montagnes un regard plein de hauteur, il s'adossa contre un rocher, et appuyant son pied sur le sol :

—Viens seul, s'écria-t-il, ou venez tous ensemble; vous verrez plutôt fuir ce rocher de sa base que vous ne me verrez reculer devant vous.

Roderic l'observe, et ses yeux expriment à la fois le respect, la surprise, et cette joie féroce qu'éprouvent les guerriers à l'aspect d'un ennemi digne de leur valeur. Bientôt il fait un geste de la main : toute sa troupe s'est évanouie; chaque soldat disparaît dans les broussailles et les bois; les épées, les lances et les arcs rentrent dans les arbrisseaux du taillis : on eût dit que la terre avait englouti de nouveau dans son sein tous ces soldats qu'elle venait d'enfanter. Tout à l'heure la brise agitait les bannières, les plaids flottans et les panaches; son souffle maintenant glisse sur la colline, et ne balance plus que les fleurs de la bruyère sauvage. Tout à l'heure les rayons du soleil étaient réfléchis par les lances, les glaives, les boucliers, les cottes de mailles, et déjà ils n'éclairent plus que la verte fougère et le noir granit des rochers.

XI.

Fitz-James promène ses regards autour de lui, et en croit à peine ses yeux; une telle apparition lui semble appartenir à l'illusion d'un songe. Il regarde Roderic avec un air d'incertitude; mais le Chef des montagnes lui dit :

— Ne crains rien. Ces mots sont inutiles, sans doute; mais je te déclare que tu aurais tort de te méfier de mes vassaux : tu es devenu mon hôte ; j'ai donné ma parole de te conduire jusqu'au gué de Coilantogle, et je ne souffrirais pas qu'un seul des miens me prêtât l'aide de son épée contre un adversaire aussi valeureux que toi, quand notre combat devrait décider de nos droits sur toutes les vallées que les Saxons ravirent aux fils de Gaël.

Poursuivons notre route. J'ai voulu seulement te montrer quelle était ta témérité de prétendre te passer, dans ces lieux, du sauf-conduit de Roderic.

Ils se remirent en marche... J'ai déjà dit que Fitz-James était brave autant que chevalier l'ait jamais été ; mais je n'oserai assurer que son cœur fût calme pendant qu'il suivait Roderic à travers ces solitudes qu'il venait de voir se peupler tout à coup d'une multitude armée de lances, qui n'attendait pour lui arracher la vie que le signal d'un guide qu'il venait d'outrager et de défier tout à l'heure.

Il ne pouvait s'empêcher de tourner à tous momens les yeux pour chercher les gardiens de ces montagnes, si prompts à se montrer et à disparaître. L'imagination lui faisait voir encore les piques et les claymores étincelant dans le taillis ; et le cri aigu du pluvier lui rappelait le signal tout-puissant de son guide. Fitz-James ne commença à respirer en liberté qu'après avoir laissé ce défilé bien loin derrière lui.

Les deux guerriers foulent une prairie dont la vaste étendue n'offrait ni arbres ni broussailles capables de receler un ennemi armé.

XII.

Le Chef marche devant Fitz-James à grands pas et en silence. Ils arrivent au rivage sonore de ce torrent, fils de trois puissans lacs, qui s'échappe en flots argentés du sein du Vennachar, balaie la plaine de Bochastle, et mine sans cesse les débris du camp où jadis Rome, reine du monde, fit planer ses aigles victorieuses.

C'est là que Roderic s'arrête ; et, se dépouillant de son bouclier et de son plaid, il dit au guerrier des plaines :

— Brave Saxon, fidèle à sa promesse, le fils d'Alpine ne te doit plus rien; ce meurtrier, cet homme implacable, ce chef d'un clan rebelle, t'a conduit sain et sauf, à travers tous ses postes, jusqu'aux limites de ses domaines; maintenant c'est en croisant le fer avec lui, seul à seul, que tu vas éprouver la vengeance de Roderic. Me voici sans aucun avantage, armé comme toi d'une seule épée; tu n'as plus d'autre défenseur que la tienne... nous sommes parvenus au gué de Coilantogle.

XIII.

Le Saxon répondit :

— Je n'ai pas l'habitude d'hésiter quand un ennemi me défie l'épée à la main, et d'ailleurs, Chef valeureux, j'ai juré ta mort. Cependant, je l'avoue, ta générosité, ta franchise, et la vie que je te dois, mériteraient une autre récompense... Le sang peut-il seul terminer notre querelle? n'est-il aucun moyen?... — Non! non, étranger! interrompit le fils d'Alpine; et pour te rendre toute ta valeur, apprends que le sort des Saxons dépend de ton épée: ainsi l'a décidé le destin par la voix d'un prophète qui dut sa naissance à l'habitant des tombeaux :

— Celui qui le premier versera le sang assurera la victoire à son parti. —

— Hé bien! répondit Fitz-James, crois-en mon serment; le mot de cette énigme est déjà trouvé. Va chercher dans la bruyère de ces montagnes le cadavre sanglant de Murdoch : c'est par sa mort que le destin a accompli sa prophétie; cède donc au destin plutôt qu'à moi. Allons ensemble à Stirling trouver le roi Jacques : là, si tu persistes à vouloir être son ennemi, ou si le monarque refuse de t'accorder ta grace et ses faveurs, j'engage ma parole que, rendu à tes montagnes, tu seras libre d'y entreprendre la guerre avec tous les avantages que te donne ta position actuelle.

XIV.

De sombres éclairs jaillissent des yeux menaçans de

Roderic : — Es-tu donc si présomptueux, s'écrie-t-il, que tu oses proposer à Roderic de rendre hommage à ton roi, parce que tu as immolé un misérable vassal ! Roderic ne cède ni au destin ni aux hommes ; tu ne fais qu'attiser le feu de ma haine ! Le sang de mon vassal demande vengeance... Quoi donc ! tu hésites encore !... J'en atteste le ciel, je change d'opinion sur ton courage, et je reconnais en toi un de ces frivoles chevaliers de cour, indignes de ma courtoisie, et dont le plus beau laurier est une tresse des cheveux de leur dame.

— Roderic, je te remercie de ces derniers mots ; ils rendent à mon cœur toute son énergie, et acèrent la pointe de mon glaive. J'ai juré de tremper cette tresse de cheveux dans le plus pur de ton sang ; maintenant je renonce à la trêve et j'abjure la pitié. Ne pense pas toutefois, Chef orgueilleux, qu'il n'est donné qu'à toi seul d'être généreux : quoique d'un coup de sifflet je ne puisse faire apparaître un clan tout entier sur la cime des rochers et dans les taillis, je n'aurais qu'à sonner de ce cor pour rendre ta victoire plus que douteuse !... Mais n'aie aucune méfiance ; c'est fer contre fer que nous allons vider notre querelle.

Ils tirent en même temps leurs épées, et jettent le fourreau sur le sable ; l'un et l'autre regardent le ciel, le fleuve et la plaine, qu'ils ne reverront peut-être plus, et puis croisant leurs glaives et se menaçant du regard, ils commencent un combat douteux.

XV.

Roderic sentit alors de quel avantage aurait été pour lui son bouclier, dont les clous d'airain et la triple peau de buffle avaient souvent émoussé les coups du trépas. Fitz-James avait appris dans les climats étrangers l'art de manier les armes, et son épée était au besoin un bouclier pour lui ; il n'ignorait aucune des ruses de l'escrime ; tandis que le montagnard, plus robuste, mais moins habile, soutenait un combat inégal. Trois fois le fer du

Saxon atteignit son ennemi, et trois fois son sang, s'échappant à grands flots, rougit ses tartans. Le farouche Roderic sent augmenter sa soif de vengeance, et ses coups tombent pressés comme les grains de la grêle. Tel qu'un rocher ou une tour qui brave tous les orages de l'hiver, le Saxon, toujours invulnérable, oppose l'adresse à l'impétuosité de la fureur, et, profitant d'un avantage, il désarme Roderic, et fait voler au loin son épée. Le fils d'Alpine recule, chancelle, et tombe aux pieds de son ennemi.

XVI.

— Rends-toi, ou, par le Dieu du ciel, je vais te plonger mon glaive dans le cœur !

— Je dédaigne et tes menaces et ta pitié ! Parle de se rendre au lâche qui craint de mourir !

Tel que le serpent qui déroule soudain ses anneaux, tel que le loup qui brise les pièges qui le retiennent captif, tel que le chat-pard qui combat pour ses petits, Roderic s'élance à la gorge de Fitz-James, reçoit une nouvelle blessure dont il s'aperçoit à peine, et enlace son ennemi dans ses bras nerveux. — C'est ici, vaillant Saxon, que toute ta vigueur t'est nécessaire ! Ce n'est pas une jeune fille qui te presse avec amour ; une triple cuirasse de fer et d'airain ne t'empêcherait pas de sentir cette étreinte du désespoir !

Ils luttent avec des efforts redoublés..... Ils tombent ; Fitz-James est sous Roderic.

La main du montagnard lui serre la gorge ; son genou est appuyé sur son sein ; il écarte les boucles de ses cheveux, essuie son front et ses yeux souillés de sang et de poussière, et il fait briller en l'air sa dague menaçante.

Mais la haine et la rage ne peuvent plus suppléer à l'épuisement des sources de sa vie ; il a obtenu trop tard l'avantage qui allait faire tourner pour lui les chances de ce combat à mort ; pendant qu'il brandit son glaive, un vertige s'empare de ses sens et de son ame : il frappe ; mais le fer, mal dirigé, s'enfonce dans la bruyère ; Fitz-James se débarrasse d'un ennemi trop affaibli ; il se relève sans blessure, mais respirant à peine.

XVII.

Il murmure en balbutiant ses actions de graces au ciel, qui sauve ses jours dans un combat si hasardeux ; et puis il fixe ses yeux sur son ennemi, qui semble près de rendre le dernier soupir.

Il trempe les cheveux de Blanche dans le sang de Roderic, et s'écrie ;

— Pauvre Blanche, la vengeance de tes outrages me coûte cher ; mais ton oppresseur a des droits aux titres de gloire que méritent la valeur et la loyauté.

A ces mots il sonne de son cor, puis détache son collier, se découvre la tête, et va laver dans l'onde son front et ses mains souillées de sang.

Il entend retentir dans le lointain les pas des chevaux qui accourent à toute bride ; le bruit devient plus distinct, et Fitz-James reconnaît quatre écuyers en costume de chasseurs : les deux premiers portent une lance, et les deux autres conduisent par les rênes un coursier tout sellé. Tous quatre pressent le galop de leurs montures, s'avancent vers Fitz-James, et contemplent d'un œil surpris cette arène sanglante :

— Point d'exclamations, leur dit le Saxon ; ne me questionnez pas : vous, Herbert et Luffness, mettez pied à terre, pansez les blessures de ce chevalier, déposez-le sur ce palefroi qui était destiné à porter un fardeau plus doux, et conduisez-le à Stirling ; je vais vous y devancer pour prendre un coursier plus frais et des vêtemens convenables. Le soleil est déjà au milieu de sa course ; il faut que j'assiste ce soir aux jeux de l'arc : heureusement Bayard vole comme l'éclair. Devaux et Herries, suivez-moi.

XVIII.

— Approche, Bayard, approche. — Le coursier obéit en arrondissant sa crinière avec grace : le feu de son regard et le mouvement de ses oreilles expriment la joie que lui cause la voix de son maître. Fitz-James ne met ni le pied sur l'étrier ni la main sur le pommeau de la selle ; mais, saisissant la crinière, il se détache légèrement de la terre, et, appuyant son éperon sur les flancs de Bayard, aiguillonne son ardeur impétueuse.

Le coursier bondit sous son cavalier, et, rapide comme la flèche, s'élance avec lui dans la plaine. Ils traversèrent les flots du torrent, et gravirent la hauteur de Carhonie. Le chevalier ne ralentit point le galop de son cheval, et ses écuyers le suivaient à toute bride. Ils cotoient les rives du Teith, et défient la vitesse de ses vagues. Torry et Lendrick sont déjà dépassés ; Deanstown reste bien loin derrière eux ; les tours de Doune s'élèvent, et disparaissent derrière un taillis lointain. Blair-Drumont voit jaillir l'étincelle sous les pieds des chevaux ; ils volent comme le vent à travers Ochtertyre. Le sommet de l'antique Kier n'a brillé qu'un moment à leurs yeux. Ils se précipitent au milieu de tes ondes bourbeuses, ô sombre Forth ! et atteignent le rivage opposé après bien des efforts. Ils laissent à leur gauche les rochers de Craig-Forth, et bientôt le boulevard de la Calédonie, Stirling et ses noires tours, leur montrent le terme de leur voyage.

XIX.

Au milieu du sentier pierreux qui conduit au château, Fitz-James raccourcit les rênes de son coursier : il fait un geste à son écuyer, qui aussitôt va saisir son étrier :

— Devaux, lui dit-il, vois-tu ce vieillard de haute stature, et dont l'aspect annonce l'indigence ? remarque comme ses pas sont assurés, avec quelle activité il presse sa marche et gravit la montagne ! Sais-tu d'où il vient, et qui il est ?

— Non, ma foi ; c'est probablement quelque campagnard, qui figurerait très-bien, il me semble, dans la suite d'un noble baron?

— Non, non, mon cher Devaux! La crainte et la jalousie ne peuvent-elles te rendre plus clairvoyant? Avant qu'il eût atteint le bas de la montagne, j'avais déjà reconnu de loin sa démarche et son aspect imposant; il n'est point en Ecosse de guerrier d'une pareille taille. Par saint Serle? c'est Jacques de Douglas, l'oncle du comte exilé. Hâtons-nous d'arriver à la cour pour y annoncer l'approche d'un ennemi redouté. Le roi doit se tenir sur ses gardes; il est bon qu'il ne rencontre pas Douglas sans être prévenu.

Ils dirigèrent leurs coursiers sur la droite, et arrivèrent à la poterne du château.

XX.

Douglas, qui venait de l'antique abbaye de Cambus-Kennets, s'entretenait tristement avec lui-même en suivant le sentier de la montagne.

— Oui : mes pressentimens et mes craintes ne m'ont point trompé; le noble Graham est dans les fers, et le farouche Roderic sentira bientôt le glaive vengeur du roi d'Ecosse! Moi seul je puis prévenir leur destin...... Dieu fasse que leur rançon n'arrive pas trop tard!.....

L'abbesse m'a promis que ma fille serait l'épouse du Christ!..... Que le ciel me pardonne une larme de regret! qui connaît mieux que son père combien Hélène a de vertu! Mais oublions un bonheur qui a fui, il ne me reste plus qu'à mourir!.... O vous, tours antiques dont les remparts virent un Douglas périr de la main de son roi; et toi, éminence fatale [1], qui entendis si souvent retentir la hache homicide, lorsque la main sanglante du bourreau immolait les plus nobles chevaliers de l'Ecosse, préparez vos prisons, l'échafaud, et une tombe ignorée! Douglas vient se livrer lui-même... Mais, écoutons : quelle fête

---

(1) Eminence située au nord-est du château, où l'on exécutait les prisonniers d'Etat. — Ed.

annonce la cloche du monastère de Saint-François?.....
quelle foule joyeuse se précipite dans les rues de la ville!
je vois des danses mauresques, et un cortège précédé de
bannières, de cornemuses et de tambours. Je devine par
ces apprêts bizarres que les bourgeois de Stirling célèbrent
aujourd'hui leurs jeux. Jacques y assistera... ces spectacles
où le bon métayer bande son arc, et où le robuste lutteur
renverse son rival sur l'arène, lui plaisent tout autant que
ceux où les chevaliers rompent des lances dans une noble
joûte. Je vais me mêler aux flots du peuple, et me rendre
dans le parc du château, pour y disputer moi-même une
couronne..... Le roi Jacques verra si l'âge a énervé ces
membres robustes, dont sa jeunesse aimait, dans des jours
plus heureux, à admirer la vigueur.

XXI.

Les portes du château s'ouvrent à deux battans; le pont-
levis s'ébranle et s'abaisse avec bruit; les pavés des rues
retentissent sous les pas pressés des coursiers : c'est le roi
d'Ecosse qui s'avance avec toute sa cour, au milieu des
acclamations du peuple qui l'entoure. Jacques montait
une haquenée blanche; il s'inclinait sans cesse, ôtant sa
toque aux dames de la ville, qui souriaient et rougissaient
en éprouvant une vanité secrète : celle qui fixait ses regards
avait quelques droits d'être fière; c'était toujours la plus
belle. Il félicite gravement les anciens de la cité; il loue
les costumes singuliers de chaque troupe, remercie tout
haut les danseurs, sourit, et salue le peuple, qui répète
avec enthousiasme : — Vive le roi des communes! vive le
roi Jacques!

Derrière le monarque sont rangés les pairs, les chevaliers et de nobles dames, dont les palefrois s'indignent du
retard que la foule et la pente rapide du chemin opposent
à leur marche. Au milieu de ce cortège on distinguait aisément des fronts tristes, sévères et chagrins; plus d'un
noble témoignait son dépit de la contrainte imposée à son
orgueil, et méprisait les plaisirs vulgaires des bourgeois

Il y avait aussi de ces Chefs qui, servant d'ôtage à leurs clans, étaient à la cour dans un véritable exil, rêvaient sans cesse à leur vieille tour, à leurs sombres forêts, à leur puissance féodale, et croyaient ne pouvoir jouer qu'un rôle honteux dans une fête que leur fierté maudissait en secret.

XXII.

Les divers cortèges se répandent dans le parc du château; les danseurs mauresques, portant des sonnettes aux talons et une épée à la main, commencent leurs exercices : mais on applaudit surtout le vaillant Robin-Hood et toute sa bande; le moine Tuck, avec son bâton à deux bouts et son capuchon; le vieux Scathelocke, à l'air refrogné; la belle Marion, blanche comme l'ivoire; Scarlet, Mutch et Petit-Jean : leurs cors donnent le signal, et appellent tous les archers qui veulent prouver leur adresse.

Douglas tend un arc pesant : sa première flèche frappe droit au but; sa seconde atteint la première, et la partage en deux. Il faut que Douglas aille recevoir de la main du roi une flèche d'argent, prix destiné au plus habile. Son œil humide interroge celui du monarque, et cherche à y lire un regard de sympathie : Jacques ne laisse voir aucune émotion; indifférent comme s'il récompensait un archer vulgaire, il remet à Douglas la flèche d'argent.

XXIII.

Allons : qu'on vide l'arène..... Les lutteurs vigoureux prennent leur place : il en est deux qui demeurent vainqueurs, et demandent avec orgueil des rivaux plus dignes d'eux. Douglas se présente : Hugues de Larbert reste estropié pour toute sa vie; Jean d'Alloa n'a guère un meilleur sort; ses compagnons le transportent presque sans vie à sa demeure.

Le prix de la lutte est une bague d'or, que le roi remet à Douglas; mais ses yeux bleus sont aussi froids que les gouttes de rosée glacées par l'hiver. Douglas voudrait parler; mais son âme trop émue le force à garder le silence.

Plein d'indignation, il se range parmi les métayers, qui mettent à nu leurs bras nerveux pour lancer en l'air une barre de fer massif. Après que chacun eut signalé sa force, Douglas arrache une pierre fixée à la terre, et l'envoie à plus d'une perche au-delà du but le plus éloigné.

Les vieillards, qui se rappellent le passé, montrent encore aux étrangers, dans le parc royal de Stirling, la preuve de la force de Douglas, et moralisent sur la dégénération de notre âge.

XXIV.

Le vallon retentit d'applaudissemens, que renvoie l'écho de *la Roche des Dames*. Le roi, toujours impassible, donne à Douglas une bourse remplie de pièces d'or. Le fier Douglas sourit d'indignation, et jette l'or à la foule, qui commence à regarder ce vieillard avec une admiration curieuse. Bientôt on se dit à l'oreille que ce cœur si généreux, ce bras si robuste, ne peuvent appartenir qu'à Douglas. Les vieillards remarquent ses cheveux, qui commencent à blanchir, secouent la tête, et racontent à leurs fils les exploits qui avaient rendu Douglas fameux avant qu'il fût exilé de sa terre natale; les femmes vantent sa taille majestueuse, malgré les traces de maint hiver; la jeunesse, étonnée, contemple avec respect celui dont la force semble surnaturelle. Tels étaient les sentimens de la foule, dont les murmures se changèrent peu à peu en bruyantes clameurs. Mais aucun des nobles barons qui formaient un cercle autour du roi ne témoigna par un regard qu'il prît intérêt à l'illustre banni, ou qu'il en eût gardé le moindre souvenir; aucun même de ceux qui jadis regardaient comme un honneur de marcher à la chasse à son côté, qui allaient manger à sa table, et trouvaient dans les combats leur salut derrière son bouclier.

Quel est le mortel qui se voit reconnu des courtisans quand le monarque le désavoue?

XXV.

Jacques s'aperçut que les jeux languissaient; il fit partir

un beau cerf dont la chasse devait couronner la fête. Deux lévriers favoris furent lancés pour le poursuivre et l'abattre; il devait être ensuite servi au repas des archers et arrosé de vin de Bordeaux. Mais Lufra, que ni caresses ni menaces ne pouvaient éloigner de Douglas, Lufra, la chienne la plus agile du nord, vit partir le cerf, et s'élança comme l'éclair : elle laissa derrière elle les lévriers du roi, et, se précipitant sur sa proie, enfonça dans ses flancs ses dents aiguës, et se désaltéra dans son sang. Voyant la chasse interrompue par un étranger, le piqueur du prince accourt furieux, et frappe de sa courroie le noble limier.

Douglas avait souffert en silence l'indifférence du roi, le dédain des nobles, et, ce qui est plus cruel encore pour une ame fière, la pitié de la populace. Mais Lufra avait été élevée avec un tendre soin; elle partageait ses repas, et veillait pendant son sommeil. Souvent Hélène, dans ses jeux enfantins, aimait à orner de guirlandes de fleurs le cou de Lufra. Le nom seul de Lufra rappelait à Douglas le souvenir d'Hélène. Sa rage long-temps étouffée éclate enfin sur son front et dans ses yeux étincelans. La foule lui ouvre un libre passage, comme on voit les vagues se séparer sous la proue d'un navire : d'un seul revers de main le piqueur tombe baigné dans son sang.

Un coup aussi terrible n'aurait pu être porté par tout autre bras que celui de Douglas, eût-il été armé d'un gantelet de fer.

XXVI.

Les hommes de la suite du roi font entendre leurs cris et leurs menaces; ils brandissent leurs fers et leurs lances; mais le baron leur adresse ces paroles sévères :

— Vils esclaves, retirez-vous, ou redoutez la mort et Douglas !..... Oui, prince, c'est Douglas lui-même, condamné par toi et cherché partout, qui vient, victime volontaire, s'offrir pour apaiser la guerre, et qui ne demande grace que pour ses amis.

— C'est donc là le prix de ma clémence, baron présomptueux! reprit le monarque. De tout ton clan égaré par l'ambition, tu es le seul, toi, Jacques de Bothwell, en qui ma coupable faiblesse refusa de voir un ennemi : mais ton roi souffrira-t-il tes outrages et tes regards dédaigneux! Holà, capitaine de ma garde, donnez à Douglas une escorte convenable.... Qu'on termine les jeux... (Car le tumulte allait croissant, et les métayers commençaient à tendre leurs arcs.....) Qu'on termine les jeux, répéta Jacques en fronçant le sourcil; que nos cavaliers dispersent la foule!

XXVII.

Le désordre et les cris d'une émeute troublèrent la fin de ce jour de fête. Les gardes à cheval fondirent au milieu de la foule et furent repoussés avec insulte et menaces : les vieillards et les infirmes sont renversés par terre; les timides fuient, les femmes poussent des cris d'effroi; les plus audacieux s'arment de cailloux, de bâtons et de flèches. Les soldats du roi entourent Douglas d'un cercle de lances, et le conduisent dans le sentier qui mène au château. Ils sont assaillis par la populace, qui les poursuit de ses clameurs.

Le noble Douglas vit avec chagrin que le peuple se révoltait contre les lois; il s'adressa à l'officier de l'escorte, et lui dit :

— Sir John de Hyndford, ce fut mon épée qui te donna l'accolade; en souvenir de ce jour, laisse-moi parler à ces hommes égarés.

XXVIII.

—Mes amis, écoutez-moi, avant de vous montrer sujets rebelles à cause de Douglas. Je sacrifie sans regret aux lois de l'Ecosse ma vie, mon honneur et tous mes intérêts : ces lois sont-elles si faibles qu'elles aient besoin du secours de votre vaine fureur? ou si je souffrais une injustice, serais-je assez aveuglé par un funeste égoïsme, renoncerais-je si facilement à tout sentiment de patriotisme, pour briser tous les liens d'amour qui unissent ma patrie et ma famille! Non, non! croyez que ce ne serait point un adoucisement pour ma captivité dans cette sombre tour, de savoir que les lances qui ne doivent être l'effroi que de nos ennemis sont teintes du sang de mes amis; qu'un inutile combat prive les mères de leurs fils, les femmes de leurs époux, les orphelins de leurs pères, et que les bons citoyens, gémissant de l'outrage fait aux lois, maudissent Douglas comme le prétexte du désordre! Je vous conjure de prévenir tous ces malheurs par votre patience, et de vous conserver le droit de m'aimer toujours.

XXIX.

La fureur de la foule s'éteint dans les larmes, comme l'orage se fond en pluie; ils lèvent les yeux et étendent les mains vers le ciel, appellent ses faveurs sur la tête de l'homme généreux qui, touché du seul intérêt de la patrie, estimait son sang bien moins que celui de l'Ecosse. Les vieillards qui avaient un pied dans la tombe bénissaient celui qui arrêtait la guerre civile, et les mères élevaient leurs enfans dans leurs bras pour leur montrer ce Chef magnanime qui triomphait de sa colère et de ses outrages, et leur conservait un père : les cœurs mêmes des soldats sont émus, ils conduisent Douglas à pas lents, les armes traînantes et la tête baissée, comme s'ils accompagnaient le cercueil d'un compagnon chéri; ce fut en soupirant qu'ils remirent à la garde du château leur noble prisonnier.

XXX.

Le monarque offensé s'éloignait le cœur gros d'amers souvenirs, et il se garda bien de faire repasser son cortège dans les rues de Stirling.

— Lennox, dit-il, qui peut désirer de gouverner ce peuple imbécile? Entends-tu ces acclamations auxquelles se mêle le nom de Douglas? C'est ainsi que cette foule inconstante célébrait ce matin le roi Jacques : j'en reçus les mêmes applaudissemens quand je brisai le joug des Douglas; et Douglas serait à son tour porté en triomphe s'il pouvait me renverser de mon trône! Qui peut désirer de régner sur un peuple capricieux comme une femme, bizarre comme l'illusion d'un songe, léger comme la feuille qui flotte sur les vagues, féroce comme l'insensé qui dans son délire a soif de sang! O monstre aux mille têtes! qui peut désirer d'être ton roi?

XXXI.

— Mais quel est ce messager qui presse de l'éperon son coursier haletant? Je distingue sa cocarde..... — Hé bien! que mande mon cousin Jean de Mar?

— Sire, il vous conjure d'assister aux jeux de Stirling sans permettre qu'on dépasse les barrières. Il existe un complot, encore secret, mais fatal sans doute pour le trône : le Chef proscrit, Roderic-Dhu, a appelé aux armes son clan rebelle; on dit que ces bandits marchent pour soutenir Jacques de Bothwell.

Le comte de Mar est parti ce matin de Doune pour les attaquer, et avant peu Votre Majesté recevra la nouvelle d'une bataille; mais le comte vous supplie avec instance de ne point vous écarter sans une garde nombreuse, jusqu'à ce que sa victoire ait éloigné de vous tous les dangers.

XXXII.

— Tu me rappelles un tort que je dois me reprocher, dit le roi. J'aurais dû y penser plus tôt, et le tumulte de ce jour m'a fait oublier les ordres que j'avais à donner... Retourne en toute hâte sur tes pas; ne crains pas de perdre ton cheval; je te promets le plus beau de mes écuries : dis à notre fidèle comte de Mar que je lui défends de livrer bataille. Ce matin Roderic a été fait prisonnier par un de nos chevaliers, et Douglas a soumis lui-même sa cause aux lois de notre royaume.

La nouvelle de la perte de leurs Chefs dissipera bientôt les montagnards; et nous aurions regret que le peuple fût la victime des fautes de ses Chefs. Pars, Braco ! porte notre message au comte de Mar.

— Sire, j'y vole ! Mais je crains qu'avant d'avoir franchi le coteau la bataille n'ait été donnée.

Il tourne bride ; son coursier bondit, et effleure le gazon d'un pied dédaigneux pendant que le prince retourne dans son palais.

XXXIII.

Le roi Jacques n'était plus d'humeur ce jour-là d'écouter les concerts des ménestrels et de briller au festin. Les courtisans prirent de bonne heure congé du monarque et les chants furent bientôt interrompus. La soirée ne fut guère moins triste pour la ville : les bourgeois s'entretenaient de discordes civiles, des clans rebelles des montagnes, de Moray, de Mar et de Roderic près d'en venir aux mains. Ils déploraient aussi le sort de Douglas plongé dans une tour où jadis le vaillant comte William fut... A ces mots on se taisait en posant un doigt sur les lèvres ou en montrant la pointe d'une épée [1].

Cependant vers le crépuscule, des cavaliers harassés de fatigue arrivèrent de l'ouest, et furent introduits au château : le bruit se répandit qu'ils portaient la nouvelle d'un combat livré sur les bords du loch Katrine : l'action avait duré depuis midi, disait-on, jusqu'au coucher du soleil. Cette nouvelle agita toute la ville jusqu'à ce que la nuit eût arboré sur le faîte des toits ses noires bannières.

(1) Le comte William de Douglas fut poignardé par Jacques II dans le château de Stirling.

CHANT SIXIÈME.

Le Corps-de-garde.

I.

Le soleil se lève ; et, jetant un regard sévère à travers l'air brumeux de la ville, appelle l'artisan à ses travaux journaliers, triste héritage de l'homme pécheur : il interrompt la danse languissante des amis du plaisir ; il fait fuir le voleur nocturne, dore sur les créneaux la lance de la sentinelle, et avertit le savant studieux qu'il est temps de quitter sa plume pour livrer ses yeux appesantis au sommeil, consolateur de l'homme.

Combien de tableaux divers et combien de scènes de souffrance éclaire ce rayon, qui lutte encore avec les ombres de la nuit ! Le malade salue sa lumière dans l'hospice où il brûle des feux de la fièvre sur une humble couche ; la jeune fille séduite tremble en l'apercevant ; le débiteur se réveille pour penser à la prison dont il se voit menacé ; le malheureux trahi par l'amour lui doit la fin des songes cruels qui ont assiégé son sommeil ; la mère vigilante arrange le berceau de son enfant malade, et apaise ses faibles cris.

II.

Au retour de l'aube matinale, les tours de Stirling retentissent de la marche des soldats et du bruit des armes, pendant que les roulemens du tambour annoncent à la sentinelle fatiguée qu'elle va goûter quelque repos. Les rayons du soleil pénètrent dans le corps-de-garde à travers les meurtrières étroites et les grilles des fenêtres ; et, luttant avec la vapeur de ce lieu, y font pâlir la flamme jaunâtre des torches. Le jour lugubre que la triste alliance de ces lumières produit sous les noirs arceaux, découvre des formes bizarres de guerriers, des figures qu'une barbe touffue et des cicatrices rendent hideuses, et dont l'aspect hagard est l'effet de la veille nocturne et de la débauche.

Une table de chêne était inondée de vin et couverte des débris d'un festin; des verres vides, des coupes renversées indiquaient quelle avait été, pendant la nuit, l'occupation des soldats : les uns dormaient sur le plancher et les bancs : ceux-là cherchaient encore à étancher leur soif; d'autres, refroidis par la veille, étendaient leurs mains sur les tisons mourans du vaste foyer, tandis qu'à chaque pas les pièces de leur armure se balançaient à leur côté avec un bruit sonore.

III.

Ces guerriers n'étaient point les vassaux qu'un seigneur féodal conduit aux combats; ils ne reconnaissaient point dans leur chef l'autorité patriarcale : c'étaient des aventuriers venus des pays étrangers pour suivre le métier des armes, qu'ils préféraient à tout. On reconnaissait parmi eux le sombre visage de l'Italien et le front basané du Castillan. L'habitant de l'Helvétie, amoureux de l'air des montagnes, respirait plus librement en Ecosse; le Flamand y méprisait le terrain ingrat qui récompense si mal les travaux du laboureur. Les rôles portaient des noms français et des noms allemands. Plus d'un exilé d'Albion venaient aussi, avec un dédain mal dissimulé, recevoir la modique paye de l'armée du roi Jacques. Tous ces soldats étaient d'une bravoure à l'épreuve, et habiles à porter la lourde hallebarde, l'épée et le bouclier : dans les camps, ils se livraient à une licence effrénée; après le combat, rien ne pouvait contenir leur soif de pillage.

IV.

La fête et les débauches de la veille avaient encore relâché les liens de la discipline. Ils s'entretenaient de la ter-

CHANT SIXIÈME.

rible bataille qui s'était donnée entre le lac Achray et le lac Katrine; ils parlaient avec feu, et mettaient souvent la main sur leurs sabres. Ils se souciaient peu de baisser la voix par égard pour leurs camarades blessés, qui gémissaient non loin du corps-de-garde, et dont les membres sanglans et mutilés portaient les marques de l'épée des montagnards : on distinguait leurs cris et leurs prières, qui venaient se mêler au rire moqueur qu'excitait une raillerie et aux imprécations de la rage.

Enfin John de Brent se lève : il était né sur les bords de la Trente; incapable de craindre ou de respecter qui que ce fût, hardi braconnier dans sa terre natale, séditieux insolent sous les drapeaux, il était toujours le plus brave de la troupe quand sonnait l'heure du danger. La veille, John de Brent avait vu avec humeur l'interruption des jeux; il imposa silence à tous ses compagnons, et s'écria :

— Allons, remplissons de nouveau les verres : je vais vous entonner une chanson joyeuse; que chacun de vous fasse chorus en vrai frère d'armes.

v.

LA CHANSON DU SOLDAT.

Notre vénérable vicaire
A maudit le jus du tonneau
Chaque dimanche dans sa chaire
Il prêche pour les buveurs d'eau :
Quant à moi je suis sur la treille
De l'avis du grand Salomon,
Qui nous a dit que la bouteille
Met en gaîté mieux qu'un sermon [1].

Notre curé maudit encore
D'une beauté l'air enchanteur,
Quand un doux baiser la colore
Du vermillon de la pudeur :
Il dit que sous sa collerette
Vient se tapir l'esprit malin;

(1) *Vinum bonum lætificat cor hominis.* — ÉD.

Sous le fichu de ma Ninette
Je veux l'exorciser demain.

Aux vrais enfans de la Victoire
L'Amour n'a rien à refuser;
Sous les étendards de la Gloire
La beauté vient s'apprivoiser.
Laissons prêcher notre vicaire;
Mais qu'il nous dise franchement
Que mainte fois au fond d'un verre
Il trouva l'art d'être éloquent.

VI.

La voix de la sentinelle, qu'on entendit en cet instant, interrompit les joyeux refrains des soldats; un d'entre eux courut à la porte, et dit : — Voici le vieux Bertram de Gand; que le tambour batte pour le recevoir, car il nous amène une jeune fille et un joueur de harpe.

Bertram, vieux Flamand couvert de cicatrices, entra dans le corps-de-garde; avec lui étaient un ménestrel et une fille des montagnes, enveloppée d'un large plaid : elle se tenait à l'écart pour éviter les regards de tous ces soldats livrés aux bruyans plaisirs de la débauche.

— Qu'y a-t-il de nouveau? s'écrièrent-ils. — Tout ce que je puis vous apprendre, dit Bertram, c'est que nous nous sommes battus depuis midi jusqu'au soir avec un ennemi aussi sauvage que les montagnes qu'il habite : des deux côtés le sang a coulé par torrens; aucune des deux armées ne peut guère se vanter de la victoire.

— Mais quels sont ces prisonniers, l'ami? C'est une capture qui va te récompenser de tous tes travaux. Tu te fais vieux; la guerre devient pour toi un métier trop rude; maintenant que tu as une donzelle et un musicien, achète un singe, et parcours la contrée à la tête d'une troupe de jongleurs.

VII.

— Non, camarade, je n'ai pas cette espérance. La bataille était terminée quand ce vieux ménestrel et cette

CHANT SIXIEME.

jeune fille se sont rendus à notre camp et ont demandé une audience au comte de Mar. Le comte m'a donné l'ordre de leur procurer un cheval et de les conduire ici sans délai. Vos railleries sont hors de saison ; personne n'osera les faire rougir ou les offenser.

— L'entendez-vous ! s'écria John de Brent, toujours prêt à quereller. — Quoi donc ! il tuera le gibier près de la loge du garde forestier, et il lui refusera la part qui lui revient ! Je ferai valoir mes droits, Bertram, en dépit de Moray, de Mar et de toi-même.

Il se lève et s'avance avec un air audacieux. Bertram l'arrête. Animé par la vengeance, le vieil Allan met la main sur sa dague, quoique son âge le rende incapable de résister : mais Hélène se jette entre eux avec courage, et laisse tomber le plaid qui la couvre. Tel, dans une matinée d'orage, le soleil de mai se dépouille soudain du nuage qui voilait ses rayons. Cette soldatesque étonnée la contemple comme un ange descendu sur la terre ; Brent, lui-même, l'audacieux Brent, confus, s'arrête immobile d'admiration et de honte.

VIII.

Hélène leur parle avec assurance : Ecoutez-moi, dit-elle :

— Mon père fut l'ami des soldats, vécut avec eux sous la tente, les conduisit souvent aux dangers, et versa comme vous son sang pour la gloire ; ce n'est point d'un brave que la fille d'un exilé recevra des affronts.

Brent, toujours le plus ardent dans le bien comme dans le mal, répondit à Hélène :

— Jeune fille, tu me fais rougir de mes torts. Toi, la fille d'un proscrit ! pauvre infortunée ! Moi aussi je fus proscrit par les lois des forêts, et Heedwood en sait la cause ! Ma pauvre Rose !... Si ma Rose vit encore, elle doit avoir le même âge que toi ! — et il essuya une larme qui vint mouiller sa paupière. — Ecoutez-moi, camarades : je vais au château chercher notre capitaine ; je pose ma lance sur le plancher; celui qui osera la franchir pour offenser cette jeune étrangère recevra ma flèche dans le cœur! Abstenez-vous de toute parole libre et de toute raillerie grossière... Vous connaissez John de Brent; c'est vous en dire assez!

IX.

Le capitaine parut; c'était un jeune et vaillant officier de la maison de Tullibardine, qui n'avait point encore reçu les éperons des chevaliers. Franc, gai, léger, il s'exprimait avec liberté, quoique la courtoisie modérât un peu sa hardiesse naturelle. La fière Hélène supporta mal l'examen curieux de ses regards et son air peu respectueux; cependant Lewis était un jeune homme généreux et loyal; mais la grace et la beauté d'Hélène, si peu d'accord avec ses vêtemens et le lieu où elle se trouvait, pouvaient faire naître des doutes, et égarer une imagination qui se livrait facilement aux vagues illusions.

— Soyez la bienvenue à Stirling, belle étrangère! dit Lewis : venez-vous y chercher un défenseur sur votre blanc palefroi et avec un vieux ménestrel, comme les damoiselles d'autrefois? Votre aventure demande-t-elle un chevalier, ou suffit-il d'un écuyer pour l'entreprendre?

L'œil noir d'Hélène étincelait : elle garde un moment le silence, et, poussant un soupir, elle répondit : — Hélas! ce n'est point à moi qu'il appartient d'avoir de la fierté : je viens, à travers les douleurs, la honte et les combats, demander une audience du monarque, implorer la grace d'un père. Voilà pour obtenir la faveur que je désire, une bague, gage de la reconnaissance du prince, et donnée à Fitz-James par le roi Jacques lui-même.

X.

Lewis regarde l'anneau avec respect et une espèce de frayeur. — Nos devoirs, dit-il, nous sont prescrits par ce signe. Pardonnez, madame, si, méconnaissant votre rang sous le voile obscur qui le cache, je me suis rendu coupable par une indiscrétion téméraire. Aussitôt que le palais sera ouvert, j'informerai le roi que vous désirez le voir; daignez venir vous reposer dans un appartement digne de vous, jusqu'à l'heure de l'audience. Des femmes vous serviront et obéiront à tous vos ordres; permettez-moi de vous conduire.

Mais avant de le suivre Hélène voulut, avec toute la grace et la libéralité des Douglas, que les soldats se partageassent sa bourse. Ils reçurent ce don avec reconnaissance : le seul Brent, confus et toujours brusque, repoussa l'or que lui offrait la main de la jeune fille.

— Pardonnez, dit-il, la fierté d'un Anglais, et oubliez surtout mon manque d'égards: la bourse vide est tout ce que je demande; je la porterai attachée à ma toque, et peut-être, aux jours du danger, elle sera vue là où de plus brillans cimiers n'oseront se montrer.

Hélène ne put que remercier le soldat de sa grossière courtoisie.

XI.

Lorsque Hélène fut partie avec Lewis, Allan adressa une demande à John de Brent.

— Voilà ma jeune dame en sûreté, dit-il; veuillez bien me permettre de voir mon maître : c'est moi qui suis son ménestrel, et lié à son sort depuis le berceau jusqu'à la tombe. Depuis le jour où mes ancêtres consacrèrent les accords de leur harpe à sa noble maison, aucun de leurs descendans, jusqu'à la dixième génération, n'a cessé de préférer l'intérêt de son seigneur au sien propre. Nos fonctions commencent à la naissance du Chef; notre harpe charme ses premières années, redit à sa jeunesse les récits de la gloire, et chante ses exploits à la chasse et dans les combats. Dans la paix, dans la guerre, nous sommes toujours à son côté; nous égayons ses repas, nous lui procurons un doux sommeil, et ne l'abandonnons qu'après avoir porté sur sa tombe le douloureux tribut de nos derniers chants.

Faites-moi donc partager sa captivité : c'est mon droit ; ne me le refusez pas.

— Nous nous soucions peu, nous autres habitans du sud, d'une antique origine, dit John de Brent ; et nous ne comprenons guère comment un nom suffit pour rendre des vassaux sujets d'un maître : cependant je me rappelle les bienfaits de mon noble seigneur, et Dieu bénisse la maison de Beaudesert ! Si je n'avais pas mieux aimé poursuivre le cerf que guider le bœuf dans les sillons, je ne serais point venu ici comme un proscrit...... Viens, bon ménestrel ; suis-moi : tu vas revoir ton seigneur.

XII.

A ces mots John de Brent détacha d'un crochet de fer un trousseau de clefs pesantes ; il alluma une torche, et conduisit Allan à travers des grilles et des passages obscurs. Ils franchirent des portes d'où l'on entendait, dans l'enfoncement, les plaintes des prisonniers et le bruit de leurs fers. Sous des voûtes grossières ils virent, réunis sans ordre, la roue, la hache, le glaive du bourreau, et maints instrumens pour disloquer et déchirer les membres, instrumens si terribles et si hideux que les artistes qui les inventèrent auraient regardé comme un crime et une honte de donner un nom à leur ouvrage. Ils s'arrêtèrent près d'une porte basse, où Brent remit la torche à Allan pendant qu'il faisait rouler sa chaîne et les verroux, et qu'il détachait la barre de fer. Ils entrèrent dans une chambre sombre, d'où la fuite paraissait impossible, mais qui n'était cependant pas un cachot, car le jour y pénétrait par un grillage élevé ; un antique ameublement, semblable aux ornemens destinés autrefois aux nobles captifs, décorait les murailles et le parquet de chêne.

— Tu peux rester ici, dit Brent, jusqu'à ce que le médecin visite de nouveau le prisonnier ; il a reçu l'ordre de lui donner tous ses soins.

En se retirant, Brent replaça le verrou, et les gonds

firent entendre de nouveau leurs aigres murmures. Réveillé par ce bruit, un captif lève péniblement sa tête au-dessus de sa couche : le ménestrel regarde, et reconnaît avec surprise, au lieu de son maître, le redoutable Roderic. Comme Allan était venu des lieux où le clan d'Alpine et les troupes du roi s'étaient livré bataille, les soldats avaient cru, par une méprise naturelle, que c'était le Chef des montagnes que demandait le ménestrel.

XIII.

Tel qu'un vaisseau dont l'orgueilleuse proue ne sillonnera plus les ondes, et qui, abandonné par son équipage, demeure engravé au milieu des brisans, tel était Roderic sur son lit de douleur. Souvent dans les accès de sa fièvre il agitait soudain ses membres avec un mouvement convulsif, semblable au navire quand il est soulevé par les vagues qui ne cessent de le battre et de l'ébranler sans pouvoir le transporter plus loin... Est-ce bien là ce Roderic qui parcourait naguère les montagnes et les vallons d'un pas si agile et si assuré ?

Dès qu'il aperçut le ménestrel, il s'écria :

— Quelles nouvelles de ta maîtresse, de mon clan, de ma mère, de Douglas ? Dis-moi tout, ont-ils été entraînés dans ma ruine ? Oui sans doute, sinon que viendrais-tu faire ici ? Parle toutefois, parle avec hardiesse, ne crains rien.

(En effet Allan, connaissant son humeur farouche, était troublé par le chagrin et par un sentiment de terreur.)

— Quels sont ceux qui ont combattu avec courage ? Sois bref, vieillard, poursuivit Roderic : quels sont ceux qui ont pris la fuite ? car il en est qui ont pu fuir ; ils n'avaient plus leur Chef. Quels sont les lâches qui survivent et les braves qui ont péri ?

— Calme-toi, fils d'Alpine, dit le ménestrel ; Hélène est en sûreté. — Le ciel en soit loué ! — Nous pouvons espérer pour Douglas. Lady Marguerite non plus n'a rien à craindre ; et, quant à ton clan, jamais la harpe des bardes n'a chanté de combat plus fécond en exploits. — Ton pin glorieux est encore debout, quoique dépouillé de plus d'un noble rameau.

XIV.

Le Chef se leva sur son séant : le feu de la fièvre étincelait dans ses yeux ; des taches pâles et livides donnaient un aspect horrible à son front et à ses joues basanées.

— Ecoute, ménestrel : dans cette île solitaire où le barde ne charmera jamais plus les loisirs du guerrier, ta harpe nous fit entendre, aux jours de fête, cet air de gloire qui rappelle notre triomphe sur les fils de Dermid ; répète-le.... et puis fais-moi la peinture du combat qui a été livré aux Saxons par mon brave clan : ce sera une chose facile pour toi, ménestrel inspiré. Je te prêterai une oreille attentive, jusqu'à ce que mon imagination me fasse entendre le choc des armes. Alors ces grilles, ces murs s'évanouiront à mes yeux, je croirai voir le glorieux champ de bataille, et mon ame prendra librement son dernier essor, comme si elle s'élevait triomphante du milieu de la mêlée.

Le barde tremblant obéit avec respect, et laissa errer lentement sa main sur les cordes de la harpe ; mais bientôt le souvenir de ce qu'il avait vu du haut de la montagne, mêlé au récit que Bertram lui avait fait pendant la nuit, réveilla tout son génie poétique, et il s'abandonna au sublime élan de son enthousiasme. Tel un navire mis à flot quitte d'abord la côte avec lenteur et timidité ; mais, lorsqu'il suit l'impulsion des flots plus éloignés du rivage, il vole aussi rapide que l'éclair.

XV.

LA BATAILLE DE BEAL' AN DUINE.

— Le ménestrel vint saluer une dernière fois la cime occidentale du Ben-Venu ; car, avant de partir, il voulait dire adieu à l'aimable lac Achray... Où trouvera-t-il sur la terre étrangère un lac aussi solitaire, un rivage plus doux ?

CHANT SIXIEME.

—Aucune brise ne glisse sur la fougère et ne ride l'onde paisible; l'aigle sommeille sur son aire; le daim s'est retiré dans le taillis; les oiseaux n'élèvent plus leur voix mélodieuse; la truite agile dort au fond des eaux, tant est sombre l'aspect de ce nuage précurseur de la foudre, qui semble couvrir d'un manteau de pourpre le pic lointain de Benledi.

— Est-ce la voix solennelle du tonnerre qui nous menace, ou le pas mesuré du guerrier qui frappe la terre retentissante? Est-ce le feu brisé de l'éclair qui luit sur la forêt? ou seraient-ce les derniers rayons du soleil qui brillent sur les lances?

— Je vois le cimier de Mar, je vois l'étoile d'argent de Moray étinceler; les guerriers saxons s'avancent vers le lac : pour le héros amoureux des combats, pour le barde interprète de la gloire, un coup d'œil jeté sur cette armée vaudrait dix années d'une vie paisible.

XVI.

— Leurs archers, armés à la légère, observaient les taillis : leur centre présentait une épaisse forêt de lances, et les cuirassiers à cheval formaient l'avant-garde du corps de bataille.

On n'entendait résonner ni cymbale, ni clairon, ni cornemuse, ni tambour. Les combattans s'avançaient dans un silence qu'interrompait seulement le bruit de leur marche et de leur armure. Aucun souffle d'air ne balançait leurs cimiers, ou ne faisait flotter les drapeaux; à peine si l'on voyait trembler le feuillage du saule dont l'ombre frémissante s'étendait sur le chemin.

— Les vedettes envoyées à la découverte n'apportent aucunes nouvelles; elles n'ont surpris aucun ennemi en embuscade; elles n'ont aperçu aucune trace de créature vivante, excepté celle du daim que leur approche a fait fuir. L'armée poursuit sa route, semblable à la mer quand elle ne rencontre sur son passage aucun rocher pour s'opposer au cours paisible de ses flots. Le lac est derrière les

Saxons : ils sont parvenus dans une vallée étroite et inégale vis-à-vis des gorges de Trosach ; c'est là que les cavaliers et les fantassins font une halte, pendant que les archers s'engagent dans le défilé pour en explorer les détours dangereux.

XVII.

—Soudain un cri s'élève, si terrible qu'on eût dit que tous les rebelles bannis du ciel venaient de répéter le défi de l'enfer.

—Semblables à ces tourbillons de chaume léger qu'emporte le souffle des vents, les archers reparaissent en désordre dans le vallon : ils fuient le trépas inévitable ; leurs cris de terreur se mêlent aux menaces de ceux qui les poursuivent ; derrière eux flottent les panaches et les plaids des montagnards qui agitent leurs larges claymores et les serrent de près. Vainqueurs et fuyards, tous se pressent pêle-mêle ! Comment les lances des Saxons soutiendront-elles le choc de ce torrent ?

—Baissez vos lances, s'écrie Mar, baissez vos lances ; repoussez amis et ennemis.

—Telle que des roseaux courbés par le souffle de l'orage, cette forêt de lances est soudain abaissée ; les soldats serrent leurs rangs et attendent de pied ferme le choc qui les menace. — Nous réduirons ces sauvages montagnards, dit le comte, comme leur tinchel[1] dompte les bêtes fauves ! ils arrivent avec l'impétuosité d'un troupeau de daims ; comme eux, ils retourneront plus dociles dans leurs forêts !

XVIII.

—Le clan d'Alpine se précipite comme un torrent écumeux entraînant devant lui les débris des archers. Les montagnards brandissent sur leurs têtes leurs épées qui

---

(1) Des chasseurs entourent une grande étendue de terrain, et, rétrécissant peu à peu le cercle, rassemblent au milieu d'eux de nombreux troupeaux de daims, qui font d'inutiles efforts pour rompre le *tinchel*. Voyez les détails de cette chasse dans *Waverley*. — Éd.

brillent comme des flots de lumière; et, unissant leurs noirs boucliers, ils se pressent sur les fuyards avec l'aveugle fureur de l'Océan battu par l'aile de la tempête.

— J'entendis les lances se rompre, comme les frênes que brise l'ouragan; j'entendis le son des claymores, semblable au bruit de mille enclumes. Mais Moray fait faire un détour aux cavaliers de son arrière-garde, et tombe sur les flancs des guerriers d'Alpine.

— Avance, mon porte-étendard, s'écrie-t-il; je vois leur colonne qui se rompt: allons, braves amis, pour l'amour de vos dames, fondez sur eux avec la lance!

— Les cavaliers se précipitent parmi les montagnards comme le cerf s'élance à travers les touffes de genêt. Leurs coursiers sont animés, leurs glaives sont tirés du fourreau; ils ont dans un instant éclairci les phalanges ennemies: les meilleurs soldats du clan d'Alpine sont hors de combat. Où était Roderic? une fanfare de son cor eût valu mille guerriers.

— Ces flots de combattans, qui étaient sortis de la gorge du défilé, y sont repoussés; on a cessé de voir la lance des Saxons et la claymore des montagnards. Comme le gouffre de Bracklinn, si profond et si obscur, reçoit les vagues qui s'y précipitent, de même ce fatal défilé dévore les rangs mêlés de la bataille; il ne reste plus de combattans sur la plaine, que ceux qui ont cessé de vivre.

XIX.

— Le tumulte s'étend vers l'ouest le long du défilé.... Fuis, ménestrel! le carnage continue: le destin va enfin décider de cette journée, au lieu où la sombre gorge des Trosachs s'ouvre sur le lac et l'île Katrine! Je me hâte de repasser la cime de Ben-Venu... Le lac se déroule à mes pieds, le soleil a quitté l'horizon; les nuages sont amoncelés; le voile obscur qui cache les cieux a donné aux ondes une teinte d'un bleu livide; par intervalles le vent s'échappait des sinuosités de la montagne, glissait sur le lac et expirait aussitôt. Je ne fis aucune attention au soulèvement des vagues ; le défilé des Trosachs occupait seul ma vue ; mon oreille n'écoutait que ce tumulte confus, semblable à la sourde voix d'un tremblement de terre, et qui annonçait cette agonie du désespoir terminée par la seule mort. C'était pour l'oreille du ménestrel le glas funèbre qui résonnait sur la tombe de plus d'un guerrier. Le tumulte approche : le défilé rejette encore une fois de son sein le torrent des combattans ; mais les flots n'en sont plus mêlés. Les guerriers du nord se montrent comme la foudre sur les hauteurs, et se répandent sur les flancs de la montagne ; les lances des Saxons paraissent plus bas sur les bords du lac comme un épais nuage.

—Epuisé de fatigue, chaque bataillon, privé de ses plus braves soldats, s'arrête avec un air farouche à l'aspect de l'ennemi : leurs bannières flottent comme une voile déchirée dont les lambeaux sont livrés aux caprices de l'aquilon ; des armes brisées qu'on aperçoit çà et là attestent le carnage de cette terrible journée.

XX.

—Les Saxons jetaient sur le revers de la montagne un regard soucieux et farouche, lorsque Moray, tournant le fer de sa lance du côté du lac, s'écria : — Voyez cette île ; il n'y a pour en défendre l'abord que de faibles femmes qui se tordent les mains : c'était là qu'autrefois ce clan de voleurs entassait son butin : je promets ma bourse remplie de pièces d'or à celui qui nagera jusqu'à une portée de trait, pour détacher une des chaloupes attachées au rivage. Nous aurons bientôt réduit ces loups, quand nous serons maîtres de leur tanière et de leur lignée.

— Un des lanciers sort des rangs, se dépouille de son casque et de sa cuirasse, et plonge dans l'onde. Son action est remarquée de tous, et les échos du Ben-Venu répétèrent les diverses clameurs des Saxons et des montagnards : ceux-ci rugissent de rage, et ceux-là encouragent leur compagnon, pendant que les femmes de l'île expriment leur terreur par des cris d'alarme. Ce fut alors que les nuages s'entr'ouvrirent soudain, comme si le tumulte avait déchiré leurs flancs ; un tourbillon bouleversa le loch Katrine, dont les vagues élevèrent leurs crêtes couronnées d'une blanche écume et empêchèrent les montagnards de diriger sur le nageur leurs flèches vengeresses qui tombèrent en vain autour de lui, mêlées à la pluie et à la grêle... Il atteint l'île, et sa main est déjà sur l'avant d'une chaloupe..... Dans cet instant brilla un éclair qui teignit les flots et la rive d'une couleur de flamme ; je vis la châtelaine de Duncraggan debout contre le tronc d'un chêne, et le bras armé d'un glaive nu... Le ciel s'obscurcit ;.... mais, au milieu du mugissement des flots, je distinguai un cri d'agonie.... L'éclair luit encore ;.... le cadavre du Saxon surnageait près des bateaux, la terrible veuve de Duncan brandissait sa dague sanglante.

XXI.

— Vengeance ! vengeance ! s'écrient les Saxons. Les montagnards leur répondent par des acclamations de triomphe. En dépit de la fureur des élémens ils allaient de nouveau engager le combat ; mais, avant qu'ils en vinssent aux mains, il arriva un chevalier dont l'éperon était rougi par le sang de son cheval : il mit pied à terre, et du haut d'un rocher il agita un drapeau blanc entre les deux armées. A côté de lui, les clairons et les trompettes firent résonner au loin un air de paix, tandis qu'au nom du monarque la voix d'un héraut défendait la bataille en répétant que le seigneur de Bothwell et le fier Roderic étaient l'un et l'autre prisonniers.

Mais ici le récit poétique du ménestrel est soudain interrompu ; la harpe échappe à ses mains... Plusieurs fois Allan avait jeté un regard furtif sur le fils d'Alpine pour voir quelle impression ses chants inspirés produisaient sur lui : d'abord le Chef, levant la main, suivait par un faible mouvement la mesure de ses accords ; bientôt son bras s'affaissa... mais l'énergie de ses sentimens faisait suivre à ses yeux les sons variés de la harpe ; enfin son oreille insensible ne peut plus rien entendre; son visage se ride, ses mains se contractent, ses dents se heurtent, son regard flétri est fixe et distrait. Ce fut ainsi qu'immobile et sans proférer une plainte, le sauvage Roderic expira.

Allan le considérait avec effroi pendant son agonie silencieuse; mais, quand il vit qu'il n'était plus, il fit entendre le chant de mort du guerrier.

XXII.

LE CHANT FUNÈBRE DE RODERIC.

Tu n'es donc plus, noble fils des batailles,
Orgueil des tiens, terreur de tes rivaux!
Qui redira le chant des funérailles
Sur le cercueil où descend un héros?
Du ménestrel la harpe te fut chère;
Tu fus l'appui de Douglas malheureux:
Triste témoin de ton heure dernière,
Je gémirai sur ton clan belliqueux!

Dans tes vallons j'entends des cris d'alarmes,
Je vois pleurer tes vassaux éperdus!
C'est la fureur qui fait couler leurs larmes:
On leur a dit que Roderic n'est plus!
Quel est celui de ta tribu guerrière
Qui n'eût donné ses jours pour le héros?
Malheur! malheur au pin de ta bannière!
Qu'un crêpe noir en voile les rameaux!

Le sort cruel a trahi ton courage!
Le passereau surpris par le chasseur,
Faible captif, vit encor dans la cage;
L'aigle y périt de rage et de douleur.
Noble héros! un ménestrel sincère
Ose t'offrir l'hommage de ses chants:
A mes accords celle qui te fut chère,
Hélène, un jour unira ses accens!.....

XXIII.

Cependant Hélène, le cœur gros de soupirs, attendait l'audience du roi dans un appartement à l'écart, où les rayons du soleil levant se jouaient à travers les couleurs variées des carreaux de la fenêtre. C'est vainement qu'ils brillent sur les murailles dorées et sur une magnifique tapisserie; c'est vainement qu'une somptueuse collation est servie par des suivantes empressées; le luxe du banquet, la richesse de l'appartement ne peuvent fixer son œil curieux : si elle regarde ce n'est que pour se dire que le jour commençait sous de plus heureux présages dans cette île solitaire, où la dépouille du chevreuil était le seul dais disposé au-dessus de sa tête. Elle se rappelait le temps où son noble père goûtait les simples mets préparés par elle; Lufra, rampant à ses pieds, réclamait sa place accoutumée avec une orgueilleuse jalousie; Douglas, toujours amoureux de la chasse, parlait du cerf à Malcolm Græme, dont la réponse, faite au hasard, trahissait la secrète pensée. Ceux qui ont goûté ces plaisirs purs apprennent à les regretter quand ils les ont perdus. Mais tout à coup Hélène lève la tête, et s'approche de la fenêtre avec un pas prudent. Quelle est la mélodie lointaine qui a la vertu de la charmer dans cette heure de tristesse? C'est d'une tour située au-dessus de l'appartement où elle se trouve, qu'un prisonnier chante cette romance.

XXIV.

LE LAI DU CHASSEUR PRISONNIER.

Mon faucon regrette la chasse :
J'entends murmurer mon limier;
Du repos mon coursier se lasse...
Plaignez le chasseur prisonnier!
Hélas! quand pourra-t-il encore,
Armé de l'arc et du carquois,
Aller, au lever de l'aurore,
Poursuivre le cerf dans les bois?

L'airain de ce clocher gothique
Marque pour moi tous les instans!
Par l'ombre de ce mur antique
Je compte encor les pas du temps!

> Mais l'alouette matinale
> Peut seule réjouir mon cœur;
> Combien dans cette tour fatale
> Les jours sont longs pour le chasseur!
>
> Jours heureux, si courts dans la vie,
> A jamais vous ai-je perdus!
> Lieux embellis par mon amie!
> Ne vous reverrai-je donc plus?
> Quand du soir la douce rosée
> Aux vallons rendait leur fraîcheur,
> Hélène, acceptant mon trophée,
> Souriait à l'heureux chasseur!

XXV.

Ce lai mélancolique était à peine fini, Hélène attentive n'avait pas encore tourné la tête, une larme brillait au bord de sa paupière, lorsqu'elle entendit le bruit d'un pas léger; c'était l'aimable chevalier de Snowdoun qui s'approchait d'elle. Hélène s'empressa de s'éloigner de la fenêtre, de peur que le prisonnier ne recommençât son chant.

— Oh! soyez le bienvenu, brave Fitz-James, dit-elle. Comment une pauvre orpheline pourra-t-elle s'acquitter envers vous?... — Cessez ce langage, interrompit le chevalier; ce n'est point à moi que votre reconnaissance est due; il ne m'appartient pas de vous accorder la faveur que vous désirez, et de conserver la vie de votre noble père; je ne puis qu'être votre guide, chère Hélène, pour implorer avec vous le roi d'Ecosse. Jacques n'est pas un tyran, quoique la colère et son orgueil blessé lui fassent oublier parfois son bon cœur. Venez, Hélène; venez!.... Il est temps; le prince tient sa cour de bonne heure.

Le cœur ému et palpitant de crainte, Hélène prit le bras du chevalier comme celui d'un frère. Fitz-James essuya avec douceur les larmes de la fille de Douglas, et lui dit tout bas d'espérer et d'avoir bon courage. Il guida ses pas chancelans, à travers de riches galeries et sous de hautes arcades, jusqu'à un portique dont les deux battans s'ouvrirent aussitôt que sa main les eut touchés.

XXVI.

L'appartement où ils entrèrent était étincelant de lumières et rempli d'un cortège brillant. Les yeux d'Hélène furent éblouis, comme lorsque le soleil couchant embellit l'horizon du soir de mille couleurs que l'imagination transforme en chevaliers aériens et en dames fantastiques.

Hélène restait immobile auprès de Fitz-James; elle fit ensuite quelques pas timides, leva lentement la tête, et promena ses regards craintifs dans la salle, pour chercher celui qui tenait le sceptre, ce prince redouté, dont la volonté servait de loi!... Elle vit plusieurs chevaliers dont l'aspect était digne d'un monarque, et bien faits pour présider la cour; elle vit maint vêtement splendide; et puis elle se retourna surprise et comme effrayée; car tous avaient la tête découverte, et Fitz-James seul gardait sa toque et son panache. Les yeux des dames et des courtisans étaient tournés vers lui. Au milieu de tous ces riches joyaux, de ces costumes magnifiques, Fitz-James, vêtu de simple drap vert de Lincoln, était le centre de ce cercle brillant: le chevalier de Snowdoun est le roi d'Ecosse lui-même!

XVII.

Comme une guirlande de neige se détache du rocher qui lui servait d'appui, la pauvre Hélène abandonne le bras du monarque, et tombe à ses genoux. Sa voix étouffée ne prononce aucune parole... elle montre la bague et croise ses mains. Le prince généreux ne put souffrir ce regard suppliant; il la releva avec douceur, et fit cesser d'un coup d'œil le sourire de sa cour. Rempli de grace, mais conservant sa gravité, il baisa le front d'Hélène et lui dit de bannir tout effroi.

— Oui, dit-il, le pauvre Fitz-James est le roi d'Ecosse! Racontez-lui vos malheurs, exprimez-lui vos vœux, il rachètera son gage. Ne demandez rien pour Douglas; hier soir le roi et lui ont beaucoup pardonné. La calomnie lui a été funeste, et moi j'ai souffert de la révolte de ses amis. Nous n'avons pas voulu accorder à la populace ce qu'elle demandait par de bruyantes clameurs; nous avons entendu et jugé sa cause avec calme. Notre conseil et les lois ont décidé; j'ai terminé les dissensions fatales de votre père avec Devaux et le vieux Glencairn : nous reconnaîtrons désormais le seigneur de Bothwell pour l'ami et le bouclier de notre trône. Mais, aimable incrédule, qu'est-ce donc? quel nuage obscurcit ton visage, où le doute se peint encore? Lord James de Douglas, aide-moi à persuader cette fille méfiante.

XVIII.

Alors le noble Douglas s'avance, et sa fille se jette dans ses bras. Le monarque, dans cette heure de bonheur, savoura la plus douce volupté que puisse goûter la puissance, celle de dire avec un accent céleste : — Vertu malheureuse, lève-toi et triomphe! Cependant Jacques ne voulut pas que les transports de la nature servissent long-temps de spectacle à sa cour; il se mit entre le père et la fille.

— Allons, Douglas, dit-il, ne m'enlevez pas ma protégée; c'est à moi de lui expliquer l'énigme qui a hâté cet heureux moment. — Oui, Hélène, lorsque je me déguise pour errer dans les sentiers plus humbles, mais plus heureux de la vie, je prends un nom qui cache mon rang et ma puissance: ce nom n'est point un nom emprunté, car la tour de Stirling s'appelait jadis la tour de Snowdoun, et les Normands me nomment James Fitz-James. C'est ainsi que je veille sur les lois outragées, et que j'apprends à redresser l'injustice. Et il ajouta à part, et d'un ton plus bas : Petite traîtresse, chacun doit ignorer que ma folle illusion, une pensée plus frivole, une vanité chèrement payée, et tes yeux noirs, m'attirèrent à Ben-Venu par un charme invincible, dans un moment de danger, où le glaive montagnard faillit trancher les jours du monarque.

Il poursuivit à haute voix : — Vous tenez encore le

petit talisman, gage de ma parole, l'anneau de Fitz-James ; qu'avez-vous, belle Hélène, à demander au roi?

XIX.

La jeune fille comprit aisément que le prince sondait la faiblesse de son cœur : avec cette pensée se réveillèrent ses craintes pour Grœme; mais elle pensa en même temps que la colère du monarque devait être allumée surtout contre celui qui avait tiré un fer rebelle en faveur de son père; et, constante dans ses sentimens généreux, elle implora la grace de Roderic.

— Fais-moi une autre demande, dit Jacques; le roi des rois peut seul arrêter l'essor d'une vie prête à s'échapper. Je connais le cœur de Roderic, je connais sa vaillance; j'ai partagé son repas et éprouvé son épée, je donnerais la plus belle de mes provinces pour prolonger les jours du chef du clan d'Alpine : n'as-tu pas une autre faveur à solliciter, un autre captif à sauver ?

Hélène rougit et détourna ses yeux; elle remit la bague à Douglas, comme pour prier son père d'adresser pour elle la demande qui la faisait rougir.

— Non, non! dit le roi; mon gage a perdu sa vertu; la justice sévère reprend son cours. Approche, Malcolm. Et Grœme vint fléchir le genou auprès du monarque.

— Personne n'implore ta grace, audacieux jeune homme, ajouta celui-ci; la vengeance réclame ses droits contre l'ingrat qui, élevé sous notre protection, a payé nos soins par des trahisons, et cherché dans son clan fidèle un refuge pour un proscrit : tu as déshonoré le nom de tes ancêtres, connu par leur loyauté; il faut des fers et un gardien pour Grœme.

A ces mots, le roi détache en souriant sa chaîne d'or, la passe au cou de Malcolm, et remet dans les mains d'Hélène l'agrafe qui en réunit les brillans anneaux.

Harpe du nord, adieu! Les collines se rembrunissent; une ombre plus épaisse descend sur les pics de la montagne couronnée de pourpre; la luciole [1] brille comme un diamant dans le crépuscule, et les daims, qu'on ne voit qu'à demi, se retirent sous l'abri de la feuillée; reprends place sur ton ormeau magique; réponds au murmure de la fontaine et à l'harmonie sauvage de la brise; mêle tes doux accords à l'hymne du soir, aux échos lointains de la colline, à la flûte du jeune pâtre et au bourdonnement de l'abeille qui retourne à la ruche.

Adieu encore une fois, Harpe du ménestrel! pardonne mon faible essai; je m'inquiéterai peu si la censure sévère s'amuse par oisiveté à critiquer ces fruits de mes loisirs. Que n'ai-je pas dû à tes accords dans le long pèlerinage de la vie, quand des peines secrètes que le monde ignora toujours, assiégeaient mes nuits sans sommeil auxquelles succédaient des jours plus tristes encore! Ah! le chagrin qu'on dévore dans la solitude est de tous le plus amer!... Si je n'ai pas succombé à tant de maux, c'est à toi que je le dois, céleste enchanteresse!

Mais silence! pendant que mes pas ralentis s'éloignent à regret, quelque esprit aérien, vient de réveiller tes cordes: c'est tantôt la touche brûlante d'un séraphin inspiré, et tantôt l'aile joyeuse d'une fée qui les caresse à son tour. Ces sons mourans s'affaiblissent de plus en plus dans la pente du vallon; et maintenant la brise de la montagne apporte à peine jusqu'à moi un dernier accent de cette harmonie mystérieuse!... Déjà règne le silence. — Enchanteresse, adieu!

(1) Luciole, lampyris, ver-luisant.

NOTES.

CHANT PREMIER.

NOTE 1. — Paragraphe IV.

Uam-var ou Vaig-meor est une montagne située au nord-est du village de Callender, dans le comté de Menteith; elle tire son nom, qui signifie *la grande caverne*, d'une espèce de retraite parmi les rochers, où la tradition prétend qu'un géant faisait jadis sa demeure. Plus récemment cette caverne était devenue le refuge d'une troupe de voleurs et de bandits, qui n'en ont été expulsés que depuis une quarantaine d'années.

NOTE 2. — Paragraphe XIV.

Avant que la route actuelle fût pratiquée dans le passage romantique que l'auteur a essayé ici de décrire, il n'y avait aucun moyen de sortir du défilé appelé *Trosach*, si ce n'est par une espèce d'échelle faite avec des branches et des racines.

NOTE 3. — Paragraphe XVII.

Les clans qui habitaient les contrées qui environnent le lac Katrine étaient encore, il n'y a pas très-long-temps, dans l'ancienne habitude de faire des excursions sur les basses terres ou Lowlands.

NOTE 4. — Paragraphe XXV.

Les Chefs celtes, dont la vie était assaillie par des périls continuels, avaient communément dans la partie la plus reculée de leurs domaines quelque retraite, comme une tour, une caverne ou une demeure rustique. Ce fut dans une semblable retraite que Charles Édouard se cacha après la malheureuse bataille de Culloden.

NOTE 5. — Paragraphe XXVIII.

Ces deux fils d'Anak sont fameux dans les livres de chevalerie : le premier est bien connu des admirateurs de l'Arioste, sous le nom de Ferrau ; il fut un des antagonistes de Rolland, et tué par lui dans un combat singulier. Le roman de *Charlemagne* lui attribue des formes on ne peut pas plus gigantesques.

Ascapart ou Ascabart joue un rôle important dans l'histoire de sir Bevis de Hampton, par qui il fut vaincu. Son effigie peut être vue encore sur un côté de la porte de Southampton, dont l'autre est occupé par sir Bevis lui-même.

NOTE 6. — Paragraphe XXIX.

Les montagnards, très-scrupuleux dans l'exercice des devoirs de l'hospitalité, auraient cru se rendre coupables de grossièreté en demandant à un étranger son nom ou sa famille avant qu'il eût pris quelques rafraîchissemens. Les inimitiés étaient si fréquentes parmi eux, qu'une règle contraire aurait pu faire priver un hôte du bon accueil qui lui était destiné.

CHANT II.

Note 1. — Paragraphe VI.

L'ancienne famille des Graham possédait des domaines considérables dans les cantons de Dumbarton et de Stirling. La mesure nous a fait presque une loi d'écrire ce nom d'après la prononciation écossaise. Il est peu de familles qui puissent prétendre à plus de renommée historique ; trois célèbres héros des annales d'Écosse lui assurent l'immortalité. Le premier fut sir John the Grœme, fidèle compagnon d'armes de Wallace, et mort à la bataille de Falkirk en 1298 ; le second de ces grands hommes fut le marquis de Montrose, dans lequel le cardinal de Retz vit se réaliser l'idéal qu'il s'était formé des héros de l'antiquité. Malgré la sévérité de son caractère et la rigueur avec laquelle il exécuta la terrible mission des princes qu'il servit, je n'hésite pas à nommer comme le troisième John Grœme de Claverhouse, vicomte de Dundee, dont la mort héroïque dans le sein de la victoire doit atténuer la cruauté qu'il montra envers les non-conformistes pendant les règnes de Charles II et de Jacques II.

Note 2. — Paragraphe XII.

La situation de cette famille, si puissante avant son exil, n'est point exagérée ici. La haine que Jacques portait au nom de Douglas était si invétérée, que quels que fussent le nombre de leurs alliés et le mépris qu'on faisait alors de l'autorité royale, aucun de leurs amis n'osait les accueillir que sous le plus grand secret.

Note 3. — Paragraphe XIX.

Outre son nom et son surnom, chaque Chef des montagnes avait une épithète, pour exprimer sa dignité patriarcale comme chef de son clan, qui lui était commune avec ses devanciers et ses successeurs : tel était le titre de Pharaon pour les rois d'Égypte, et d'Arsace pour ceux d'Assyrie. C'était ordinairement un nom patronymique, exprimant la descendance du fondateur de la famille. Le duc d'Argyle, par exemple, s'appelait Mac-Callum-More, ou fils de Collin-le-Grand. Quelquefois ce nom était encore tiré d'une distinction d'armoiries. La chanson des rameurs est une imitation des jorams écossais, adaptée parfaitement aux mouvemens de l'aviron.

Note 4. — Paragraphe XX.

Lennox était particulièrement exposé aux incursions des montagnards. La bataille de Glen-Fruin est fameuse par le sang qui y fut répandu avec tant d'atrocité (1602).

Les suites de cette bataille furent terribles pour le clan des Mac-Gregor, qui y avait figuré, et qui passait déjà pour une tribu rebelle. Les veuves des Colquhouns qui avaient été égorgés vinrent, au nombre de soixante, trouver le roi à Stirling ; elles étaient toutes montées sur des palefrois blancs, et portaient les chemises sanglantes de leurs maris au bout d'une pique. Jacques VI fut si touché de leur douleur, qu'il exerça sur les Mac-Gregor une terrible vengeance. On proscrivit jusqu'au nom de ce clan ; tous ceux qui lui avaient appartenu étaient passés au fil de l'épée ou livrés aux flammes, et chassés avec des limiers comme des bêtes féroces.

Nous renvoyons nos lecteurs au chef-d'œuvre de *Rob-Roy*, qui nous autorise à abréger cette note.

CHANT III.

Note 1. — Paragraphe I.

Quand un Chef voulait convoquer son clan dans un pressant danger, il tuait une chèvre, et taillait une croix de bois dont il brûlait les extrémités pour les éteindre dans le sang de l'animal : c'était ce qu'on appelait la croix du feu, et aussi *Crean Tarigh*, ou croix de la honte, parce qu'on ne pouvait refuser de se rendre à l'invitation qu'exprimait ce symbole, sans être voué à l'infamie. La croix était confiée à un messager fidèle, et agile à la course, qui la portait sans s'arrêter jusqu'au village voisin, où un autre courrier le remplaçait aussitôt : par ce moyen, elle circulait dans la contrée avec une célérité incroyable.

Note 2. — Paragraphe V.

Le ruban des filles écossaises, appelé *snood*, était un emblème de la virginité, que les femmes mariées remplaçaient par la coiffe, *curch* ou *toy* : mais si la jeune fille avait le malheur de perdre des droits au titre de vierge sans obtenir celui d'épouse, il ne lui était plus permis de porter le snood, et elle ne pouvait porter la coiffe. Les vieilles ballades écossaises font souvent de malicieuses allusions à cette circonstance.

Note 3. — Paragraphe VI.

En adoptant la légende concernant la naissance du fondateur de l'église de Kilmalie, l'auteur a essayé de retracer les effets qu'une semblable croyance devait produire, dans un siècle barbare, sur celui qui l'entendait raconter. Il est probable qu'il devait devenir un fanatique ou un imposteur, ou plutôt le mélange de ces deux caractères, qui existe plutôt que l'un ou l'autre séparément. Dans le fait, les personnes exaltées sont fréquemment plus jalouses de graver dans le cœur des autres la croyance en leurs visions, qu'elles ne sont elles-mêmes convaincues de leur réalité; de même qu'il est difficile à l'imposteur le plus de sang-froid de jouer long-temps le rôle d'enthousiaste sans croire lui-même un peu ce qu'il veut persuader. Il était naturel qu'un personnage tel que l'ermite Brian ajoutât foi aux superstitions des montagnards. Cette stance VI fait allusion à quelques-unes de ces superstitions locales.

Note 4. — Paragraphe VII.

La plupart des grandes familles de l'Écosse étaient supposées avoir un génie tutélaire, ou plutôt domestique, qui leur était attaché exclusivement, s'intéressait à leur prospérité, et les avertissait par ses cris plaintifs quand quelque malheur les menaçait. Celui de *Grant* s'appelait *May-Moullach*, et lui apparaissait sous la forme d'une jeune fille qui avait un bras velu. Un autre Grant de Rother-mucus avait aussi à ses ordres un de ces esprits, nommé *Bodach-an-dun*, ou l'esprit de la colline.

La Banchie était la fée dont les gémissemens précédaient toujours, dit-on, la mort d'un Chef. Quand cet esprit femelle est visible, c'est sous la forme d'une vieille femme aux cheveux flottans et couverte d'un manteau bleu.

La mort d'un chef de famille est aussi quelquefois annoncée par une chaîne de lumières de diverses couleurs, appelée *Dreugh*, ou *la mort du Druide*, qui se dirige vers le lieu de la sépulture.

Note 5. — Paragraphe VII.

Ce bruit entendu sur le Benharow fait allusion à un présage semblable, qui annonce toujours, assure-t-on, la mort à l'ancienne famille de M. Lean : c'est l'esprit d'un de ses ancêtres, tué jadis dans une bataille, qui galope sur une montagne.

NOTE 6. — Paragraphe VIII.

Inch-Caillach, l'île des *Nonnes* ou des Vieilles Femmes, est une île délicieuse à l'extrémité du loch Lomond. Il reste à peine quelques ruines de l'église ; mais on y trouve encore le cimetière, qui continue de recevoir les dépouilles mortelles des clans voisins. Les monumens les plus remarquables sont ceux des lairds de Mac-Gregor, qui prétendent descendre de l'ancien roi écossais du nom d'Alpine.

Les montagnards sont très-jaloux de leurs droits de sépulture, comme on doit l'attendre d'un peuple dont les lois et le gouvernement (si ce nom peut être donné aux institutions d'un clan) reposent sur le principe de l'union des familles.

Que ses cendres soient jetées à l'eau! était une des imprécations les plus terribles qu'un montagnard pût adresser à un ennemi.

NOTE 7. — Paragraphe XIII.

Le bogle, chaussure actuelle des montagnards, est fait de cuir, avec des trous pour laisser l'eau pénétrer et s'écouler ; car on ne peut espérer de traverser les marécages à pied sec. L'ancienne bottine était encore une chaussure plus grossière que le bogle ; les poils de la peau étaient en dehors.

NOTE 8. — Paragraphe XVI.

Nous répéterons seulement, au sujet du coronach des montagnards, que c'est l'ululoa des Irlandais et l'ululatus des Romains.

NOTE 9. — Paragraphe XIX.

Ceux qui voudront connaître les pays que parcourt la croix de feu envoyée par Roderic, doivent le suivre sur la carte.

NOTE 10. — Paragraphe XXIV.

Il est bon d'informer le lecteur que l'on met souvent le feu aux bruyères d'Ecosse, pour que les troupeaux puissent brouter l'herbage nouveau qui les remplace.

NOTE 11. — Paragraphe XXIV.

D'autre serment que celui qu'ils avaient prononcé par le bras de leur Chef. Le respect aveugle que les hommes du clan portaient à leur Chef rendait ce serment très-solennel.

NOTE 12. — Paragraphe XXV.

Coir-Nan-Uriskin est une caverne pratiquée dans le mont de Ben-Venu ; elle est entourée d'énormes rochers, et ombragée par des bouleaux et des chênes, production spontanée de la montagne, là même où les rochers sont totalement nus. Un lieu aussi bizarrement situé près du loch Katrine, et dans le voisinage d'un peuple dont tous les penchans sont romantiques, n'est pas resté sans avoir ses divinités locales.

Le nom de Coir-Nan-Uriskin veut dire la caverne de l'homme sauvage ; et la tradition attribue à cet *Urisk*, qui lui donne son nom, une forme qui tient à la fois du bouc et de l'homme : et bref, dût le lecteur classique en être encore plus surpris, tous les attributs du satyre grec.

NOTE 13. — Paragraphe XXVII.

Aucun site ne peut être comparé au sublime spectacle qu'offrent les environs de Beal-nam-Bo ou le Passage du bétail.

CHANT IV.

Note 1. — Paragraphe IV.

Comme tous les peuples grossiers, les montagnards avaient différentes manières de consulter l'avenir. Une des plus remarquables était le *Taghairm*, dont il est question dans le texte. On enveloppait un homme dans la peau d'un taureau nouvellement égorgé, et on le déposait près d'une cascade, au fond d'un précipice, ou dans quelque autre lieu sauvage dont l'aspect ne pût lui inspirer que des pensées d'horreur. Dans cette situation, cet homme devait repasser dans son esprit la question proposée; et toutes les impressions que lui fournissait son imagination exaltée passaient pour l'inspiration des habitans imaginaires du lieu où il était exposé.

Note 2. — Paragraphe V.

Il y a un rocher nommé *le Bouclier du Héros*, dans la forêt de Glenfinlas; il a servi de refuge à un proscrit pendant plusieurs années, etc. etc.

Note 3. — Paragraphe V.

Tout ce qui avait rapport à la chasse était une chose sérieuse chez nos aïeux; mais rien n'était plus solennel que le partage du gibier: le garde forestier avait sa portion, les chiens la leur, et les oiseaux eux-mêmes n'étaient pas oubliés. C'est ce que l'on voit dans le roman de Tristrem, ce chevalier sans pareil, si expert dans les règles de la chasse.

Note 4. — Paragraphe VI.

La victoire est à celui des deux partis qui le premier fera couler le sang. Cet oracle du Taghairm a été souvent un augure qui a décidé, dans l'imagination des combattans, du succès d'une bataille. Les soldats de Montrose égorgèrent sous ce prétexte un pauvre berger, le matin de la bataille de Tippermoor.

Note 5. — Paragraphe XIII. — *Stance* 2.

On a déjà observé que les fées, sans être positivement malveillantes, sont capricieuses, aisément offensées, et jalouses de leurs droits de *vert* et de *venaison*, comme tous les propriétaires de forêts.

Les nains du Nord, dont les fées participent beaucoup, avaient les mêmes prétentions et les mêmes caprices; leur malice était encore plus rancuneuse.

Note 6. — Paragraphe XIII. — *Stance* 2.

Comme les *hommes de paix* avaient des habits verts, ils étaient très-irrités quand un mortel portait leur couleur favorite.

Note 7. — Paragraphe XV.

Il n'est rien de plus connu dans l'histoire de la féerie que la nature illusoire et fantastique des plaisirs et de la splendeur des habitans de ces royaumes enchantés.

Note 8. — Paragraphe XV. — *Stance* 23.

Les sujets du royaume de féerie étaient recrutés dans les régions terrestres, comme les familles des Bohémiens; mais les esprits volaient et les enfans et les adultes. Plus d'un chevalier qu'on croyait dans sa tombe était devenu un citoyen du pays des fées.

Note 9. — Paragraphe XXV.

Nous avouons de bonne foi que nous avons cru impossible de traduire cette ballade de Blanche, qui exprime à la fois le délire de ses pensées et l'avis qu'elle donne au chevalier de Snowdonn. L'espèce de petite fable que nous lui avons substituée est trop suivie pour être mise dans la bouche d'une folle. Nous allons donner la traduction littérale du texte ; mais nous doutons qu'on puisse y deviner le charme et l'harmonie bizarre de l'original : du moins on jugera de la difficulté d'une traduction fidèle en vers.

> Les filets sont dressés, les pieux sont disposés :
>   Chantez toujours gaîment, gaîment !
> Ils tendent les arcs, et aiguisent les couteaux :
>   Les chasseurs vivent si joyeusement !...
>
> C'était un cerf, un cerf dix cors,
>   Portant ses rameaux fièrement :
> Il descendit avec majesté dans le vallon.
> Chantez toujours hardiment, hardiment.
>
> Ce fut là qu'il rencontra une chevrette blessée ;
>   Elle était blessée mortellement :
> Elle l'avertit que les filets étaient tendus.....
>   Oh ! si fidèlement ! fidèlement !
>
> Il avait des yeux, et il put voir.....
> Chantez toujours prudemment, prudemment ;
> Il avait des pieds, et il put fuir.....
> Les chasseurs veillent de si près !

Au lieu de ces lourdes consonnances en *ment*, il n'y a dans le texte que des sons gracieux, comme *merrily*, *warily*, etc. etc.

NOTE 10. — Paragraphe XXX.

Les montagnards écossais avaient jadis une manière si expéditive de préparer la venaison, qu'elle surprit beaucoup le vidame de Chartres, qui, pendant qu'il était en otage en Angleterre, reçut d'Edouard VI la permission de parcourir l'Ecosse, et pénétra, selon son expression, *jusqu'au fin fond des sauvages*.

Après une grande partie de chasse, il vit ces *sauvages* d'Ecosse dévorer leur gibier tout cru, sans autre préparation que de le presser fortement entre deux bâtons, de manière à en exprimer tout le sang et à rendre la venaison extrêmement dure. Le vidame sut se rendre populaire en ne se montrant pas plus difficile qu'eux.

CHANT VI.

NOTE 1. — Paragraphe VII.

Les anciens montagnards vérifiaient dans leurs mœurs ce que dit Gray dans ses vers :

« Les rochers des montagnes nourrissent une race de fer, ennemie du génie plus « doux de la plaine ; car il faut des membres infatigables pour labourer la terre pier- « reuse et détourner les flots impétueux du torrent. Qu'y a-t-il d'extraordinaire si, « élevés par la patience et la valeur, ils conservent avec audace ce qu'ils ont conquis « par la force ? Qu'y a-t-il d'extraordinaire si, en voyant leurs remparts de rochers « renfermer dans leur enceinte la pauvreté et la liberté, ils attaquent les habitans « les plus riches des plaines ? » (GRAY, *Fragment sur l'alliance du gouvernement et de l'éducation.*)

Un *creag*, ou une excursion, était si loin d'être regardé comme une expédition honteuse, que l'on attendait toujours d'un jeune Chef qu'il débuterait dans le commandement par une entreprise heureuse de ce genre, soit contre ses voisins, soit contre les habitans des basses terres, appelés Sassenachs ou Saxons.

Les montagnards, très-versés dans l'histoire par tradition, n'oubliaient jamais que les Celtes, leurs ancêtres, avaient jadis possédé toute la contrée, et que toutes les captures qu'ils pouvaient faire dans les plaines étaient un recouvrement légitime. Quant à leurs invasions sur les clans voisins, il y avait toujours des prétextes suffisans pour justifier l'attaque.

Note 2. — Paragraphe XII.

Le torrent qui sort du lac de Vennachar traverse une vaste bruyère appelée Bochastle.

Sur une petite éminence appelée *the aun of Bochastle*, et dans la plaine aussi, on trouve les traces d'un ancien camp qu'on regarde comme romain.

Note 3. — Paragraphe XV.

Un bouclier rond, recouvert d'un double cuir et garni de plaques d'airain ou de fer, était une partie nécessaire de l'équipement des montagnards : quand ils chargeaient des troupes régulières, ils recevaient sur le bouclier le coup de la baïonnette, qui se tordait en le rencontrant, et ils employaient la claymore contre le soldat culbuté. (Voyez les *Antiquités militaires* du capitaine Grose, t. I, pag. 164.)

Note 4. — Paragraphe XVI.

Je n'ai point rendu ce combat singulier aussi terrible que celui qui eut lieu entre le fameux sir Evan de Lochiel et un officier anglais de la garnison d'Inverlochy, aujourd'hui fort William, dans la grande guerre civile. (Voyez les Mémoires du temps.)

Note 5. — Paragraphe XX.

Stirling fut souvent teint du sang le plus noble. Voici l'apostrophe que lui adresse J. Johnston :

Discordia tristis
Seu quoties procerum sanguine tinxit humum !
Hoc uno infelix, et felix cœtera, nusquàm
Tutior aut cœli frons geniusve soli.

Le sort de William, huitième comte de Douglas, est connu de tous ceux qui ont lu l'histoire d'Ecosse; il fut poignardé dans le château de Stirling, de la propre main de Jacques II, malgré le sauf-conduit royal qu'il avait obtenu.

Murdac, duc d'Albanie, Duncan, comte de Lennox, son beau-père, et ses deux fils Walter et Alexandre Stuart, furent exécutés à Stirling en 1425. On les décapita sur une éminence d'où ils pouvaient voir dans le lointain le château-fort de Doune et leurs vastes domaines.

Note 6. — Paragraphe XXI.

Chaque bourg d'Ecosse, mais surtout les villes considérables, avaient leurs jeux solennels : on y distribuait des prix à ceux qui excellaient à tirer de l'arc, à la lutte, et dans tous les exercices gymnastiques de cette époque.

Jacques V aimait particulièrement les amusemens populaires, ce qui contribua sans doute à lui faire donner le surnom de roi des communes, ou *rex plebeiorum*, comme Lesly l'appelle en latin.

NOTE 7. — Paragraphe XXII.

La représentation de Robin Hood et de sa bande était le spectacle favori de ces fêtes populaires. Ces espèces de pièces, dans lesquelles des rois n'avaient pas dédaigné de jouer un rôle, furent prohibées en Ecosse par un statut du sixième parlement de la reine Marie. Une émeute sérieuse força les magistrats à renoncer à la répression de ceux qui continuèrent cet amusement. Robin Hood se maintint aussi contre les prédicateurs de la réforme.

NOTE 8. — Paragraphe XXIII.

Le Douglas du poëme est un personnage imaginaire, oncle supposé du comte d'Angus ; mais la conduite que tint le roi avec le laird de Kilspendie, un des Douglas bannis, suivant l'historien Hume de Godscroft, prouve que je n'ai rien exagéré.

« La haine implacable du roi contre les Douglas se montra encore dans la manière
« dont il accueillit Archibald de Kilspendie, qu'il avait tant aimé pendant son en-
« fance, et qu'il appelait alors son Gray-Stel (Gray-Stel était un des héros de l'an-
« cienne chevalerie écossaise). Archibald avait été banni en Angleterre ; mais il ne
« put sympathiser avec une nation qui réunit à un orgueil insupportable et à la plus
« haute opinion d'elle-même le mépris des autres peuples.

« Il se hasarda donc de revenir en Ecosse, pour essayer de fléchir la rancune du
« roi, et fut se jeter à ses genoux dans le parc de Stirling ; mais Jacques le reconnut,
« et ne fit pas semblant de le voir. Archibald se retira désolé : il demanda un verre
« d'eau à la grille ; mais on le lui refusa, de peur que le roi ne s'en offensât. Le prince
« le sut, et en fit des reproches aux gens de sa maison, ajoutant que, s'il n'avait
« pas juré qu'aucun Douglas ne le servirait jamais, Archibald serait rentré en
« grâce, etc., etc. »

(HUME de Godscroft)

NOTE 9. — Paragraphe XXIV.

Le prix de la lutte était un bélier et un anneau.

CHANT VI.

NOTE 1. — Paragraphe III.

Les armées écossaises étaient composées de la noblesse et des barons avec leurs vassaux, qui étaient tenus au service militaire. L'autorité patriarcale des chefs de clans dans les montagnes et sur les frontières était d'une nature différente, et quelquefois peu d'accord avec les principes de la féodalité ; elle était fondée sur la *patria potestas*, exercée par le Chef, qui représentait le père de toute la tribu, et à qui on obéissait souvent contre son supérieur féodal.

Il paraît que Jacques V fut le premier qui introduisit dans les armées écossaises une compagnie de mercenaires, qui formaient une garde pour le roi, et qu'on appelait les *gardes à pied*.

Le poëte satirique sir David de Lindsay (ou l'auteur du prologue de la comédie *The Estates*) a choisi pour un de ses personnages un certain Finlay, des gardes à pied, qui, après beaucoup de rodomontades, est mis en fuite par le fou, qui lui fait peur avec une tête de mouton au bout d'une perche. J'ai donné à *mes soldats* les traits grossiers des mercenaires de ce temps-là, plutôt que ceux de ce Thraso écossais ; ils tenaient beaucoup du caractère des *aventuriers* de Froissart, ou des *condottieri* d'Italie.

Note 2. — Paragraphe v.

Nous allons donner ici une idée de la chanson du soldat, telle qu'elle est dans l'original : peut-être la trouvera-t-on déplacée dans un poëme ; c'est l'opinion de quelques critiques. Cependant elle se chante dans un corps-de-garde ; ce n'est peut-être pas le cas de dire : *Non erat hic locus*.

« Notre vicaire prêche toujours que Pierre et Paul ont maudit le verre plein ; il
« prétend qu'il n'y a que colère et désespoir dans un broc, et que tous les sept péchés
« mortels sont renfermés dans un flacon de vin des Canaries : mais, Barnabé, verse
« ta liqueur ; buvons sec ; et au diable le vicaire !

« Notre vicaire dit que c'est se damner que de pomper la rouge rosée qui colore la
« jolie bouche d'une femme : il dit que Béelzébut se cache en tapinois sous son fichu,
« et qu'Apollyon lance des traits par son œil noir : mais, Jacques, n'en donne que
« plus vite un baiser à Gillette, jusqu'à ce qu'elle fleurisse comme une rose, et au
« diable le vicaire !

« Notre vicaire ne cesse de prêcher..... Et pourquoi ne prêcherait-il pas ? il reçoit
« les honoraires de sa cure pour prêcher. C'est son devoir de blâmer les laïques qui
« violent les lois de notre mère l'Eglise. Allons, mes braves, vidons nos brocs, bu-
« vons à la tendre Madeleine ; et au diable le vicaire ! » —Ed.

Note 3. — Paragraphe vi.

Les jongleurs avaient plusieurs aides pour rendre leurs spectacles aussi attrayans que possible. La *fille de joie* (the glee-maiden) jouait toujours un rôle nécessaire ; c'était elle qui dansait et sautait ; aussi la version anglo-saxonne de l'évangile de saint Marc dit qu'Hérodias exécuta des danses devant le roi Hérode. Il paraît que ces pauvres filles ont été, jusqu'à une époque récente, les esclaves de leurs maîtres : voici une pièce qui semble le prouver ; elle est rapportée par Fountainhall.

« Reid le jongleur poursuivait Scott de Harden et sa femme, pour lui avoir dérobé
« une petite fille appelée la sauteuse, qui dansait sur son théâtre. Il réclamait des
« dommages, et il produisit un contrat qui certifiait qu'il l'avait achetée à la mère
« pour trente *scots* (monnaie d'Ecosse). Mais nous n'avons point d'esclave : en
« Ecosse, les mères ne peuvent vendre leurs enfans. La jeune fille risquait de périr
« dans son métier de sauteuse, d'après les consultations des médecins, et elle
« refusait de retourner auprès de son maître.

« Supposé qu'elle fût seulement apprentie, on aurait pu citer la loi de Moïse,
« qui dit : — Si un serviteur vient vous demander un refuge contre la cruauté de son
« maître, vous ne le livrerez pas. — Les juges, *renitente cancellario*, donnèrent
« gain de cause à Scott de Harden. »

Les grimaces du singe le rendirent bientôt un acteur indispensable dans la troupe ambulante du jongleur. Dans son Introduction à *la Foire de Saint-Barthélemy*, Ben Johnson annonce qu'il n'a dans sa foire ni bateleur ni singe bien élevés comme ceux qui dansent sur la corde, pour le roi d'Angleterre, et s'asseyent sur leur derrière, pour le pape et pour le roi d'Espagne.

Note 4. — Paragraphe xiv.

Il y a plusieurs exemples de personnes tellement attachées à des airs particuliers, qu'elles ont demandé à les entendre sur leur lit de mort. C'est ce qu'on raconte d'un certain laird écossais, d'un barde du pays de Galles, etc.

Mais l'exemple le plus curieux est celui que Brantôme nous fournit au sujet d'une fille d'honneur de la cour de France, appelée mademoiselle de Limeuil.

« Durant sa maladie, dont elle trespassa, jamais elle ne cessa : ainsi causa
« toujours ; car elle estoit fort grande parleuse, brocardeuse, et très-bien et fort à
« propos, et très-belle avec cela.

« Quand l'heure de sa fin fut venue, elle fit venir à soy son valet (ainsi que les
« filles de la cour en ont chacune un), qui s'appeloit Julien, et sçavoit très-bien
« jouer du violon : Julien, luy dit-elle, prenez votre violon, et sonnez-moy
« toujours, jusqu'à ce que vous me voyiez morte (car je m'y en vais), la défaite
« des Suisses, et le mieux que vous pourrez ; et, quand vous serez sur le mot *Tout*
« *est perdu*, sonnez-le par quatre ou cinq fois le plus piteusement que vous pourrez.

« — Ce que fit l'autre, et elle-même luy aidoit de la voix ; et quand ce vint, *Tout*
« *est perdu*, elle le réitéra par deux fois, et, se tournant de l'autre costé du chevet,
« elle dit à ses compagnes : — Tout est perdu à ce coup, et à bon escient. — Et
« ainsi déceda. Voilà une morte joyeuse et plaisante. Je tiens ce conte de deux de
« ses compagnes, dignes de foy, qui virent jouer ce mystère. » (*OEuvres de Brantôme*, III, 507.)

L'air que cette dame choisit pour faire sa sortie de ce monde fut composé sur la
défaite des Suisses à Marignan. Le refrain est cité par Panurge dans Rabelais, et
se compose de ces mots, qui sont une imitation du jargon des Suisses, avec un
mélange de français et d'allemand :

<blockquote>
Tout est velore,
La tintelore :
Tout est velore, bi got !
</blockquote>

Note 5. — Paragraphe xv.

Un combat qui eut lieu dans le défilé des Trosachs, sous Cromwell, fut célèbre
par le courage d'une héroïne qui m'a fourni le trait de la veuve de Duncan ; elle
s'appelait Hélène Stuart.

Note 6. — Paragraphe xxviii.

William de Worcester, qui écrivait au milieu du quinzième siècle, appelle
Stirling le château Snowdoun.

Le véritable nom que prenait Jacques dans ses excursions était celui du fermier
de Ballangnish [1] ; j'ai préféré y substituer celui de chevalier de Snowdoun, comme
plus propre à la poésie, et parce que l'autre aurait annoncé trop tôt le dénouement à plusieurs de mes compatriotes qui sont familiers avec toutes les traditions
que je viens de citer.

(1) *Ballanguish* est le nom d'un sentier escarpé qui conduit au château de Stirling.

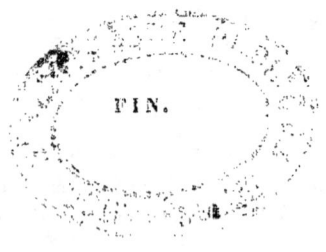

FIN.

TABLE DES MATIÈRES

CONTENUES

DANS LES ROMANS POÉTIQUES ET POÉSIES.

TOME I. — BALLADES, ETC.

Glenfinlas, ou le Coronach de lord Ronald.............. Page	1
Notes..	9
La Veille de la Saint-Jean.............................	11
Notes..	16
Le Château de Cadyow...................................	18
Notes..	26
Le Moine de Saint-Benoît...............................	27
Notes..	32
Le roi du Feu..	33

THOMAS LE RIMEUR.

Introduction à la première partie......................	39
Première partie..	42
Introduction à la seconde partie.......................	44
Seconde partie...	48
Introduction à la troisième partie.....................	51
Troisième partie.......................................	52

PRÉCIS DE L'HISTOIRE DE SIR TRISTREM.

Chant Ier..	57
Chant II...	63
Chant III..	73
Conclusion...	82
LA RECHERCHE DU BONHEUR................................	86

LE LAI DU DERNIER MÉNESTREL,

Poëme en six chants.

Avertissement..	99
Introduction...	100
Chant Ier..	102
Chant II...	112
Chant III..	12

TABLE DES MATIÈRES.

Chant IV.. 132
Chant V... 147
Chant VI.. 160
Notes... 175

MARMION, OU LA BATAILLE DE FLODDEN-FIELD,
Poème en six chants.

Avertissement... 187
Introduction au chant Ier........................... 188
Chant Ier. Le Château............................. 194
Introduction au chant II.................................... 207
Chant II. Le Couvent.. 212
Introduction au chant III................................... 225
Chant III. L'Hôtellerie..................................... 230
Introduction au chant IV.................................... 245
Chant IV. Le Camp... 249
Introduction au chant V..................................... 264
Chant V. La Cour.. 268
Introduction au chant VI.................................... 290
Chant VI. La Bataille....................................... 295
Notes... 321

LA DAME DU LAC,
Poème en six chants.

Chant Ier. La Chasse.............................. 329
Chant II. L'Ile... 347
Chant III. La Croix de feu.................................. 368
Chant IV. La Prophétie...................................... 388
Chant V. Le Combat.. 411
Chant VI. Le Corps-de-garde................................. 433
Notes... 455

TOME II.

HAROLD L'INDOMPTABLE,
Poème en six chants.

Introduction.. 1
Chant Ier... 9
Chant II.. 12
Chant III... 20
Chant IV.. 27
Chant V... 36
Chant VI.. 44

www.ingramcontent.com/pod-product-compliance
Lightning Source LLC
Chambersburg PA
CBHW060515230426
43665CB00013B/1529